POSTMODERN GEOGRAPHIES

The Reassertion of Space in Critical Social Theory

Edward W. Soja

现代性研究译丛

周宪　许钧　主编

后现代地理学

重申批判社会理论中的空间

〔美〕爱德华·W.苏贾　著

王文斌　译

Edward W. Soja

POSTMODERN GEOGRAPHIES

The Reassertion of Space in Critical Social Theory

VERSO

根据韦尔索出版公司 1994 年第 4 版译出

This edition published by Verso 1989

© 1989 Edward W. Soja

All rights reserved

Second impression 1990

Third impression 1993

Fourth impression 1994

现代性研究译丛

总　　序

中国古代思想中历来有"变"的智慧。《诗》曰："周虽旧邦，其命维新。"斗转星移，王朝更迭，上下几千年，"故夫变者，古今之公理也。"（梁启超）

照史家说法，"变"有三个级度：一曰十年期的时尚之变；二曰百年期的缓慢渐变；第三种变化并不基于时间维度，通称"激变"或"剧烈脱节"。这种变化实为根本性的摇撼和震动，它动摇乃至颠覆了我们最坚实、最核心的信念和规范，怀疑或告别过去，以无可遏止的创新冲动奔向未来。倘使以此来透视中国历史之变，近代以来的社会文化变革也许正是这第三种。

鸦片战争以降，随着西方列强船坚炮利叩开国门，现代性始遭遇中国。外患和内忧相交织，启蒙与救亡相纠结，灾难深重的中华民族在朝向现代的道路上艰难探索，现代化既是一种激励人建构的想象，又是一个迂回反复漫长的过程。无疑，在中国，现代性仍是一个问题。

其实，现代性不只是现代中国的一个问题，在率先遭遇它的西方世界，它同样是一个难题。鸦片战争爆发后不久，法国诗人波德莱尔以预言家的口吻对现代性做了一个天才的描述："现代性就是短暂、瞬间即逝、偶然"，是"从短暂中抽取出永恒"。同时代的另一位法国诗人韩波,则铿锵有力地呼吁:"必须绝对地现代!"如果说波德莱尔是对现代性变动不居特性的说明的话,那么,韩波的吁请显然是一种立场和态度。成为现代的,就是指进入现代,不但是形形色色的民族国家和社会,而且是千千万万男女个体。于是,现代性便成为现代这个历史概念和现代化这个社会历史过程的总体性特征。

现代性问题虽然发轫于西方,但随着全球化进程的步履加快,它已跨越了民族国家的界限而成为一种世界现象。在中国思考现代性问题,有必要强调两点:一方面是保持清醒的"中国现代性问题意识",另一方面又必须确立一个广阔的跨文化视界。"他山之石,可以攻玉。"本着这种精神,我们从汗牛充栋的西方现代性研究的著述中,遴选一些重要篇什,编辑成系列丛书,意在为当前中国的现代性问题思考提供更为广阔的参照系,提供一个言说现代性问题更加深厚的语境。所选书目,大多涉及现代性的政治、经济、社会和文化诸层面,尤以20世纪80年代以来的代表性学者和论著为主,同时兼顾到西方学术界传统的欧陆和英美的地域性划分。

作为一个历史分期的概念,现代性标志了一种断裂或一个时期的当前性或现在性。它既是一个量的时间范畴,一个可以界划的时段,又是一个质的概念,亦即根据某种变化的特质来标识这一时段。由于时间总是延绵不断的,激变总是与渐变错综纠结,因而关于现代性起于何时或终于(如果有的话)何时,以及现代性的特质究竟是什么,这些都是悬而未决的难题。更由于后现代问题的出现,现代性与后现代性便不可避免地缠结在一起,显得尤为复杂。有人力主后现代是现代的初期阶段,有人坚信现代性是一个尚未完成的规划,还有人凸显现代与后现代的历史分期差异。然而,无论是主张后现代性是现代性的终结,还是后现代性是现代性的另一种形态,它都无法摆脱现代性这个关节点。

作为一个社会学概念,现代性总是和现代化过程密不可分,工业化、城市化、科层化、世俗化、市民社会、殖民主义、民族主义、民族国家等历史进程,就是现代化的种种指标。在某种意义上说,现代性涉及到以下四种历史进程之间复杂的互动关系:政治的、经济的、社会和文化的过程。世俗政治权力的确立和合法化,现代民族国家的建立,市场经济的形成和工业化过程,传统社会秩序的衰落和社会的分化与分工,以及宗教的衰微与世俗文化的兴起,这些进程深刻地反映了现代社会的形成。诚然,现代性并非一个单一的过程和结果,毋宁说,它自身充满了矛盾和对抗。社会存在与其文化的冲突非常尖锐。作为一个文化或美学概念的现代性,似乎总是与作为社会范畴的现代性处于对立之中,这也就是许多西方思想家所指出的现代性的矛盾及其危机。启蒙运动以来,浪漫主义、现代主义和后现代主义,种种文化运动似乎一直在扮演某种"反叛角色"。个中三昧,很是值得玩味。

作为一个心理学范畴,现代性不仅是再现了一个客观的历史巨变,而且也是无数"必须绝对地现代"的男男女女对这一巨变的特定体验。这是一种对时间与空间、自我与他者、生活的可能性与危难的体验。恰如波曼所言:成为现代的就是发现我们自己身处这样的境况中,它允诺我们自己和这个世界去经历冒险、强大、欢乐、成长和变化,但同时又可能摧毁我们所拥有、所知道和所是的一切。它把我们卷入这样一个巨大的漩涡之中,那儿有永恒的分裂和革新,抗争和矛盾,含混和痛楚。"成为现代就是成为这个世界的一部分,如马克思所说,在那里,'一切坚实的东西都烟消云散了。'"现代化把人变成为现代化的主体的同时,也在把他们变成现代化的对象。换言之,现代性赋予人们改变世界的力量的同时也在改变人自身。中国近代以来,我们多次遭遇现代性,反反复复地有过这样的深切体验:惶恐和向往、进步与倒退、激进与保守、激情与失望、理想与现实,种种矛盾体验塑造了我们对现代性的理解和判断。

现代性从西方到东方,从近代到当代,它是一个"家族相似的"开放概念,它是现代进程中政治、经济、社会和文化诸层面的矛盾和冲突的焦点。在世纪之交,面对沧桑的历史和未定的将来,思考现代性,不仅是思考现在,也是思考历史,思考未来。

是为序。

周宪　许钧
1999 年 9 月 26 日于南京

目 录

前言和后记 …………………………………………………… 1
第一章　历史:地理:现代性 …………………………………… 15
第二章　空间化:马克思主义地理学与批判社会理论 ………… 67
第三章　社会-空间辩证法 …………………………………… 116
第四章　城市与区域之辩:第一回合 ………………………… 142
第五章　重申之言:试论空间化的本体论 …………………… 179
第六章　空间化:对吉登斯观点的评论 ……………………… 210
第七章　城市和区域重构的历史地理学 …………………… 239
第八章　一切都汇聚于洛杉矶 ……………………………… 288
第九章　拆解洛杉矶:试论后现代地理学 …………………… 331

参考书目 ……………………………………………………… 373
索引 …………………………………………………………… 383

译后记 ………………………………………………………… 401

前言和后记

　　前言与后记一起写,这对介绍(和结束)一本关于后现代地理学的论文集,似乎是一种非常适宜的办法。这说明从一开始就有这样一种意图:随意摆弄人们熟知的各种时间特征、打破线性文本的正常流动,使其他诸种更为"侧面"的联系成为可能。以序列方式展开的叙事所反映出的固定格式,易使读者以历史的方式思维,如此这般,若要将文本看作一幅地图——通过空间逻辑而不是时间逻辑扭结在一起的具有诸种同存性(simultaneity)关系和同存性意义的地理,那是十分困难的。我在此的目的,是将历史叙事空间化,赋予持续的时间以一种经久不衰的批判人文地理学的视野。

　　本书的每一篇论文,均是对同一中心主题的不同阐发:以当代的社会理论和分析方法重申批判性空间的视角。至少在以往的一百年中,时间和历史在西方马克思主义和批判社会科学的实践意识和理论意识中,已占据了宠儿的地位。理解历史形成的方式,已成为解放性深刻思想和实用政治意识的主要源泉。这一源泉能极其灵活多变地包容对社会生活和社会实践的批判性解读。然而在今天,遮挡我们视线以致辨识不清诸种结果的,是空间而不是时间;表现最能发人深思而诡谲多变的理论世界的,是"地理学的创造",而不是"历史的创造"。这就是后现代地理学反复强调的前提和承诺。

当然,收集于此的诸篇论文,可以按次序加以阅读,它们犹如一个具有实质性历史思辨的文本展现在人们面前。但是,每一篇论文的核心,就是试图解构和重构刻板的历史叙事,从时间的语言牢房里解脱出来,摆脱传统批判理论类乎于监狱式的历史决定论的羁绊,借此给阐释性人文地理学的深刻思想(一种空间阐释学)留下空间。因而,序列性流动常常被撇在一边,以便对诸种同时发生的事件和侧面图绘作偶然性的描述,这样,才有可能几乎在任何时候都有可能叙事而又不失却总体目标这一主线:建立更具批判性的能说明问题的方式,观察时间与空间、历史与地理、时段与区域、序列与同存性等的结合体。将前言与后记,即序和跋,包纳在一起,只是这种有意图的重新平衡行为第一个嬉戏式的标志。

既然以一种扭结时序的方式开始,那么如果说,后现代地理学的最佳介绍应该安排于最后一章,这看来是贴切的。本书的最后一章是一篇探讨洛杉矶的信马由缰的论文,论述了洛杉矶既整合又分解其先前事物的诸种情况。"拆解洛杉矶"这一题目本身,就是对无疑是后现代景观的一种查究式解读,是对能说明问题的"其他空间"和诸种隐匿性的地理文本的探索。这篇论文感悟于豪尔赫·路易斯·博尔赫斯*对"交叉小径的花园"的卓越观察和选址。"交叉小径的花园"是世界上唯一一处无异于任何地方的地方,是一个充满同存性和悖论的无限空间,唯有借用超凡的语言

---

* 博尔赫斯(1899—1986),阿根廷诗人和小说家,曾参加西班牙极端主义运动,作品基调孤独、迷惘、彷徨、失望,常带有神秘色彩,代表作有诗集《面前的月亮》、短篇小说集《交叉小径的花园》等。(本书以阿拉伯数字为序者,系原注。以星号的序者,系译者注。——编者)

才能加以描述。博尔赫斯的观察使后现代地理学阐释所面对的某些两难处境具体化:

> 然后我看见了阿莱夫。……作为一名作家,我的绝望就肇始于此。所有的语言是一组符号,这些符号在操这一语言的人中的应用,假定有一个共同的过去。那么我怎样才能把这一毫无边际的阿莱夫转变为言语呢?我怅惘迷失的思维对它几乎难以掌握。……说真的,我心里试图想要言表的,却均无法言表,因为若要对一个无休止的连接理出一个头绪,这一头绪也注定是一个无限小的头绪。在这一个单一而又庞大的瞬间,我看到了数不清的行为,既令人愉悦,又让人厌恶;令我惊愕的倒不是其中的某一行为,而是所有这些行为均在空间上占据着同一个点,既不重叠又不透明。映入我眼帘的,均是同存性的事物,可现在流于我笔端的,却是依次性的,因为语言是依次连接的。但不论怎样,我试图尽我所能追忆自己的所见。

在批判地理学的描述中,在借用词语解译具有包容性和政治化的社会生活空间性中,每一种雄心勃勃的举措都将会引发类似的语言绝望。人们在察看地理时所见到的,无一不具有同存性,但语言肯定是一种顺序性的连接,句子陈述的线性流动,由最具空间性的有限约束加以衔接,两个客体(或两个词)根本不可能完全占据同一个位置(譬如在一个页面上)。对于词语,我们所能做的,无非就是作重新的收集和创造性地加以并置的工作,尝试性地对空间进行诸种肯定和插入,这与现行的时间观念格格不入。到头来,后现代地理学的阐释,充其量也只能说是刚刚起步。

对这篇尝试性论文起支撑作用的,是压缩了的一章。这一章描绘了城市重构的政治经济学图景,反映了当代洛杉矶后福特主义(postfordist)的地理景观,展现了一幅更加具体的区域地理,借以例示一种"灵活"的资本主义积累新体系的崛起,这种积累是严格建立于一种恢复性的空间"定位",可又与后现代文化机制具有边缘性的联系。作这种铺垫性的描述之后/之前,对资本主义的历史地理需要有一种更加深刻的构建。这一构建的途径就是分析在资本主义城市里城市构形的演化、在资本主义国家里区域不平衡发展所带来的千变万化的景象,以及国际空间劳动分工的各种重新布局。

在此,如同在本书的其他地方一样,对资本主义空间-时间的起伏性发展具有一种基本假定,对缘起于以往两百年中资本主义社会成功延续的周期性和空间化具有一种宏观的结合。需要再次强调的是,本书的宗旨是开辟和探索一种批判视点,这一视点必须深刻地来源于时间连续性和空间同存性有力的交互作用。后现代和后福特主义地理学被界定为空间性序列最新近的产物,这种空间性可以与资本主义发展的各连续性时代复杂地关联在一起。我改写"长波"(long waves)理论的基础,是欧内斯特·曼德尔、埃里克·霍布斯鲍姆、戴维·戈登及其他学者的著作。我将这些学者的著作视作一种能发人深思的空间-时间亚文本(subtext),借以解读城市、区域、国家和世界经济的历史地理。

最后三篇论文更是以经验为基础的空间化,在本书的前两章得到了不同方式的阐发和诠释,这是继对现代批判社会理论和话语的一种有见地的重构以后而定位其他各种后现代地理学的。我借用了米歇尔·福柯、约翰·伯杰、弗雷德里克·杰姆逊、欧内斯特·曼德尔和亨利·勒菲弗的洞见,试图使传统的叙事空间化,其方式是重写这样一种批判社会理论的思想史:围绕空间、时间和社会存在不断演进的辩证关系——地理、历史与社会。在第一章,将一种空间阐释学置于从属的地位,这可追溯至19世纪的历史决定论,以及随后的西方马克思主义和批判社会科学的发展,这是一段在现代性的概念化和经验方面周期性地发生急遽变化的历史。这种同样是由危机引发的周期性变化,其涟漪始终在资本主义城市和地区的宏观历史地理学中荡漾,人们可以发现它反映于批判理论的意识之中,建立了批判思想诸种"体系"一种相互缠结的序列,这种批判思想大致是在同样的半个世纪的时间段以后随之产生的,自革命时代,即重构和现代化四个间歇性时期的第一个时期以来,这同一半个世纪的时间段已经将处于不断变化的资本主义政治经济学分成了若干阶段。

以1848至1851年间所发生的一系列具有深远影响的事件为标志的19世纪中叶是一个充满竞争的工业资本主义的古典时代,也是一个历史性与空间性保持大致平衡的时代。人们不管回首贯穿于法国社会主义和英国政治经济学诸种观点里的批判思想,还是回顾贯穿于德国唯心主义哲学诸种视点里的批判思想,这种平衡成了解放意识的源泉。对工业资本主义的具体地理及其空间和地域的结构进行挑战,这是发生在这一时期里的各种激进评论和各种地区性社会运动的至关重要的一部分。对新确立的欧洲和北美的资产阶级国家来说,这与改革这种地理概念的做法成为一个重要的工具性目标如出一辙。然而,巴黎公社失败以后,这种明显的空间评论,不论是激进的抑或是自由的评论,均开始退隐于力量更强大的有关时间和历史的革命主体性的欧洲中心论主张的背后。

如果用回忆的眼光加以审视,19世纪的最后几十年可以被看作在批判社会思想方面历史决定论正在崛起而空间观念相应湮没的一个时代。社会主义评论紧紧地依附于马克思的历史唯物主义周围,而孔德和新康德思想两者结合起来的影响,重塑了自由的社会哲学,促发了各种新"社会科学"的形成。这些社会科学的主旨,也同样是想要理解资本主义的发展是一种历史过程,但仅仅是偶然的地理过程。一种去空间化(despatializing)的历史决定论的跃然升起,只是到了现在才为人们所承认,并得到了人们的检视,这一情况与资本主义第二次现代化以及帝国和公司寡头卖主垄断时代的肇端恰好同时发生。它十分成功地对空间进行了堵塞、贬低和去政治化,将空间当作批判社会话语的一个对象,这样,即便是解放的空间实践的可能性也销声匿迹了将近一个世纪。

在资本主义第三次现代化以及接踵而来的福特主义和官僚国家-管理时代(大致从俄国革命开始直至1960年代后期)期间,历史对地理的理论主宰几乎没有什么变更。如同福柯所说的,19世纪沉湎于时间与历史,继续与现代批判思想相提并论。本书第一章以福柯的总结性观察开端和结尾:"空间被当作是死亡的、刻板的、非辩证的和静止的东西。相反,时间是丰富的、多产的、有生命力的、辩证的。"但是,在马克思主义-列宁主义和实证主义社会科学的主流之外,一种富有生气的地理学想象的一个个小小旋涡幸存了下来,可这些旋涡让人难以捉摸,始终处于明显的边缘地位。

然而,在1960年代的后期,随着由危机引发的第四次现代化的开始,这种持续已久的现代批判传统开始发生嬗变。西方马克思主义和批判社会科学看来均爆发性地发展成为更具异质性的不同部分,在很大程度上失去了其往日的凝聚力和集中性。况且,随着另一个世纪末的临近,对隐现于业已重构的当代世界的诸种险情和可能性的驾驭,其他的现代运动似乎已展开了激烈的竞争。后现代性、后现代化和后现代主义一直是易引起争议、易混淆的术语,充满了各种毫不相干而又常常是诋毁性的含义,但现在看来它们似乎是描述当代文化、政治和理论重构的合宜途径,也是彰显对复杂地与其交错在一起的空间加以重申的恰当方法。

起初,由于对过于草率地"向后冲",我心存犹疑,因而我脑海里曾一度转悠着创建一种起名为《反后》(antipost)的新杂志的想法,以便不仅与后现代主义抗衡,而且还与从后工业主义到后结构主义等带"后"这一前缀的其他形形色色的"主义"(isms)相对抗。从我徒有虚名的承诺中可以明显地看到,对后现代这一形容词性标签,以及后现代对在批判思想和物质生活方面有可能发生划时代过渡的有目宣言,我现在感到更加舒畅。我依然主要将目前这一时期视为现代性的另一个既有深度又有广度的重构,而不是将其看作对所有不断发展的后启蒙运动(post-Enlightenment)的思想的一种完全脱节或一种完全替代,可有些人却不是这样认为,他们将自己标榜为后现代主义(这些人如果被当作反现代主义者,这或许更贴切一些)。我也了解到,对于目前主导性的新保守主义以及大多数后现代运动令人困惑的古怪想法,现代左派带着怀疑性的敌意。但是我深信,认为后现代主义是无可挽救的反动而对此熟视无睹,这将会丢失太多的机会。

我所理解的是,对后现代左派的政治挑战,首先需要对目前正在发生的资本主义第四次急遽性又是迷惑性的现代化作出承认,并对此需要有一个中肯切题的解读。愈益明朗的是,假如光凭现代马克思主义或激进的社会理论这些传统的工具和富有见地的思想,这种深刻的重构在实践和政治上均是无法得到理解的。这并不意味着,像先前许多论述现代左派的人草率表述的那样,这些工具和富有见地的思想需要被抛弃。相反,它们必须灵活并适应性地得到重构,以便更有效地与本身正在变得更加灵活和更富有适应性地得到重构的当代资本主义作斗争。譬如说,对里根主义和撒切尔主义反动的后现代政治,必须针锋相对地加以直视,其方法就是利用熟悉情况的具有抵抗和启发精神的后现代政治学。这一政治学能够揭去里根主义和撒切尔主义具有欺骗性的意识形态面纱,因为这种面纱在今天以各种新的不同方式对阶级剥削、性别和种族统治、文化的和个人的减势(disempowerment),以及环境的恶化等采取了物化和混淆真相的手段。对后现代性的诸种险情和可能性的各种论辩,必须找到结合点,而不是彼此抛弃,因为历史和地理的构建均处于危急关头。

我在此并不意欲构筑一种激进的后现代政治计划。但是,我的确想要搞清楚,不论这一计划将以何种面目出现,它从一开始就必须有意识地得到空间化。我们必须时时注意,空间是以何种方式被人用来掩盖各种结果,使我们对此无法了解;权力和行为准则的诸种关系是以何种方式被深深地印入社会生活明显的纯真空间性;各种人文地理是以何种方式变得充满了政治和意识形态。本书里的九篇论文中,每一篇都可以相应地被解读为一种尝试性的空间化,一种构建新的批判人文地理学的后续性努力,一种适应当代政治和理论挑战的历史地理唯物主义。

直截了当地对历史决定论作出批判而又不跌入简单的反历史的泥潭,这是对批判思想和政治行为进行空间化的一个必要步骤。本书的前四篇论文倒置了历史决定论盛气凌人的挂毯,通过西方马克思主义的行为准则和话语与现代地理学的行为准则和话语之间的处于不断嬗替的碰撞,追溯批判社会理论中空间的湮没以及对此进行最终重申的历史。独树一帜的马克思主义地理学从这种碰撞中最终跃然于世人面前,而且法国的马克思主义很有影响力地构建了各种理论论辩,本书对所有这些问题均给予了特别的关注,因为它们几乎独立地滋养了一种批判话语,在这种话语里,空间"很重要",人文地理并不完全被归入历史的想象之中。

在第三章和第四章,我回顾了自己早些时候写的文章。这些文章论述了社会空间的辩证关系、城市性在理论上的特殊性,以及在资本主义的生存中就地理角度而言的不平衡发展所起到的关键作用。这三个主题通过对马克思主义的基本概念和分析方法的空间化,已为批判社会理论空间的重申提供了重要的跳板。然而,单独地看,这几章也许显得有些空洞,因为它们几乎完全仰仗于逻辑的说服力以及自信的理论思辨,用相当传统的马克思主义修辞性语言加以表达。本书最后的三篇文章试图给以上的这些理论思辨提供更多的经验性和阐释性的内容,尽管这三篇文章中的前两篇有助于解释这些理论思辨的历史根源和历史演变。但是,在第五章和第六章,我采用了另一条强化和说明的途径,对从理论思辨到更加抽象的本体论王国的"反向联系"(backward linkages)进行了深刻的探究。在许多方面,这些处于本书中间的各章,对整个论文集能起到中枢的作用。这两章也可以先读,因为它们能提供一种不同的介绍。

对空间的重申以及对后现代地理学的阐释,不仅仅是经验性考察的一个聚焦点,也是对这样一种需要的回应:对具体的社会研究和熟悉情况的政治实践中的空间形式,需要加强注意。对空间的重申,也不仅仅是简单地对社会理论进行一种隐喻性的重构——这是一种表面化的语言学空间化,使地理学看起来如同历史一样在理论上显得重要。若要严肃认真地对待空间,那就需要在抽象的每一个层面上,包括本体论在内,对批判思想进行一种更加入木三分的解构和重构。或许本体论尤其如此,因为正是在基于存在主义的讨论这一基本层面上,对历史决定论进行去空间化的歪曲才能得到最稳固的定位。

第五章开辟了本体论的解构。这一章是以对空间进行再认识的尼科斯·普兰扎斯的一些观察开篇的。普兰扎斯观察到,空间和时间的幻想已成为西方马克思主义历史的特征。他的这一观察是对勒菲弗和福柯的一种附和。尤其具有意味的是,普兰扎斯将国家和社会的空间"母体"概念化为对各种生产关系的同存性预想和体现。这是一种"基本的物质框架",而不是单一的"表征"方式。我推进了普兰扎斯的这些观察,提出,两种阴魂不散的幻想明显主宰了西方观察空间的方式,将某种属于第三种的阐释性地理学挡在批判性质疑的视线之外。这种阐释性地理学认为,空间性同时(又出现了"同时"这个词)又是一种社会产物(或结果),也是社会生活中的一种构建力量(或媒介):这对社会空间的辩证关系和历史地理唯物主义来说是极为关键的见地。

"模糊的幻想"(illusion of opaqueness)使空间物化,这诱发了一种仅仅看到表面物质性的短视。这种表面的物质性就是各种具体化的形式,除对体积的大小和现象的描述敏感之外;对其他的事物几乎麻木不仁。体积的大小和现象的描述是刻板的、僵死的,也是非辩证的,这是空间科学笛卡儿式的地图绘制。另外,"透明的幻想"(illusion of transparency)去除了空间的物质性,使其成为纯粹的思维过程和表征,这是思维的一种直观方法,同样使得我们无法看见各种情感地理(affective geographies)的社会结构。情感地理是对体现于空间性的诸种社会关系的具体化,将空间阐释为一种"具体的抽象",一种类似于马克思对商品形式进行概念化的社会象形符号。哲学家和地理学家已往往在这两种变形性幻想中来回跳跃了好几个世纪。这两重性地挡住了人们的视线,使人们看不清充满权力和诸种难题的地理构建的真相,遮掩了对社会进行掩盖性和工具性的空间化。

突破这种两重性的束缚,涉及一种本体论的抗争,以恢复对存在和人类意识进行有意义并基于存在的空间化,建构一种社会本体论,其中空间从一开始便至关重要。我参与这一抗争,首先是对萨特和海德格尔歪曲时间的本体论进行批判性的重新评价,他们是 20 世纪关于存在问题的最具影响力的理论家;然后,(在第六章)对安东尼·吉登斯提出的"时间-空间构建"经过翻新的社本体论进行分析和拓展。以吉登斯为依据,人们可以更清楚地看到一种以存在为结构的空间拓扑学以及附丽于在世界中存在的状态的普通概念,这是对体现于多层次地理学的社会存在的一种基本语境化。这种多层次地理学是由社会创造和社会区分的结点性区域,以不同的规模存在于游移不定的人类私人空间和人类居住地更加固定的公共场所周围。这种本体论的空间性使人类主体永远处于一种具有塑造能力的地理位置,并激发了对认识论、理论构建以及经验性分析进行一种激进的重新概念化的需要。

构建一种空间化的本体论,仿佛是地理探索和地理发现的一次远航。本书里关于洛杉矶的诸篇论文,以及试图揭示历史决定论的各种批判性缄默(critical silences)的尝试,就是如此。它有助于完成这本论文集想要绘制的介绍性和标示性的地图,界定其范围,圈定其阐释性地域,辨明将要旅行的一些路径。但是,这幅组合性的画面依然不完整,因为当代对社会理论中空间的重申所需要发现和探索的事物仍然很多,在我们能够把握后现代地理学的影响和内涵之前,依然有许多路要走。

尽管将后记与前言结合起来写是一种闹着玩儿的把戏,可对这一业已完成的作品,我仍然不想再谈一些关于自己是否称职的话和再作一些自我批判的反思。相反,我以一些必要的鸣谢作为结尾。首先,我必须感恩于那些被我选为后现代地理学的先驱者而加以表述的人:米歇尔·福柯、约翰·伯杰、欧内斯特·曼德尔、弗雷德里克·杰姆逊、马歇尔·贝尔曼、尼科斯·普兰扎斯、安东尼.吉登斯、戴维·哈维,尤其是亨利·勒菲弗,他的执著和给人以灵感的空间感使我感到,在以往的十年中我并不那么孤独。这些学者从未将自己描述为后现代地理学家,但我相信,他们将要并试图通过有选择地利用自己的深刻思想来解释个中的缘由。

由于本书九篇论文中的每一篇都在某些方面取材于我业已发表的作品,我也必须感谢下面这些书和杂志的出版者和编辑,他们允许我自由地节选或改写。他们是:《地理新模型》杂志(R. 皮特和 N. 思里夫特编辑)、阿伦和昂温出版公司(因为第一章和第二章的部分内容)、《美国地理学家协会年鉴》和《对跖地》杂志(因为第三章和第四章的大部分内容)、《社会关系和空间结构》杂志(D. 格雷戈里和 J. 厄里编辑)、麦克米伦教育有限公司和圣马丁出版社(因为第五章的前半部分内容)、《环境与规划 A》杂志(因为第六章的前半部分内容)、《环境与规划 D:社会与空间》杂志(因为第七章关于区域问题的一半内容和第九章的几乎全部内容)、《经济地理》杂志和《资本主义城市》杂志(M. 史密斯和 J. 费吉编辑)、巴兹尔·布莱克韦尔出版社(因为第八章的许多内容)。全部参考文献可以在文献目录里找到。

加利福尼亚大学洛杉矶分校对我的研究和以往十年的写作提供了经费,对此我表示感谢。这所大学长期持续地给我提供了十分优越和催人奋进的学术环境,在建筑和城市规划研究生院的内部和外部均是如此,对此,我更要表达自己的感激之情。我在城市规划研究项目里的同事和学生给予我特别的支持和容忍,每当我在空间抽象的王国里走得太远时,他们便将我拖回到实践性的现实。科斯蒂斯·哈齐米查里斯、丽贝卡·莫拉莱斯、格茨·沃尔夫、阿伦·赫斯金、马尔科·琴扎提和阿伦·斯科特已合写了我在本论文集中有选择地加以重写的部分文章。迈克·戴维斯和玛格丽特·菲茨西蒙斯编辑的敏锐、令人激奋的思想和鼓舞人心的话语使我受益匪浅。对于他们的帮助，我深表谢意。

最后，我必须感谢莫琳。她是我所有感谢的人当中最实际、最执著、最持久、最实在的一位。对于此书的脱稿，人们的欣慰莫过于她的欣慰。

第一章　历史:地理:现代性

这是起始于柏格森还是更早时候？空间在以往被当作是僵死的、刻板的、非辩证的和静止的东西。相反,时间却是丰富的、多产的、有生命力的、辩证的。(福柯,1980,70)

如同我们所知道的,19世纪沉湎于历史:其主题是发展与悬念、危机与周期,还有关于永远处于积累过程中的过去,其中有占绝大多数的死人和威胁人类的世界冰化。……目前这一时代也许将会超越以往任何的空间时代。我们处于同存性的时代:我们处于并置的时代,是近与远的时代,是肩并肩的时代,是事物消散的时代。我相信,我们处于这样一个时刻:我们对世界的体验是,对在时间过程中成长起来的漫长生命的经验比不上对联系各个点并与其自身的线索交叉在一起的网络的经验。人们或许会说,推动今日辩论的某些意识形态冲突,对峙于虔诚的时间后代和坚定的空间居民。(福柯,1986,22)

如同福柯所描述的,19世纪沉湎于历史,这一情形到19世纪末还未终结,尚未完全为思维和经验的空间化所取代。一种在本质上是历史的认识论,继续蔓延于现代社会理论的批判意识。这种认识论依然是主要通过动力来理解世界。这种动力产生于在这样一种时间的阐释性语境下对社会存在(being)和社会生成(becoming)的处置:康德所谓的先后(nacheinander)和非常变形地被马克思界定为受条件制约的"历史创造"。这一旷日持久的认识论在场(presence),在界定批判性的思想和阐释的本质时为"历史的想象"保留了享有特权的地位。

理论意识中的这种历史决定论,长期以来处于不可动摇的霸权地位,其结果是,它往往扼杀人们对社会生活空间性的一种旗鼓相当的批判敏感性。这种批判敏感性就是一种实用的理论意识,它能观照到,存在的生活世界不仅创造性地处于历史的构建,而且还创造性地处于对人文地理的构筑,对社会空间的生产,对地理景观永无休止的构形和再构形:社会存在在一种显然是历史和地理的语境化中被积极地安置于空间和时间。虽然其他人加入到了福柯的行列,促使对时间优先于空间的情况进行调整,但迄今为止未曾发生过任何的霸权调位,允许批判的眼光抑或批判的我的产生。这种批判的眼光和批判的我,能以同样敏锐深刻的视角观照空间性,而这种视角产生的条件,就是需要聚焦于时间的持续性。批判阐释学仍然被笼罩于一种时间性的万能叙事(master-narrative),笼罩于一种历史的想象,而不是笼罩于一种可以相比较的地理学想象。因而,福柯对以往几百年发人深思的后瞻,今天依然适用。空间依旧是被看作刻板的、僵死的、非辩证的东西,而时间却是丰富的、有生命力的、辩证的,而且对批判社会理论化来说,是能揭示问题的语境。

然而,随着我们走近20世纪终端,福柯对"空间时代"的崛起的前瞻性观察,给我们定下了一种更为合理的基调。现代批判社会理论的物质语境和思想语境已发生了戏剧性的变化。在1980年代,学者们一致呼吁对批判想象需要进行广泛的空间化,其态度之明确前所未有,这给对空间熟视无睹的古老传统带来了很大的挑战。因而,一种具有明显特色的后现代和批判人文地理学正在形成,勇敢地重申,处于当代批判思想在历史上享有特权的界限中的空间,具有阐释性意味。尽管地理学可能尚未完全取代历史在当代理论和批判中的核心地位,一种新兴并充满活力的论辩已被放到了理论和政治的议事日程上。这种论辩具有以下特点:以富有意味的不同方式同时观照时间和空间,认为历史与地理具有交互作用,在业已摆脱了内在范畴特权的逼迫以后的世界中,历史与地理是存在的"纵向"与"横向"关系。

在回应这些烦人的后现代侵略者时,即便是"虔诚的时间后代",也很容易以一种仍然是老到和稳操胜券的手段兴起一股反废除现有行为准则的浪潮,或者以一种什么都见过的心态自鸣得意地对这些侵略者嗤之以鼻。在应对这种情况时,那些坚定的后现代侵略者常常动辄言过其实,隔绝日益沉寂的时间怀抱,呆板地夸张当代空间性的批判特权,这给人以一种毫无效果的反历史韵味(aura)的印象。然而,从这些彼此对峙的论辩中,也产生了另外一种态度。这种态度就是更富有弹性和更折中的批判理论,重新将历史的构建与社会空间的生产紧密地结合在一起,也将历史的创造与人文地理的构筑和构形结合在一起。从这种富有创造性的结合中正生成出各种新的可能性。这些可能性就是具有同存性的历史和地理唯物主义,空间、时间和社会存在的三方辩证关系,对历史、地理和现代性彼此之间的关系进行改革性的重新理论化。

对于批判理论目前刚露端倪的空间化,若要作出一个全面而又肯定的认识论上的陈述,我们现在尚未具备足够的把握,因为对一种仍然处于不断变化中的话语作出一种为时过早的总结,尚有太多的不确定因素。但是,我所谓的后现代地理学的发展所迈出的步伐,已足以深刻地改变当代世界的自然地理景观和批判理论的阐释性疆域。因而,这样的一个时刻已经到来,即对历史与地理、现代性与后现代性这两种处于不断变化中的语境,进行至少是第一轮的反应性评价。历史与地理和现代性与后现代性,已具体地烙印于当代生活(自然世界的后现代地理学)的经验结构,以及我们从实用和政治角度理解现在、过去和潜在的未来(批判社会意识的后现代地理学)的其他一些思路。

在这开篇的一章里,我将追溯一条贯穿于从上个世纪末至目前的批判社会理论思想史的重构性轨迹,梳理出已激发对空间进行当代重申的而又藏而不露的叙事。本人的意图并不想抹杀历史的阐释学,而是想通过批判的空间化开辟和重组历史想象的范围。如同在接下去的每一章里所显而易见的那样,对批判社会理论作如此的重申,既在解构方面又在重构方面均是一种尝试。如果简单地将空间的重点附加于因袭传统而来的批判视野,并袖手旁观地看着这些重点洋溢着逻辑依据,那么这种尝试是无法达到目的的。依然执迷不悟的历史决定论这一羁绊必须首先得到松解。特里·伊格尔顿在《违反意愿》(1986,80)一书中对这一叙事任务作了给人以深刻印象的描述:

那么,"解构"就是要在更为广阔的运动和结构中对意义、事件和客体进行重新注册和定位。在此容许我打个比喻,这就像是翻转一幅盛气凌人的挂毯,以便暴露这幅展现在世人面前的线脚细密的画面背后是一团毫无魅力可言的纹路凌乱的丝线。

探寻后现代地理学的起源

后现代批判人文地理学第一声执著的呼喊,出现于1960年代后期,可几乎被当时盛行一时的声音所淹没了。重申历史先于地理的观念仍然一路畅行,很奇怪地将空间化的思想打入了冷宫达十多年之久。这种观念将永远处于积累过程中的过去进行了实际上的神圣化,禁锢了西方马克思主义和自由主义的社会科学。对这种一意孤行的历史语境化进行最为综合而又令人折服的刻画的,要数 C. 赖特·米尔斯。他对社会学的想象作了范式性的描述(米尔斯,1959)。他的著作提供了一个有用的始发点,促使人们向着将历史叙事空间化并重新阐释批判社会理论的方向迈进。

历史决定论沉寂的空间性

米尔斯勾画了深深植根于历史理性的社会学想象,即马丁·杰伊(1984)所谓的"纵向总结",这同样非常适用于批判的社会科学和马克思主义的批判传统。

[社会学想象]是一种思维特性,有助于[个体]使用信

息,发展理性,以便对世界上所发生的事和个体自身可能会发生的事获取理智的总结。(1959,11)

这种想象的第一个成果和体现这种想象的社会科学的第一种经验,就是这样一种理念:个体能理解自己的经验,而且只能通过对自己在自己所处历史时期的定位来判定自己的命运,即只有通过对自己环境中所有其他个体的认识,他才能把握自己在人生中的各种机遇。……我们已渐渐了解到,在某些社会中,每一个体的生命是代代相传的;他的生命会超越一种传记,而且他会跨越某历史顺序。通过他生命的事实,不论怎样的细小,他都会对这一社会的形成、对历史的进程作出贡献,即便他自己也是由社会以及社会的历史推进构建的。(1959,12)

他进一步指出:

社会学想象能使我们掌握历史和传记以及这两者在社会中的关系。这就是社会学想象的任务,也是它的承诺。认可这一任务和这一承诺,是古典社会分析家的标志。……*大凡社会研究,都会回复到传记问题、历史问题以及这两者在社会中的交互关系问题上来,否则就不可能完成其思想历程。*(同上,着重号系作者所加)

我援引米尔斯对何谓基本的历史想象的描述,其目的就是想详细说明历史决定论诱人的逻辑及其将意义和行为理性地还原为社会存在的时间构建和经验。历史想象和历史决定论之间的这种关系需要进一步的详细探讨。首先，人们更容易提出的问题是："社会学的"缘何已变成了"历史的"？如同米尔斯本人所指出的，"每一个制鞋匠都认为皮革是唯一的东西"，作为一名训练有素的社会学家，米尔斯以自己学科的专业化和社会化来命名自己的皮革。名称上的选择，能从个体角度表明人们更加广泛认同的"思维特性"。米尔斯声称，思维特性不仅应该渗透于而且应该体现于一切社会理论和社会分析，这是一种解放的理性，植根于历史、传记和社会的交叉关系。

诚然，这些"生命史"(life-stories)也包含着地理学；它们具有环境、直接的处所，引人思索的安置。所有这些都会影响思维和行为。历史的想象从来就不是完全没有空间的，况且批判社会历史学家已经著写了并将继续著写过去历史的一些最佳地理学。但是，在这些地理学里提供这些基本的"可变容器"(variable containers)的，始终就是时间和历史。这一点应该是清楚的，不管这种批判倾向被描述为社会学的，或政治的，或人类学的，还是就此而言，被描述为现象学的、存在主义的、解释学的，或历史唯物主义的。具体的侧重点也许各有不同，但整体视野是相同的。一种现成的地理学设置了舞台，而历史的任性制作决定着动作，并规定故事情节。

历史的想象对批判社会理论，对探寻将世界理解为是解放而不是维系现状的途径来说，一直占据着特别重要的地位。强调这一点，是十分要紧的。如果社会理论单单对现有的诸种条件进行理性化，并因而有益于推进重复性的行为，即连续不断地复制业已确立的诸种社会实践，那么这种社会理论就不适合于批判理论的界定。就社会理论所描述的事物的角度来看，它们或许是十分精确的，但它们的理性（或就这一方面而言，它们的非理性）很可能是机械的、规范的、科学的，或者是工具性的，而不是批判的。正是因为历史的想象和创造历史的人民具有批判和潜在的解放价值，而不是将历史的演进看作一件理所当然的事，才使得社会理论具有不可抗拒的魅力。反复重申世界可以通过人类的行为和实践得到改变，这始终占据着批判社会理论的中心位置。

批判社会理论的发展已围绕对历史的可变性这一断定而展开，它反对将世界的可变性加以神秘化的诸种视点和实践。因而，批判历史的话语将自己对立于抽象的和超越历史的普遍化（包括一般的"人性"观念，这种观念在同一时间什么都解释，可又什么都解释不了）；对立于自然主义、经验主义和声言除社会本原之外历史取决于物质的实证主义；对立于凸显精神决定论和目的论的宗教和意识形态的宿命论（甚至在人类意识的外衣下走得更远）；对立于对世界的任何乃至一切的概念化，因为这一世界往往不承认时间的脆弱，也不承认"打破"并重塑历史的可能性。

无论是历史想象引人注目的批判思想，还是它为防备转移人们视线的神秘化而得到有力辩护的持续不断的需要，均使它夸大其词地断言成为历史决定论。历史决定论在传统上已得到各种不同方式的界定。譬如说，雷蒙德·威廉斯在其《关键词》（1983）一书中表述了三种当代选择：1）"中立型"——一种取用过去的事实来追溯目前诸种事件的先例的研究方法；2）"慎重型"——强调不

第一章　历史:地理:现代性　23

断变化的诸种历史条件和语境是阐释一切具体事件的优先根据；3)"敌对型"——攻击建立于关于历史必然的诸种观念或历史嬗变一般法则基础之上的一切阐释和预见。

我希望,通过将历史决定论界定为对社会生活和社会理论的一种过分历史语境化,给以上三种选择提供另外一种解释,因为社会生活和社会理论明显淹没或边缘化了地理的想象抑或空间的想象。我的这种界定,并不否认作为解放性思想的一种形式的历史撰述的绝对力量和重要性,而是将历史决定论等同于创造一种批判的缄默,心照不宣地将空间附丽于时间,而这种时间掩盖了对社会世界可变性的诸种地理阐释,扰乱了理论话语的每一个层面,从关于存在的最抽象的本体论概念到关于经验性事件的最为具体的解释。

假若是以已盛行几个世纪的关于历史决定论的论争的悠久传统为背景,那么这种界定或许看起来颇为怪异。① 这种论争的失败之处,在于没有承认奇特的空间理论边缘化,即便是最为中立的历史决定论形式,情况亦是如此。然而,确切地说,这一情况正是在1960年代后期开始被发现的,开始的时间并不完全一致,我将这种情况称为后现代批判人文地理学。即便是在那个时候,批判

---

① 参见波佩尔(1957)、伊利亚德(1959)、洛维特(1949)、科恩(1978)和罗蒂(1980),以便抽样式地了解研究历史决定论的各种截然不同的方法。罗蒂在《哲学和自然之镜》(9)一书中作了饶有趣味的评述,认为传统的笛卡尔-康德哲学是"企图逃避历史……在任何可能的历史演变中发现各种非历史的条件"。罗蒂认为,20世纪分析哲学的主要人物是维特根斯坦、杜威和海德格尔,因此他们被罗蒂表述为恢复性的历史循环论者。罗蒂接着说:"本书的寓意也是历史循环论"。(10)人文地理学在这种自然的现代镜子里,除了作为一种古老的反映之外其特征几乎完全消失。

社会思想的主流依然习惯于对空间的漠视,对空间而不是时间,对地理而不是历史的重申,纵使极有说服力,也未曾产生多大的影响力。在当时,现代地理学的学术准则在理论上已被搞得非常迟钝,对这些重申几乎没有什么贡献。当时一些最有影响的社会批评家勇敢地将注意力转向空间,但不仅被那些顽固不化者完全看作异端邪说,而且这些批评家本人也常常缓和自己对历史决定论的批评,以便完全为人们所理解。

唯有少数几个特别洪亮的声音,才震撼了以往二十年依然处于霸权地位的历史决定论,这些声音启动了后现代地理学的发展。在这些呼吁空间化的声音中,最具毅力、最执著并最坚持不懈的声音,当推法国马克思主义哲学家亨利·勒菲弗。他的有关空间的社会生产的批判理论化,将渗透于以下每一章。然而,我在此仅选取并表述其他两位批判理论家的空间化研究工作。他们是米歇尔·福柯和约翰·伯杰。他们充满生气的后现代地理学观点,由于人们更舒畅、更熟悉地将他们认同于历史学家而基本上受到埋没。

米歇尔·福柯含糊不定的空间性

福柯对批判人文地理学发展的贡献,必须从考古学的角度加以挖掘,因为他将自己具有先锋性的空间观念的转变埋藏于卓越的历史洞见的旋涡。毫无疑问,他或许会反对自己被称为后现代地理学家,但不管他怎么想,他的确是一位后现代地理学家,这可以从《疯狂与文明》(1961)到他后期的著作《性史》(1978)等书里得到印证。然而,他对空间和时间的相对意蕴最为明朗和发人思考的观察,并不是出现于他所发表的主要作品,而是几乎平淡无味地出现于他的讲稿,而且是在某些诱人的质问以后,出现于两个很能说明问题的访谈录里:"关于地理学的若干问题"(福柯,1980)和"空间、知识与权力"(拉比诺,1984;参见赖特和拉比诺,1982)。

譬如说,援引于本章开头的具有划时代意义的观点,首次出现于1967年的一次题为"关于其他的空间"的演讲中。这些观点实际上被人忽视了近二十年,直到1984年法国的一本名为《建筑-动态效果-连贯性》杂志发表了这些观点,才引起了人们的重视。杰伊·米斯考万齐将这篇讲稿翻译为"关于其他的空间",并将之收集于《明辨是非》一书(1986)。在这些演讲记录中,福柯概述了关于"异位"(heterotopias)的看法,认为"异位"是现代世界的典型空间,取代了中世纪呈等级体系的"空间整体",也替代了将发轫于伽利略的"安置的空间"包容于现代早期的并呈无限展现的"延伸的空间"和测量。福柯摆脱了巴舍拉尔杰出诗学(1969)的"内部空间"和现象学家有目的的区域描述,将我们的注意力聚焦于社会生活另一方面的空间性,即"外部空间",这种空间是人们实际使用的(而且是由社会生产的)场址空间以及场址之间的诸种关系:

> 我们生活于其中的空间,将我们从自身中抽取出来。在这种空间中,我们的生命、我们的时间和我们的历史被腐蚀。这种空间撕抓和噬咬着我们,但自身又是一种异质性的空间。换言之,我们并不是生活在一种虚无的空间,其实,我们可以在其中安置各种个体和事物。我们并不生活于一种虚无的内部,它可以被涂上各种各样亮度不等的色彩。我们生活于一套关系之中,这些关系勾画了各种场址的轮廓,彼此无法还

原,也绝对不能彼此叠加。(1986,23)

充满各种场址和各种关系的这些具有异质性的空间,即福柯的"异位",构建于每一个社会,但形式各异,并随着时间的变化而变化,因为"历史以其黏附的空间性而逐步展开"。他识别了许多这类场址:墓地与教堂、戏院与花园、博物馆与图书馆、集市与"度假村"、兵营与监狱、穆斯林的土耳其浴与斯堪的纳维亚的桑拿浴、妓院与殖民地。福柯将这些"真正的地方"与乌托邦的"基本非真实的空间"进行对比,将社会表述为不是"一种完美化的形式",就是某种"倒置的形式":

> 异位能将几个空间组合到一种单一的真实地点,这些空间就是场址,它们本身彼此无法兼容……它们在与遗留下来的一切空间的关系中发挥作用。这种作用在两个极端之间展开,任何一端的作用都会创造一种幻想的空间,将每一种真实的空间,即人类生活在其中被分割的一切场址,暴露得更具幻想性。……倘若不然,它们的作用就会走向反面,创造另外一种空间,这种空间就是真实的空间,既完美又严谨,有条不紊。形成鲜明对比的是,我们的空间却是杂乱无章、无据可寻、无序堆砌。我们的这种空间应该就是异位,不是幻想,而是补偿。我怀疑某些殖民地是不是在某种程度上也以这种方式起作用。(1986, 25, 27)

通过这些思想,福柯表露了许多在他毕生从事的研究工作中所依循的很有吸引力的学术方向,并对历史决定论以及现行于人类科学中关于空间的观点,间接地提出了很具说服力的反对意见。福柯关于异位的异质性和关系性空间,既不是一种毫无内容的虚无,需要填入认知知觉的内容,也不是诸种物质形式的一种储藏室,需要在其所有的华丽的可变性方面从现象学的角度加以描述。这是另外一种空间,就是勒菲弗所描述的"实践的空间",实际上是为人们所实践并由社会创造的空间性,在同一时间内既具体又抽象,是社会诸种实践的习惯。这是一种不太为人所注意的空间,因为它被一种双焦的(bifocal)视野所掩盖,这种视野以传统的方式将空间视为不是一种心理构建,就是一种物质形式,两者必具其一。关于这种双焦幻想,我将在第五章作更为详细的探讨。

为了详细说明他对空间和时间的创造性阐释,并澄清引发于空间和时间的常常令人迷惑的一些论辩,福柯转向了当时流行的关于结构主义的各种论辩,而结构主义是20世纪在批判社会理论领域对空间进行重申的最重要的途径之一。福柯强烈地坚持,他本人不(仅仅?)是一名结构主义者,但他承认,在结构主义的发展过程中,对历史和地理存在着一种不同而又引人入胜的看法,这种看法就是一种批判的调整,以各种新颖而又引人思索的方式将空间和时间联系在一起。

> 结构主义,或者至少是那种被归类于略显过于笼统的名称之下的思想,竭力在原本可以在时间这一轴线上建立联系的诸种因素之间,建立各种关系的一个整体。这一整体使各种关系看起来像是彼此组合在一起,互为表里。简言之,使这

些关系看起来仿佛是某种构造(configuration)。实际上,结构主义并不意味着对时间的否定;它的确牵涉到对我们所称的时间和我们所称的历史的某种应对方式。(1986,22)

这种共时的"构造"就是对历史的空间化,是对与社会空间的生产纠缠在一起的历史的构建,是对历史地理学的构筑。①

福柯拒绝将自己的空间化投射为一种反历史,但他的历史观从一开始就被发人深思地空间化了。这不仅仅是在隐喻偏爱方面的一种变化,因为常有的情况是,较之福柯,阿尔都塞和其他学者似乎对结构主义这一标签感到更容易接受。它是开了将历史与解释性地理学联系起来的先河。为了强调在批判的眼光里空间的中心地位,尤其考虑到这一当代的契机,福柯的观点表达得最为明确:

在任何情况下,我相信我们时代的忧虑就本质而言与空间有关,毫无疑问,这种关系甚于同时间的关系。也许在我们看来,时间仅仅是各种各样分布作用的其中一种,这些作用对展现于空间的诸种因素来说是可能的。(同上,23)

---

① 结构主义假定的对历史的"否定",已引发了那些极为僵化地深受解放性历史决定论影响的人对其劲敌发起一场近乎疯狂的进攻。然而,福柯想要说明的是,结构主义不是对历史的一种反动,而是试图以一种不同的方式探讨历史,认为历史是一种空间-时间结构,是既有同存性又发生交互作用的共时和历时(在此使用了传统的范畴对立词)。

福柯在表述问题时从未如此清楚过。他表现出的空间化观点,与其说是陈述性的,倒不如说是结论性的。他或许深信,至少是法国人会理解他鲜明的空间化的历史地理学的含义和意蕴。

就在他去世前所进行的一次访谈(拉比诺,1984)中,福柯回忆了自己"关于其他空间"的探索。他也追述了由他的探索引起的愤怒的反响,这些反响来自于那些他曾经认为是"虔诚的时间后代"的人。当问及空间是否是权力分析的中心问题时,他答道:

> 是的。空间在任何形式的公共生活中都极为重要;空间在任何的权力运作中也非常重要。在此插一句话,我想起在1966年曾受到一群建筑师的邀请去探讨空间问题,探讨被我当时称为"异位"的问题,即那些独特的空间被人发现处于某些特定的社会空间之中,其功能不同于其他的空间,或者甚至与其他的空间相对峙。这些建筑师研究这一问题。在探讨将要结束时,有人——一名属于萨特存在主义哲学的心理学家——表达了自己的看法。他向我发起攻击,说空间是反动的,也是资本主义的,但历史和生成是革命的。这种荒诞的话语在当时一点也不奇怪。今天,对于这样一番话语,每一个人听了之后都会捧腹大笑,可在当时却不会这样。

在今天的笑声中——依然不像福柯所设想的那样会十分的普遍或笑得前俯后仰——人们可以追溯往事,从中可以发现,福柯从前期作品到后期作品一直坚持不懈地探索着他自己所谓的"时间与空间不可避免的交叉关系"。他的确是这样做的,我们只是到了现在才逐渐意识到这一点，我们现在到处都可以听到关于正在崛起的后历史决定论和后现代批判人文地理学的观点。

诚然，没有多少人能清楚地了解福柯的地理学，因为他从未停止过作为一名历史学家的工作，从未中断过他对现代批判思想总体同一性的忠诚。被冠以地理学家的称号，是一种理智的诅咒，是与一种学术惩戒的有损身份的结合，这种结合已经远离于现代社会理论和哲学的殿堂，以至于超越了批判相关性的范围。福柯必须得到劝诱才能承认他对地理学空间视野的创造性依附，才能接受地理学始终是他学术关怀的中心。这种通过回顾往事才得到承认的思想，出现于一次与法国一本名为《著名人物轶事》的激进地理学杂志的编辑的访谈之中，以后以"关于地理学的若干问题"为标题用英语发表于《权力／知识》一书（福柯，1980）。在这次访谈中，福柯扩展了他在1967年所表达的思想，但他只是在采访人的推动穷追之下才这样做的。

开始时，当采访人问他，在他的作品中尽管使用了大量的地理学隐喻和空间隐喻，可他为何对自己作品中的地理和空间性的重要性始终保持缄默？他听了以后先是惊讶，后是恼怒。采访人向他提道：

> 如果地理在你探索和发掘的范围里见不到也摸不着，这可能是因为故意采用了历史的或考古的研究方法，而这种研究方法首先考虑的是时间因素。因而，在你的作品中，人们发现你对历史时期有着严格的关怀，这与你对空间的划分的模糊性形成了鲜明的对比。

第一章 历史:地理:现代性

福柯立即作了回答,但方法是转移话题或倒置话题,将地理学的责任踢回给采访人(想起了那些因为他对空间的"隐喻性沉迷"而指责他的评论家)。然而,在追问之下,他(又?)承认,空间已被哲学家和社会评论家贬值了好几代人的时间,他重申了权力/知识的内在空间性,最后态度来了一个 180 度的大转弯:

> 我很喜欢与你进行这一次讨论,因为从谈话一开始我就已改变了看法。我必须承认,我认为你要求给地理学一个位置,就像提出进行教育改革时那些提出抗议的教师,因为自然科学或音乐的课时数被削减了。……现在我明白,你向我提出的关于地理学的诸种问题对我来说至关重要。我曾经竭力将一系列的因素联系起来,地理学能起到这样的作用:为这些因素之间的关系建立渠道,提供可能性的支持和条件。就地理学本身而言,我要不将这一问题悬而不决,要不就是建立一系列武断的联系。……的确,地理学必须处于我探索问题的中心。(福柯,1980,77)

福柯在此的论辩已发生了新的转折,从简单地审视"其他的空间"到质疑"已盛行几代人的这种空间贬值"的根源。正是在这一点上,他对后柏格森主义处理空间的方法作了在前文已经引用的评论:后柏格森主义认为,空间是被动的,也是没有生命的,而时间却是丰富的、多产的、辩证的。

历史决定论是空间贬值的根源,对此发起直接进攻的探究成分在此已经存在,但是,福柯却另有考虑。说句发人深思的离题话,他走的路径是一种整合性的路径,而不是一种解构性的路径,在紧紧地抱住他的历史不放的同时,给历史增添了关键的连结,这种连结将贯穿于他的所有作品:空间、知识和权力之间的联系。

> 对所有那些将历史与以下的事物混淆起来的人来说,使用空间的术语会看起来像是对历史的一种反动:进化的旧图式、生命的延续性、有机的演进、意识的进步或对存在的研究计划。如果有人开始谈论关于空间的问题,那么这便意味着他对时间充满了敌视。如同愚蠢的人会说,这意味着他"否定了历史",同时意味着他是一名"技术专家政治论者"。他们并不理解,追寻客体的移植、划界和划分的诸种形式、列表的诸种方式和领域的组织,这意味着热衷于诸种过程的凸显,即历史的过程,更不要说权力的过程。对话语诸种现实的空间化描述,等于是对权力的相关效应进行了分析。(同上)

"权力之眼"一文曾作为杰里米·本瑟姆所编的《普遍原理》(1977)一书的前言发表,以后又在《权力/知识》(福柯,1980,戈登编,149)一书里重印。在这一篇文章里,福柯重申了自己的这一大联合计划:

> 一种完整的历史,需要描述诸种空间,因为各种空间在同时又是各种权力的历史(这两个术语均以复数形式出现)。这种描述从地理政治的大策略到居住地的小战术。

因此,福柯拖延了对历史决定论的一种直接批评,只是从侧面作了敏锐的审视,在保持自己的空间化的同时又坚持了自己的历史态度。他乐观地下结论说:"历史将会使我们免受历史决定论的影响"(拉比诺,1984,250)。

我将在下面各章里再探讨福柯对权力引人思考的空间化。现在,我已借用了他的著作详细说明一个几乎未曾被人注意但在后现代批判人文地理学里却具有构建力量的学术进程,这一进程潜藏于历史决定论顽固不化的霸权明确承认的地理学里。另外一种同样藏而不露的(历史)地理学,可以在约翰·伯杰的著作里找到。伯杰是一位最具影响力的批评家,也是今天用英语写作的最具创造力的艺术评论家。

通过约翰·伯杰的眼光展望空间

同福柯一样,约翰·伯杰在他几乎所有的作品中强调了时间与空间的交叉关系。在他最新近的著作中,有一个名为《地理学的一个问题》的剧本以及一本具有独特个性的诗歌散文集。这一集子在视觉上构想了爱情、我们的脸庞、我的内心,如同照片一般简洁明快(伯杰,1984)。伯杰在象征自己执著地权衡历史与地理、家族与地貌、时期与区域的同时,在这一薄薄的集子的开篇就表白"第一部分是讲述时间,第二部分是讲述空间"。因此,接下去的包容性主题是:第一部分被冠以"曾经",第二部分被冠以"在此":不管哪一个部分都不享有特殊的地位,而是两者必然相互映衬。但是,伯杰至少在他早期的一本著作中的确作了明确的选择。我希望聚焦的,正是这一鲜明的选择。

对历史决定论的终结也许是最直接的宣告的,并在今天依然具有意义的,是艺术历史学家那种最具空间性的幻想(我们敢叫这些艺术历史学家为艺术地理学家吗?)。这种幻想公开呼吁批判思想的空间化。在集子接下去的内容里,伯杰根据《诸种事物的面貌》(1974,40)一书,从空间政治化的美学角度浓缩了后现代地理学的实质:

> 关于现代小说的危机问题,我们已大有所闻。在根本上,这所牵涉到的问题是叙事方式的变化。几乎不再有可能的是,根据时间以直叙的方式展开一个故事的情节。这是因为我们太注意始终横向穿插故事主线的事物。这就是说,我们并不认为某一个点是一个直叙主线的一个无穷小的部分,而是认为这一个点是无数主线的一个无穷小的部分,这好比是星光一般四周放射的各种故事主线的中心。这样一种意识的结果,就是我们始终不得不考虑诸种事件和诸种可能性的同存性和延伸性。
>
> 之所以会出现这种情况,原因有多种:现代传播手段的范围;现代权力的规模;必须被接受的对全世界诸种事件的个人政治责任的程度;世界已变得不可分割的事实;世界内部经济不平衡发展;剥削的规模。所有这些均起作用。现在,预言牵涉到一种地理的投射,而不是历史的投射;是空间,而不是时间,使我们无法看见各种结果。今天,若要对事物作出预知,唯一必要的,是需要了解男人(和女人),因为他们在整个世界内并不平等。对这一方面的紧迫性熟视无睹的任何当代叙

事,都是不完整的,其结果就是导致对一个故事的性质的过分简单化(着重号和括号系作者所加)。

这番一针见血的话,出现于一篇论述现代肖像绘画的论文。在这篇论文里,伯杰试图解释肖像绘制的历史意蕴缘何在20世纪已发生了巨大的变化,因为以往常常出现的情况是,对权威家族和社会(阶级)地位进行视觉上的个性化。为了阐明问题,伯杰将目光转向了现代小说中一种类似的变化,这种变化发生于意义与阐释的语境,而这种语境是以这样的特征为转移:同存性还是序列性,空间性还是历史性,地理学还是传记。伯杰在审视这些问题时,开始确定一连串的思辨思想,这些思想界定了历史决定论向后现代的转折,并生动地宣告需要具有一种明确的空间化叙事。

这些明确的后现代地理学思辨的第一种思想,取决于对一种深刻的而又是由危机引发的现代生活的重构的认识,导致了"诸种事物的面貌"和我们"看问题的诸种方式"(1972)(如果我可以继续引用伯杰那个很有吸引力的书名的话)富有意义的变化。在伯杰看来,现代生活的这种重构牵涉到对"叙事方式"的一种基本重组,这是因为产生了一种新的意识,即我们必须考虑"诸种事件和诸种可能性的同存性和延伸性",这样我们才能理解自己所观察到的事物。我们再也不能指望以时间的次序展开的故事主线,这种故事主线是一种永远处于积累过程的历史,在情节和结局方面一往无前,因而,发生的事情太多,与时间格格不入;从横向始终穿插故事主线的事太多。当代肖像再也不会将我们的目光引向一个权威家族,引向光是对世袭和传统的召唤。同存性介入其中,使我们的视点在无数的主线中往外延伸,将主体与所有可以比拟的事例联系起来,使意义的时间流动复杂化,并使难以置信的"一个接着一个的乱七八糟的事物"的无限延伸发生短路。这种新的小说形式,现在必须在涉及一种明确的历史构造和历史投射的同时,还必须涉及一种明确的地理构造和地理投射。

为了解释个中的缘由,伯杰将在具有普遍性的地理不平衡发展的语境和意识下得到重构的叙事,敏锐地放置于各种故事主线的结合和对诸种事物的外观进行直观的描述。这些故事的主线和事物的外观将每一个故事(历史)与一种会影响人们注意力的横向关系联系起来,而这种横向关系的触角已伸及每一个角落,体现于权力、不可分割性、剥削和不平等等方面。地理的不平衡发展迫切需要我们对此有清楚的认识,它是我们集体构就的产物;我们重新感觉到,我们对此负有个人的政治责任。所有这些方面均使当代这一时期变得空间化,并揭示一些富有见地的思想。这些思想演绎于对当代的危机更深刻的理解,以及在文学和科学,在我们的日常生活和男女的诸种条件(因为他们存在于整个世界,并处于不平等的关系)等方面的重构。我在此重复伯杰发人深思的结论:对事物的预知现在牵涉到地理的投射,而不是历史的投射;藏匿各种结果使我们无法看见的,是空间,而不是时间。

对那些只能借助时间之镜观察事物的人来说,这一番话是多么振聋发聩。产生于对当代生活的深刻重构以及对地理的不平衡发展的明确意识的认识的,是对批判新视野的一种超常的呼吁。世界上,人类的地理不仅"十分重要",而且能提供最能昭示问题的批判视野。批判新视野就是以一种不同的方式审视这一世界。

然而,在匆匆作出其他的结论之前,我们不能忘却的是,对批判思想的这种空间化,并不需要投射一种简单的反历史思想。与福柯的看法一样,对批判社会理论的空间的重申并不要求对时间和历史进行一种对抗性的隶属化,即进行一种唾手可得的取代或替代。相反,在空间、时间和社会存在三者之间,或者说在现在可以叫得更清楚一些的人文地理的创造、历史的构建和社会的构筑彼此之间,需要进行一种恰当的阐释平衡。在当代语境里,藏匿各种结果使我们无法看见的,是空间,而不是时间。这种思想既隐含地承认历史迄今为止已被接受为享有特权的批判性揭露和批判性话语的方式,又是主张这种特权地位不再适宜,因为至今为止它已挡住了人们对社会生活空间性的批判意蕴的视线。目前正在受到挑战的,是批判思想历史决定论的主宰地位,而不是历史的重要性。伯杰近乎倒置了米尔斯的社会学想象,他注意到,无视空间向度紧迫性的任何当代叙事,都是不完整的,其结果就是导致对一个故事的性质的过分简单化。

因此,伯杰加入到了福柯的行列,将我们推向对批判社会思想进行富有意味而且十分必要的重构。这一重构能使我们更清楚地看到人文地理学长期隐藏的工具性,尤其是社会生活无所不包、无所不纳的而且已与资本主义的历史发展相联系的空间化。福柯所走的路径,将他引入了权力、准则和监督的微观空间,引入了监狱式的城市、救济院和人体,而伯杰所走的路径,是继续开辟审视艺术与美学、肖像与地貌、画家与农夫、过去(曾经)与现在(在此)的各种新方式。若要具体地表达并延伸这些深刻思想的空间领域,使后现代批判人文地理学更为有力并更为明确地依附于资本主义的工具空间性,历史叙事就必须在不同的地方、以不同的规模重新登场。

现代性的解构与重构

在《一切坚固的东西都烟消云散了:现代性的体验》(1982)一书中,马歇尔·贝尔曼对社会生活的多种重构进行了探索,因为这些多种重构在以往的四百年中已成为资本主义历史地理学的特征。处于他阐释性观点核心的,是一种发人深思的处于不断变化的现代性诸种概念的历史时期划分。这种历史时期的划分是从16世纪"古老的事物"与"现代的事物"之间具有构建能力的冲突到当代的诸种论辩,这些论辩预示着还有另外一种概念方面和社会方面重构的来临,即对所谓的现代性进行另一种再思考。处于这一连串相互联系的现代性之中的,就是历史决定论的历史,现在可以从后现代地理学的视角开始加以描述。

贝尔曼宽泛地将现代性界定为"一种富有生气的体验的方式",集体享有一种对"自我和他人"以及对"生命的诸种可能性和危险性"的具体感觉。根据这一界定,我们思考并体验时间与空间、历史与地理、序列与同存性、事件与处所、近段时期与我们生活于其中的区域等方面的各种方式,应具有一种特殊的地位。因而,现代性是由语境和事态构成的。它可以被理解为在世界上的特定时间和特定的地方生存的具体特征,对当代性的一种个体和集体的富有生气的感觉。由此可见,现代性的体验获得了一面感觉的大网,这一大网反映了人类存在最基本和最具构建能力的三个方面的诸种意义:空间、时间和存在。这些意义既具体又处于不断的变化中。在此,现代性具有其特殊的用途,它可以作为这样一种手段:重新定位关于在批判社会理论领域历史与地理的各种论辩,对后现代性的语境和事态进行界定。

恰如空间、时间和物质能划定并包容自然世界的基本特性,空间性、时间性和社会存在可以被看作这样一些抽象方面:它们一起构成了人类生存的一切具体方面。说得更具体一些,这些存在的抽象的每一个方面,都作为一种社会观念而获得生命,它塑造了经验的现实,而在同时又被经验的现实所塑造。因而,人类生存的空间秩序产生于空间的(社会)生产,各种人文地理的结构既反映又构建了世界中的存在。同样,时间秩序具体化于历史的创造,在不断演进的辩证关系中既约束其他事物而又受到其他事物的约束,而处于不断演进中的辩证关系一百多年以来一直是马克思主义思想在本体论方面的关键。为了完成这一不可或缺的存在的三位一体,世界存在的社会秩序可被看作围绕社会的构筑以及社会诸种关系、诸种体制和诸种实践的生产和再生产。空间-时间-存在的这种在本体论上的三位一体,在解释具体的事件和事变时是怎样在概念上得到具体的说明并给予特定的意义? 这是不论批判与否的一切社会理论的生成之源。它提供了一种给人以启迪的主题,通过这样的主题,人们可以看见历史、地理与现代性彼此之间的交互作用。

现代性、现代化和现代主义的序列

斯蒂芬·克恩(1983)在描述发生于上一世纪末得到深刻重

构的现代性时,使用了一个十分得体的短语,即"时间与空间的文化"。在体验现代性时,社会理论的这种本体论的连结,在此借用克恩的话来说,是在一种处于不断变化的"时间与空间的文化"中得到了明确而具体的构建。

> 从大约 1880 年至第一次世界大战爆发,技术和文化方面的一系列巨变给思考和体验时间和空间带来了各种新的方式。包括电话、无线电报、X 光、电影院、自行车、汽车和飞机在内的各种技术革新,为这种重新调整建立了物质基础;诸如意识流小说、心理分析、立体主义和相对论等各种独特的文化发展,直接影响了意识。其结果是产生了生活和思想诸方面的变革。(1983,1—2)

在业已扩展的 19 世纪末这一期间——从巴黎公社失败后的一个时期至导致俄国革命的各种事件(选择多少有所不同的转折点)之间,世界发生了急遽的变化。工业资本主义借助基本的社会重构和空间重构继续生存了下来,并没有像人们所预见的那样会消亡。这种重构既强化(或者说随着财团垄断和兼并的涌现而深化了)又广延了(或者说随着帝国主义的全球性扩张而拓宽了)其决定性的诸种生产关系和劳动分工。伴随资本主义这种新的政治经济学的崛起的,是一种业已变化了的时间和空间的文化,是一种业已重构的历史地理学。这种历史地理学形成于旧秩序支离破碎的残余,对未来充满了雄心勃勃的新视野和新设计,因为现代性的真实本质和体验,即所说的现代性,已富有意蕴地得到了重构。一种相类似的重构以社会理论化各种流行的形式发生,同样是为了适应资本主义现代性处于不断变化的本质。但是,在探讨社会理论的这种重构之前,从贝尔曼对现代性的概念化和对在19世纪末的过去和现在之间的并行关系的认识,可以演绎出更多的东西。

如同许多人已开始看到的那样,两个世纪末时期都伴随着相似的变革的但不一定是革命的社会空间过程。如同发生于大约一个世纪以前的那样,时下有一种复杂而又充满冲突的辩证关系在以下两种情况之间形成:一是由影响当代资本主义社会的整个体系的危机引发的具有迫切性的经济现代化;二是一种具有回应性质的文化和政治的现代主义,其目的在于理解发生于世界并对未来的发展方向获得控制权的各种物质变化。现代化与现代主义,在强化了的危机和开展重构以便创造一种不断变化并充满冲突的社会语境的这些条件下,发生交互作用,而在处于不断变化和充满冲突的语境里,一切事物看起来都"充满了自己的对立面",一切曾经被假定为牢固的事物,都会"化为子虚乌有"(这一描述是贝尔曼引用了马克思的话),而且是作为过渡期现代性的重要体验的一个基本特征而加以表征的。

现代化可以直接地与结构变化的许多不同的"客观"过程相联系,而这些过程已与资本主义的这样一些能力相关联:发展和生存能力,并且成功地再生产出其基本的诸种社会生产关系和独特的各种劳动分工的能力,尽管这些能力具有削弱危机的各种内源(endogenous)倾向。现代化与资本主义生存之间的这种明确的关系是至关重要的,因为极为通常的情况是,现代性分析家从生产方式的现代性社会根源那里抽取社会变化,以各种理想化的进化模式将历史"搬上舞台"。根据这些观点,变化看起来无非是在取代传统的现代性古板拘泥的进程中"发生"的,这是一种机械的发展目的论(teleology)。现代化并不完全是资本主义某种限定的内在逻辑的产物,也不是历史毫无根基和无可规避的理想化。

我在此认为,现代化是社会重构一种连续不断的过程,这种过程的速度周期性地加快,对处于具体形式中的空间-时间-存在进行有意义的重构,这是在现代性的本质和体验方面的一种变化,主要产生于生产方式的历史和地理的动态。在以往四百年的进程中,这些动态一直是处于绝对优势的资本主义,这是因为在那段时期,它一直是现代性的真正本质和体验。如同所有的社会过程一样,现代化的发展在所有的时间和空间都是不平衡的,因而在所有不同的区域性社会形态上留下了颇为不同的历史地理的印记。但有时,在永远处于积累过程的过去中,它在体系上已成为共时性,同存性地影响了所有处于绝对优势的资本主义社会。至少自19世纪早期以来,随着宏观的起伏性变化(macro-rhythm)变得愈益可以辨认,这种共时化已凸显了资本主义的历史地理学。这种宏观的起伏性变化就是社会危机和重构犹如波浪的周期性,对此我们只是到了现在才开始理解其所有的派生影响。

在"全球性"的危机和重构延续时间较久的这些时期中,最早的时期也许贯穿于霍布斯鲍姆所称的整个"革命时代",并盛行于1830年和1848—1851年间的动荡年代。紧接下去的几十年是资本主义在工业生产、城市发展和国际贸易等方面爆炸性扩张的时期,是资本积累和社会规范富有古典意味、充满竞争和进取精神的体系的繁荣期。然而,在19世纪最后的三十年中,繁荣基本上转变为萧条,即当时发生于最先进的资本主义国家里的所谓漫长的萧条(the Long Depression),这更加突出了进行另一种极为紧迫的重构和现代化的需要,即为始终陷于危机而难以自拔的资本主义寻找一种新的"良方"。

同样一种由危机引发、时起时落并依次发生的重构,导致了一种扩张性的繁荣期,然后又走向危机,接着又进行重构,这是20世纪上半叶的明显特征,同时还伴随着大萧条时期,它与过去时期体现于整个体系并充满冲突的衰退遥相呼应,触发了一种具有明显特征的资本积累体系向另一种资本积累体系的过渡。现在看来愈益明朗的是,20世纪的下半叶从宽泛意义上说已是重蹈覆辙,继第二次世界大战以后,是一段长时期的扩张,而现在是仍然处于充满危机的尚未实现的现代化和重构时期,这会将我们带向下一个世纪末。这种起伏性的变化一直难以消除,它将时间标志为或许可以被描述为至少是资本主义的四个变性(metamorphic)现代化,这段资本主义时期是从1830年代至今。

对资本主义历史地理学里的这种危机四伏的宏观起伏性变化,进行最为严谨而又发人深思的分析的,应是欧内斯特·曼德尔(1976,1978,1980)。将业已强化的现代化的周期性与一系列的地理重构联系起来,曼德尔在这一方面尤其富有成效。这些地理重构的类似特征,是试图恢复有利可图的资本主义积累的各种辅助条件。对现代化过程的这种曼德尔式的周期化/区域化,在发展和阐释后现代地理学的过程中发挥了重要作用。

贝尔曼对这些周期性得到强化的现代化形成的明显特征,也作了极有见地的描述。他表述了关于物质力量的以下项目单,这些物质力量有助于将现代性的体验重构为对当代"各种危险和可能性"的一种集体感受：

> 生产的工业化将科学知识转化为技术，这创造了各种新的环境，也毁坏了各种旧的环境，加快了整个生活节奏，生成了财团权力和阶级斗争的各种新形式；

> 巨大的人口激增，使得千百万的人民流离故土，四处漂泊，到处寻找新的生活；

> 急遽的并且常常是灾难性的城市发展；

> 大众通讯的各种体系，在发展过程中充满生机，将最丰富多彩的民族和社会包裹或捆绑在一起；

> 各民族国家的力量愈益强大，其建构和运作的方式都是官僚的，永远不会停止对权力扩张的追求；

> 民众和各民族的各种群众性社会运动，向他们的政治和经济统治者提出了挑战，竭尽全力获取自己生命的控制权；

> 最后，带领或驱动所有这些民众和体制的，是永远处于扩张并剧烈波动的世界资本主义市场。（贝尔曼，1982，16）

这一张可怕的单子,生动地概述了具有破坏作用的创造性。这种创造性是与在以往两个世纪的过程中的现代化和资本主义的生存紧密联系在一起的。即便是今天,尽管形式不同,但这种情况依然在重演。

重构和现代化不仅凸显了资本主义发展具体的历史和地理,而且标志了批判社会理论的变化历程。将经验世界的政治经济学与理论世界这两者联系起来,这把我们带到了贝尔曼对现代主义的概念化。从最宽泛的意义上讲,现代主义具有文化、意识形态和反思的性质,在此我还补充一点,那就是对现代化作出能形成理论的反应。它囊括了艺术、文学、科学、哲学和政治实践诸方面的一系列异质性主观视觉和战略行动计划,而艺术、文学、科学、哲学和政治实践是由以下两种因素激发出来的:一是因袭传统的并业已确立的秩序的解体,二是对业已重构的当代时机或事态的诸种凸显的可能性和危险性的意识。本质上,现代主义是一种"反应形态",是一种事态性的社会运动,发动起来的目的,是为了在当代的语境已发生深刻变化的情况下面对目前亟待解决的问题提出挑战。因而,现代主义就是能塑造文化的、有计划的并有定位的对现代性的意识。

速度不断加快的现代化,在每一个时代对各种新兴而强大的现代主义来说均有一个肥沃的滋生地,这些现代主义出现于话语和创造的几乎每一个领域。在时下的叙事看来,特别饶有趣味的是两个"现代运动",它们出现于18世纪和19世纪之交,界定了社会批判理论化的两个不同而又充满竞争的王国:一个是以马克思主义传统为中心,另一个则以更加富有自然主义和实证主义的社会科学为中心。如同19世纪末的其他现代运动一样,这两个运动当初兴起时,是富有叛逆精神的创造性先锋派运动,对应该在哪些方面有所作为具有一种崭新的意识,向自己沿袭传统而来的各种正统观念发起了挑战。关于时间问题的传统主义者受约束于现代性各种较为古老的结构和羁绊。在他们看来,各种先锋派运动似乎存在于一个不同的世界,即存在于另外一种现代性之中。这种现代性不再受束缚于传承而来并已确立的各种传统,就这一意义而言,这种现代性是一种"后现代的"同一性。

一种列宁主义的马克思主义,是贯穿向本世纪转变时期的一场最为成功的现代运动,在理论和实践两方面给历史唯物主义/科学社会主义注入了一种新的活力,并对其进行了先锋派的重构:一种现代化了的马克思主义意义深刻地改变了世界。与许多其他成功的现代运动一道,马克思主义-列宁主义在自己使之产生巨变的各个地方巩固了自己的胜利果实。马克思主义-列宁主义还坚强地挺过了本世纪中叶经济大萧条带来的那场大危机和第二次世界大战。到了20世纪下半叶,其地位得到了令人惊叹的巩固,人们再也不能视之为具有先锋性。新的变成了旧的,先锋派变成了保守派:充满霸气、僵化、教条。

处于20世纪马克思主义核心的僵化历史过程,在地理以及理论与实践的诸种方法上分裂了这场运动。一种更为保守和执意坚持实用主义的"东方的"主流,使理论的批判和创新转移到已逐渐被称为西方马克思主义的方向上来。西方马克思主义远离马克思主义-列宁主义的主要正统观念而独具特色,但因过于封闭而不能代表一种自我独立的现代运动。① 正是从西方马克思主义的这种"边缘性"潮流出发,才最后出现了对空间的重申和对历史决定论的批评。

在某种程度上作为对重构马克思主义的一种反应而出现的,是西方的,现代的,或者——从一种马克思主义的观点看——资产阶级的社会科学的加强,是划分得更细更零散的知识劳动分工,而不是出于对马克思主义传统的现代化的考虑才提出的。然而,两者之间也有一些明显的相似之处。两者均发轫于各种思想、政治和体制的斗争,这些斗争在19世纪末的发展,是因为对如何以最佳的方式对在现代社会里的各种不断演进的变迁进行理论化和归纳作出重新阐释,展开了富有竞争的讨论(如同马克思和孔德为了回应在资本主义第一次系统性的现代化以后革命早期年代终结时试图做的那样)。在社会分析和理论化方面,人们从工具论和日显实证论的角度借用自然科学的诸种方法,同时,人们也从同样的角度对始终给学科的僵化、离散和科学方法带来压力的各种批判观点进行了分析讨论。诸种社会理论基本上就是以此为基础,也在愈益明显的教条与霸权式的核心传统之间提出了一种内部分工。这种批判社会科学在另外两个方面与西方马克思主义不谋而合。一是对人类意识和社会意志突破一切外来制约因素的力量具

---

① 对西方马克思主义的边界和所处的地理位置作出明确的界定,这依然是一个众说纷纭的问题。对至1960年代为止这一时期的界定,我个人的界定大致上与安德森(1976)的界定相同,但对自那以后那段时期的界定,我个人的界定却接近于热(1984)的界定,即包括欧洲大陆和英美的左派学者以及几个非常著名的自称的非马克思主义者,包括米歇尔·福柯,尽管安德森似乎不愿意这样做。

有一种解放性的兴趣;二是在"创造历史"的过程中和在解释、阐述、冲突和批评的历史方法方面,对这种社会力量和潜在的革命主体性进行一种批判性的描述。①

因此,伴随 19 世纪末而来的,是一种业已重构的时空文化以及一种分离的批判社会理论,这种理论在其两种主要的不同观点方面都充满了一种富有生气的历史想象。然而,我们的理论意识所积累的各种历史未曾向我们揭示的是,在庆贺这种历史想象的各种现代主义的同时,也诱发了地理学想象的一种日趋严重的沉沦和消散,在批判社会思想和话语方面实际上时间湮没了空间。反过来,历史决定论的悄然成功已深刻地影响了以往几百年以来的西方思想史。

在社会理论方面空间的从属地位:1880—1920

有关空间、时间和现代性的一种迥然不同的文化和意识,出现于 19 世纪末前后的几十年期间。尽管在哲学和理论话语的每一个层面上——从本体论和认识论到对诸种经验性事件的解释和诸种特定的社会实践的阐释——实际的人生经验也许尚未诱发这样一种逻辑优先次序,但这种历史想象似乎正在坚定地消除对人文地理批判性特征的敏感性。到这一时期末期,理论意识历史决定论的优势已达到了空前的地位,使得批判人文地理学的可能性在

---

① 休斯(1958)对世纪之交出现的这种社会科学反传统的形成作了最恰如其分的描述。20 世纪的批判社会科学也仿效了西方马克思主义的各种批判理论,太接近于主流,以致无法被界定为一种不同的现代运动,但在建立可以识别的界限、传统和地理方面却具有自己鲜明的特征。

西方马克思主义者和批判社会科学家的几代人看来,如果说还不是荒唐地落伍过时的话,也至少变得难以理喻。

继这些演变以后,形成于19世纪后期的"现代地理学"这一学科,被人们不屑一顾地赶出了理论结构的充满竞争的领域。尽管仍然能听到几个留存下来的声音,可曾经起到非常中心作用的地理分析和地理解释被还原为只是对理论构建舞台场景的描述。在这一舞台上,真正的社会演员全身心地投入于历史的创造。因而,社会理论化逐步受到了一种范围缩小并且精要的历史唯物主义的主宰,其在地理学上更为敏感的各种变种(诸如傅立叶、蒲鲁东、克鲁泡特金*和巴枯宁的乌托邦和无政府社会主义思想以及社会民主的实用的地主阶级统治制)被剥夺,同时,社会理论化也受到了一些有组织和有分工的社会科学的主导,并且每一种社会科学均自主地愈益变得具有实证性和工具性(就起到推动资本主义而不是改革资本主义这一意义而言);而且,唯有少数例外的是,作为批判思想一个样板的社会生活具有构建作用的空间性,每一种社会科学都对此变得更加麻木不仁。

在向本世纪转变之际,许多学科上的正统观念得到了加强,其中至少一个观念是马歇尔、皮古以及其他人的新古典经济学。在这一观念里,空间的从属地位十分明显,其最具影响力的理论家格外自豪地展望一种去政治化的(depoliticized)经济,似乎这种经济在一个毫无空间向度的幻想世界中全都集中于一点上。在新古典

---

* 克鲁泡特金(1842—1921),俄国无政府主义者、地理学家,出身贵族,曾参加第一国际,属巴枯宁派,因参加民粹运动被捕,历经放逐、监禁、流亡,著有《1789—1793年的法国大革命》、《互助论》等。

经济学以及实证主义和功能主义社会科学的其他一些不同观点里（现代马克思主义的一些看法也是如此），真实的历史也被整得停止不前，但是，通过关于各种因果过程和由此而产生的变化观念，抽象的时间逻辑得到了关注。这是一种比较静力学（a comparativestatics），植根于前期原因/后期效果的自然科学模式以及对各种业已分离的独立可变因素的探寻。虽然人们或许将这种现象描述为一种机械论的时间观，而不是理论构建的一种历史决定论，但这同样具有排斥空间性的倾向。

除了这些学科上的正统观念之外，在批判社会理论的两条主流里，历史决定论的特征将阐释围绕于现代化和现代主义的时间动态这一中心。在马克思政治经济学里，现代化首先在从封建主义到资本主义的革命转变中被概念化，即在对过去的一切社会重构中意义重大，并对现代性与某种特定的生产方式结合的界定至关重要。马克思从这一转变以及从发生于革命时期的具有深刻意义的社会重构角度，构筑了自己对资本主义的批判性理解。但是，还有另外一个令人困惑的转变在19世纪末展开，需要对它进行超出马克思的《资本论》的理论上和政治上的理解。对这一现代化的过程、危险及其各种新的可能性的阐释，逐渐受到一种列宁主义先锋派的支配。这一先锋派是为回应垄断资本、财团力量和帝国主义国家的持久的兴起而产生的。

列宁、卢森堡、布哈林、托洛茨基和鲍尔等是引领20世纪早期马克思主义现代化的关键人物。在他们的著述中，对地理方面的这种论证有着极大的敏感。虽然不总是非常一致，但他们的著述汇集起来，给对地理学（以及历史学）方面的不平衡发展进行马克思主义的理论分析提供了丰富的基础。这种理论分析建基于对马克思诸种概念从地理学角度进行最透彻的说明,在城市与农村,即凝结性中心与耗散性边缘之间进行调和和共时的对立,并在范围和规模上对此作了扩展。可是,19世纪末的马克思主义依然岿然不动地包裹于历史决定论。处于不平衡发展背后的原动力,在本质上是历史性的:通过社会各阶级自由的斗争来创造历史。如果人们终究能够看到这一点,那么这种过程的地理学被认为不是一种外来的制约因素,就是一种近乎偶然的结果。历史是充满情感的可变容器,而地理如同马克思早期曾经所说的那样,充其量只是一种"毫无必要的复杂化"。如同资本主义本身那样,对资本主义的现代批评看来是借助时间对空间的湮没而受到推动。这些早期的帝国主义理论在后期得到重新起用,有益于在马克思主义社会理论里对空间的重申,但这与其说是一种受启发的行为,倒不如说是一种绝望行为,只是开发了现代马克思主义思想为数不多的方面中的一个方面。在这一方面中,地理显得十分重要。

在诸种批判社会科学里,现代化被概念化所围绕的中心,至少在表面上看是一种相似的历史节奏和历史理性化,以资本主义和工业革命的起源开始,借助19世纪末另一次令人烦恼的转变而向前发展。批判社会科学在重构了给西方马克思主义以灵感的一些相同源泉——从康德、黑格尔到马克思本人——以后,独特地将这一转变界定为从传统到现代性、从共同体到社会、从机械协同性到有机协同性的决定性和范畴性的过渡。在重要的理论家看来,不论是更好还是更糟,现代性(大写的现代性)的确已经到来。首先,现代性需要被理解为国内外占主导地位的理论和政治的参照物。

马克思主义者通过金融资本的国际化所看到的,是帝国主义的崛起。批判社会科学家开始将这种情况理解为具有时间间隔地将发展(作为资本主义的现代性)扩散到世界上不发达的、传统的以及尚未完全现代化的地方。在此,也存在着一种主要以欧洲为中心的视点。这一视点将每一个地方的现代化附丽于欧洲工业资本主义的历史动力,或归因于福柯所描述的"对世界进行险恶的冰蚀"。但是,尽管马克思主义对历史的理论化坚持了一种独一无二的批判焦点,可社会科学从许多不同的方面对其批判的历史决定论进行了阐释:马克斯·韦伯在方法论意义上的个人主义、埃米尔·迪尔凯姆集体意识的社会学、格奥尔格·齐美尔的新康德怀疑论、埃德蒙·胡塞尔的表象现象学等。在所有这些方法里,对人文地理学和社会在地理上的不平衡发展给予了某些关注,但现代性的这种地理学基本上依然是一种附属物,是社会现代化的一面反射镜。

尽管批判社会理论的这两大主流就对历史进行恰切的阐释展开了论争,可马克思主义-列宁主义和实证的社会科学主义的各种核心现代运动,更是从实用角度致力于对历史的改变。每一种运动均围绕对资本主义世纪末的重构所作出的一种不同的回应而联合起来,为社会的进步制定各种霸权计划。这些计划将会形成贯穿20世纪世界的各种政治文化。马克思主义的现代运动是以先锋派行为的革命社会主义战略和阶级斗争一种受控制的区域性为基础的。这一战略在适当的时候会由于俄国的诸种事件而成功地得到加强。一种同样具有工具性的和机会主义的社会科学,主要在自由资本主义国家的庇护下,致力于探索科学制定改革计划的诸种可能性。自由资本主义国家是一只引导社会的有形之手,也将几乎直接得到在"进步"时代里自由主义各种成功改革的强化,而且更具有多重意义的是,在与欧洲社会民主的兴起相联系的自由社会主义里,自由主义各种成功改革也将会直接强化这一引导社会的有形之手。近现代社会的这两种运动在经济大萧条和第二次世界大战期间,将会在各自不同的影响领域里受到危机和怀疑的震撼,但是,它们将以新的面貌出现,其内容将会重新得到充实,得到重构,并且在1950年代更具有对抗性的霸权性质。

在对现代化和现代主义进行这一明显具有宽泛和囊括性的描述里,我希望建立的这一主要论点,不仅仅在于空间性在批判社会理论里处于从属地位,而且空间的工具性在政治和实践话语里逐渐在人们的视野里消失。在业已延伸的19世纪末期间,内蕴于人文地理社会构建里的政治和意识形态,以及在19世纪后期的重构和20世纪早期资本主义的扩张时期对各种人文地理的操纵所发挥的关键性作用,似乎已变得不是无影无踪,就是愈益神秘化、更加左倾、右倾和中心化。

隐藏于正在形成的现代性里的,是一种深刻的"空间定位"。在人生的每一个方面,从全球到地方,社会的空间组织正在得到重构,借以满足处于危机之中的资本主义的迫切需要——开辟创造超级利润的各种新机会,寻求维系社会控制的各种新途径,刺激业已增长的生产和消费。这并不是一种一蹴而就的发展,也不应该被那些对此有经历的人看作具有阴谋性质的,或者完全是成功的发展。同样,这些人对这些发展也不能视而不见。19世纪末的许多先锋运动——在诗歌和绘画方面,在小说和文学批评的写作方面,在建筑和当时所表征的进步的城市和区域的规划方面——敏锐地感知到了空间的工具性和处于不断变化之中的资本主义地理的控制性效应。然而,在社会科学和科学社会主义不断加强和不断系统化的各种领域里,一种执著的历史决定论往往掩盖了这种隐蔽的空间化,使得这种空间化近乎完全处于以后五十年批判性质疑的视野之外。

这是缘何发生的?回答起来并不容易。其发生的过程只是到了现在才得到各种详细的发掘和探索。在20世纪早期的社会理论里,空间的湮没这一情况,其部分原因很有可能是与以下情况有关:对环境的因果关系,对社会诸过程的一切物质解释或外部解释和对人类意识的形成,在理论上均给予了断然的排斥。当时,社会和历史割裂于自然,并天真地割裂于特定的环境,给予社会和历史的,是或许可以称之为超然于空间的社会相对自律性。批判社会理论的视野受到阻隔,无法将空间的生产看成一种植根于如同创造历史这一问题的社会过程,往往将人文地理投射于社会的物质背景,因而容忍其强大的建构效应连同遭受排斥的环境决定论这一肮脏的洗澡水被彻底地加以抛弃。

空间遭受湮没的另一部分原由,是与当时的现代主义政治策略有关。在此,地理受到了另一种还原主义的解释和放弃。他们认为地理是认知直觉,而不是外部环境。譬如说,那些寻求资本主义消亡的人,往往在空间意识和空间同一性,即地方主义或区域主义或民族主义方面,看到对已联合起来的世界无产阶级的一种危险的束缚,其实,已联合起来的世界无产阶级是一种虚妄的意识,对革命的主体性和工人阶级客观的历史工程具有内在的对抗性。唯有一种形式的地域意识是可以接受的——一旦社会主义的国家形成,就对此忠诚不贰,但是,即便是这一点也被认为只是一种暂时的战略权宜之计。那些寻求对资本主义的症结采取改革主义解决方法的人,对地方主义和区域主义也不感到那么舒心,因为这些地方主义和区域主义或许太急不可耐地威胁资本主义国家和工具性社会科学满怀期望的仁慈的力量。况且,对地域民主主义还存在着另一种威胁,这种主义打破了帝国的羁绊,切断了对"宗主国"改革至关重要的利润来源。在此,也只有一种形式的地域忠诚才得到了培植和期望(即对民主国家的忠诚),但是,民族的爱国主义和公民身份,通常情况下与其说是包含于一种地理的同一性和意识形态,倒不如说是隐含于一种文化的同一性和意识形态,这是一个被界定为某种其他东西的具有内在空间性的另一个例证。国家本身是一个社会生产的空间,积极致力于特定社会空间化的再生产。这一情况很少受到人们的注意,而且显然一直未曾被包容于关于国家形态和政治的批判的社会主义和资本主义理论。

本世纪中叶现代地理学的演化

时至 1920 年代,现代地理学和地理学家脱离于社会理论的生产这一情况愈益严重。在接下去的 50 年里,地理性思维转向内省,似乎甚至抹去了早些时候致力于社会理论化的记忆。唯有伊曼纽尔·康德的幽灵仍然顽强地从遥远的过去生存了下来,其受人独钟的灵魂被人用来将这一门学术性的地理学学科进一步引向了孤立。情况毕竟是,到底有谁能比这位也承认自己是一名地理学家而且几个世纪以来始终是最伟大的哲学家更好地将现代地理学包裹于知识合理性这一温暖的卵袋?①

地理学安家于现代学术劳动分工里的一个位置,这将地理学区别于(而且使这一区别理性化)自然科学和人文科学(人们认为理论均发端于这些科学)诸种专业化的和独立的学科,而且也区别于历史。如同康德所言,历史据说在充实"我们感悟的整体范围"方面是地理学具有同样重要性的合作伙伴。地理学和历史属于思维的各种方式,是主体性的图式,协调并整合一切被感知到的现象。然而,时至1920年代,将现象置放于一种时间序列(康德的先后关系(nacheinander)),较之将现象并列置放于空间(康德的并列关系(nebeneinander)),对每一类社会理论家来说变得更具有意味和说明问题。历史和历史学家在现代社会理论里已承担起至关重要的阐释作用:对研究发展和变化、现代性和现代化,无论是从诸个体的经历方面加以表述,即对特定的(历史)事件作出解释,还是对社会制度进行激烈的改革,均起到了整合性和跨学科性的作用。作为社会批评家和观察家的历史学家和作为具有得天独厚的阐释性视角的历史,在学术圈和民众范围里,已变得家喻户晓,广为人们接受。相形之下,给地理学和地理学家留下的工作,充其量只不过是对诸种结果进行详细的描述,即以后逐渐被这一学科的编年史家称之为"对各种现象进行非真实的区分"(哈茨霍

---

① 康德在哥尼斯堡大学讲授地理学将近四十年,有利于地理学的勉强生存。他的课程分讲48次,更多的时间只是讲解逻辑和形而上学。康德将地理学,主要是物理地理学,看作"世界知识的基本原理"(参见梅,1970,5)。梅以康德的另一个主张开始自己饶有趣味的阐述:"地理科学的复活……应该创建知识的那一种统一性,离开这种统一性,一切学问充其量只不过是零散的工作。"

恩,1939,1959)。

　　本世纪中期人文地理学非常特别的理论默许,就是滑向学科性参与。随处可见的是,一些地理学家在社会科学和科学社会主义方面对各种理论论辩单独作出了贡献,大量借用了自然地理学经久不衰的力量以及历史学家偶尔对历史事件进行有限的环境解释。但是,这一学科就总体而言已转向内省,规避大的理论论辩,仿佛在其周围已筑起了一道高墙。

　　正因为现代地理学具有其僵化于新康德历史决定论的康德式的"我思"(cogito),它主要被还原为对事实材料进行的积累、分类以及在理论上进行率真的表征,对地球表面的非真实区分进行描述还原为对诸种结果的研究。这些结果就是已得到其他人很好理解的诸种动态过程的最终结果。因而,地理学也将空间处理为僵死的、刻板的、非辩证的、一成不变的地域——一个被动和可以丈量的世界,而不是具有行动和意义的世界。许多整理而成的这类精确的地理学信息,不论在东方还是在西方,对国家的军事情报、经济规划和帝国的行政管理均具有益处。情报、规划和行政管理这三个方面几乎缺省性(by default)地界定了一种"应用的"地理学,巩固了与国家的一种特殊关系。这种关系也许最早形成于帝国探险的较早时期。在美国本世纪中期的大多数最著名的地理学家,均以这样或那样的方式与情报的收集活动有关,尤其是通过战略情报局,即中央情报局的前身,建立了这种关系。况且,在国务院至今还设有一个"地理学家"办公室,以承认其热诚和训练有素的服务。毫不夸张的是,法国的激进地理学家伊夫·拉科斯特——他是那些就地理学问题采访过福柯的人之一——将自己在这一领域里的专著冠以《地理学：首先适用于战争》的书名（拉科斯特，1976）。

既然地理学附丽于国家，那么政治地理学的分支对理论化问题引发了最为活跃的探讨就不足为奇了。哈尔福德·麦金德爵士认为，欧亚的"腹地"是"历史的地理中枢"（1904），因此他积极参与对第一次世界大战以后的欧洲地图的重新绘制工作（参见麦金德，1919）。这一情况将地理政治学建立并合法化为人文地理学主要的实践和理论焦点。这种中心地位一直延续于战争年代，至少延续到德国的地理政治学的反常插曲，使得非法西斯主义的地理学家审慎地考虑在政治理论构筑的领域已走得太远。由于其理论之手又一次被烫伤，人文地理学在整体上退避到仅仅进行描述的更平静地带，而政治地理学成了有些人所说的这一门学科行将废弃的死水。

人文地理学退隐于新康德卵袋，若对此需要作出解释，那么就需要采取一些不同的方法。其中一种方法就是强调了老的环境"人/土地"传统，并且通过环境对行为和文化的诸种影响，或通过"人在改变地貌时的作用"（托马斯，1956），在可视的地理景观方面寻求自然地理和人文地理两者之间的联系。另一种方法就是聚焦于诸种现象的地方性范式。这些范式已具有典型性的组织，通过这些范式来昭示现代社会科学业已确立的各种划分。这一情况界定了经济的、政治的、社会的、文化的以及相当后期的行为的或心理的地理学的各种专业化领域，但是，人们也许会补充说，这并没有界定以政治经济学为基础的地理学。第三种方法就是通过对诸种现象进行一种广泛而又典型的百科知识性的区域化，将注意力聚焦于对视野之内一切事物的综合。这一种方法被本世纪中期的大多数地理学家认定为这一学科富有特色的精华。最后,一种历史地理学畅通无阻地游弋于所有这三种方法之间,追溯往昔的人文地理学,将其当作非真实区分的一种时间序列,陶醉于历史想象的知识合法性及其力量。从最陈腐的经验性事物到最有见地的历史事实,使这些地理分析的每一种方法具有描写性特征的,是借助地理来解释地理、地理分析转向内省以及对具有相互联系的诸种结果进行描述。这些结果演绎于诸种过程,其更深层次的理论化留待他人去探索。

尽管地理学研究发生了这种演进,可西方马克思主义和批判社会科学的主流已与地理学想象失去了联系。但是,仍然存在着少许引人思索的地理分析和理论化,在本世纪整个中期的空间默许中延续了下来:在芝加哥学派的演化性城市生态方面;在战争间隔期间得到强化的城市和区域规划的学说方面(参见弗里德曼和韦弗,1979;韦弗,1984);在区域的史学研究和对法国年鉴学派的环境细节给予关注方面,而且还带有维达尔·德·拉布朗什传统的延续;在依然感悟于弗雷德里克·杰克逊·特纳以及其他一些前沿理论家或马克思主义的帝国主义理论的某些北美英国历史学家中;在安东尼奥·格拉姆希关于区域问题、地方社会运动和资本主义国家的学术著作方面。然而,大多情况下,在这些遗存的地理分析和理论化中,当时被保留下来的思想,就是已被延伸的19世纪末处于退却中的地理学想象。在1930年代初期以后,得到补充的仍然是新颖的理论,相对来说少得可怜,甚至以往得到保留的残余理论也被包裹于处于优势地位并具有限制性的历史决定论,这种历史决定论将地理学归属于批判社会话语的背景。

在任何情况下,几乎所有的这些遗存理论在整个经济大萧条时期和战争年代,在影响力和重要性方面都将逐渐削弱。其结果是,到了1960年代这些理论具体的地理学思想只是隐隐约约被人感觉到。此时,随着出现于整个先进的资本主义和社会主义世界的全面和顺利的战后恢复以及经济扩张,社会理论的去空间化(despatialization)似乎达到了登峰造极的地步。地理学想象在批判方面已处于沉寂状态。现代地理学这一门学科在理论上已经沉睡。

揭示西方马克思主义的空间转折

直至1960年代,关于社会理论的去空间化问题,鲜有论著面世。要找到沉寂的声音是困难的。然而,佩里·安德森(1976,1980,1983)的著作对西方马克思主义作了精辟的批判性考察,它几乎是漫不经心地记录了俄国革命*以后在主流马克思主义里空间意识的丧失,与此同时——尽管不是有意为之——为理解社会生活相关的空间性在1960年代后期开始被重新发现的方式和缘由铺平了道路。为了结束这一章并转入下一章,我将借用安德森的著作,寻找西方马克思主义和现代地理学两者之间最终产生热烈而又富有成效的接触的契机的源头。

安德森提出,从1918年至1968年,一种新的"后古典"马克思

---

* 包括发生于1917年3月(俄历2月)的俄国二月革命和发生于1917年11月7日(俄历10月25日)的俄国十月革命。

主义理论终于成形,对我所称的现代性、现代化和现代主义进行历史唯物主义的阐释作了重新引导。这种再理论化(retheorization)在地理学方面的发展是不平衡的,只是在法国、意大利、德国找到了主要的家园,"在这些国家里,工人运动非常强大,对资本构成了一种真正的革命性威胁"(1983,15)。在英国和美国,没有任何的这种革命性挑战如此明显,而在东方,一种强硬的斯大林主义经济观给重新引导和重新阐释几乎没有留下什么余地。在安德森看来,这股逆流的发端者是卢卡奇、科尔施和格拉姆希,尽管继他们以后的还有更加现代的人物,如法国的萨特和阿尔都塞;德国的阿多诺、本雅明、马尔库塞以及与法兰克福学派有关系的其他人;意大利的德拉沃尔佩和科莱蒂。

这一具有拉丁文特色和法兰克福化了的运动,改变了马克思主义理论的基本原理和知识领域,较之以往任何时候都更扎根于大学的各个系科和研究中心,而且还扎根于对哲学话语、方法问题、资产阶级文化的评论以及对诸如艺术、美学和意识形态等主题(这些主题寓于传统上受到忽视的资本主义上层建筑领域)复兴的兴趣。与劳动过程的内部运行有关的更为传统的各种基础结构主题、在劳动场所就生产的各种社会关系问题所展开的各种斗争以及资本主义发展的"各种运动法则",相对而言往往没有受到人们多大的关注。更为传统的政治(以及我能加上的地理)话题的情形也是如此,如世界经济的组织、资本主义国家的结构和民族同一性的意义和作用等,即便是古典的理论家,对此也常常容易疏忽。

在安德森的眼里,马克思主义似乎正在倒退,从经济学开始,经由政治学,最后聚焦于哲学,倒置了马克思所走的完美之路。从哲学角度理解世界,已优先于改变世界。但是,到了1970年代,这种"宏大的西方马克思主义传统"已"持续到自然结束"(run its course),而且正在被"主要取向于恰恰就是在其前身就欠缺的经济、社会或政治秩序这些问题的另一种马克思主义文化"(1983,20)所取代。这种重新构建的西方马克思主义也展现出一种不同的地理学观点,在英语国家而并不是在操日耳曼语抑或操拉丁系语言的欧洲已成为中心。其结果是,"在马克思主义文化方面,资本主义世界在传统上最落后的地区在许多方面突然变得最具先进性"(同上,24)。

安德森在自己的《追寻历史唯物主义》(1983)一书中,带着对具体的以及中心重新得到确立的地理学的一种新的热情,对自己早期的作品、对这一业已重构的马克思主义的命运的投射的成败进行了反思。[①] 根据一份有关"预见和实施"('Prediction and Performance')的引介性个人菜单,安德森首先对主要是法国关于"结构和主体"的论辩进行了重新的梳理和延伸。他提出,法国在这方面的论辩导致了拉丁语系各民族的马克思主义在时下的危机;然后他通过对德语国家的马克思主义(主要聚焦于哈贝马斯)的回顾,对关于"自然与历史"之间不断变化的诸种关系的各种更加令

---

① 《追寻历史唯物主义》一书是根据安德森1982年在地处欧文的加利福尼亚大学的韦勒克图书馆所作的系列讲座内容发表的,这在地理学上不是一件区区小事。在这些讲座中,尽管其基调是历史决定论,但华丽的空间隐喻仍然随处可见,这也是引人入胜的一个方面。安德森对自己的作品作了这样的描述:是对正在发生变化的"地形"进行一次"土地清册式的考察",对"新的知识地貌的形成",即"马克思主义正在发生变异的地图"进行一次探索。

第一章 历史:地理:现代性

人困惑不解的论争进行了阐析。然而,隐匿于安德森的梳理、延伸、回顾和阐析底下的,是一条侧面的情节脉络。在这一脉络里,安德森尽管未曾意识到,但从侧面走向了一种正在崛起的后现代话语。这种话语并不是竭力将马克思主义看作一种批判理论而打入冷宫,而是将其开辟为一种必要但又是受到延误的空间化,开辟为对空间性的一种唯物主义的阐释。这种阐释将会与其具有权威性的历史唯物主义相媲美。

对后现代批判人文地理学的这种初创性主张,几乎完全局限于法国的马克思主义传统,这一传统较之自己在英美和德国的同类传统,始终是更向空间想象开放。萨特在其愈来愈具有马克思主义色彩的存在主义里"求索一种方法",阿尔都塞对马克思进行了反历史决定论的重新解读。他们两人是法国这种空间化的主要前奏曲。萨特的马克思化的现象学本体论,代表了一种解释学,其中心是围绕知识渊博的人类代理人的主体性、表象性和意识,而人类代理人不仅致力于创造历史,而且还专注于打造现代资本主义社会里的日常生活的政治文化。截然不同的是,阿尔都塞的结构主义强调了更加客观的诸种条件和社会力量,这些条件和力量形成了资本主义发展和现代化的内在逻辑。它们均有助于将战后的法国马克思主义开掘成两条不协调的溪流:因为关于结构–主体关系的各种对立观点而分离,但奇怪的是,两者均向空间化的可能性开放。

安德森悲戚地描述为"屠杀祖先"的法国马克思主义的危机,是一场理想破灭的危机:将法国马克思主义"炸"为难以计数的碎片,忘却近期和更为遥远的过去的各种正统观念。① 面对这一前所未有的异质性,即每一个方面都飞舞着碎片的局面(包括与马克思主义的敌对性的彻底分离),安德森对这种信仰的征兆性丧失感到痛心不已。萨特在晚年转向了"激进的新无政府主义",而阿尔都塞和普兰扎斯对政治学理论的缺席和处于历史唯物主义中的国家表现出充满怒气的悲伤。在安德森看来,令人迷惑的(也包括"新无政府主义的")福柯与德里达和许多其他人一道更是常常有过之无不及地削弱和贬损了马克思主义,这诱发了一种具有传染性的"对历史的任意化",并庆贺了一种后结构主义(而且其隐含义是后马克思主义)认识方法的成功优势。然而,富有讽刺意味的是,安德森发现,尽管法国马克思主义"急遽衰微",但有一个很能说明问题的例外:

> 任何思想的变化都不具有普遍性。至少有一个具有标志性荣誉的例外在近几年各种定位发生普遍变化的背景下显得特别突出。亨利·勒菲弗是我曾经探讨的西方马克思主义传统最老的至今尚在人世的幸存者。整整80年以来,他不屈不挠矢志不渝地发表有关一般被许多左派人士所漠视的那些主题的文章,这些文章沉着冷静,富有原创性。可是,这种坚定不移的精神的代价,就是相对的孤立无伴。(1983,20)

---

[1] 参见勒菲弗对编辑于《已成为世界的一种思想……难道我们应该抛弃马克思?》一书中的"业已爆炸的马克思主义"的讨论(勒菲弗,1980),尤其是第16—19页。

第一章 历史:地理:现代性

从表面上看,勒菲弗是从不知名的状态中被发现的。安德森在早期的作品中几乎未曾注意到他,在探讨法国当代马克思主义的衰落时也没有更多提及他。在勒菲弗的作品中,何谓这种标志性的荣誉、卓越的坚定不移的精神和沉着冷静的原创性? 我认为,在20世纪的马克思主义所有伟大的人物中,勒菲弗也许是最不为人所了解,也是最被人误解的人物。他卓尔不群,是后现代批判人文地理学的滥觞,是攻击历史决定论和重申批判社会理论空间的主要源泉。他这种坚定不移的精神引发了一大群人开展其他形式的空间化,如萨特、阿尔都塞、福柯、普兰扎斯(1978)、吉登斯(1979,1981,1984)、哈维(1973,1985a,1985b)和杰姆逊(1984)等人。即便在今天,他依然是富有原创性和最杰出的历史地理唯物主义者。

西方马克思主义的创造性重构发生于法国伟大的解构活动期间。这一活动是继1968年发生于巴黎南泰尔大学*的风暴**以后展开的,但安德森错过了这一机会。他对萨特、阿尔都塞和福柯等关键人物所作的阐释,过快地将他们同存在、现代性和权力的空间性所展开的具有创造性但并不完全成功的本体论抗争放置在一边,以此作为政治上的退却;他根本没有看到勒菲弗和其他的法国马克思主义者共同促进的英语国家里的马克思主义地理学。尽管他对发掘法语国家的马克思主义传统非常敏感,可他似乎依然陷于英语世界里的"以历史为中心的马克思主义文化"。在这一世

---

* 即"巴黎十大",是法国的一所著名大学,历史上多次学生运动爆发于此校;该校还诞生了许多著名的社会学家和哲学家,如萨特、阿尔都塞、福柯等。
** 指1968年5月,法国学生掀起的"五月风暴"。

界里,他声言,"理论在现在就是历史,从严肃和严谨的角度看,理论在过去从来就不是历史;由于历史现在就等于理论,尽管处于危难,可就某种程度而言,历史在以往的典型行为就是逃避。"如果扩大历史和"地理"的范围,那就会带来一个完全不同的世界。

第二章　空间化：马克思主义地理学与批判社会理论

> 辩证法被放回到了议事日程上。但是,这已不再是马克思的辩证法了,恰如马克思的辩证法不再是过去黑格尔的辩证法一样。……今日的辩证法已不再拘泥于历史的真实性和历史的时间,也不再拘泥于像"正题–反题–合题"抑或"肯定–否定–否定之否定"……那样的时间结构。要认识空间,认识在空间里所"发生"的事情及其意图,就要恢复辩证法;分析将会揭示有关空间的诸种矛盾。(勒菲弗,1976,14 和 17)

现代地理学和西方马克思主义形成于延伸的 19 世纪末期,此后它们各自的话语在发展道路上就鲜有相遇。地理学自我孤立于一隅,修建起一座事实知识的储藏库,只是偶尔向公众领域传播这种知识。与此同时,马克思主义将地理学的想象束之于某种上层建筑的高阁,以致积聚了一大堆为人抛弃并在某些方面已显陈腐的记忆灰尘。如同我们已看到的,只是在法国,一种充满生机的空间话语才在本世纪中叶的消除空间化的活动中幸存了下来,使得似乎已在其他非拉丁国家的西方马克思主义中早已销声匿迹的辩论至今十分活跃。

然而,在1970年代初,随着西方马克思主义理论和方法突然引入英语国家的现代地理学内向闭塞的知识领地,一种坚定不移的马克思主义地理学开始逐步形成,并成为新兴的批判人文地理学的重要组成部分,而批判人文地理学的兴起,是回应了主流地理分析日显假定性的和在理论上持还原主义观点的实证主义(格雷戈里,1978)。虽然这一新兴的马克思主义地理学趋向内心审视,在批判立场上摇摆不定,而且或许因此在这一学科性话语之外未曾引起人们的注意,但它动摇了现代地理学的基础,而且还引发了一场论辩。这一论辩最终将远远突破这一学科的茧缚。

在整个1970年代,马克思主义地理学一直处于西方马克思主义的边缘,几乎全然建基于单向的思想交流,导致地理学分析和诠释日趋马克思化。然而,在1980年之后,现代地理学与西方马克思主义两者之间的接触范围随着思想与影响的交流开始了双向的流动,尽管这种流动是那么的微乎其微。随着下一个世纪末的临近,围绕对社会生活的空间性进行合理的理论化这一问题,展开了一场更为广泛更为深刻的批判性论辩。这一论辩正在渗透并挑战西方马克思主义各种根深蒂固的传统,与此同时,这一论辩亦驱使人们对现代地理学的概念和结构框架进行一次重要的反思。

这一日趋广泛的批判性论辩最为明显最为集中的表现,就是一直主张一种深刻的空间化历史唯物主义。戴维·哈维一开始就是发展马克思主义地理学的一名杰出人物,正如他最近所声称的那样:"资本主义历史地理学必须成为我们理论研究的对象,而历史地理唯物主义则是我们探究问题的方法"(1985,144)。这种历

第二章 空间化:马克思主义地理学与批判社会理论

史地理唯物主义并不仅仅是在空间上对经验结果的追溯,也不仅仅是在时间上对社会行为在空间上的诸种制约与限制进行描述,而是一声振聋发聩的呼喊,呼吁对总体上的批判社会理论,尤其是西方马克思主义,以及对我们审视、定义、阐释事物的许多不同的方法进行一次彻底的改革。我们使用许多不同的方法所审视、定义、阐释的,不仅是空间本身,而且还包括每一抽象层面上的空间、时间和社会存在之间各种一系列的基本关系。就像勒菲弗在本章开篇引文中所阐述的,这是一份在一个不同的阐释领域"恢复辩证法"的邀请函。

但是,自 1980 年以来,马克思主义地理学的内部发出了对历史地理唯物主义的最初呼唤。伴随这一呼唤而来的,是另类事情的发生。首先,对关于空间与时间、地理与历史理论化的论辩作一次史无前例的概括,这不仅体现于社会理论,而且还出现于艺术、建筑、文学、电影、大众文化和当代政治学方面批判话语更为广阔的领域。今天,这场辩论已远远超越了马克思主义地理学的界限,而且还把一大批批判性参与者吸引到这一论辩里来,而这些参与者再也无法坦然地给自己贴上"地理学家"或"马克思主义者"的标签了。

与此同时,人们越来越清楚地发现,在历史唯物主义以及更广泛的批判理论框架中引入空间,这并不仅仅是简单的增量变化,即将另外一种新颖的变项或模式并入那些古老且未受置疑的最重要的叙事。长期以来,批判理论和西方马克思主义对空间性一直缄默无语,以致假若不打破许多早有定论的诸种阐释性假设和方法,尤其是那些与以历史相对地理的阐释和批评模式根深蒂固的首要地位相联系的各种假设和方法,就不可能包容具有理论意义的空间问题。同理,对于批判社会理论的建立,现代地理学一直如蚕茧般内向和闭塞,一直拘泥于其历史地理学的定义。因此,不经历激烈的解构和重构,也许就无法适应当代对空间的重申。

事实上,现代地理学与西方马克思主义久违的邂逅,预示着双方交互影响的开始。因此,重新追溯马克思主义地理学的起源与发展,并沿着曾引领人们追求历史地理唯物主义并引发空间理论化后现代批判论辩这一重新发现的轨迹向前发展,就显得尤为重要了。

寻根溯源:法国马克思主义传统中的空间性

马克思主义地理学主要起源于英语国家 1960 年代的动荡岁月。当时,属于社会科学的几乎每个学科似乎都会涌现出一种重新觉醒的激进的斜科旁支。然而,马克思主义地理学理论化的形成主要是在法语国家,并体现出空间在 20 世纪法国知识传统中所重新占据的异乎寻常的中心地位。[①] 对这种独特的中心地位的部

[①] 笔者用"重新占据"来涵盖有些学者认为的 19 世纪期间法国人强调空间性这一兴趣的"枯竭"。格雷戈里(1978,38)曾写道:"自从 17 世纪末开始,空间因素在法国一直是政治经济学的一个从未中断过的研究主题,这一状况一直延续至 18 世纪。但是,到了 19 世纪初,空间性理论开始畏缩不前"。格雷戈里认为,这在某种程度上是由于李嘉图派政治经济学的兴起,以及后来是因为孔德实证主义的盛极一时。空间化政治经济学的早期发展与认识论在 20 世纪的发展尽管最终会走向一致,但此种状况仍使得两者之间产生了一种"空白"。但不管有无空白,最为重要的是,与德国的唯心主义哲学和英国的政治经济学相比,法国的空间论传统具有异乎寻常的深度和连续性。

第二章 空间化:马克思主义地理学与批判社会理论

分解释,尤其是左派人士的,可以从法国马克思主义的历史中找到答案。

与英国、德国、美国相比,马克思主义在法国的发展相对较晚,其主因在于法国有力地继承了早期的社会主义思想,并不断向法国左派人士提供极富吸引力的本土政治主张,这种状况一直延续至20世纪(凯利,1982;波斯特,1975)。在1920年代和1930年代全球经济危机的恶劣形势中,法国马克思主义得到发展,这是法国本土的一些独特情势成就了它。譬如说,法国马克思主义建基于对政治社会理论的继承,这种理论从圣西蒙、傅立叶和蒲鲁东到无政府主义地理学家克鲁泡特金和勒克吕*,敏感而执著地强调空间政治学和区域性地方自治主义(韦弗,1984)。尽管措辞寥寥,这些空想社会主义者和自由社会主义者的政治策略就是以这样一个需要为中心:从扩张性的资本主义以及具有同样扩张性和工具主义的资本主义国家的角度出发,收复对空间生产的社会控制。

法国马克思主义的发展还较少受反空间论偏见的影响,而在其他西方工业国家更为"高级"的民族马克思主义中,此种偏见早已根深蒂固。这种反空间论思潮主要根源于马克思对黑格尔的"双重倒置"。我将在以后几章中重新涉及这一重大的倒置。马克思在将黑格尔的辩证法牢固建立在物质生活的基础之上的同时,不仅回应了黑格尔的唯心主义思想,否定了精神对历史的驾驭

---

* 勒克吕(1830—1905),法国地理学家,无政府主义者。

和决定作用,还因为认为其特殊化的空间形式,即以地域为界的国家概念,是历史的主要精神载体而对此加以摈弃。

使黑格尔的辩证法站立在"自己的两只脚上",这既是对唯心主义的一种否定,又是对地域拜物教或空间拜物教的一种具体排斥。这其实是对事物的一种解释,在这种解释里,历史取决于天赋的空间意识,不论这种意识关注的是国家、文化民族主义、地区主义还是地方自治主义。在马克思的辩证法里,革命时代已重新建立,其动力源于剥离了一切空间神秘化的阶级觉悟和阶级斗争。在世纪之交,马克思主义对黑格尔辩证法的倒置被用来排挤黑格尔的各种影响,即便在德国亦是如此,而且植入了一种令人生畏的理论反空间主义和政治反空间主义。然而,法国马克思主义的早期传播恰巧与黑格尔主要学说的重新崛起同时发生,黑格尔主要学说的重新崛起实际上是一种重新授权(reinvestiture)形式,随之而来的是对社会生活的空间性并未消除多少的敏感性。

法国马克思主义从其诞生伊始,就较之其他地区的马克思主义更倾向于明确的空间论观点和理论阐述过程。① 如果提出这样的看法,这看来是有充分依据的。不论何者为其主要源泉,贯穿整个20世纪的,是法国批判思想对仍在继续的空间话语的保留,从立体主义和超现实主义运动,经过阿尔都塞的结构主义和萨特的

---

① 或许意大利的马克思主义具有同样的倾向。虽然关于拉丁世界的空间性理论传统更为广阔的这一思想也许具有某些依据,但笔者除了关注安东尼奥·格拉姆希在历史地理唯物主义发展过程中所起的重要作用之外,并不想在此提出这一想法。与卡尔·科尔施、恩斯特·布洛赫和格奥尔格·卢卡奇等其他西方马克思主义奠基人相比,格拉姆希更远远倾向于空间化理论。笔者将在下一章里再介绍格拉姆希的地理学说。

第二章 空间化:马克思主义地理学与批判社会理论

存在主义这两大支流,直到当代的后结构主义和后现代主义的诸种论辩。但是,这种极富生命力的地理学想象力却很少能够跨过语言障碍,即便是在那些最受法国批判传统影响的人中情形亦是如此。

不足为奇的是,法国人独树一帜的关于空间理论化的诸种论辩,极少能够穿透其他(即非拉丁国家的马克思主义)更为厚重的历史决定论的铠甲,而且从历史角度对法国的马克思主义进行著述时,英美学者通常闭口不谈这些论辩。如果关注一下亨利·勒菲弗的生平,空间化理论这一隐匿的历史就会得到最显明的说明,同时也会重新进入研究视野。勒菲弗的一生现已从一个世纪末(人们一般认为他出生于1901年)跨向另一个世纪末。自1930年代早期开始至少到1950年代后期,他也许是形成法国马克思主义理论和马克思主义哲学的发展过程和特征最具影响力的人物。1950年代以后,他成为西方马克思主义首屈一指的空间理论学家,并成为重申批判社会理论中的空间最强有力的提倡者。但直至最近十年,他的杰出成就才逐渐被广为认同,并在英语国家以历史为中心的马克思主义文化中备受推崇和赏识。

在勒菲弗的早期马克思主义理论中,黑格尔学说的影响举足轻重。勒菲弗与自己的同仁诺贝特·古特曼一道,率先用法语翻译出版了马克思《1844年经济和哲学手稿》的重要章节,并在一系列的选集后附注广博的编者按语和论述,向法国读者推介马克思、恩格斯的许多其他著作以及列宁的《哲学笔记》。《哲学笔记》一书是列宁对黑格尔的批判性评价,而勒菲弗的译著为黑格尔学说的复兴作出了意义深远的贡献。①

在自己对黑格尔与马克思之间关系的详细论述中,勒菲弗竭力在唯物辩证法中保留些许的"客观唯心主义",以激励人们关注思想意识中的各种矛盾以及具体现实和历史中各种矛盾的物质基础。《蒙蔽的意识》是勒菲弗最早的一部独创性著作。这本书为他和众多的法国马克思主义作家确立了一个持久的主题。② 勒菲弗明确赞同马克思关于物质生活在有意识的思维与活动中起首要作用的论点,即,社会存在产生意识而不是意识产生社会存在,但是他拒绝将思想和意识还原为一种已定的后假象(aftergloss)抑或机械的思维过程。这些观点根源于勒菲弗对法国超现实主义运动的眷恋以及自己早期的存在主义思想。这些观点也有可能会导致一个与同时代的法兰克福学派相对应的法国学派,这就像两次世界大战之间发生于法国的任何其他事情一样。

最能表明勒菲弗五十多年学术研究工作鲜明特色的,是他在阐释马克思的过程中采取了反对教条主义简化论的立场。他主张

---

① 按杰伊(1984,293)的说法,勒菲弗是在早期参与超现实主义的运动中,才首次接触了黑格尔和超现实主义运动的主要代表人物安德烈·布雷顿。在其自传《蹉跎岁月》(1975,49)中,勒菲弗描述了在1924年与布雷顿的一次会面:"他给我看了看桌上的一本书,那是薇拉翻译的黑格尔的《逻辑学》,译得并不好,但他却有些轻蔑地说了大致这样的话:'你竟连这本书都没读过?'没过几天,我开始拜读黑格尔的著作,并从此走进马克思主义领域。"

② 勒菲弗与古特曼(1936)。该书的主要论点是:一切形式的意识,不论是个人的还是集体的,都受到资本主义制度的操纵,以掩盖榨取和积累剩余价值的根本途径。这就意味着工人阶级本身很可能尚未意识到他们是怎样被剥削的,在他们找到揭开这一工具性神秘化的面纱的方法之前,往往沉湎于一种同样被蒙蔽的意识而不能自拔。这部著作的刊行在共产党内部引起了普遍的政治论争,主要是因为其作者本身是当时党内首屈一指的理论家。

第二章 空间化:马克思主义地理学与批判社会理论

灵活、开放、适度折中的马克思主义。这种马克思主义能自我发展、自我调适,无需任何事先设定的自我缩减。通过自己一部广为流传并被译成多国文字的《辩证唯物主义》的书,勒菲弗借助这种反简化论的立场,使自己成为反对斯大林经济主义早期最具影响力的批评家。这一书原发表于 1939 年(英译本出版于 1968 年),是读者最为广泛的介绍马克思主义的专著之一。后来,勒菲弗以犀利的笔锋批判了萨特早期的思想以及如日中天的阿尔都塞思想,借此深深地刺痛了存在主义和结构主义(1971),其矛头又是指向极具简化论色彩的"整体性"的种种危险。

从辩证法角度探求思维与存在、意识与物质生活、上层建筑与经济基础、客观性与主观性这些关系矛盾结合点的,并非只有勒菲弗一人。但是,将这种重新得到系统阐述的辩证逻辑应用于荟萃存在主义现象学和阿尔都塞结构主义精华并去其糟粕的,勒菲弗却是开先河者。在本世纪的这两大主流哲学运动中,他看到了完善并强化马克思主义(同时扬弃其约束性的理论僵化)的这一创造性机遇。在过去的三十年中,勒菲弗有选择地吸纳了这两大运动中的养分,坚持不懈地在理论与实践方面试图对马克思主义思想进行重新的语境化,而且正是在这样的重新语境化中,我们才可以发现对空间性进行唯物主义解读的许多直接根源,以及由此产生的发展马克思主义地理学和历史地理唯物主义的许多直接的源头。

勒菲弗对空间理论化的观点并非三言两语便能概括,因为其观点包容于为数众多的已发表的著作中。这些著作几乎涉及社会理论和哲学的每一个方面。当被问及对空间性理论最初的兴趣来源,勒菲弗将其归因于自己地处西部家乡的影响,以及他经常回家乡观察乡村的土地和生活在受国家调控的空间规划影响下所发生的翻天覆地的变化。① 然而,勒菲弗对空间更加明确的理论化是经过一系列他称之为对中心主题的"不断接近"而得到发展的,这是一条很不易把握的发展之路,似乎迷惑了他许多的追随者和批评家。

勒菲弗的第一个接近方法是以《日常生活的评论》这一形式出现的;即评论现代世界中的日常生活(1946b,1961,1968a),这是他在《蒙蔽的意识》一书中所阐发的论点的进一步拓展(而且是对布罗代尔研究日常生活与思想状态的结构的一种预示)。勒菲弗十分关注业已现代化了的资本主义的各种特征。这种资本主义巩固于世纪之交,被他称为"有节制的消费官僚主义社会",由资本主义国家一手策划,而实质上,就是已日益渗入日常生活周期性实践的工具化的"空间规划"。当勒菲弗为当代西方的马克思主义者完全认同之时,这种创造性的第一个接近方法也就成了他的

---

① 参看勒菲弗(1975,9)被问及为何对空间性理论产生兴趣时的回答。勒菲弗认为,对他影响特别深的,是位于大西洋岸比利牛斯省的拉克-穆朗这一新建城镇,以及他所谓的与DATAR(国土规划与地方运作评议会)的建立有密切联系的"全新社会政治实践活动的产生"。对勒菲弗的一次采访记录(比热尔等,1987)近期才被迻译,从中人们也可以发现他对这一同样问题的回答:"我工作的起点是DATAR。……但某种新的东西正在出现;关于空间规划和实践的理念就此诞生。……毕竟,与传统的城市发展描述相比,如何建立新城镇、重新开发老城镇是一个全新的方式方法问题。然而,我最初着手这一问题的研究既不是立足于哲学也不是社会学,尽管这两大学科对我的影响是潜移默化的;也不是立足于历史和地理。确切地说,我对问题的研究是因为受到一项全新的社会政治实践的崛起的影响。DATAR致力于从各种值得推敲、有时甚至是灾难性的观点中对法国进行重组。……这无疑是独一无二的法国现象。据我所知,还没有很多其他国家已超越预算的财政规划阶段而直接进入空间规划阶段。"(28)

代名词。

在完成了他关于日常生活预计的三部曲时,勒菲弗早已开始重新考虑围绕以下一些主题的研究工作:为控制"城市的权利"(《城市的权利》,1968b)而抗争、意识的城市化、资本主义的改革相应需要"城市革命"(1970a)的程度等。与这些向城市生活的接近交织在一起的,是对"重复与差异"的探索,对资本主义的同质化效应,即对其去除差异或更多的当代批判学者所称的"差别"的能力的探索(1970b)。

如同勒菲弗一直试图解释的那样,他对"城市的"与"城市化"这两个专业术语的使用已远远超出城市的基本范畴。城市化是对现代性空间化以及对日常生活的战略性"规划"的概括性比喻,而正是这一切,才使得资本主义得以延续,得以成功地再生产其基本的生产关系。通过回顾马克思对城市的论述(1972),勒菲弗在《资本主义的生存》(1973,英译本,1976a)及其杰作《空间的生产》(1974)里,开始更加明确地探讨他关于空间性和社会再生产这一中心主题。勒菲弗认为,资本主义的生存就是建基于对一种日显包容性、工具性和从社会角度加以神秘化的空间性的建立,这种空间性隐匿于幻想和意识形态厚厚的面纱中,借以逃避批判视线。资本主义毫无依据的空间论面纱与其他各种空间生产模式的不同之处,就在于凭借对同质化、分离化、等级化的同步倾向来独特地生产和再生产地理的不平衡发展。这一论点在许多方面类似于福柯关于异位论以及空间、知识、权力之间工具性联系的话语。"这种既联系又矛盾的空间正是生产关系再生产得以实现的空间。正是这种空间才造就了再生产,其手段是通过向空间引入多样性矛盾"(勒菲弗,1976a,19)。我们必须辩证和有分析地"揭示"这些矛盾,使我们能够看清隐藏于空间论面纱背后的实质。

在西方马克思主义理论里,这是有关空间性的重要性,以及在资本主义历史中一种固有的空间问题框架(problematic)的存在的最强有力的理论主张和政治主张。它注定会被大多数马克思主义者所忽视或误解,因为它对正统的马克思主义思想及其霸权性的历史决定论表现出毁灭性的攻击。凯利(1982)和希尔施(1981)对勒菲弗关于城市化的著述未提只字片语,更不用说在其法国马克思主义近代史中提到勒菲弗向空间性理论的转变。波斯特(1975)也只是对勒菲弗的城市化"新实践"以及发生在1968年5月的一系列事件不明就里地作了简单的讨论。这些事件肇始于法国的南泰尔大学,当时勒菲弗正在那里执教。[①] 即便在今天,用英语写作的对勒菲弗的研究所做的最广泛的论述(桑德斯,1968),在参考书目中也没有列出勒菲弗的关键作品《空间的产生》以及他关于国家和世界经济的新近著作(勒菲弗,1976—1978,1980)。更为糟糕的是,桑德斯运用他对勒菲弗"自发性"以及"思辨"风格的曲解,为其在英语国家的城市社会学中摈弃空间性学说进行辩护。

尽管如此,自1970年代早期至今,现代地理学与西方马克思主义的相互碰撞,以及马克思主义地理学的形成和完善,一直围绕

---

① 1968年的巴黎起义被看成是对勒菲弗观点的政治考验。起义结束后,甚至勒菲弗最亲密的一些追随者也开始弃他而去,转而投身于当时法国马克思主义的两大浪潮,即阿尔都塞的结构主义和萨特的存在主义。富有意蕴的是,正是这种"1968年之后勒菲弗让我们失望"的情绪,误导了勒菲弗著作向英语国家的马克思主义的译介(例如卡斯特利斯,1977)。

并朝着一种业已改造的辩证法方向发展。勒菲弗在引介本章的段落里已对这一辩证法作了描述。这是一种日益空间化的辩证法，不断要求我们在思考方式上进行彻底的转变，改变我们对空间、时间、存在、地理、历史、社会、空间的产生，历史的创造，社会关系的建立以及实践意识的看法。勒菲弗的"主张"在历史地理唯物论中起着至关重要的作用，必将成为后人在著述时引经据典的依据。

将马克思引入现代地理学：第一评论

英语国家对马克思主义地理学的贡献，主要取决于空间形式与社会过程的重新联结。这种联结是试图通过其在组成社会生活的组织结构、各种实践和关系中的能产性源泉，对地理的不平衡发展（即地理学家天真地所称的"区域差异"）的经验性结果作出解释。这种重新联结在1950年代后期得到了原则性的维护，当时所谓的"定量理论革命"从现代地理学的内省和近乎毫无理论可言的束缚中破茧而出。然而，这种日益专业化、数学化的地理描述只是在表面上区别于新康德的哲学传统。新康德的哲学传统曾经为地理学孤立于历史、社会科学及西方马克思主义摇旗呐喊，这种地理描述将自己的解释主要立足于社会物理学、统计生态学以及对普遍存在的差距冲突的有限的诉求。但是，说过做过之后，人们仍然用结果来诠释结果，地理学陷入了无止境的退化之中，就如同一整套可变换的变量因为"精巧"的适合而被用来"解释"其他的变量。人们采用的这种实证主义姿态，只会使现代地理学更加偏执于经验的表象和繁琐冗长的表述,即使在某些方面凭借"行为主义"方法论和现象学的微调而具备一点人文味。

然而,随着英语国家的地理学者们全都日益感受到自己的孤立状态,因而开始从原有的茧缚之外寻求新的依附,封闭的地理学终于出现了一道缝隙。在 1960 年代,到处都出现了"空间入侵者",尤其是在北美,更富有理论头脑的地理学家步入了自己所能找到的每一种学科领域,从数学拓扑学、分析哲学到新古典经济学和认知心理学。但是,当时外面的世界正经历翻天覆地的变化,冲突、危机以及意义深远的变革前兆日益充斥着城市、地区和国家。与其多年前在北美和大不列颠的状况相比,学术氛围日益政治化,日益变得可以容忍地"激进";理论话语开始意味深长地将矛头指向实证主义,并朝着取自欧洲大陆社会理论"大厦"的各种批判方法前进。

在这种变化的语境中,在新刊物《对跖地》撰稿人的引领下,并在由当时的英语国家地理学泰斗们所发起的一系列左翼运动的鼓动下,部分现代地理学理论开始趋向激进。从实证主义思想的普世教会主义(ecumenicism)的《地理学论注》(1969)到公开支持马克思主义的《社会公正与城市》(1973),戴维·哈维在学术方向上的戏剧性转变,起到了开路先锋的作用,并产生了特殊的影响,尤其是对年轻一代的地理学者们来说,他们这段时期在教授的指导下开始关注哈维的研究成果。经过哈维令人振奋的方向性改变,现代地理学的面貌从此焕然一新。

尽管激进的地理学在起初显得更具异质性,但它仍然很快走上了对地理分析进行热诚的马克思化的道路,其开路先锋者依然是哈维。历史唯物主义因此成为联结空间形式与社会进程的首选方式,也因此成为将人文地理学与阶级分析方法、对地理结果的描述与马克思政治经济学所提供的解释结合在一起的首选路径。现代地理学中一些广为人知的主题开始逐步臣服于马克思主义的分析方法和阐释方法:例如,土地使用与土地租赁的形式、人造环境的各种形式、工业与交通路线的选址、城市的演变与城市化生态学、定居点的功能等级制度、地区不平衡发展的嵌合体、新发明的传播、认知或"心理"地图的再现、国家之间的贫富差距、地方乃至全球地理景观的形成和变化等等。

地理阐释的这种新方法具有几个重要的特征。其核心内容是主要建基于马克思的《资本论》的一种激进的政治经济学,也掺杂着一些来源于《政治经济学批判大纲》以及后来的帝国主义论的推论。但是,伴随这些传统出处的,还有另外三个同时代的变化,三者经常相互交织,令人疑惑不解:1)基本上以大不列颠为主的马克思主义传统,较之其他任何学派更显得僵化复古,反对思辨性理论阐述,提倡实用的经验性分析;2)轻率并具冒险精神的、也许具有新大陆*特色的"新马克思主义",源于为更新马克思原则这一假定的必要性,并吸纳更多非传统的思想源泉;3)日见衰微却仍具影响力的法国马克思主义传统,分化成几个主要流派(结构主义、存在主义及其他各支派),基本上不能为顽固的历史决定论者所理解,但对新马克思主义有诱人的启发性。

结构主义的"解读"对马克思主义地理学具有超乎寻常的吸

---

* 即美洲。

引力,原因在于它为透过事物的表面现象(空间结果),揭示存在于业已构建和正在构建的社会生产关系中的解释性根源,提供了极其严格而明显的认识论上的理性化。这种解读与马克思化地理学分析的形成计划和逻辑相吻合。结构主义,尤其是阿尔都塞学派,其反实证主义立场也具有教育意义;它有力地驳斥了理论人文主义。正是理论人文主义引发了对实证主义地理学的行为学或现象学的批判。这些批判通常采取顽固的反马克思主义立场。同时,结构主义也开启了上层建筑领域,那里蕴藏着太多的地理学者们所关注的东西。假若扩大结构主义对历史决定论及其对具有强吸引力的空间隐喻的偏爱的纲领性批判,那么马克思主义地理学家对结构主义情有独钟也就更容易理解了。由此为地理学进入西方马克思主义批判理论论辩的主流提供了一条诱人的途径,而不是始终蛰伏于周围的林下灌木丛中。另一条可能的路径就是借助于存在主义现象学或批判理论的法兰克福学派传统,但毫无吸引力,而早在很久以前,更加传统的研究已经挡住了地理学家的去路。尽管没有明言,但这样那样的结构主义认识论(譬如说,哈维在《社会公正与城市》一书中所追寻的人物是皮亚杰而不是阿尔都塞)借助马克思主义地理学的早期发展而近乎潜意识地潜入到研究方法里。①

---

① 我并不声言早期的马克思主义地理学纯粹是结构主义的,也并不认为人们对与生硬地应用阿尔都塞的思想观点有联系的各种阐释性问题和政治问题毫无察觉。不幸的是,在新兴的"人文主义"地理学家审视马克思主义地理学时,他们经常只见其结构的马克思主义成分,一味幸灾乐祸地痛斥马克思主义地理学据说是无意识地消弭见多识广的人类代理人,而没有看到许多马克思主义地理学家早已意识到了同样的问题。参见,例如邓肯和莱,1982。

第二章 空间化:马克思主义地理学与批判社会理论

马克思主义的政治经济学与批判的人文地理学的最初结合受到了分析与理论化两大领域的主宰:具体的城市地理学与广泛的国际发展地理学。这两大学说有相似的基本观点。两者都被检视为对资本主义积累和阶级斗争采取抵消策略的构建结果。这些构建结果就是既有生成性又有冲突性的社会诸过程,在每一个地理学的层面上形成了空间的生产。

马克思主义地理学家为建立明确的城市政治经济学作出了重要和富有意义的贡献。这一城市政治经济学主要建立在1)戴维·哈维对"资本主义制度下的城市进程"所做的日益形式化的马克思主义化;2)曼努埃尔·卡斯特利斯对阿尔都塞、勒菲弗、阿兰·图雷纳(法国社会学家和"社会运动"理论家)学说以及法国马克思主义城市社会学的新学派的伟大改造;3)对产生于英国、北美激进派政治经济学家、地理学家和城市社会学家中的哈维和卡斯特利斯所作出的建设性反应。① 城市的空间性、社会诸过程与空间形式之间的相互作用以及建立城市社会−空间辩证法的可能性等问题,从一开始就是论辩的焦点,在当代马克思主义城市学中始终处于重要的地位。

---

① 《对跖地》是与新城市政治经济学有关的激进地理学研究的主要杂志,在1970年代曾一度成为社会科学界发行量最大的新激进刊物。作为马克思主义城市研究之喉舌的重要刊物《国际城市与地区研究学刊》,创刊于1972年,带有明显的社会学倾向,并且以大不列颠为基地。《对跖地》在位于马萨诸塞州伍斯特城的克拉克大学地理学研究生院内处于中心地位多年之后(创刊号发行于1969年),现在由牛津的巴兹尔·布莱克韦尔出版社出版发行。要研读"1969年至1985年《对跖地》的精华",请参阅双特刊(第17卷,第2、3期,1985年),这是该刊在理查德·皮特长期而卓越的编辑下在美国的最后一次出版。参见皮特,1977。

最初,在近乎完全不同的领域,对地区的不平衡发展更加全球性型式的分析,尤其是对第三世界的落后性与依附性的聚焦,产生了另一种全新的而且日益空间化的政治经济学,这种政治经济学分析了国际上的劳动分工以及资本主义"世界体系"的核心与边缘。这种新马克思主义国际政治经济学最有影响的支持者(比方说,安德烈·冈德·弗兰克、伊曼纽尔·瓦勒施泰因、萨米尔·阿明、阿尔吉里·埃曼努埃尔,以及被称为富有创造性的拉美"结构主义者")中没有几个人是马克思主义地理学家。尽管这些批判论辩是围绕着国际劳动分工的内在空间结构与"资本主义制度下"(以对应于哈维对城市进程的描述)全球性的地区不平衡发展的明显情况而展开的,但几乎无人认识到在全球范围内对资本主义发展的基本空间性进行再思考的必要性。况且,这一必要性即便被提出,其观念也不能起到多大的作用。城市生活基本而直接的空间性是不容忽视的(即便并不总是让人容易接受和理解),但是,有一种观点认为,资本主义世界经济也具有预先假定的空间性,是一种近似的空间化过程在另一种不那么直接的层面上的产物。这样的观点在 1960 年代和 1970 年代更加令人难以捉摸。①

这些全新的有关城市化与国际发展的政治经济学,吸引了来

---

① 我本人致力于马克思主义地理学的研究,缘起于为回应对我在早期有关非洲"现代化地理学"著作的激烈批判(苏贾,1968,1979;苏贾和托宾,1974;苏贾和韦弗,1976)。探索了这些批判作品的源头以后,我开始意识到自己能在全新的日后被称之为"发展地理学"的激烈重构中做得更好。本书第四章将回顾我在这一重构中的一些初步尝试。

第二章 空间化:马克思主义地理学与批判社会理论

自地理学以及与城市和地区规划相关领域的许多追随者。① 但事隔不久,正是这些塑造了全新政治经济学且飘忽不定的视野混合,滋生了严重的各种认识论问题,这尤其表现在空间与空间性的理论化方面。于是,马克思地理学在讲求实用、反思辨的历史决定论(它在固有的本质上要公然排斥对历史进行"地理学角度"的解释,也要抛弃被许多人认为难以接受的对消费和各种交换关系相对于各种生产关系的强调)与一种新马克思的结构主义(它似乎极易衍生各种决定论思想,毁灭具有政治意识的主体,轻率地排斥历史阐释中的理论首要性)之间痛苦地摇摆不定。

将马克思主义引入现代地理学,这似乎是一项简单而又富有价值的工作。人们甚至可以将更大的认识论冲突视为这项工作领域之外的事情而置之不理。但是,一些地理学家开始另辟蹊径,公开寻求对历史唯物主义进行"空间化"的方法,而且将批判人文地理学植入西方马克思传统的解释内核,尽管这只是尝试性的。这是一个截然不同的问题,在极大的混乱之中,马克思主义地理学发展的第二阶段业已起步,而且直到现在,仍在理清自己的头绪。

---

① 要将批判规划理论和关于城市与地区规划实践本质的论辩从现代地理学和西方马克思主义与关于空间理论化的论辩之间方兴未艾的交汇中分离出来,已变得日益困难。诚然,贯穿20世纪英语国家的规划教育传统,一直是实用地理学分析、批判空间理论以及地理学想象最为重要的保留地。尽管在现代学术的劳动分工中没有自己鲜明的学科地位,可城市和地区规划灵活地融各种学科传统与各种学科重点于一体;只要不受其内部正统观念的羁绊,城市和地区规划会为那些寻求崭新和多学科的熔合和视野的学者们提供一种诱人的环境。自1960年代以来,随着被勒菲弗称为空间规划的"社会和政治新实践"的扩展,愈益众多的马克思主义地理学家和空间理论家已直接介入城市和地区规划,从城市和地区规划这一野兽的教育的腹部出发探索由国家调控的空间生产。

挑战性的倒置:将地理学引入西方马克思主义

到1970年代末期,在马克思主义地理学的内部,在空间对历史的唯物主义解释的重要影响、对资本主义发展的批判、对社会主义重构的政治见解等问题上兴起了一场难以驾驭的辩论。一些学者在空间与社会之间寻求一种更为灵活和更为辩证的关系(苏贾和哈齐米查里斯,1979;苏贾,1980;皮特,1981);而另一些学者在这一研究过程中发现了一种理论的"衰竭",一种令人担忧的"激进折中主义",一种与阶级分析和历史唯物主义本身格格不入、在政治上危险并容易引起分裂的空间"分裂主义"或"拜物主义"(J.安德森,1980;埃利奥特·赫斯特,1980;史密斯,1979,1980,1981)。争辩在他们之间反复不断。在一些相对抱有同情态度的观察家看来,马克思主义地理学似乎正从内部走向自我毁灭,这引发了一些学者提出"缘何地理学不能成为马克思主义的"(艾尔斯,1981)这一问题,而另一些学者则为他所看到的在激进地理学分析中对空间阐释的一种无理抛弃而扼腕叹息(格雷戈里,1981)。

在马克思主义地理学以及在城市和地区研究方面,一种思潮渐显波澜。这一思潮似乎认为,空间和空间性只有作为一种反思性表达可以与马克思主义相适应,这种反思性表达是更加基本的社会生产关系以及无空间的(可仍然是历史的)资本"流动法则"的产物(沃克,1978;马西,1978;马库生,1978)。资本主义地理学是值得研究的主题,地理的不平衡发展是资本主义历史令人关注的产物,但两者都不是马克思主义理论的一个必要推动因素,也不是历史唯物主义分析的一种先决条件。马克思主义并没有达到足够的破碎程度,所以无需一种空间"调控"。

一种具有更广泛基础的"批判之批判",强化了马克思主义正统观念的复兴。这种"批判之批判"大约在同一时间扩展到整个西方马克思主义,抨击了阿尔都塞结构主义及其新马克思主义和"第三世界主义"的追随者的理论贫乏、解释过度以及去政治化的抽象。E. P. 汤普森在其长篇论著《理论的贫困》(1978)中,为这一抨击树立了一面标志性的旗帜,这是一篇充满激情的、反结构主义的对历史的首要性和英国马克思主义历史决定论的重申,以历时性反对共时性,以英语国家的具体性反对法语国家的抽象性。美国马克思主义历史学家布伦纳(1977)对瓦勒施泰因、弗兰克及其他学者的新马克思主义发展理论也提出了类似的批判,尽管并没有像汤普森那样充满激情。这其中的修正主义谬误与其说是斯大林主义的谬误(正如汤普森给阿尔都塞所贴的标签那样),倒不如说是难以消除的资产阶级谬误:回复到亚当·史密斯那些毫无价值的真理。尽管忠诚的西方马克思主义者仍然对马克思主义地理学家视而不见,但在城市和国际政治经济学中,马克思主义地理学家的评论所产生的反响却相当深远。城市政治经济学对卡斯特利斯的城市结构主义,表现出与日俱增的厌恶,而国际政治经济学则对赋予资本主义历史中的地理不平衡发展以一种更加中心和构建的作用,表现出一种顽强的抵触情绪。

尽管有重申历史决定论的正统观念的力量存在,对马克思主义理论进行空间化的计划依然保持着活力。其主要生存途径便是运用日益清晰的理论论点,即空间的组织结构不单单产生于社会,同时也能反过来影响各种社会关系。为遏制正统观念从内部兴起（一部分原因也是为了诚恳地求助于勒菲弗），通过对"社会空间辩证法"的肯定和论证起初曾被我称为新"顶尖式"马克思主义（参见第三章和第四章）的激进"空间实践"的需要，我想努力抓住这一双向流动。从另一也许更加广泛的观点来看，德里克·格雷戈里在《意识形态、科学与人文地理学》这本也许是近十年来最富于洞察力、最全面的重新阐释地理学解释的著作中，作了如下论述：

> 对空间结构的分析，并不是社会结构分析的派生物或附属物。如同结构主义的问题框架所指出的那样：更确切地说，两者是互相依存的。因此，空间结构并不仅仅是阶级冲突自我表现的竞技场（斯科特，1976，104），而且确立各种阶级关系的处所在某种程度上也是一条途径，况且在构建各种决定性的社会形态的概念时其概念必须具有一席之地……离开社会结构，空间结构就不可能得到理论上的阐述，反之亦然。再者……离开空间结构，社会结构就不可能得到实践，反之亦是如此。（格雷戈里，1978，120—121）

格雷戈里为一种更加坚定、更加解放的地理学解释辩护，这种地理学解释会吸纳结构主义的并具有"反思性"的（现象学的、解释学的）认识论中的养分，在批判社会科学领域中赋予人文地理学以"一席之地"。

挑战是显而易见的。人文地理学的产生与诸种社会关系和实践的建立两者之间具有一种复杂而又问题丛生的交互作用。各种

第二章　空间化:马克思主义地理学与批判社会理论

社会关系和社会实践需要得到人们的承认,而且需要向理论阐释和政治阐释开放。如若继续只是将人文地理学视为社会诸过程的反映,这一目标将是难以企及的。我们应该看到,社会生活的人造空间性既有其偶然性,又有其决定性;既是历史构建的结果,又是历史构建的途径。换言之,人造空间性并不单单是应用于地理学疑题的历史唯物主义,而是历史的和地理的唯物主义的组成部分。

即便是戴维·哈维,在其十年致力于马克思化的历程中,也会偶尔回过头来开始对马克思主义进行空间化。他在早期详细阐述资本寻求"空间调控"的理论时就已经作了这方面的工作(他敏锐地追溯至黑格尔和冯·屠南更早时期的诸种空间化理论),这尤其体现于他对城市人造环境中保存与破坏两者之间的相互紧张影响的描述(也就是他后来称之为"地理景观无休止的塑造与再塑造")。哈维一直采取模棱两可的态度,犹豫不决而又富有想象力地迈向社会-空间辩证法(哈维,1977,1978),但是,他似乎总要回归到严格的马克思化程式,即使这种程式化的局限性已变得更加清晰可见。哈维的一些得意门生(如理查德·沃克和尼尔·史密斯等)采取了比哈维本人更加强硬的态度,带头反对"挑战性的倒置"及这种倒置提出的空间与阶级、空间性与社会之间的相互偶然性。

然而,在现代地理学和西方马克思主义内部,这种阻力的普遍性达到了无以复加的程度。前者往往防止将社会和行为的空间偶然性变得过于清楚明晰,除非是借助距离冲突产生的"中性"物质力量,这是现代地理学去政治化的烟幕弹。相反,这种可能性几乎被当作内部机密保存起来,仅在信徒间交流分享,而不是公开展示。空间偶然性明显带有偏离正轨的环保主义令人尴尬的过去的滋味,与现代学术劳动分工内部的被硬性认定的地理学地位发生了冲突,毫无恶意地描述了非真实的分化,但发誓不再对社会作出任何地理学方面的决断,至少在执著的社会科学范围内不作出如此的决断。

绝大多数马克思主义者在有人断言的阶级空间偶然性中,只能觉察到另一种企图,即在构建历史的过程中,给阶级意识和社会意志的自由施加一种"外部"的制约,这在正统观念的上升时期尤其如此。况且,在这种空间偶然性的背后,这些理论论点似乎太随意地脱离了在关于城市化和全球性发展的新马克思主义政治经济学中所体现出的折中结构主义和过分自信。同样重要的是,这种挑战性倒置至今尚未得到更加正式的理论阐述和认识论阐述的佐证,也尚未得到有说服力的经验主义分析的印证,而这恰恰是建立必要政治联系的基础。因此,对于马克思主义地理学的主流来说,这种新的辩证法是诱人的,但尚未充分展示其使用价值。

不足为怪的是,直至1980年代,马克思主义地理学似乎一直围绕对空间性的唯物主义阐释,跳着一种令人生厌的加伏特舞,向前移动只是为了后退。在哈维发表《社会公正与城市》(1973)至发表《资本的诸种局限》(1982)期间,由马克思主义地理学家单独完成的具有原创性的综合著作如凤毛麟角,系统而明确地呼唤历史地理唯物主义的英文著作更是近乎零。只有几部重要的社论集,陈述了一种激进的空间观点(皮特,1977;迪尔和斯科特,1981;卡尼、赫德森和刘易斯,1980)。不过,具有前瞻意义的是,

第二章 空间化:马克思主义地理学与批判社会理论

当时一部分最有影响力的批判人文地理学著作,是由马克思主义主流之外(但这是从内部情况来看)的地理学者们写成的(奥尔森,1980;斯科特,1980;布鲁克菲尔德,1975;以及,尤其重要的,格雷戈里,1978)。

尽管有少数例外,马克思主义地理学似乎旋转着进入1980年代,以避免这种最终变得难以消除的明显局面:马克思主义本身必须进行批判性的重构,以便包容显著而又重要的空间这一方面。如同作茧自缚的僵化的资产阶级社会科学那样,沿袭传统而来的历史唯物主义正统观念并没有为空间这一问题留出多少余地。因而,仅仅使地理学具备马克思主义思想,这已显得不足。对马克思主义进行空间化、重新将历史的构建与地理学的构建结合起来,这就有必要开展另一轮更具破坏性的批判性思维。这种挑战性倒置必须转入第三次批判,即批判之批判之批判。首次批判的启动曾推动了马克思主义地理学的发展。

这种具有解构性和重构性的第三次批判的动力,在很大程度上发端于马克思主义地理学的圈外,由批判学者加以推进,可这些学者常常对马克思主义地理学家的存在及所取得的成就熟视无睹。更大范围的论辩主要是针对"晚期资本主义"的诸种已知特性,尤其是令人困惑的社会重构问题。这一问题似乎正在打破传统的政治、经济、文化、知识以及意识形态的格局。全新的构建看来正在显现,向因袭传统已久的阐释方法和左的、右的及中派的政治实践发起了挑战。需要在理论和政治上寻求对资本主义的重构做出恰切的回应,这使得一群人数少可又意见迥然相异的左派批判学者们得出的结论具有惊人的相似之处:社会生活具有构建作用的空间性,早已成为当代生活情景至关重要并具有揭示性的解读窗口,但是,关于空间的观点一直被沿袭传统已久的漠然态度和神秘化所遮盖。随着许多不同专业领域的学者们对这一问题的认识,关于空间的政治理论化的论辩,较之以往任何时候都来得更加广泛,迎来了另一个更为兼容并包的现代地理学与西方马克思主义开展交往的历史阶段。

向后现代性迈进:批判人文地理学的重构

从现今的眼光来看待马克思主义地理学的发展以及随之而来的对资本主义历史地理学的重新理论化,这是一项完全必要的折中性工作。现在不妨这样说,地理学的分析模式要比本世纪任何时候都更集中地依附于当代的各种政治和理论论辩。但是,这种依附演绎于许多不同的来源,形式多样,排斥简单的杂糅。这种依附也仍然是极具尝试性的,在影响力方面有其相当的局限性,因为批判理论的空间化以及一种新的历史地理唯物主义的构建,只是刚刚起步,其最初的影响力具有极大的破坏性,对以往二十年中已影响马克思主义地理学发展的两大现代主义传统来说,则尤其如此。

恰如当代西方马克思主义似乎已爆发性地发展成为一种常常含有多种目的的观点的异质性集合一样,现代地理学也开始处处四分五裂,从内部开始瓦解,与那些曾对现代学术劳动分工进行界定的19世纪其他学科的古老学术联系分道扬镳。抓住事物较为传统的范畴、界限和分离的能力正日益变得虚弱。原本处于中心

第二章 空间化:马克思主义地理学与批判社会理论

地位的问题现正被推向边缘,而曾经是策略性的边缘问题,现在则大胆要求新的中心地位。知识领域这种近乎万花筒般的变化,已变得极其难以描绘,因为知识领域再也不会带着人们熟知和陈旧的轮廓出现。

我认为,这种久未定夺且令人困窘的地理学,是后现代情形的组成部分。就像中国象形文字中的危机和贝尔曼对过渡时期的现代性所作的毫无实质性内容的描述那样,地理学在当代危机四伏,充满了各种危险和各种新的机遇,处处是新旧事物的同存性震荡。现在回到前文已提及的一个论点,另一种有关时空的文化似乎在当代语境中开始逐步形成,对现代世界中的日常生活的本质与体验正在作出新的界定,随之而来的是社会理论的整体结构。我愿将这向后现代性转变的开端定位于1960年代末期和那一系列共同标志着战后资本主义世界经济长时期繁荣结束的爆炸性事件。为了找到对这一影响重大的变迁最富洞察力的先驱者,我又得再次提及勒菲弗和福柯以及伯杰和曼德尔的前瞻性著作。正是在这些著作中,后现代化的地理学得到了最为敏锐的感知。虽然他们之间的彼此联系并不总是具有直接性和目的性,但这四位现代地理学的奠基人在现代性的当代解构与重构中起着交叉的作用。我将再次提及这四位奠基人,这有助于探索批判人文地理学林林总总的后现代地理景观。

三大空间化理论的交汇

勒菲弗、福柯、伯杰和曼德尔对在历史关键时刻的空间性意义均作了明确的肯定,尤其是自大萧条以来最严重的全球经济危机向世界昭示:战后繁荣的结束以及一种具有深远意义的重构活动的开始。这一重构活动将触及社会生活的各个方面,动摇建基于来自近期各种过分简单化的投射的诸种传统思想。虽然曼德尔的表述并非十分明确,但其他三位学者围绕这样一种认识清楚地阐述了自己的观点:现在使我们看不见各种事物的,与其说是时间,不如说是空间,况且,消除空间性的神秘色彩并揭示其披着面纱的工具性力量,这是从实践、政治以及理论角度认清当今时代的关键之所在。

将这些论点放置在一起,会推动空间化三条不同途径之间一种富有创造性的交汇。空间化这三条不同的途径,我称之为"后历史决定论"、"后福特主义"和"后现代主义"。这些空间化的第一条途径植根于对社会存在的本质和概念化进行一种根本性的重新阐述,这实质上是一场本体论方面的斗争,企求重新平衡历史、地理和社会三者之间可以阐释的交互作用。在此,这种对空间的重申自然与本体论方面的历史决定论格格不入,而这种历史决定论至少在上一个世纪特别青睐对存在于时间中的存在进行不同的构建。

这种空间化的第二条途径直接附丽于物质世界的政治经济学,或更具体地说,依附于资本主义的"第四次现代化",这是紧随着战后持续性经济繁荣结束之后所产生的最新一轮具有深远影响的社会-空间重构活动。为具体描述从积累体系向规范方式过渡的特征,人们尝试性地使用了"后福特主义"这一术语,而正是这一过渡,在大萧条之后围绕大规模纵向整合的工业生产制度、大众消费主义和不断的无计划市郊化、福利国家以凯恩斯学说为中心

第二章 空间化:马克思主义地理学与批判社会理论

所实施的规划以及越来越多的公司寡头卖主垄断而得到了巩固。① 在此,人们也会提出:空间至关重要;揭示空间的重构是以何种方式遮挡我们对各种后果的认识的,这对我们从政治和理论角度把握当代世界处于不断变化的政治经济学会起到关键的作用。

空间化的第三条途径寓于文化和意识形态的重新变革、对现代性的经验性意义进行不断更新的界定、空间和时间的一种全新的后现代文化的崛起。此种空间化顺应了我们依凭科学、艺术、哲学和政治行动的各种计划来思考和应对当代的各种机遇的独特性——各种危险和机会——的方式的各种变化。作为一种理论话语和划时代的概念,后现代主义相应于后历史决定论和后福特主义。在这种理论话语和划时代的概念里,地理学作为具有批判洞察力的优势而日显重要。

在弗雷德里克·杰姆逊这位或许是美国最杰出的马克思主义文学评论家最近的作品中,这三种空间化理论的交汇得到了有效的例示。在一篇题为"后现代主义抑或晚期资本主义的文化逻辑"的文章中,杰姆逊把握住了当今时代精神的空间特性。

> 后现代(或跨国的)空间,不仅仅是一种文化意识形态或文化幻想,而且作为资本主义在全球的第三次具有独特性的大扩张(继第二次的国家市场的扩张以及第一次的帝国主义

---

① 为描述资本主义近期的重新变革,使用最广的术语是"后工业化",这一术语具有一定的吸引力,但具有误导作用,转移了我们对工业生产持续的集中性以及对当代资本主义社会的重构过程中劳动过程的关注。如同将长期以来所发生的情况描述为"后现代资本主义"抑或"意识形态的终结"一样,这一术语的使用是十分荒谬的。

制度的扩张之后。这两次的每一次扩张都有其自身的文化特性,生成了与其动力相适应的各种新的空间形式),也有其真实的历史(和社会经济的)现实性。……我们不能[因此]重新回到以各种历史条件和历史困境为基础而得到详尽分析的美学实践中,因为这种历史条件和历史困境已不再属于我们……在此已经提出的空间概念认为,适应我们自己的历史条件所需要的一种政治文化模式,必须将各种空间问题的论争提到基本的组织重要性这一高度。(杰姆逊,1984,88—89)

杰姆逊的空间概念化理论,很多内容取自于勒菲弗的空间精神。他也曾于1980年代早期向更多的美国受众介绍过勒菲弗及其作品。但是,反响却不尽相同。杰姆逊作为权宜之计,将适应当代(后现代)形势的激进政治文化的空间化模式界定为一种"认知图绘的美学",即在文化逻辑和后现代主义的诸种形式中体察权力和社会控制的一种工具性制图法的能力。换言之,以一种更加敏锐的方法来观察空间如何使我们看不到种种后果。他专门提到了凯文·林奇(1960)有关"城市形象"的研究,但这些迂回曲折的联系不仅返回到勒菲弗和伯杰,而且还联结到福柯。譬如说,福柯有关单元、等级和封闭的"监狱式城市"也被杰姆逊移植到或许堪称精华的后现代地区——洛杉矶的景观中,而洛杉矶城市正是当今世界一些最为盛行、最具说服力的认知意象(cognitive imagery)的发源地。①

---

① 1984年杰姆逊、勒菲弗和我曾经从波拿文彻大酒店出发,拾级而上徜徉于洛杉矶市中心的周围。我将在第九章回顾此次游览。

从洛杉矶和其他一些后现代的地理景观中,杰姆逊以物质和文学的眼光勾勒出一种潜隐而又阴险的人文地理学,这种人文地理学必须成为激进的后现代主义政治学抵抗的对象,也成为这样一种揭开毫无存在必要的面纱的手段:大量吸取当代诸种重构过程的工具性养分。

福柯对空间性明确而又颇有缺陷的强调,我们已经作了探讨。他关于考古学和谱系学的知识,为空间性的后现代文化批评和权力的制图学提供了一条重要的发展途径。如同安德森和其他学者对福柯的看法一样,他没有放弃激进的政治学,而是加入了勒菲弗要求对左派政治计划进行空间化的声音。福柯写道,"在像我们这样的一个社会中,其真正的政治任务就是要对看似既中立又独立的各种制度的运作进行批判;对这些制度进行这种方式的批判,能揭露暗地里始终借助这些制度而逞能的政治暴力,这样,人们就可以与这些制度作斗争"(拉比诺,1984,6)。① 这种"斗争"的发展不仅仅停留在资本主义的剥削制度,而是跨越到处处能够找到的所有"学科性技术",即便在现有的社会主义领域亦是如此。对空间斗争的这种刻画离杰姆逊的后现代主义抵抗仅一步之遥。这显然是一种地理政治学方面的策略,在这一策略里,关乎空间的诸种论争涉及基本的组织问题,因为惩戒性的力量主要通过对空间中诸个体的组织、封锁和控制才得以延续。②

---

① 尽管对福柯的空间化理论相当地支持,拉比诺却仍然将福柯的研究描述为具有"一种批判历史决定论的形式",我倒认为这种观点具有误导性。

② 在剑桥大学,德里克·格雷戈里和他的学生以极大的热忱重拾福柯的空间分析法。参见格雷戈里,即将出版。

杰姆逊将后现代主义当作具有划时代作用的概念，这让人想到批判社会理论中曼德尔与当代对空间的重申的联系。杰姆逊直接汲取曼德尔对《晚期资本主义》（曼德尔，1975）和地域性不平衡发展在不同时期的不同影响的阐释。在这种阐释里，曼德尔在资本主义宏观政治经济学中的时期化（periodization）与空间化两者之间进行了关键性的结合。危机与重构的"长波"（"long wave"）周期性不仅界定了一系列的历史时代，同时也界定了一系列的空间性，即资本主义"共同而不平衡"的发展在地区布局中的不断变化，而这又与前文探讨过的现代性顺序一一对应。这种空间-时间的型式在杰姆逊对反动后现代主义的批判中以及在后福特主义经济重构的当代大范围的研究中，起着非常有益的作用，也为检视处于不断变化中的资本主义城市地理学、区域地理学和国际地理学提供了一个十分有用的框架。当代分析家已开始将其称为资本主义制度下多层次的空间劳动分工（马西，1984）。

还有一条更加重要的通向后现代性理论的途径有待探索。这是三大空间化理论交汇的另一个舞台，也是马克思主义地理学本身的后现代解构与重组。我将在接下去的每一个章节中，多角度地重新探讨这一话题。在此，我仅概括介绍有关这一问题在当代最为重要的一些论辩和发展。

马克思主义地理学的后现代化

在1980年代，马克思主义地理学已发生了显著的变化。其边界已进一步地扩大，界定也更为灵活，其影响也较以往任何时候更加延伸到批判社会理论诸种领域的深处。与此同时，除了作为坚

第二章 空间化:马克思主义地理学与批判社会理论

定的空间化更宏大计划的整体部分之外,马克思主义地理学的重心也变得更加难以定位,即便是传统的马克思主义地理学的范畴和界定,也处于明显的分散和重新的安排这一变化之中。更为混乱的是,正当公开的理论论辩已为更多的——和更具批判性的——受众所接受时,对经验主义的一种新的热情已经转移了许多马克思主义地理学家对此的关注。因而,通向后现代性的道路看来正发挥着一种具有明显解体作用的效应。

戴维·哈维已影响了并继续影响着马克思主义地理学考察的进程。与其他的地理学家相比,他的这种影响更为明显。因此,这种解体就不足为奇了,尤其对于那些深受戴维·哈维影响的人而言,情况更是如此。如同哈维所反复强调的那样:

> 在任何一种各不相同并业已认定具有力量但没有空间性的社会理论阐述中,注入关于空间和诸种空间关系的概念、关于位置、场所以及周遭环境的概念,这往往会十分笨拙地摧毁理论的各种中心议题……不论何时,社会理论学家一旦主动地质问地理学诸范畴和空间诸范畴的意义,他们要么被迫作出许多权宜性的调整,使得自己的理论失去其连贯性,要么就是被迫重新研究那些最基本的问题。(1985b,xiii)

至少在其最近的著作中,哈维也将空间化理论的破坏性效应与西方马克思主义以及自由主义社会科学中的历史决定论的各种僵化行为联系起来。

> 马克思、马歇尔、韦伯和迪尔凯姆均具有以下的相同点：他们在考虑时间、历史与空间、地理的问题时，总是优先考虑前者，而认为后者是无关紧要的，往往视空间和地理为不变的语境或历史行为发生的地点。……诸种空间关系和地理布局首先产生的方式，在大多情况下，往往不引人注目，被人漠视。……马克思经常在自己的作品里接受空间和位置的重要性……[但是]地理的变化被视为具有"不必要的复杂性"而被排除在外。我的结论是，他未能在自己的思想里建立起一种具有系统性和明显地具有地理和空间的观点，这因此破坏了他的政治视野和理论。(1985c, 141—143)

这些段落标志着哈维的研究重点已发生了深刻的变化，突显了时下困扰马克思主义地理学和马克思主义地理学者的许多困境。

在《资本的诸种局限》(1982)一书中，哈维从马克思主义地理学的核心出发，伸展到西方马克思主义和现代批判社会理论更为广阔的领域，为空间化了的马克思主义和空间化了的对资本主义发展的批判，进行了强有力的辩护。然而，赋予《资本论》和资本主义以一种具体的地理学，既是一项主要的壮举，又是对理论的一种麻痹。这样，《资本的诸种局限》一书就很不和谐地将形式主义的马克思主义地理学的最高成就与这一最高成就所必需的解构和重构的开场礼炮结合在一起。认识到这种严重的既爱又恨的矛盾心理以及这样一种可能性：他或许不得不从自身底下拉出编织严密的地毯，哈维差一点放弃了自己的研究计划。然而，在以前的弟子以及其他支持者的鼓励下，哈维还是完成了自己专横的合成，情况似乎是,他希望"注入"空间所产生的这种破坏性效应不会削弱自己所宣称的历史地理唯物主义的威力。

回顾对《资本的诸种局限》的批判性回应,哈维表达了自己的担忧:大多读者似乎对本书所表达的信息感到有些困惑。在《意识与城市的体验》一书的序言中,他写道:

> 令人奇怪的是,大多数评论家(我猜想主要是出于纯粹的学科偏见)忽视了那本书中我所认为的最独特的贡献——将空间的生产与空间的布局整合为马克思主义理论阐述的核心中的一个积极因素。正是这一关键的理论创新才允许我从对历史的思考转移到了对历史地理学的思考,并借此开辟了这样一条道路:将城市进程在理论上阐述为在阶级斗争和资本积累的历史地理学中一个富有积极性的机遇。(1985b,xii)

虽然绝大多数的马克思主义地理学家得到了这一信息,但他们早已认同了这一看法,其中的许多人早已开始彻底转变其原先反对富有争议性的西方马克思主义空间化的早期立场。多琳·马西在其《空间的劳动分工:社会结构与生产地理学》(1984,x)一书的序言中写道:

> 我的基本目标曾经是想将产业地理学与就业地理学联系到社会更广泛的基础结构上去……换句话说,最初的意图是想从经济和社会的诸种特征出发,进而继续探究它们的地理学特征。但是,我对这一主题了解得越多,越是觉得这种过程

并不仅仅是单方面的。我倒认为,同样的情况是,把握地理的组织是理解经济和社会的基础。社会的地理状况有其特殊的发展方式。

如果这在分析上是正确的话,这在政治上也同样是正确的。如果对改变英国经济和社会的地理发展基本的不平衡状况(其他资本主义国家的状况亦是如此)抱有什么希望的话,那么有一种政治学是必要的,这种政治学会将地理分布的诸问题与社会和经济的组织诸问题联系在一起。

马西采用了一条新的途径来分析"空间生产结构"中的各种地理位置特性,企求在一个自由的地区性政治经济学土地上开辟一块中间地带,摆脱资本主义运动法则的铁定意志和地理经验主义毫无意义的不确定性的羁绊。①

同样,尼尔·史密斯也小心翼翼地偏离了马克思主义正统观念的道路,并在《不平衡的发展:自然、资本和空间的生产》(1984,xi)的序言中发表了类似的观点:

由于在地理传统和政治传统之间占据着相同的位置,关

---

① 马西的研究激发了英国地理学界对"地点"产生了一种新的迷恋,而这种对地点特性的情有独钟有无特殊的成果,还有待证明。对地点的强调又转而引发了一场愈益激烈的论辩,论辩的对象是被描述为激进地理学"经验主义转变"的理论意蕴。参见最近刊载于《对跖地》的有关这一论辩的文章(库克,1987;史密斯,1987;科克拉内,1987;格雷格森,1987)。

乎不平衡发展的理论对于决定以什么样的内容来具体描述特定的资本主义地理学的特点起到十分关键的作用。……但是,如果不认识到某种更深刻的东西正处于困境,那就无法更深入地探索不平衡发展的逻辑。这不仅仅是一个资本主义如何作用于地理学的问题,而是一个地理学如何作用于资本主义的问题。……因此,从马克思主义的观点来看,这不仅仅是一个如何扩展马克思主义理论的深度和权限问题,而是一个开创一系列的新侧面用来解释资本主义在20世纪继续存在的问题。……现在,地理学空间已史无前例地出现在经济学和政治学研究的日程上。关于"地理因素是历史中枢"的观点已远远超越了麦金德的想象,呈现出更加现代、更加深远的含义。

由于哈维、马西和史密斯他们中的每一个人都不够果断地潜心研究对历史唯物主义及其主要叙事进行必要的改革性解构,这导致他们前期确认的事实总是无法与后期文本中恰当的结论相符。但是,尽管历史决定论得到庇护,未曾受到严厉和系统的批判,可在空间的理论和政治的重要性方面反而树立了一种新的信心。现在,为在理论上主张历史地理唯物主义而辩护并找到其存在的依据,这已不再是当务之急。相反,通过对"特定的资本主义地理学"的分析来说明其政治和经验的力量的时间已经到来:

> 地理空间总是属于"具体和特殊"的领域。现在需要解决的根本性问题是,能否在判断马克思关于资本积累普遍的

和抽象的理论的语境中构筑起一条关于具体和特殊的理论。（哈维，1985c，144）

但正如米尔斯所言，在所有补鞋匠的眼里看到的就只有皮革。这种在理论上更加自信而武断的马克思主义地理学的影响范围，由于其具体化了的学科范围和知识领域，因而仍然没有得到充分的理解，并令人不安地威胁到现代学术意义上的劳动分工。而且，这种攻击来自仍被许多人视为次等学科死水一潭的地方，却指向仍被神圣化的历史想象领域。保留马克思主义的"认可"（*imprimatur*）足以威慑当代的 FRUMPs（即 formerly radical upwardly mobile professionals，前向上流动的激进专业人员，这是哈维在最近一次为自己的立场辩护时所用的一个术语——参见哈维等，1987），但是，那些"傲慢"的地理学家公开发表的带有理论和经验主义的言论，已经超过了现有需求的承受能力。在1980年代，即便是最开明最具同情心的社会分析学家，也要为了保护自己的学科，使之免受批判社会理论和分析的"后现代"空间化的破坏性效应，而开始回击那些坚定的空间入侵者。

针对马克思主义地理学家的入侵，反应最为迅捷、最为直接的是社会学家。他们坚持认为，社会理论的空间化掌控在自己的手中，而事实上，由于刚刚起步无人参加竞争，他们从19世纪后期开始就已大致控制了社会理论的空间化。激进的政治经济学家非常认真地听取了哈维和新马克思主义地理学家的理论，但往往十分谨慎地与他们保持着距离，只是吸收了业已空间化了的马克思主义理论中最低限度的精要部分。马克思主义历史学家在弄清事情

第二章 空间化:马克思主义地理学与批判社会理论

的来龙去脉之后只是象征性地表达了他们最美好的祝愿(心照不宣地认为数年前激进的历史地理学已经做了关于地理学的必要工作)。但是,马克思主义和激进的韦伯式的社会学家从一开始就更加深入地投身于空间化的研究工作,而且一旦空间化的研究工作开始对他们长期以来最为珍视的社会学命题和原则产生摧毁性的效应,他们就不能简单地将这一工作搁置一边。许多人感觉到,社会理论的空间化已走得太远,需要加以适当的管束。

引导社会学作出这一回应的最重要人物是彼得·桑德斯,其著作《社会理论与城市问题》(1981年,1986年再版)对城市社会空间理论的历史发展作了全面而精彩的概述。戴维·哈维在注意到空间化理论对社会科学盖棺论定的诸种理论命题具有瓦解的作用(参见上文)之后,立即翻阅了桑德斯的第一版《社会理论与城市问题》,以此来例示自己的论点。

> 那么,不足为奇的是,桑德斯(1981,278)在最近的一次努力中,为了挽救城市社会学被认定为亚学科这一不幸的命运,提出了一种毫无依据的奇谈怪论,什么"空间问题……必须与具体的社会诸过程分开来考虑"。

经过对马克思主义地理学家最新作品的潜心研究,桑德斯在其第二版的著作中观点更加引人注目。在一个以明确地界定"无空间的城市社会学"为宗旨的篇章中,桑德斯作了如下总结:

> 自本世纪初罗伯特·帕克的研究开始以来,城市社会学

家一直在努力发展各种理论洞察力,但由于坚持要与空间问题相结合,其洞察力反而受到了削弱。现在,该是我们脱掉这一理论紧身衣的时候了;该是赋予空间以应有的地位的时候了,将空间视为经验主义考察中的一个偶然因素,而不是从其普遍性的角度出发,将其视为一个不可或缺的因素加以理论化;该是城市社会理论对存在于空间中的社会组织的某些方面提出一种鲜明的聚焦点的时候了,而不是企图去维系对社会中空间组织的无效强调。概言之,该是发展一种无空间性的城市社会学的时候了,尽管这种社会学承认空间安排的经验性意义,可并不竭力去将这些空间安排提升到一种特殊的理论研究对象的高度。(1986,287—288)

在关键时刻,桑德斯的态度反复无常,忽而致力于挽救其理论,忽而致力于将空间问题打回到其原有的地位,忽而又具体阐述现代社会学的传统领域。在给城市社会学剥离理论研究对象时(这一研究对象与空间具有密切的联系,或正因为此,它与城市也有密切的联系),桑德斯如履薄冰,差一点蒸发了整个城市社会学理论。最终,他悄然滑回到了"消费社会学"这条老路,认为这是理论关怀和实质性关怀的决定性聚焦点,而保留"城市的"这一个形容词只是"一个习惯问题",是"维系本领域知识的延续性"的一个十分有益的方法(同上,289)。

在1970年代,地理学家、社会学家以及政治经济学家结成了一个临时联盟,希望对资本主义城市化提出一种全新的批判阐释。但是,关于"城市的特殊性"的论辩,即具有特殊性的城市社会和

第二章 空间化:马克思主义地理学与批判社会理论 107

空间形式能否为理论阐述提供一个合适的对象的论辩,在这一联盟中始终是混乱和纷争的由头。大多的混乱缘起于联盟中最具影响力的马克思主义社会学家曼努埃尔·卡斯特利斯提出的关乎"城市问题"的模棱两可的概念化。一方面,卡斯特利斯抨击了从芝加哥学派到体现于亨利·勒菲弗作品中的所谓"左翼"扩展派对城市生活作过分的特殊化,认为并不存在特殊的城市问题框架。卡斯特利斯认为,城市居民的生活方式具有一种独特的"生活方式"。这种看法是一种意识形态的烟幕,掩盖了那些在认识论和政治上并不限于城市语境,但却在城市中表现出来的更大的社会问题。在另一方面,通过对有关集体消费的城市政治学和具有鲜明特色的城市社会运动的动员的密切关注,卡斯特利斯再一次信手将城市陈述为理论研究的对象。尽管卡斯特利斯最终会脱身于这种认识论的陷阱,可桑德斯却在拼命维系城市社会学"知识的延续性"和名义上的学科整体性时重蹈了卡斯特利斯的覆辙。

关于城市特殊性的论辩,不单单是一项在认识论体操方面的技能训练。从一开始,这就是一场激进社会学与马克思主义地理学两者之间的学科性冲突,冲突的焦点是社会理论的空间化和对空间的重申到底能被允许到何种程度。卡斯特利斯对城市问题的阿尔都塞式调和,改变了勒菲弗更加大胆的主张。勒菲弗并不盲目崇拜城市生活,提出了一种更具概括性的论点,认为在当代世界中的社会斗争,不论其是否与城市有关,都是空间社会生产的内部斗争,都是对资本主义特定地理学的工具性以及不平衡发展的一种潜在的革命性回应。换言之,城市的各种社会运动以及关于集体消费的各种斗争业已成为被我往往称为"后期现代的"('Late

Modern')激进社会学的重点,被视为在资本主义发展中一种更大的空间问题框架的组成部分(我将在后两章重新回顾这些早期的争论)。

然而,在1980年代,原有的一些论辩发生了一些新的重大转折。诸如哈维、史密斯等马克思主义地理学家,突破了自己较早时期的矛盾心理,尽弃前嫌,开始共同发展一种改革性的历史地理唯物主义。这一研究工作远比早期要求空间化的城市政治经济学激进得多。如同我在前文所描述的那样,随着在社会理论和社会实践方面关乎空间性的意义的论辩变得更加空前的普及,这一研究工作得到了许多"门外汉"的支持。对当下的讨论更具意蕴的是,从现代社会学的内部也发出了新的呼声,大声疾呼将空间注入社会学理论的核心——这是较之整个1970年代更加庞大的空间化运动。那些痴迷于自己的"皮革"的恼人的地理学家仍然可能像拜物主义者那样被无情淘汰。可是,诸如安东尼·吉登斯、约翰·厄里以及在空间方面再次觉醒的曼努埃尔·卡斯特利斯等社会学家则另当别论。

假若拿习惯上人们所描述的卡斯特利斯较早时期对英语国家城市社会学的贡献相比,他更为近期的研究有了两大明显的转变。转变之一是其反对亨利·勒菲弗的态度明显软化,并开始更乐意地认同在阐释城市政治学与城市社会学中一种十分显然的空间问题框架的重要性。但是,一贯滑头的卡斯特利斯并没有彻底完成这一转变,他在《城市与乡村地区》(1983,4)中的一段文字表达了他更乐意接纳勒菲弗的研究工作:

第二章 空间化:马克思主义地理学与批判社会理论

> 空间并不是一种"社会反映",它就是社会。……因此,各种空间形式,至少在我们星球上的各种空间形式,都可以和所有的其他物体一样,通过人类的行为被创造出来。依据一种特定的生产方式和一种特定的发展模式,这些空间形式会表达和履行统治阶级的利益,在一种从历史角度得到界定的社会里,这些空间形式会表达并实施国家的诸种权力关系。这些空间形式的实现和形成,是凭借性别的主导性和国家强化的家庭生活来达成。与此同时,各种空间形式会烙上来自被剥削阶级、被压迫的主体以及被统治的妇女的反抗的印记。而且,关于对空间的这种矛盾的历史过程的研究,将会以业已得到承继的空间形式、以往历史的产物以及各种新的利益、新的研究项目和新的梦想的支持为依托才得以实现。最后,此起彼伏的社会运动将会挑战空间结构的意义并企求推出各种新的功能和各种新的形式。

后现代主义宣称,使我们看不到种种后果的,现在是空间问题而不是时间问题,是地理而不是历史。对于这样的观点,卡斯特利斯还达不到这样的高度,但是,他似乎已比以往更能开明地接受这种可能性。

同样,卡斯特利斯的第二个转变也并非完全而彻底,同样与习惯上人们对他给城市的研究带来的贡献的描述格格不入。这一转变缘起于人们对工业生产和工业技术重新燃起的热切兴趣以及这种兴趣对城市化进程的效应。在此,在当代的城市研究和区域研究以及在马克思主义的地理学方面,卡斯特利斯的转变是更大关注点转移的一部分。这种转移与其说否认了关于集体消费诸种争端的重要性,倒不如说作出了这样一种承认:在我们能从理论和实践的角度把握消费的政治学和社会学之间,工业生产与工业重构的动力必须首先得到理解。卡斯特利斯也许会声言,这只是他一直坚持的观点,借此提醒有些学者,他们曾经批评他在早期研究城市工业化(例如,卡斯特利斯和戈达尔,1974)的作品中被人认定持有"消费主义"的观点。但是,卡斯特利斯目前正以全新的热情和洞察力继续推进自己的这些兴趣(参见卡斯特利斯,1985)。与他一起从事这一研究的是正在日益壮大的学者队伍,他们都是福特主义者,即便他们也不是后现代的、以工业和生产为导向的城市地理学家(参见,例如斯科特和施托珀,1986)。

桑德斯诉诸社会科学中的"理论现实主义"哲学,借此竭尽全力扭转吉登斯和厄里引人深思的空间转折、卡斯特利斯的明显转变以及马克思主义地理学家欲建立一种历史地理唯物主义的大胆企图。这种"理论现实主义"哲学正是在厄里的帮助下发展起来(参见基特和厄里,1982),由吉登斯大加运用,并由地理学家安德鲁·塞耶(1984)精心汇编而成的。桑德斯运用其新发现的理论现实主义"赋予空间以应有的地位",将空间当作在经验性的考察中只是一个偶然因素,而不是社会理论阐述中的一个有机组成部分。在这样做的过程中,他使这种社会学的强烈反应附属于一场更为重大的哲学和方法论上的论辩,这场论辩误导了马克思主义地理学的后现代化进程。

理论现实主义对社会理论中空间的重申的影响力(巴斯卡尔,1975,1979;阿尔,1970;阿尔和马登,1975)是多方面的,而且意义深远。理论现实主义看来为后现代批判人文地理学提供了一个近乎完美的认识论框架,因为它灵活地综合了结构主义和解释学,坚持将社会理论和社会实践置于时间与空间的双重作用之下,调整了马克思主义的实践观念,同时又让马克思主义接受充满生机的"当代性"批判。假若这种理论现实主义不存在,那么人们也得给它创造一个!然而,这一理论现实主义却以一种具有破坏力的自相矛盾心理慢慢渗透到1980年代的空间话语,既推动又阻碍了批判空间理论的发展。

在以往的十年中,现实主义哲学主要依凭安东尼·吉登斯的建构理论(the structuration theory),激发了对社会理论构建中的空间意义进行最为系统、最具说服力和最有影响力的肯定。这一哲学又主要通过塞耶的研究(1979,1982,1984,1985),引发了一种日渐失势的逆流。这一逆流认为,马克思、韦伯、迪尔凯姆及其他学者在抽象的理论研究中几乎未曾顾及空间问题,也许是无可厚非的,因为"空间带来的重要性"只有在具体和经验的层面上才显示出来。因此,(后马克思主义?)地理学的正确发展道路主要是经验之路,摆脱各种宏大的理论性论辩的桎梏,不论这些论辩是以空间-时间的形式出现抑或以历史-地理唯物主义的结构出现。这股持现实主义的逆流,由于罗纳德·里根和玛格丽特·撒切尔的倒退性获胜引起了左派人士的各种困惑,被推回到经验主义的初始阶段。较之任何其他的事件,这股逆流更促使新马克思主义地理学意见一致性的丧失,而这种一致性则刚刚逐渐显现于1980年代。

这种具有分裂性的内爆(implosion)的其中一个效应,便是怨怼反动的社会学理论向马克思主义地理学反攻倒算,促使许多以前的马克思主义地理学家临阵倒戈,痛苦地承认"自己的失误"('*mea culpas*')。这种内爆的另一个效应便是由戴维·哈维率领的一场构筑马克思主义的战略性二线防御工事活动,其宗旨是保持历史-地理唯物主义研究工作的活力,抗击这场方兴未艾的反理论(和通常是反马克思主义的)大屠杀。这两大日趋强硬的理论阵营之间的冲突,连续不断地充斥着《对跖地》和《社会与空间》的版面,由于搞不清谁到底站在哪一边,使得紊乱的局面变得更加复杂,也许耗费了参与者过多的精力。①

幸运的是,最近更具重构性的后现代批判人文地理学,也已开始朦朦胧胧地闪出微光,其光源来自依然盛行的"后期现代"②的各种冲突。这种地理学从西方马克思主义的解放性理性中继续不断地汲取灵感,但已不再局限于其原有的界限,这恰如它不能受到现代地理学的畛域的制约一样。如果借用当代对后福特主义工业组织和技术研究中的一个术语,那么这种地理学或许可以被最佳地描述为一种灵活的专业化(a flexible specialization)。批判人文地理学实际工作中的灵活的专业化,意味着抵抗范式性的封闭和

---

① 特别参见由桑德斯和威廉斯(1986)挑起的毫无意义但充满怨愤的评述,这是对被认定为马克思主义-现实主义的正统观念赤裸裸的攻击。戴维·哈维的个人回应(实际是对个人攻击的回应),是伴随着对日益泛滥的虚假陈述、太极拳式的佯攻和左右出击而作出的一系列为自我利益服务的反应。这些回应最近发表于《社会与空间》(哈维等,1987),其标题极富霸气:"社会理论再思考:一场论辩"。

② 我使用"后期现代"这一名称,是指对现代知识的劳动分工的一场坚持不懈的辩护,这其中包括西方马克思主义和现代地理学,但伴随当代的一些适应性转变,如承认后福特主义和后现代重构诸过程的影响力等。哈维最近的一篇论文"通过城市化进行灵活的积累:对美国城市中的'后现代主义'的反思"(1987),便是建立这种后期现代马克思主义地理学的灵活的折中方法的极好证证。

僵化的范畴性思维;有能力创造性地熔合过去认为对立的/不可调和的东西;摒弃掩人耳目的一体化"深度逻辑"('deep logics');探求各种新的方式阐释经验世界并去除其层层的意识形态神秘化。因此,灵活的专业化涉及对认识论形式主义进行一种暂时性的搁置,以便辩证地并讲求实际地使历史和地理学形成各种新的结合,以实践的检验为导向,摆脱过去的各种偏见。

唯有继续经过激烈的解构,对表现于过去中的各种文本、叙事以及知识景观中的批判性缄默进行更深入的探索,力求对在历史和历史唯物主义中的空间意义和意蕴进行重新的登记和定位,这一正在崛起的后现代批判人文地理学才有发展的空间。借用特里·伊格尔顿(伊格尔顿,1986,80)的说法,空间解构的宗旨是给过去的"庄严的挂毯翻个面",揭露其凌乱的编织纹路,而正是这样的纹路组成了批判社会思想中的知识历史。这项任务只是刚刚起步,可已遭到猛烈的抵制,尤其是来自那些被福柯确认为"虔诚的时间继承人"的学者的抵制。因此,空间解构也必须具备充分的灵活性,以躲避历史决定论的反动性矛头,防止对反历史(anti-history),或者对更加糟糕的同样是晦涩难懂的新空间主义,作过分简单的辩护。毕竟,解构的目的不是为了复活地理决定论,而是要建立为政治服务的历史地理学,从空间-时间的角度观察社会和社会生活。

然而,无论我们如何高效地揭示批判性缄默,单单进行解构是不够的。这必须伴随着一种至少是植根于当代世界政治与理论各种要求的尝试性的重构,能包容一切规模的现代力量,在此再次借用福柯的话来说,这种力量包括从全球性的地理政治学的宏伟战略到"街头巷尾的雕虫小技"。这种重新建构的批判人文地理学必须顺应以下所有这些人的解放斗争的需要：受到资本主义特定的地理学的压迫和排挤的人——被剥削的工人、受暴政奴役的人民以及受压迫的妇女。还尤其必须吻合当代各种重构过程的诸种特殊性，以及"灵活"积累和社会规则的各种新兴制度，要为激烈的后现代主义抵抗尽力，而不仅仅是展示一种全新的经验主义才能。

灵活的专业化又是这场批判人文地理学战略性重构所必需的伴随物，不论其关注的是后福特主义政治经济学的新技术业已重构的各种组织形式，还是艺术与意识形态中的后现代主义文化逻辑，抑或是后历史决定论的批判理论中的各种本体论斗争。空间化的那三条途径以及具有潜在激进性的空间实践，必须融汇成相互兼容的而不是相互竞争的领域和观点。同样，即使在其政治实用性的掩护之下，对经验主义的全新热情也不能将理论争辩和讨论拒之门外，因为没有东西能比好的空间理论更注重实践。

灵活的解构与重构并不是一件简单的事，因为它不仅要与携带着过去这一得天独厚的行囊的、至今依然存在的"后期现代"的抵制展开竞争，还必须应对一种正在崛起的新保守后现代主义。这种新保守的后现代主义目前正在显示实力，垄断关于为迎接新现代性的各种挑战而现在必须做些什么的论辩。新保守后现代主义正在运用解构手段，借此将越发令人困惑不解的面纱覆盖到具有工具性的重构和空间化上，将历史和地理学还原为毫无意义可言的奇思异想和东拼西凑的大杂烩（或者又还原为"真实性"），以此来颂扬后现代性是一切可能世界的上乘之物。如果有人反对，那就被认为似乎是走极端；若希望抵制，那就变得有些可笑。马克思主义仅仅被等同于极权主义;激进的女性主义成了家庭的破坏因素;反核运动和激进的环保主义成了勒德分子*的愚蠢行为,捣毁由充满善心的高技术设计的工作机器;各种社会主义计划成了落伍过时的想象,追求永远无法实现的乌托邦,愚钝地与始终具有应变能力的资本主义制度闹别扭。新保守后现代主义还高兴地宣布了现代主义的终结,似乎创造激进而富于抵抗力的后现代政治文化已绝无可能,仿佛各种现代运动所提出的各种问题早已灰飞烟灭了。

因此,后现代主义的激进政治文化的发展,迫切需要超越,超越那些意味着科学理解但又常常隐匿政治含义的各种严格的经验性描述;超越那种排斥历史唯物主义所有洞察力的过于简单的反马克思主义,这种反马克思主义是继马克思主义在当代暴露了一些缺陷和不足以后产生的;超越那种过时的学术性劳动分工的学科性沙文主义,这种学科性沙文主义顽固地死守因袭已久的各种优越性;超越那种以为只要在历史的唯物主义中再加一个形容词"地理的"便已创立了历史地理唯物主义的马克思主义地理学。必须大力发展一种新的"认知图绘",这是这样一种新的方法:看穿反动的后现代主义和后期现代历史决定论毫无存在必要的面纱,以建立一种政治化的空间意识和一种激进的空间实践。因此,最为重要的后现代地理学仍然有待创造。

---

* 勒德分子(Luddite)是指1811年至1816年英国手工业工人中参加捣毁机器运动的人。

第三章　社会-空间辩证法

　　空间和空间的政治组织体现了各种社会关系,但又反过来作用于这些关系。……工业化,曾经创造了城市化,而现在却为城市化所创造。……我们使用"城市革命"这些词语时,我们是指各种变革的总体效果。这些变革贯穿于当代整个社会,并引起了一种变化。这种变化从经济增长和工业化引发的诸问题占主导的时期一直延续到城市框架问题起决定作用这一时期。

　　以上观点引自戴维·哈维的《社会公正与城市》一书里的后序(1973,306)。在此书中,哈维对亨利·勒菲弗关于城市化、空间的组织以及当代马克思主义分析的各种看法,作了简洁的鉴赏性评论。但是,哈维的阐释不仅仅是向英语国家的马克思主义地理学富有共鸣地介绍勒菲弗。他的阐释概述了对勒菲弗关于空间理论的反应型式。勒菲弗的空间理论早已以法语的形式通过曼努埃尔·卡斯特利斯的重要著作《城市问题》(1972)而为人们所熟知。尽管哈维褒扬了勒菲弗,但他对勒菲弗坚持在现代资本主义社会中空间结构力量起"决定性"和"卓越的"作用的观点持不同见解。勒菲弗非常出色地将空间的组织处理为一种物质的产物,成功地解决了城市化的社会结构与空间结构两者之间的关系,非同凡响地探讨了由社会创造的在意识形态方面的内容。哈维和卡斯特利斯都肯定了勒菲弗在这些方面的贡献。但是,勒菲弗难道真的已走得太远?他们均旁敲侧击地指出,他已将城市空间的"问题框架"上升到了难以容忍的中心地位和十分明显的自主地位。各种空间关系正得到过分的强调,而生产(相对于流通和消费)、生产的各种社会(相对于空间)关系、产业(相对于金融)资本的更加基本角色,正被淹没于被过度阐释的替代物——就是勒菲弗所称的"城市革命",体现于《城市革命》(1970)一书。在哈维和卡斯特利斯的眼里,勒菲弗在自己的城市化概念中似乎正在借用空间/区域的冲突来取代阶级冲突,将其当作激烈的社会转型背后的推动力量。

1973年,哈维思考的关键问题是,空间组织(在城市化的语境中)是"有其内部转型和构建的自身法则的一种独立结构",还是"体现于某种更宽泛结构(如社会的各种生产关系)里的一整套关系的表述"。在哈维看来,其实卡斯特利斯早先也是这样认为的,勒菲弗似乎是一名"空间独立主义者",因此屈从于也许人们所称的空间拜物教。为了保持在应用马克思主义时的严肃性和严格性,像哈维和卡斯特利斯那样的马克思主义地理学的先驱者因此开始建立激进的空间分析绝不能跨越的某些界限。

这种反应型式弥漫于在1970年代形成的新的马克思主义空间分析,极大地贬损了其影响力,削弱了其成就。对勒菲弗的这种反应以及对他各种观点的误解,是这种僵化倾向的一种表露。的确,人们可以再进一步提出,发展了一种在空间方面十分显然的马克思主义分析形式的第一批观点,就是建基于对各种空间关系一种毫无必要受到限制的概念化。马克思主义的这种分析形式的最佳示例,体现于哈维和卡斯特利斯的各种开创性作品,同时也体现于关乎激进的城市和地区政治经济学的大量迅速涌现的文献(参见第四章)。因此,马克思主义空间分析的深远意蕴是原本不该受挫于激进的学者的,他们尽管目光短浅,但用心良苦,只是出于防止出现臆想中空间拜物教的危险的目的。

颇具讽刺意味的是,误解的主要根源,似乎在于马克思主义分析家未能深刻领会各种社会和空间关系以及像生产和消费在结构上相互联系领域的重要辩证特性。其结果是,人们的注意力过于经常地转向因果首要性(causal primacy)的诸种空洞范畴问题,而并没有敏锐地探求解释一种社会-空间辩证的对立、统一和矛盾的结合体。① 在这种僵化的范畴逻辑里,非常难以看到社会-空间辩证关系不具备由戴维·哈维强加给勒菲弗的这两种途径中的其中一种途径。有组织的空间结构,并不是一种独立结构,有其自身自主的构建和转型的法则,也不是缘起于社会(并且因此是无空间的?)各种生产关系的阶级斗争的一种简单表现。相反,它表征

---

① 理查德·沃克对我起初在一篇题为"顶尖的马克思主义"的论文里对社会-空间辩证关系的描述作了评述。他的评述是为保护(非空间)社会的恒定首要性这一冲动思想的典型反映。我的那篇论文宣读于1978年在新奥尔良举行的美国地理学家协会的年会上。沃克在一篇饶有趣味的关于先进资本主义的不平衡发展问题的论文里,提出辩证方式的分析已结合了生产方式的各种空间关系,但继而又提出,各种社会关系(与各种价值关系一样)仍然是首要的。然而,各种价值关系却被界定为抽象的和无空间性的——但仍是社会的。沃克本人将这种提法描述为"虽然不辩证,但却是便利的",对此我是赞同的。正是对辩证推理的这种"便利的"搁置,才允许各种空间关系得到结合,可又马上(并且非辩证地,或毫无批判性地,如果你愿意这样认为的话)从属于关于社会性的一种消除了空间化的观念。显然,各种空间关系是被当作一种严格的结构普遍现象而得到结合,明显昭示于资本主义发展过程中的每一个历史时刻。

了各种一般生产关系的一种业已得到辩证解释的成分,这些生产父系也同时是社会关系和空间关系。

为确立这种同存性,必须清楚说明,与传统界定的各种阶级关系以及阶级冲突和结构转型的诸种偶然性相对应的,还存在着一种空间对应。如同我将要说明的那样,在将有组织的空间地区化,分解为各种主导性中心和各种从属性边缘的过程里,可以找到这种空间与阶级的对应。这些中心和边缘就是由社会创造和分化的各种空间生产关系,在地理不平衡发展的概念里得到了更加精确的阐析。对社会与空间区分之间的这些联系的概念,并不意味着各种空间的生产关系抑或这种中心-边缘的结构分离并独立于各种社会的生产关系和阶级关系。恰恰相反,这两套结构关系(社会关系和空间关系)不仅仅是类似的,这是因为它们来源于生产方式这同一源头,而且还是辩证地不可分离的。

在或许可以称为生产方式的纵向和横向两者之间存在着这样一种辩证的联系,在马克思和恩格斯的著述中已有所说明:在探讨城镇与乡村之间的对立、劳动的区域分工、产业资本主义制度下的城市居住空间的划分、资本主义积累的地理不平衡性、土地租借和土地私人所有制的作用、剩余价值的部分转移以及自然辩证法等问题时,他们均提到了这种辩证的联系。但是,拥有一百年历史的马克思主义还不充分具备发展这些精辟见解的逻辑和范围的条件。[①]

干预时期地理学想象的衰微,有助于解释马克思主义空间分

[①] 有些学者试图说明空间分析从历史的角度看缘何在马克思主义的思想中没有得到充分地发展,其中的一个尝试可以在勒菲弗的《马克思主义的思想与城市》(1972)一书中找到。

析的重新诞生缘何如此步履维艰而且又背负着莫名其妙的对空间拜物教的恐惧。与马克思主义的长期脱节，也说明了缘何对术语、重点和信心诸问题存在着如此众多的纷争，城市政治经济学、地区政治经济学和国际政治经济学缘何未曾走向一种更加统一的空间政治经济学的建立，而是彼此之间始终存在着难以消除的分歧。最后，长期与马克思主义脱节，还有助于我们理解缘何除勒菲弗之外，人们如此缺乏一种大无畏的精神——即在许多人提出复兴空间上明确而激进的政治经济学能表征一种"新的"城市社会学、一种"新的"经济地理学、一种"新的"城市政治学或一种"新的"规划理论等主张时，缘何居然没有其他人积极地去把握这种真正的激进意蕴：正在崛起的是一种辩证的唯物主义，同时又是一种历史的唯物主义和空间的唯物主义。接下去的内容是想再次探讨一下关于社会-空间辩证法的最初主张以及对一种历史-地理唯物主义的需要。这些思想原先是由苏贾（1980）和苏贾与哈齐米查里斯（1979）提出的。

空间性：作为社会产物的空间组织

开始很有必要尽可能地弄清楚空间本身与空间性两者之间的区别。空间是一种语境假定物，而以社会为基础的空间性，是社会组织和生产人造的空间。从一种唯物主义的视野来看，不论是机械的还是辩证的，在一般意义或抽象意义上的时间和空间都表示了物质的客观形式。时间、空间和物质是紧密关联的，而这种关系的本质是历史学和科学哲学领域里的中心主题。这种关于空间实质上是物质的观点，已深刻地影响了一切形式的空间分析，不论是哲学的空间分析、理论的空间分析抑或是经验的空间分析,不论是应用于天体运行的分析还是应用于人类社会的历史和地理景观的分析。关于空间的这种物质观,也往往给所有的空间事物披上一层挥之不去的原始感和物质构成感,烘托出一种客观性、必然性和物体化的气氛。

在这种一般化和抽象化了的物质形式里的空间,在概念上已被融合进历史唯物主义对历史和社会的分析,如此这般的结果,就是干扰了将人类的空间组织阐释为一种社会产物,而这种阐释却是认识社会-空间辩证法的关键性第一步。作为一种物质语境的空间,已生成了广泛的哲学兴趣和对空间的绝对特性和相对特性的诸种旷日持久的讨论(一场漫长的讨论可以追溯到莱布尼茨及更远的时间),对空间作为人类生活环境"容器"(container)的诸种特征、对空间可以客体化的几何学以及空间的现象学本质,也引起了旷日持久的讨论。但是,这种物质的空间已成了一种具有误导作用的认识论基础,以此为基础分析了人类空间性的具体意义和主观意义。空间在其本身也许是原始赐予的,但空间的组织和意义却是社会变化、社会转型和社会经验的产物。①

---

① 关于空间的物质主义观点独霸一方,弥漫于人类空间性的分析,结果是这种观点往往歪曲了我们的语汇。因此,类似于"社会的"、"政治的"、"经济的",甚至是"历史的"这样的形容词,一般情况下均意味着与人类的行为和动机的一种联系,除非在别种情况下得到具体的说明,但"空间的"这一术语会独特地唤起一种物质的或几何的意象,这是外在于社会语境和社会行为的某种东西,是"环境"的一部分,也是社会场景的一部分,是社会天真赐予的容器,而不是由社会创造的一种具有构建作用的结构。若要传达有组织空间的内在社会特性这一意义,我们在英语里真的没有一个广泛使用并被人们所接受的表达法,尤其是"社会空间"和"人文地理学"这些用法因为其具有多种意义,而且常常是晦涩难懂而变得含糊不清。因为这些原因及其他一些原因,我才选用了"空间性"(spatiality)这一表达,借以具体表达这一由社会生产的空间。

与其他的各种社会结构相比较,由社会生产的空间是一种人造的结构。各种社会结构产生于生存所固有的诸种特定条件的转换,这在相当程度上类似于人类历史表征了时间的一种社会转换。循着类似的思路,勒菲弗作了如下区分:自然界是被天真地赐予的语境,而堪称"第二自然界"的空间性,是业已转换的并在社会得到具体化的空间性,缘起于人类有目的的劳动的应用。成为历史唯物主义分析并成为唯物主义对空间性阐释的地理学主题和对象的,正是这种第二自然界。

> 空间并不是排除于意识形态和政治学之外的一个科学客体;它始终具有政治性和战略性。如果就内容而言空间具有一种中立和冷漠的姿态,并因此显得"纯粹"是规范的,是理性抽象的典型,这正是因为空间已被占有和使用,并且已经是以往诸种过程的聚焦点,其留下的痕迹在地理景观上并不总是十分的明显。空间已经受历史和自然诸因素的影响和塑造,可这一直是一种政治过程。空间具有政治性和意识形态性。它是实际上充溢着各种意识形态的产物。(1976b,31)

有组织的空间与生产方式:三种视点

空间组织是一种社会的产物,产生于有目的的社会实践。这一观点一旦为人所接受,那么就不再存在这样一个问题:空间是一种独立的结构,具有构建和转换的规则,独立于更广泛的社会结构。从唯物主义的眼光来看,重要的是人造的并有组织的空间与在特定的生产方式中的其他结构之间的关系。将马克思主义的空间分析分解为至少三种明显不同倾向的,就是这种基本争议。

首先,有这样一批学者,他们对有组织空间的作用的阐释将自己引向对各种现行马克思主义方法的挑战,这尤其体现在对经济基础和上层建筑的各种解释方面。在此,勒菲弗提出了一个重要的论点:

> 根据经济基础的表面现象,不论是资本主义的还是社会主义的,城市化的诸种现实能否被界定为某种上层建筑的东西?其答案是否定的。城市化的现实改变了各种生产关系,但还不足以转换这些关系。城市化在相当程度上类似于科学,成为生产中的一种力量。空间和空间的政治组织表现了各种社会关系,但又反过来作用于这些关系。①

在此,我们已发掘了一种复杂的社会-空间辩证关系的可能性,这种辩证关系运作于经济基础的结构,与现行的唯物主义阐释方法形成了对照。唯物主义阐释方法只是将各种空间关系的组织

---

① 这一观点取自哈维(1973)对《城市的革命》(1970,25)一书中的一个部分的翻译,着重号系作者所加。在他关于空间生产的思想发展的这一阶段,勒菲弗已牢牢抓住了城市化这一问题,认为这是资本主义空间性的一种累加概念化。不幸的是,这种十分明显的城市隐喻,挡住了读者的视线,使得他们看不见隐藏于勒菲弗正处于发展中的论点背后的更为一般的对空间的强调,激发了对城市的一种已被感知到的具体化作出各种回应。卡斯特利斯可能会对这一观点进行具体化,其途径是通过将勒菲弗对城市革命的概念化描述为左派对"城市意识形态"的诠释。"城市意识形态"是由研究城市生态学的芝加哥学派中的资产阶级理论家散布的。对此,卡斯特利斯认为这是一种同样神秘化地过分具体地将城市问题解释为理论对象的。

看成是一种局限于上层建筑领域的文化表现。勒菲弗在前文引入的这种关键观念,已成为社会-空间辩证关系的一个基本前提:各种社会关系与各种空间关系具有辩证的交互作用,并且相互依存;社会的各种生产关系既能形成空间,又受制于空间(首先,至少我们一直坚持有组织的空间是由社会构建的)。

在相对于城市框架的地区框架里,欧内斯特·曼德尔提出了类似的看法。在检视资本主义制度下的各种地区不平等情况时,曼德尔(1976,43)宣称,"地区与国家的不平等发展是资本主义的本质之所在,这可以与资本剥削劳动相提并论"。他并没有将不平衡发展的空间结构归附于社会阶级,而是将这种空间结构"等同"于社会阶级。通过这一观点,曼德尔在地区和国际的范围内确定了一种空间问题框架。这种问题框架与勒菲弗对城市空间性的阐释非常相似。他甚至暗示了由各种空间的不平等造成的一股强大的革命力量。他明确地声言,各种空间的不平等是为资本主义积累所必需的。在其主要的著作《晚期资本主义》(1975)里,曼德尔聚焦于地理不平衡发展的极为关键的历史重要性。地理的不平衡发展存在于资本主义积累过程,因此也存在于资本主义本身的生存和再生产。就是这样,他对地区和国际发展的政治经济学提出了有文献资料以来最为严谨最有系统的马克思主义分析方法。

然而,勒菲弗和曼德尔在界定对社会-空间辩证关系进行一种地区-国际范围交叉的综合方面,无论谁都没有取得完全的成功,因此,他们的理论阐述也是不完整的。但是,勒菲弗和曼德尔两人都将劳资之间的直接社会冲突,归因于各种空间关系的结构,这种结构在资本主义社会中具有重要意义的转换潜能,可以同传统上与"纵向"的阶级斗争联系起来的潜能相比拟。在这样做的过程中,他们提出了一种招致强烈抵制的观点。这种抵制来自其他的马克思主义者,因为他们看到空间决定论的幽灵又出现了。

勒菲弗和曼德尔的这一观点是,有组织的空间不仅是社会各种生产关系的一种反映;就生产方式而言,有组织的空间会引发各种主要的矛盾,激发具有转换性的潜能;它在某种程度上类似于阶级结构和各种阶级关系。而对这种观点的抵制,明显表现出了另一种规模更加庞大的激进学者团体。在此提及的是一批不断壮大的批评家骨干队伍,他们竭力维护马克思主义正统观念的某种形式,其方法是顽固地庇护"新"的城市和地区政治经济学。有一种想法是这批学者的明显特征。这一想法就是认为,新马克思主义的分析方法没有什么新内容,对更加传统的马克思主义方法来说没有什么内在的新东西;传统的阶级分析方法的中心是不可违背的,因此,新马克思主义的城市和地区分析方法,尽管饶有趣味,可在绝大多数情况下是属于令人难以接受的修正主义,在分析方法上杂乱无章。不用说,这批学者坚持的关于空间的概念(抑或关于空间的非概念化),与来自马克思的传统马克思主义历史决定论几乎如出一辙。

然而,第三种观点可以被明确为介乎于以上两个极端之间。坚持这一观点的学者看似正在采用近乎于勒菲弗和曼德尔所描述的理论阐述方法,至少其隐含的意义是如此。但是,当被要求表示明确的态度时,他们所维护的是凸显的没有空间的社会阶级界定方法,有时甚至转弯抹角地竭力抵制他们自己的分析所反映出的含义。在这批学者中,有曼努埃尔·卡斯特利斯、戴维·哈维、伊曼纽尔·瓦勒施泰因、安德烈·冈德·弗兰克和萨米尔·阿明等人。他们中的所有人均对我所界定的社会-空间辩证关系贡献了极具见地的描述,但是,他们每个人都规避公开承认空间性富有构建的意蕴,在关于资本主义的发展和生存的过程中空间结构的作用这一问题上,他们退避到在分析意义上十分软弱和不堪一击的位置。尽管我们偶尔已经提及的持第一种观点的学者过分强调了社会-空间的辩证关系,但这一批学者从这一立场上退却了下来,未曾十分有效地抓住社会-空间辩证关系的意义和各种含义,而是给人带来一种令人困惑的矛盾心理,就连更加正统的马克思主义评论家也对这种矛盾心理作了回应。

在此举一个著名的例子,看一看卡斯特利斯在《城市问题》(1977)一书中对空间的概念化。这本书的取名是有目的的,故意与他以前的老师勒菲弗所写的《城市革命》形成对照。

> 认为城市是社会对空间的投射,这一观点既是一种不可或缺的出发点,又是一种最基本不过的方法。这是因为虽然人们必须超越地理描述的经验主义,但人们是冒着将空间想象为一页空白纸的极大危险。在这一页空白纸上,各种团体和各种机构的行为被刻写,除过去几代人留下的痕迹之外,这种刻写没有碰到任何其他的阻碍。这等于将大自然看作完全由文化来塑造,而整个社会问题框架则由这两个术语不可分解的结合来承担,其途径是一种辩证过程,借助这一过程,一种特定的生物物种(尤其是因为被分成了不同的阶级),即

"人",在为生活和以不同的方式占有自己的劳动产品而斗争的过程中,改变着自身,也改变着自己的环境。

空间是一种物质产物,与其他的因素相联系,例如人,而人自己又进入各种特定的社会关系,这给空间(并给这一结合体的其他因素)带来一种形式、一种功能、一种社会意指(signification)。因而,空间不单单是提供利用社会结构的一个机遇,而是每一个历史整体的一种具体表达,在这样的历史整体里,一个社会能得到具体的说明。由此可见,恰如任何其他真正的客体一样,这是一个需要确立能决定空间的存在和转变的结构性和连接性规则的问题,而且需要明确空间与某种历史现实的其他因素衔接的特殊性。这意味着任何一种空间理论都是普通社会理论的有机组成部分,即便这是一种隐性的组成部分。(115,着重号系作者所加)

以上这一内容复杂的段落包含了一种社会-空间的辩证关系,但被表述为对受人排斥的勒菲弗观点的另一种选择。无怪乎阅读英文翻译的读者被搞得如堕五里雾。卡斯特利斯的概念本身受到了持第二种观点的学者的攻讦。他们认为他的概念是属于修正主义和韦伯式的观点。譬如说,哈洛(1976,21)声称,卡斯特利斯在批评勒菲弗的同时自己却犯了一个同样的错误,即有失于将空间结构分离于空间结构在生产及各种阶级关系中的根基。有人提出,这一假定的错误引发了对集体消费和消费过程的其他社会与空间诸方面的不适当强调。人们认为,这种强调混淆了在资本主义城市化的过程中一种更加基本的生产作用。①

但让我们现在回到卡斯特利斯对自己所称的"关于空间理论的论辩"的主要贡献。卡斯特利斯清楚地将空间陈述为辩证地显现于文化和自然交互作用的一种物质产物。因而，空间不是社会结构的一种简单的反映，即一种"为利用而设的简单的机遇"，而是一种诸种例证结合体的具体表达，即具有交互作用的各种物质因素和影响的一种"历史整体"。那么人们怎样才能理解和阐释这种人造的空间呢？其途径就是通过卡斯特利斯所描述的"能决定空间的存在和转变的结构性和连接性规则"。这十分清楚地表明了这是当时指导卡斯特利斯研究城市问题方法的阿尔都塞式的结构主义。

卡斯特利斯提出，"特定的社会关系"赋予空间结构和"这一结合体的所有其他因素"以形式、功能和意味。看来使得卡斯特利斯和勒菲弗分道扬镳的，就是卡斯特利斯的这一观点。一种"结构"——那些被认定为无空间的社会生产关系（这在某种程度上包括了产权，而忽视了产权的空间/地区向度）——因此被赋予了一种决定性的作用。但是，勒菲弗开始修整和补充的就是这种

---

① 令人极为感兴趣的是，差不多在同样的时间里，有人对瓦勒施泰因及其他学者作出了一种非常类似的回应。瓦勒施泰因及其他学者当时正在试图对国际的劳动分工及世界资本主义经济的不平衡发展给出一种明确的空间解释。他们受到攻击，也是因为他们过分强调消费和交换（相对于生产），不承认对资产阶级阶级神秘化的恢复（其手段是通过亚当·斯密而不是马克斯·韦伯），对历史和资本主义发展不恰当的空间化（即他们借助核心-边缘的结构和资本主义积累全球规模的运作，过度强调外在于在原来位置上正在演进的各种社会生产关系的各种力量）。我将在下一章讨论这种批判性论辩。

决定性关系,其方法是通过将阶级形态与各种社会关系和空间的关系联系起来,并将"社会的框架问题"包容于一种具有同存性的社会和空间的劳动分工,即一种纵向关系和横向关系。在1970年代,对这些空间的生产关系以及空间的劳动分工并不存在一种严格的理论阐述,当然也不存在一种与马克思主义对各种社会生产关系和社会的劳动分工的分析深度和说服力相应的理论阐述。但是,并不能因为拥有一百年历史的马克思主义未曾为了相应于马克思主义对历史的唯物主义阐释而融合对空间性的一种唯物主义阐释,我们便可以有充分的理由拒斥对社会-空间辩证关系的这种理论阐述。

在西方马克思主义中空间性受到冷落的根由

在1970年代,马克思主义地理学家和城市社会学家的普遍做法是,证明在马克思、恩格斯和列宁的经典著作中已有强烈的地理和空间直觉,但这些强调和方向在以后几代人中始终处于缓慢的发展状态。因此,许多人大致上是在当代资本主义的语境下从勾画和详细阐述这些经典性观点的角度来处理马克思主义空间分析的研究。戴维·哈维对资本主义积累的地理学的分析和吉姆·布劳特关于帝国主义和民族主义的研究就是最佳的例证。但是,在《对跖地》杂志的撰稿人以及与这一杂志相关的组织,即社会主义地理学家联盟成员的指导下,一些旨在吸取隐含于马克思著作中的地理学意蕴的更大研究计划得到了确定。

然而,空间分析的发展长期以来缘何如此薄弱,对此的解释人们却较少顾及。的确,空间的组织不是一种"容器",就是一种外部的反映,即社会动力和社会意识的一面镜子。在这一观点方面,直到最近,西方马克思主义才与资产阶级社会科学的发展并驾齐驱。在空间性对社会和历史诸过程的影响力方面,社会生活的空间性得到了外化和中和,并且被视为充其量只是背景或舞台,这种方法和观点近乎于迪尔凯姆式。说明马克思主义中空间分析的这种湮没,一直是一项主要工作。然而,明确一些初步性的研究主题,还是可能的。

1.《政治经济学批判大纲》的迟迟出现。马克思的《政治经济学批判大纲》的译本直到第二次世界大战结束很久以后才得到了广泛的传播。这一著作较之马克思的其他任何著作,或许涵盖着更明晰的地理学分析。其两卷本于1939年和1941年先以俄文面世。第一个德文版出现于1953年,第一个英文版出现于1973年。再者,现在众所周知的是,马克思一直未能完成自己想要撰写《资本论》的后续卷的计划。在这些后续卷里,他本来计划是要探讨世界贸易和资本主义的地理扩张,但只是在迟迟出现的《政治经济学批判大纲》里才暗示了这些可能会涉及的内容。由于这些来源的缺失,人们大量地强调了在《资本论》业已发表了的卷本中所出现的基本上是呈无空间和封闭性体系的理论阐述。虽然马克思始终是借用具体的历史例证和地理例证来详细阐析自己的各种论点,但尤其是《资本论》中的第一卷和第二卷一直被包裹于各种简单化的假定:一种封闭的民族经济和一种本质上是无空间的资本主义。这种资本主义的系统性构建几乎像是存在于针尖上。其第三卷以及原计划想要撰写的其他卷本,都打算表征马克思理论的各种具体化、各种向外投射,触及对国际市场、殖民主义、国际贸易、国家的作用等问题进行历史的和地理学的分析——实质上,就是要对具有生产能力的各行业、各区域和各民族的不平衡发展进行分析。

凭借布哈林、列宁、卢森堡、托洛茨基及其他一些人的贡献,关于帝国主义及相关的不平衡发展诸过程的各种概念的理论,已成为西方马克思主义地理分析的主要语境。在对帝国主义的这些理论阐述中,隐含着一种空间的问题框架,但这一问题框架主要存在于对资本主义的地理扩张的一种终极物质制约的那种简单认识。对大多数重要理论家来说,对资本的这些地理限制是不太可能达到预期目的的,因为在整个世界成为统一的资本主义之前,社会革命早就会出面干预。但是,人们认识到了地理方面的不平衡发展的诸种过程,并将这些过程放到了理论和政治的议事日程上。在诸如瓦勒施泰因、阿明、埃曼努埃尔、帕卢瓦克斯、海默,特别是欧内斯特·曼德尔这样的人物率领下,一批新一代的马克思主义学者复兴了对这些问题的研究。这新一代的学者到底在多大程度上受到战后翻译出版的《政治经济学批判大纲》的影响?这始终是一个饶有趣味但仍然有待探讨的问题。

2. 西方马克思主义中的反空间传统。在马克思及后期的关于资本主义的地理扩张的著作中、在对十分清楚地出现于《德意志意识形态》一书里的城镇-乡村的对立进行同样的空间阐述中以及在马克思著作的其他地方,均内在地含有对空间的强调。但这种观点没有得到发展,这也可以与一种深刻的反空间传统联系在一起。也许具有悖论意味的是,排斥对历史进行地理学的解释这一传统,根源于马克思本人,体现于他对黑格尔辩证法的回应。

在许多方面,黑格尔及黑格尔主义传播了一种强烈的空间主义本体论和现象学,这是一种以领土国家、完善的理性地点和手段的形式对空间进行具体化和拜物化的观点。如同勒菲弗在《空间的生产》(1974,29—33)一书中为黑格尔所辩护的,历史时间在空间即将来临的理性中如同国家理念一样,变得僵化和刻板。因此,时间变得依附于空间,历史本身受到了一种领土的"精神",即国家的指引。马克思的反黑格尔主义并不局限于对唯心主义的一种唯物主义的批判。它也是这样一种企图,即将历史性-革命的暂时性-恢复到优先于空间性精神的首要地位。对空间的肯定并将其置于起到历史和社会决定作用的地位,这一研究工作引发了一种强烈的敏感和顽强的抵制。这是一种反黑格尔的反空间主义,在马克思的几乎所有著述里得到了编织。

一种"否定之否定"的可能性,即历史与地理、时间与空间之间的一种毫无优先权的重新结合,被埋没于对马克思关于拜物教理论的随后整理之中。一种历史唯物主义的辩证法得到了包容,如同人类在历史的构建过程中得到语境化一样。但是,一种空间辩证法,即便是一种唯物主义的空间辩证法,伴随着造就了地理的同时又受制于自己的创造物的人类,也是不可接受的。这种反空间主义的形式被卢卡奇在《历史与阶级意识》一书中做了最为严密的整理。在这本书中,空间意识被表述为具体化的典型,如同虚妄的意识受到国家和资本的操纵,以转移阶级斗争的注意力一样。

这种对反空间的酷爱,对抵制许多矛头指向马克思主义和工人阶级的攻击起到了很好的作用。这些攻击的建基点是无可争辩的空间具体化——勒科比西耶在"建筑还是革命"之间的选择属于这些最为平淡无奇的攻击之一。迄今为止,法西斯主义是最为邪恶的,但是,这种对反空间的酷爱也往往将空间分析和地理解释的一切形式与拜物教和虚妄的意识联系起来。这一传统不仅继续干扰着马克思主义空间分析的发展,而且也对一种具有明显特征的混淆负有部分的责任。这种混淆的中心问题,就是围绕对一种已充分具体化了的马克思主义关于国家、民族主义和地方政治学的理论的详细阐述。

马克思主义教条主义的反空间特性,在此也需要提及。这种教条主义产生于第二国际,并在斯大林主义的影响下得到了强化。在马克思主义理论与实践的许多其他方面中,空间问题得到了第二国际及其领导人的处理,其途径是借助一种枯燥乏味的经济还原主义的视角。马克思主义被变成在斯大林领导下的实证论科学方法,强调在基础与上层建筑两者之间的联系中对技术专家政治论思维和严格的经济因果关系的信念。文化、政治学、意识、意识形态以及伴随这些问题而来的空间生产,被还原为经济基础的简单反映。空间性沉溺于经济主义,因为它与物质存在的其他因素的辩证关系业已断裂。

3. 资本主义剥削的诸种变化条件。对马克思主义中的空间问题框架的兴趣早期被忽视,而最近又得到恢复,这最终也许是处于变化中的诸种物质条件的反映。勒菲弗在《马克思主义观点与城市》(1972)一书中提出,在19世纪和20世纪早期,在对劳动的剥削和基本生产资料的再生产方面,空间问题框架在以往并不见得比今天次要。在激烈竞争的工业资本主义条件下,机器、商品和劳动力在具体的社会法规(劳动协议、民事法、技术合同等)和具有剥削性的国家机器(警察、军队、殖民行政管理等)的控制下得到再生产。空间生产具有包容性和保形性(conformal),并受到市场和国家权力的直接影响。譬如说,工业资本主义城市的空间结构在其功能的同中心性(concentricity)以及社会阶级的各分离部门一而再再而三地重复着自己。

剥削和社会的再生产主要包含于一种可操作的时间母体(matrix)里。剥削率,即马克思提出的剩余价值与可变资本之间的比率,毕竟是一种来源于劳动价值论及其对社会必要劳动时间的基本度量的表述。如同资本的有机组成部分和利润率的各种准则一样,其派生出的事物对资本主义的各种生产关系往往采取一种封闭系统的看法,缺少有意义的空间区分和不均匀性。再者,在与不断扩张的工业化有联系的大规模城市化的条件下,劳动力的再生产,较之直接的剥削过程,并不是一个十分关键的问题。直接的剥削过程的手段是通过维持基本生活的工资体系以及在生产方面资本对劳动的主导性。在榨取绝对的剩余价值方面,时间的社会组织看来较之空间的社会组织更加重要。

在当代资本主义中(暂且撇开过渡期和重构、其原由、时机的掌握等问题不论),支撑资本主义继续生存的各种条件已发生了变化。对劳动时间的剥削仍然是绝对剩余价值的主要源泉,但只是在越来越多的限制里发生。这些限制缘起于工作日时间的缩短、最低限度的工资水平和工资协议以及工人阶级组织和城市社会运动所取得的其他成就。资本主义已被迫转移重点,将越来越多的重点放在相对剩余价值的榨取上,其手段是通过技术革新、资本有机组成的改变、国家所发挥的愈益普遍的作用,以及与资本渗透到不完全是资本主义生产领域相关的纯剩余价值的转移(在内部通过强化;在外部通过将不平衡的发展和地理上的"弱化"推进到全球工业化不是十分发达的区域)。这已经需要构建各种总体性体系,以确保和调节社会各种生产关系的顺利再生产。正是在资本主义的暂时性与空间性两者之间的意义的这种转变,才激发勒菲弗提出,"工业化曾经造就了城市化,而现在却被城市化所造就"。

对空间问题框架的制约

系统的马克思主义空间分析的发展,由于起始于1960年代的资本主义大危机,在大多情况下与发生于核心国家和边缘国家的对社会诸矛盾和空间诸矛盾的强化同时发生。但早在这一时期的很久以前,在西方马克思主义传统里已出现了一些不可小视的重要先锋。最为常见的情况是,关乎帝国主义的各种理论现在被视为西方马克思主义空间思维的主要源泉。然而,在过去还有一些其他重要的先驱。

譬如说,在1917年与1925年之间的苏维埃社会主义共和国联盟,由城市规划者、地理学家和建筑学家发起的先锋运动,曾力图建立一种"新的社会主义空间组织",以配合发生于苏联社会中的其他革命运动(参见科普,1971)。空间的转换当时并没有被认为是革命社会变革的一种自发的副产品。它也涉及斗争和一种集体意识的形成。假如没有这种努力,空间的前革命性组织便会继续再生产出社会的不平等以及各种剥削结构。但是，这批激进的空间思想家的各种创造性活动从来没有被人全面所接受，到最终，他们在社会主义空间重构运动中的革命性实验，在斯大林领导下的为努力实现工业化和军事安全的奋斗中被抛弃。生产主义（productivism）*和军事战略开始主宰了苏联的空间政策，几乎埋葬了出现于社会主义革新运动中的一种更加深刻的空间问题框架的意义。

安东尼奥·格拉姆希的先锋性贡献

对马克思主义空间分析的发展的另一个重要的但又常常被人忽视的贡献，可以在安东尼奥·格拉姆希的研究工作中找到。部分原因是，格拉姆希的研究与当代的形势联系在一起，因为他的研究对城市和区域的各种问题作了一些很详尽的分析，这些问题发生的时间和地点是1920年代和经济大萧条的早期阶段期间的欧洲。比起那些对意大利南部地区的区域性落后、意大利都灵市的城市发展、住房问题、城市与乡村之间的无产阶级正在演化的各种联盟等问题的研究更具极大关联性的，是一种更具普遍性的努力。这种努力将注意力集中于资本主义的政治、文化和意识形态诸方面（以此抗衡当时流行的经济主义），尤其是努力详细阐析现代资本主义国家的作用及其强加的地域性劳动分工。

格拉姆希在强调组成某种特定的社会形态的"关系总体"时，

---

* 即构成主义的一派，以俄国画家塔特林为代表，反对艺术的唯美主义，主张艺术与实用的生产、生活实际相结合。

在一个特定的连接性框架中对存在于时间与空间、历史与地理中的生产方式进行了具体化。这一特定的连接性框架已经成为革命策略所必需的语境。一种空间问题框架并没有如此这般地明确提出，但其基础已格外明显地体现于各种空间关系，这些关系包孕于社会形态和地点、处所以及区域共同体的各种特殊性。

在格拉姆希看来，革命的策略存在于三个相互联系的方面。这三个方面不是以这种方式就是以那种方式与在资本主义统治下社会生活的空间性联系在一起。首先，在格拉姆希对意大利社会形态的各种政治和意识形态结构所作的分析中，人们可以发现对资本主义国家的各种当代理论阐释的种子及其压制/合理性和物质/意识形态再生产的各种双重的矛盾作用。他对霸权的强调以及对通俗文化、国家对日常生活的控制、地方各种"议会"组织的重要性、职业结构与区域结构之间的关系等方面的研究，反映了对社会-空间辩证法的一种含蓄的理解。

对以上第一个方面的强调是与对以下第二个方面的强调相联系的：在工人阶级的居住地，即相对于生产场所（工作场所）的消费和再生产场所对他们的剥削的作用。格拉姆希的著述不仅再次发起了关于"住房问题"的新思考，而且还直接挑战第二国际的经济主义和生产主义以及当时意大利的社会党和共产党的"工人至上主义"（workerism）。它还预示了一种新的城市和区域政治经济学的兴起。这种政治经济学主要关注集体消费的各种地方斗争和对城市、乡村、区域各种社会运动的发动。

最后，以上两种策略性重点在格拉姆希对革命历史集团的概念化里又被合二为一。这种革命历史集团是为共同的目标而奋斗的各种民众运动的一种联盟,结合性地与资本主义危机的各种特定条件联系在一起。这些条件不仅是经济的,而且也是政治的、文化的和意识形态的;这些条件融生产与再生产、工作地点与居住区共同体于一体。在《监狱杂记》一书中,格拉姆希看到了现代资本主义社会的日益复杂性以及将政治的、文化的和意识形态的各种斗争提升到这样一种新的水平的需要,因为国家看来越来越依靠将其霸权合法化,而不是依靠直接的武力和压迫。因此,革命的意识开始植根于"日常生活的现象学"。

在日常生活的现象学方面,从格拉姆希到勒菲弗这一步,基本上是既明确又有重点的一步。同格拉姆希一样,勒菲弗坚定不移地反对对马克思主义进行教条的和还原主义的阐释,重申了多方面的发掘利用。他的这种态度和观点包容于《日常生活》一书,被当作批判现代左派的工人至上主义的基础:狭隘地强调发生在工作场所的剥削和斗争,从而强调了类似于大罢工那样的总体化策略。勒菲弗重复了格拉姆希的观点,认为"革命只能联合发生,也就是说,在某些阶级关系里,即在一种关系总体里,农民和知识分子也能参与"(1976a,95)。然而,勒菲弗却继续往前走,"对这种联合进行空间化",从而将空间问题框架引入到革命意识和斗争的中心。

空间问题框架与资本主义的生存

勒菲弗著述的显著特点,就是执著地寻求对以下问题进行一种政治理解:资本主义缘何并以何种方式从马克思时代充满竞争的工业形式生存到今天先进的、由国家管理的并且是寡头卖主垄断的工业资本主义。如同在第二章所描述的那样,勒菲弗陈述了一系列愈益得到详细阐述的"接近"观点:从他对现代世界中日常生活的概念化起步,一路经过革命的城市化和城市规划,直到他对社会空间生产的主要论点。这一主要论点十分突出地浓缩于《资本主义的生存》(1976a,21)一书。这是勒菲弗一本唯一已经翻译成英语的十分明确的空间化文本。

> 资本主义已发现自己有能力淡化(如果不是解决的话)自己一个世纪以来的内部各种矛盾。因此,自《资本论》的写作完成以来的一百年中,资本主义已成功地取得了"发展"。我们无法计算其代价,但我们的确知道其手段:占有空间,并生产出一种空间。

勒菲弗将这种先进的资本主义空间与社会各种生产关系的再生产直接地联系起来。这种社会各种生产关系的再生产,就是作为一个整体的资本主义制度借此有能力通过维系自己的规定结构延长自己的存在的诸过程。他界定了再生产的三个层面,提出,资本直接干预并影响这三个层面的能力,随着生产力的发展,已得到了长期的发展。首先,具有生物生理的再生产,基本上存在于家庭和亲属关系的语境中;第二,劳动力(工人阶级)和生产资料的再生产;第三,各种社会生产关系更大规模的再生产。在先进的资本主义的统治下,空间组织已十分突出地与各种社会关系的主导性制度的再生产联系在一起。同时,这些占据主导性地位的各种社会关系的再生产成了资本主义本身生存的主要基础。

勒菲弗将自己的论点建基于这样一种看法：由社会生产的空间（基本上是在发达资本主义，甚至是在乡村里的城市化空间），就是各具有主导性的生产关系得到再生产之所在。这些具有主导性的生产关系以一种具体的和人造的空间性形式得到再生产，而这种空间性已继续被一种处于不断推进中的资本主义所"占有"，被分裂为(fragmented)各个部分，同质化为离散的商品，组织为各种控制场所，并扩展到全球性的规模。资本主义的生存已仰仗于这种独特性的生产和对一种零散的、同质化的并具有等级结构特性的空间的占有，达到目的的手段主要是通过官僚（也就是说国家）控制的集体消费、在多层面上对中心和边缘进行区分、将国家的权力强行注入到日常生活。唯有在各种生产关系不再能得到再生产，而不是简单地在生产本身被停止（那种工人至上主义的持久性策略）时，资本主义的最终危机才会到来。

因此，阶级斗争（是的，这仍然是阶级斗争）必须包括并聚焦于这样一个易受攻击的一点：空间的生产，即剥削和统治的区域结构，也就是作为一个整体的体系通过空间控制的再生产。况且，阶级斗争必须包括所有那些受到发达资本主义强加的空间组织的剥削、统治和"边缘化"的人：没有土地的农民和无产阶级化了的小资产阶级、妇女、学生、少数民族以及工人阶级本身。勒菲弗声称，在发达资本主义国家里，这种斗争将以一种"城市革命"的形式出现，为在资本主义国家的区域框架里的城市的权利和对日常生活的控制权而战。在欠工业化国家里，阶级斗争也将聚焦于区域的解放和重构，聚焦于对空间生产及其在资本主义的全球性结构中主导性核心与依附性边缘的两极化体系的控制。

带着这一连串的论点,勒菲弗对资本主义中一种具有包容性的问题框架作了界定,并通过将各种阶级关系包孕于社会组织的空间的各种构造性矛盾,将空间问题框架提升到阶级斗争中的中心地位。他并没有提出,空间问题框架不是从来就如此重要,他也没有将关于空间的斗争表述为是对阶级斗争的一种替代抑或别种途径。相反,他声言,如果没有同时发生的意识上的空间革命,任何社会革命都不可能获得成功。"各种具体的抽象"(诸如商品形式等)在马克思主义的传统里已得到了分析,以此说明马克思主义传统以何种方式包含着神秘化和拜物教化的资本主义的各种真正的社会关系。在很大程度上与此同样的是,我们现在也必须探讨对空间的分析。消除空间性的神秘化,这将会揭示一种革命性空间意识的各种潜能以及一种激进的空间实践的各种物质和理论基础。这种激进的空间实践旨在剥夺对空间生产的控制权。在此,伯杰的声言又回到了我们的思维:"现在,预言牵涉到一种地理的投射,而不是历史的投射;是空间,而不是时间,使我们无法看见各种结果。"

第四章　城市与区域之辩:第一回合

> 整个资本主义制度……表现为具有不同生产能力层次的一种等级结构,并且是以各个国家、区域、产业部门和公司的不平衡而又彼此结合的发展的结果出现的。产生这种情况,是因为追求剩余利润。……这样,即便在一种同质性开端的"理想情况"里,资本主义的经济发展、资本的扩大再生产和积累,也依然就是发展和不充分发展(underdevelopment)的并置和永久性的结合。(曼德尔,1975,102 和 85)

城市的空间问题框架

马克思主义在城市层面上的空间分析,并结合若干学科性重点(经济学的、社会学的、地理学的)更大规模的发展,在 1970 年代演进为对城市化政治经济学的一种共识性重视。这一综合性发展的基础,就是对在先进资本主义中城市化过程始终处于变化的特性的一系列设想。垄断资本的日益重要性、其在全球范围内的扩张以及对国家管理和规划的日益依赖性,均被解读为已将新的历史(和空间)诸条件引入当代资本主义的社会形态,并因此将其

第四章 城市与区域之辩：第一回合

引入阶级斗争政治学。除其他效应之外,这些新条件需要对城市以及城市化过程有一种不同的处理方法,即不同于体现马克思时代竞争的资本主义条件下处理城市问题特点的办法。城市化过程已成为一种具有启迪作用的社会象征。凭借这种社会象征,能释放战后资本主义发展的活力,并能对日益城市化的世界经济制定一种适宜的政治反应策略。

城市已逐渐被看作不仅具有其作为工业生产和积累的中心这一独特的作用,而且在劳动力、交换和消费型式方面作为资本主义社会再生产的控制点。城市规划作为国家的一种工具而得到批判性的审视,通过对城市空间的组织和再组织为统治阶级服务,以利于资本积累和对危机的控制。不仅对发生于工作场所（生产地点）的各种矛盾给予主要关注,而且对公用事业、社区和相邻地区的经济发展、金融组织的活动以及其他问题也给予了主要关注。以上这些问题围绕着城市空间以消费和再生产为目的而被社会地组织起来的方式。一个具体的城市空间问题框架——已融入城市社会活动的动力——既出于理论方面的考虑又是为了激进的社会行动而被提到了议事日程上。

更加正统的马克思主义识别了一种具有扰乱性和具有潜在破坏性的修正主义,尤其是在生产的传统首要性诸问题这一方面。在许多方面,这是一个可以理解的回应。使消费分离于生产,并将社会和历史中具有意蕴的自主性力量归因于生产——譬如说,主要以消费特征为依据来界定阶级,诸如此类的努力是资产阶级社会科学抑或自由的社会科学的典型行为,同时也是资产阶级社会科学抑或自由的社会科学对历史唯物主义作出回应的典型行为。

在新兴的城市政治经济学方面,一股强大的新韦伯式潮流的出现,使得马克思主义对生产的走向和重点更加慎重。况且,对空间分析的强调引发了对地理决定论的复兴的恐惧。新兴的城市政治经济学,偶尔的确会陷入"消费主义的"与自己在生产关系中的起点相脱离和断裂的各种空间关系的泥潭。就这一方面而言,新兴的城市政治经济学就应该受到有力的批判性回应。

然而,在大多情况下,人们对分配、交换和集体消费的日益看重,与其说是代表了对生产的中心作用的否定,倒不如说是呼吁对在马克思主义分析中历史上始终受忽视的某些过程给予更多的关注。今天,有人声称,这些过程已愈来愈变得与阶级分析和阶级冲突相关,因而值得更加直接和更加认真的思考。就这一意义而言,马克思主义的城市分析方法稳稳当当地处于西方马克思主义批判传统的范围,而这种批判传统演进于整个20世纪,与形式主义的和基础的经济主义格格不入(参见安德森,1976)。

再者,人们可以提出这样的观点,过去也有人曾经提出过这样的观点,即马克思本人将生产和消费视为同一过程的具有辩证联系的环节,每一个环节都必然需要另一个环节的存在。剩余价值产生于将人类劳动应用于商品的生产,是资本主义积累必不可少的内容。但是,这种剩余价值始终是一种抽象的潜在因素,除非并且直到它通过交换这一枢纽并因此通过消费过程得到实现。若要打破这一彼此连接的链条,永远将一个环节的创造提到高于所有其他的环节,那就需要超乎寻常地简化马克思自己对这种过程的概念化(这一过程在《政治经济学批判大纲》里得到了最清楚的描述,1973,90—94)。

但是,虽然对消费和再生产的强调已十分有效地合理化,可是为综合性的空间观点辩护的企图却没有获得同样的成功,而这种综合性的空间观点业已进入马克思主义的城市分析。如同在前一章所描述的,对拜物教化空间原有的恐惧削弱了这样一些努力:在辩证法和历史唯物主义的更大语境中引入空间性,将其摆到更中心的位置,并将其引入到关乎资本主义的发展和生存的各种历史论辩之中。其结果是,虽然马克思主义的空间分析非常兴旺,但在业已成为主导性重点的城市政治经济学和探寻发达资本主义国家的马克思主义理论中,它的作用主要是作为一种辅助物,而不是在方法论上的一个着重点。唯有勒菲弗的研究工作才透过这种困惑和矛盾心理,毫不妥协地将一种强劲的城市空间问题框架投射到当代马克思主义的核心。

勒菲弗的思想观点的关键,就是他认识到了一种深刻的演进性的变革,它是与一直延续到20世纪的资本主义生存联系在一起的。他声称,我们正处于这样一个时代:城市的问题框架较之工业化和经济的增长诸问题已变得在政治上更具决定性。他在作出这一番表述时,就是这样说的。与工业化造就了城市化的早先时期相比,我们现在在面临着这样一个局面:工业化、经济增长、资本主义积累的基础等方面主要是受到或通过城市化空间社会生产的影响。城市化空间的社会生产是由日益增大的国家权力规划和协调的,并扩展到包括越来越多的世界人口和资源。受到这种当代关注的城市社会运动基本上是植根于这样一些人的政治反应:他们受到了这种日益全球性的空间规划过程的各种特征的征服、边缘化和剥削。

这种肯定性的态度一旦被理解和接受，那就有可能澄清勒菲弗提出的若干更加具体的论点的意义和意图。现在就以他对剩余价值的循环中的第一次循环（工业的）与第二次循环（金融的）两者之间的历史关系的评述为例。他的这一评述见于《社会公正与城市》(1973，脚注1,312)，由戴维·哈维翻译。

> 虽然形成于并实现于工业的全球性剩余价值的比例在下降，可形成于并实现于投机买卖、建筑和不动产的剩余价值的比例却在增加。第二次循环逐渐替代了第一次循环。

第二次循环与对人造环境的操纵、对城市房租的榨取、对地价的调节、对为集体消费服务的城市空间的组织等具有深刻的关联。以上所有这些情况都是由地方政府和国家政府提供方便的。勒菲弗并没有提出，剩余价值是在第二次循环中创造的，他仅仅提出，实现于这一循环中的剩余价值的比例已大规模地扩大，反映了在城市空间的生产中直接干预的日益迫切性。

这些观点表明，剩余价值的比例已变得较之以往任何时候都要大，也许远远超过从工业生产和在工作场所资本对劳动力的剥削中直接实现（并且重新投资）的剩余价值。剩余价值的这种比例在一种愈益城市化、愈益垄断性、愈益全球性的资本主义社会中，是从劳动力的再生产和社会的各种生产关系中吸取的。这并不意味着产生于工业的剩余价值的绝对量已经下降，虽然在勒菲弗所描述的国家体系以及其他人所称的"国家垄断资本主义"里，将资本转入各种非生产性的活动是一种有意义的结构上的问题。

在此所提出的问题是,在全球规模上通过资本的集中和积累而产生的愈益增多的过剩产品,不成比例地提高了再生产劳动力和维系各种资本主义社会关系的成本。资本主义的积累和增长的空间规划,即"通过占有空间、生产空间"来"减少"(如果不是解决的话)过去一个世纪以来的各种内部矛盾的资本的能力,并没有达到驾轻就熟的地步。空间化是非常昂贵的。勒菲弗(以及诸如卡斯特利斯等人)进一步推进了这一论点,将注意力转移到集体消费的城市范围,将其当作实现价值和开展一种愈益空间化的阶级斗争的一个主要场地。

各种阶级关系是与由国家控制的垄断资本主义相联系的。对在这些阶级关系中的历史变革提出了特别清楚的描述的,是舒凯里·罗维斯。他是一名以多伦多大学为基地的城市规划家。他说:

> 我们在各种阶级冲突的中心发现了一种明显的转变。这些阶级冲突伴随着从早期资本主义到晚期资本主义的转变。早期资本主义的各种主要问题,是生产问题(即因总供给不足而产生的相对短缺的问题)。在这种条件下,阶级冲突是以剩余生产的分配为焦点的。具体地说,阶级冲突在过去是不折不扣的劳资冲突,以工作场所为中心,焦点是工资与利润的争斗。
>
> 在今天的资本主义中,这种情况就不再完全是这样了。原来各种生产的问题现让位于各种过剩生产的问题。……劳动者用一只手拿走的东西(在工作场所的斗争中),却用另一只手送走了这些东西(在城市的居住地)。……随着国家干

预的强化和扩展,关于工资的斗争失去了其意义,而关于政治权/管理权的斗争开始作为至关重要的因素强加进来,但是这种斗争没有得到继续。同时,随着人口的日益城市化,这些斗争的大多数均带上了一种明显的城市特性。简言之,斗争已从生产领域(商品生产和服务行业的生产)转移到再生产领域(即维系稳定的城市生活的水准,如果不是提高的话)。(罗维斯,1975,31—32,着重号系原文所有)

充满竞争的工业资本主义已有能力通过一系列的结构改革来延伸自身和改变自身,但它已经这样做了,却没有消除自身的各种基本矛盾。相反,这些矛盾不仅表现于生产方面的劳资之间的直接冲突,而且还强烈地表现于集体消费和社会再生产领域。可是,在充满竞争的资本主义制度下,恩格斯也许会提出,以消费为基础的工人阶级的战斗性,如同发生在"住房问题"方面的冲突一样,可以由资产阶级为了自身的利益得到解决(既可以通过改善住房条件和降低房租而不是提高工资的手段,也可以通过简单地将不好的住房条件转移到另一个地方而不是消灭这些条件的手段——空间"置换"策略),这种以消费为基础的冲突再也不能如此容易地得到平息。剩余价值的实现以及由此产生的资本本身的积累,较之过去已更加依赖于对消费资料/再生产资料的控制,同样也有赖于对生产资料的控制,即便这种控制最终还是掌握在同样的人手中。

因此,人们可以提出,资本主义的潜在性改革在一种社会-空间的辩证关系中,逐渐变得愈益围绕这样一些方面进行:一种同时发生的社会和空间的斗争,一种以工资和消费相结合为基础的冲突,一种既作为工人又作为消费者的劳动者的组织和意识。换言之,就是产生于既是纵向又是横向的社会阶级划分所固有的各种剥削性结构的斗争。因而,在当代的语境中,抵制与斗争牵涉到社会与空间实践两者之间的衔接。在这些结合的每一种结合中,若第一种条件在范畴上优先于第二种条件,那就都不再能被人所接受。

为了更具体地详细说明以上的这些观点,并再次借用示例来说明对流行于整个1970年代的马克思主义空间分析的三种类型的研究方法,让我们检视一下围绕在垄断资本主义城市中的金融资本的作用这一问题而产生的争议。首屈一指的马克思主义城市社会学家、长期担任《国际城市和区域研究杂志》主编的迈克尔·哈洛,对这一论辩的一个方面作了刻画:

> 一般说来,哈维对城市中金融作用而不是生产资本作用的强调已受到了批判,但他并没有像勒菲弗那样走得那么远。勒菲弗看到,金融资本,即与流通有关系而不是与生产有关系的资本,正在成为社会中的主导力量;他还看到,由于这种资本在资产的投机买卖和地产中的作用而产生的各种城市冲突正在取代工作场所的冲突——这一理论受到卡斯特利斯的强烈批判。然而,哈维独到地将这种情况看作是一种可能性,可他的评论家提出,金融资本必须依然从属于生产资本,因为金融资本最终必须要从剩余价值中提取财富,因此,金融资本归根结底是从属于生产资本的。(哈洛,1976,25)

主张最终主导性的强迫作用是范畴逻辑与辩证逻辑相对立的大祸根,它成了所有结构主义简单性的缩影,而这种结构主义的简单性体现于哈洛的这样一种结论:金融资本一旦"可以明显地受到控制,那么这种主导性的作用仍然会归属于生产资本"。因此,心照不宣的是,勒菲弗是一名不可妥协的离经叛道者,他已忘却了马克思的基本原理,而哈维却具有令人难以接受的矛盾心理,而且头脑不清,尽管生产的地位是至高无上、不可侵犯的。

然而,主要问题不是金融资本是否"归根结底"主导着工业资本,而是金融资本作为资本的一个部分,在特定的社会形态中是以怎样的方式与其他的资本部分相联系的,并且是以怎样的方式影响着阶级行为的。因此,争议的焦点是一个连接性的焦点,指向各种阶级关系的整体,而这些阶级关系是产生于特定的时间里的特定地方。如果将马克思主义的分析还原为对最终结构性决定作用的主张,那么这就需要消除一切历史的和地理的具体性——也因此需要消除作为分析主题的城市本身。①

---

① 这正是许多城市分析家在 1970 年代关于"城市的具体性"的论辩中受到影响而得出的结论。城市既不是一种"理论对象",也不是一种"真实的对象",具有其自身的形成和改变的自主性规则。马克思主义者可以将城市当作更广泛更深刻的社会结构的表现来加以研究,而不是将其当作城市本身中的具有意义的结构性场所。如果将一种理论的和政治的具体性归因于城市性,那么就会掉入研究城市生态学的芝加哥学派意识形态的陷阱,如同卡斯特利斯所认为的,勒菲弗就是得到了这样的结果。没有几个人能看到,正在被勒菲弗所肯定而且最终又得到哈维肯定的东西,是对城市的一种更具包容性的空间具体化。城市化过程远远不具备自主性,它是具有包裹性和工具性的空间化的一个不可分割的组成部分,而这种空间化是资本主义的历史发展所必不可少的,可在 20 世纪的大多时间里,马克思主义以及其他的批判视点对这种空间化却视而不见。

那么我们该怎样估价金融资本呢？虽然勒菲弗明确地强调了它在剩余价值的实现中的作用，但并没有清楚地对它与资本其他形式的关系进行估价，遗留下了金融资本与工业资本两者之间是处于永远的冲突之中还是如同列宁在其帝国主义论中所提出的金融资本与工业资本实际上已合二为一这一有待探讨的老问题。形成对照的是，戴维·哈维似乎已接受了这两种观点，而没有顾及它们彼此之间的表面不相容性。有时候，他将金融资本视为一种不同的部分，是一种寄生性的垄断部分，吸取了本来可以用到住房和基本社会服务的资金，并且与工业资本处于直接的冲突之中（从工业资本中金融资本可以以房租和利息的形式榨取部分的剩余价值）。可在另一些时候，哈维几乎在列宁主义的意义上将金融资本看作与在垄断帝国主义联盟中的工业资本混杂在一起，合作性地控制着生产过程的总体。

房租理论和工人阶级的策略问题是直接与关于金融资本的论辩相关的话题。在一篇探讨这一问题的论文中，马修·埃德尔对哈维明显的两重性作了评述：

> 关乎金融资本的这两种观点并不具备真正的相容性，它导致了对工人阶级来说具有不同的策略含义。如果第一种观点是正确的话，而且如果金融垄断或金融歧视对总体上说的工人阶级或对特定的贫民区的亚群体人来说，正在造成住房资金的短缺，那么一种反垄断的策略——涉及反画红线拒贷法（anti-redlining law）、国家住房银行或甚至关于抵押贷款的延期偿还期——就会具有意义。然而，如果第二种观点适用，

而且一种整合的金融团体控制着住房和就业,那么降低住房成本或许就会碰到工资的降低。金融资本"对在直接的生产过程中通过保持工资的降低来进行积累还是通过在消费部分中的操纵来进行积累这一问题具有某种淡漠",假若如同哈维所提出的那样这种情况会出现的话,或许就会引起这样一种需要:工人阶级既作为工资赚取者又作为消费者组织起来,以便在资本主义制度下获得任何的经济收益。但是,获取这种胜利是困难的,因为在消费斗争这一方面的策略性错误会对工资斗争产生不利的影响,反之亦然。(埃德尔,1977,12)

然而,埃德尔的结论是,金融资本与工业资本两者之间的关系的本质,必须被看作是受历史决定的,因而显然容易产生变化。在1970年代停滞不前的早期阶段,各种金融壁垒具有一个主要的效应。这些金融壁垒主要对大都市的各个核心的革新负责,从城市更新和减少低收入房源的供应一直到建立为各种金融资本机构所需要的各种规模巨大的新中心。但是,不断加深的经济危机将负担重新转移到降低实际工资,借此确立就消费和生产关系这一问题的涉及两个方面的斗争的需要。因此,埃德尔提出,对资本的仅仅一个方面的攻击,不论是对银行还是房东,再也不像以前那样就足够了。然而,这一论点还需要再作进一步的阐析。

"非生产"金融资本在当代资本主义的结构中已成为一个重要因素,但这不是因为它已取代了在实现剩余价值过程中的工业资本。它获得其重要性,是因为在集体消费、劳动力的再生产和社会秩序、维系业已城市化的空间的社会生产等方面对剩余价值的愈益吸取。在激烈竞争的资本主义制度下,为生产和消费服务的对城市空间的组织基本上可以留给市场力量、私人财产管理以及在工业生产者中为获取劳力、材料和基础结构而产生的正常性竞争。工业资本主义城市首先是一部生产机器,正因为此,呈现出一种十分突出的统一的空间结构——这种空间结构因为曼彻斯特问题受到恩格斯极为敏锐的刻画,后又因为芝加哥和其他北美城市的问题而受到一些城市生态学家深入的描述。

在这些条件下的金融资本,在地方城市语境中作为一种直接的作用物相对来说并不重要。它在资本主义空间化中的主要作用更具全球性,在上一世纪之交影响到帝国主义的扩张,当时城市生产机器超越了它们消费产品的能力,引发了利润率的下降和阶级冲突的激增。然而,全球范围内的扩大再生产和垄断资本主义的同时增长,在先进的工业国家的中心有力地强化了资本的集中,给基础结构的投资带来了越来越多的压力,改善了住房条件和服务设施,启动了社会控制的各种办法。较之以往更甚的是,为重新组织城市空间,使城市的各种系统为资本的积累和社会动荡的控制发挥更加有效的作用,对此有必要进行干预。这一情况将金融资本更直接地带入了城市空间的规划。

光靠帝国主义的扩张和财团的垄断是不能消除阶级冲突和经济危机的。在人们明白过来这一事实以后,发生于本世纪早期的进程,在应对经济大萧条和二次大战中就进一步加快了。由于另一轮的重构活动,金融资本在形成城市空间,在不仅与工业资本还与管理和空间重构的另一个关键代理者,即国家的结合中,变得更重要了。资本与国家的联合在将城市重新规划为一部消费机器时,将各种奢侈品转化为各种必需品,如同大规模的郊区化给耐用消费品带来了扩大的市场。住房开发区的房屋"似野草的边界一样"迅速蔓延,也强化了居住区的隔离、社会的分裂以及工人阶级的职业分割。

可是,对1970年代的马克思主义分析家来说,已变得愈益清楚的是,这种因经济萧条诱发的城市重构,在维系战后经济繁荣中起到了重要的作用以后,本身却开始生成了各种新形式的矛盾、危机和社会斗争。卡斯特利斯(1976)生动地分析了这种新的城市空间问题框架。这一问题框架产生于他对 la ville sauvage,即"野性的城市"的描述。但是,在1970年代整个十年中最中肯切题的理论阐释来自戴维·哈维。他对"资本主义制度下的城市过程"的分析虽有过分的形式化,但鞭辟入里。他的城市空间问题框架的阐释就是这一分析的一部分,一直到1980年代,这一分析仍然在发生影响。哈维在追溯了资本流经三条相互交织在一起的空间建设投资的线路以后,提出了一个最为引人思索的结论:

> 资本以一种物质景观的形式表征自身。这种物质景观以自己的形象得到创造,作为使用价值得到创造,借以提高资本的不断积累,由此带来的地理景观是过去资本主义发展至高无上的光荣。但是在同时,它也表达了已死去的劳动者控制还活在人世的劳动者的权力,从而它在一系列特定的物质制约中禁锢并抑制了这种积累过程。……因此,资本主义的发展为了开辟积累的新空间,已不得不在维持人造环境中的过

去资本投资的各种交换价值与破坏这些投资价值两者之间的极其陡峭的小道上权衡利弊。在资本主义制度下,存在着一种永无休止的斗争。在这种斗争中,资本在时间的某一特定时刻建设适宜于自身条件的一种物质景观,通常在发生各种危机的时候,在随后的某一时刻又只得破坏这种物质景观。在人造环境中的这种时间上和地理上的投资的潮起潮落,唯有从这样的过程角度才能得到理解。(哈维,1978,124)

在此的城市,即城市的人造环境,包孕于资本的这种永不平静的地理景观,而且被具体列为一种复杂而又充满矛盾的社会空间化的一部分。这种社会空间化在扩大和束缚空间的同时提供了新的空间,在禁锢空间的同时又提供了解决问题的方法,但时过不久又示意接受破坏。资本主义的历史、城市化和工业化的历史、危机和重构的历史、积累和阶级斗争的历史,均成为一种地方化了的历史地理学,这既是必要的,又是主要的。这种深刻思想的要点,标志了哈维矛盾心理的结束和在马克思主义的城市分析中一个新阶段的开始。关于这一点,我们将在第七章中加以审视。

区域和国际的空间问题框架

马克思主义的城市分析和马克思主义对区域的和国际的发展的阐释,在1970年代期间鲜有重叠之处。虽然一种新的区域政治经济学似乎正在形成,沿着业已得到很好确立的城市政治经济学的道路发展,但是相对来说,彼此之间却鲜有思想上的交换。[①] 区域分析并没有建基于各种关于城市的论辩和思想,相反,它主要吸纳了新马克思主义关于国际发展和不充分发展的各种理论。这种区域分析从 1960 年代就已开始融合一种具有挑战性的空间视野,即便这种空间视野在某种程度上是偶然被发现的。

不可阻挡的是,这些研究工作也引来了一些人们熟悉的指控,被认为是对空间的拜物教化,湮没了阶级分析。最为猛烈的攻讦来自一位经济学家,名叫安·马库生。她在当时刚刚启动研究区域政治经济学的工作。她特别批判了"年轻一代的马克思主义社会科学家极不明智地模仿资产阶级社会科学的倾向,将各种特征归属于地点和事物,而不是坚持作为分析焦点的过程动力"(1978,40)。她声言,这种过程动力在本质上是历史的和政治的,而不是地理的。地理学、区域的各种不平等以及区域主义,均是日后才出现的,是历史和政治的结果、是历史的不平衡发展而不是地理上的不平衡发展的产物。19 世纪历史决定论的幽灵,通过自己虔诚的后代之口又说起话来了。

因此,看来几乎没有人曾注意到自 1960 年代初期以来在欧内斯特·曼德尔的研究工作中正在提出的一个论点。曼德尔是 20 世纪最杰出的马克思主义政治经济学家之一。他在 1963 年发表了在今天堪称在区域政治经济学方面开先河性的主要经验研究成果。他很有预见地将自己的研究成果题为"比利时的阶级与区域

[①] 最为明显的例外是发表于《激进政治经济学评论》(第 10 卷,1978)中的关于区域不平衡发展的特殊争议;多琳·马西在发表于《资本与阶级》(第 6 卷,1978)中的对马克思主义区域分析的考察;以及阿拉因·利皮兹的《资本及其空间》(1977)。

的辩证关系"。① 以后,在他富有影响的《马克思主义经济理论》(1968)一书中,他注意到区域的不平衡发展"在马克思主义的经济著述中通常被低估",但这却是"理解扩大再生产的主要方法之一"(第一卷,373)。在日后的作品中,他进一步推进了自己的这一思想。如同我们已在他最强调的陈述里所看到的(曼德尔,1976),他断言,各区域和民族的不平衡发展。如同资本对劳动力的直接剥削一样,是资本主义的基础。

伊曼纽尔·瓦勒施泰因关于资本主义"世界体系"及其中心、边缘和半边缘的特征性结构的著述;安德烈·冈德·弗兰克以及拉丁美洲的"结构主义"学派关于大都市-卫星城市的关系、不充分发展和依附性的论述;萨米尔·阿明关于全球范围的资本积累和中心资本主义与边缘资本主义的各种独特性的论述;阿尔吉里·埃曼努埃尔关于不平等交换以及价值的转换的论述——所有这些论述虽然暗含性地补充并扩展了曼德尔的思想,但很少直接审视曼德尔在阐释《晚期资本主义》中所提出的马克思主义理论和资本主义发展具体历史的强有力的空间化。这就是缘何我将这些人在区域和国际规模上对空间问题框架的确认描述为"偶然发现",一种近乎偶然的附加物,附加于他们对在资本主义制度下的扩大再生产的分析。现在我们更深地挖掘这种暗含的问题框架,即在1970年代区域和国际发展的日益空间化所致的问题框架。

---

① 这篇文章发表于《新左派评论》(第20期,1963,5—31)。这一杂志是许多年以来在英语国家左派中发行面最广的杂志,而这篇文章是这一杂志有史以来所发表的文章中最清楚的区域或空间分析之一。

关于地理不平衡发展的必然性

空间的问题框架及其在区域和国际规模上产生的社会-政治影响,取决于归属于在资本主义的形成和变革中的地理不平衡发展的重要性。如果借用某种不同的话来说,空间的问题框架有赖于曼德尔关于不平衡的发展与劳资关系两者之间的阐释性对应的主张,在马克思主义的理论与政治实践中能被接受的程度和作为依据的程度。这一问题非常明显:地理的不平衡发展是否是资本主义的一个既是必要又是偶然的特征?

为回答这一问题,开始作这样的区分是很有益的:对在纯粹的和同质性的(即在空间上不具备差异)条件下的资本运动的普遍法则的分析,与对存在于特定社会形态之间的各种条件的一种更加具体的分析两者之间是有区别的。在前者,结构和过程的基本逻辑是抽象于时间和地点的诸种特征的,的确可以被看作没有空间。根据马克思在《资本论》中的思想,资本主义的内在本质可以被揭示为建基于一套内部矛盾的一种生产体系,这些矛盾在开始时是发生于生产力和生产关系之间,最终必然会依凭危机和阶级斗争而导致革命性的变革。在对资本主义的这种本质上是理论的和抽象的阐释中,地理的不平衡发展不单单毫不相关,它还在界定上和逻辑上均被排除在外,因为这种理论和抽象的阐释隐隐地与西方对科学的概念化并驾齐驱,而这种科学的概念化是建基于从时间和地点的具体性中解脱出来的普遍法则。

建基于资本运动这些普遍法则以及围绕生产过程中的劳资矛盾这一中心的各种马克思主义的分析,都有力地表明了资本主义

第四章　城市与区域之辩:第一回合

的短暂性及其固有的自我毁灭。但是,这些分析本身并没有解释资本主义之所以继续存在的方式和原由。若要作出这样的解释,就需要对再生产过程,尤其是资本主义扩大再生产的各种特殊性给予更直接的关注。一旦资本运动的普遍法则植根于资本主义生产方式具体的历史和地理——曼德尔认为,马克思主义理论从未令人满意地澄清过这种结合——那么地理不平衡发展的基本作用就会变得更加明朗。

关于城市的空间问题框架,在以上的论点与前文已经表述的论点之间有许多相似之处。在这两者中,明显的特征是资本主义至关重要的空间性被排除在界定之外,其手段是以其最为抽象的形式诉诸正统的马克思主义理论。但是,空间性的意义一旦在扩大再生产的语境中和在与资本主义的"增强"和"扩展"相联系的特殊性中得到了具体化,那么它就会得到重新的肯定。再者,首要的问题并不是资本主义缘何不能持久,而是资本主义缘何并以何种方式已从马克思时代充满竞争的工业形式到当代的彻底变化中继续生存了下来——在以往的50年中,这一问题萦绕于勒菲弗的研究工作。

那么,我们怎样才能在扩大再生产的框架中界定地理不平衡发展的作用? 在此我们必须又得从勒菲弗富有启迪性的主张中着手考虑这一问题。勒菲弗认为,资本主义之所以能继续生存并取得"发展",是因为借助处处存在但问题重重的空间化过程来生产空间并占有空间。对此,我们还要补充曼德尔的一点具体说明。曼德尔提出,资本主义的生存及其富有特色的空间性的相关生产,仰仗于将被占有的空间区分为"过分发展的"和"欠发展的"区域,

"并置而且始终结合发展与欠发展"这两种状况。资本主义的这种特殊的地理是怎样形成的？而且在历史上又是怎样改造的？这些问题现在刚刚开始明朗起来。

区域性的不充分发展，是延伸的抑或扩大的再生产不可分割的一部分，由此带来了大量的劳动力储备和补充性市场，有能力回应资本主义生产力的间歇性和矛盾性发展。曼德尔提出，"如果为了生存，所有的工作人口在自己居住的区域内找到工作，那么就再也不会存在未被雇用的工薪劳动力储备，以应对工业资本主义的突发性扩张"（1976, 43）。如果"自然的"人口的流动没有带来这些区域性的劳动力储备①，那么劳动力的储备就需要通过直接的强制力量和其他手段来获取。如果这些储备在某一个地区已经枯竭，那么它们就会在另一个地区重新得到创造。

创造劳动力的储备空间，也给在"过分发展的"资本积累中心的资本提供重要的市场。在经济萧条时产生的劳动力储备也可以起到给资本积累中心的剩余产品带来市场的作用。这种结合体的维系和强化是通过一种不平等的交换体系，或者可以更宽泛地所称的价值的地理转移（geographical transfer of value）。如同曼德尔提出的，这种不平等的交换本身是基于区域性差异的。

> 假若利润率在一个国家的所有地区、世界上的所有国家

---

① 区域性的劳动力贮备或许也存在于城市区域。如同曼德尔对整个资本主义制度所观察到的那样，地理上的不平衡发展"看起来具有生产力不同层次的等级结构"，从地方到全球均呈现不同的层次。这种多层次的等级本身是由资本主义的空间性造成的。

以及工业的所有部门,始终是一致的话,那么除了因为人口流动的必要而进行资本积累之外就不会有别的形式的资本积累。但是,这本身也会因为随后产生的严重的经济停滞的冲击而被改变。(曼德尔,1976,43)

在《晚期资本主义》(1975)一书里,曼德尔对地理上的不平衡发展的重要性以及价值的地理转移与价值的部门转移两者之间的关系,提出了一种具有创造性的历史综合。① 他将这一综合建基于扩大再生产过程中的批判性矛盾,即利润率(以及诸如资本的有机组成和剥削率这类相关的评估标准)的差别与平均化两者之间的矛盾。尽管正常的资本主义竞争在部门之间和区域中的利润率方面往往倾向于一种平均化,但扩大再生产必须以抽取"超利润"(即高于平均的比率)为其生存手段,而这又反过来需要部门间与/或区域间的差别。因此,曼德尔解释说,资本主义的实际增长过程从未取得利润率完全平均化。从部门角度或空间角度来看,这始终是不平衡发展的,而且他注意到,即便是在一种同质性

---

① 曼德尔从未明确地使用过"地理上的不平衡发展"或"价值的地理转移"这些术语。据我所知,这些术语是在我的著述中首次得到一贯性的使用的。我的著述描述了曼德尔通常所称的在地区和国家之间的不平衡发展和不平等的交换,但我则侧重于更明确的地理学。在1970年代后期,我曾与一位希腊的建筑师/规划家科斯蒂斯·哈齐米查里斯进行过密切的合作,因为他提出了自己关于"价值的地理转移"的独到观点,这也是他至今尚未发表的博士论文题目(加利福尼亚大学洛杉矶分校建筑和城市规划研究生院)。哈齐米查里斯的研究对我当时的思想产生了很大的影响。若要进一步了解他的这一研究成果,参见他最近发表的著作《不平衡的发展与区域主义》(1986)。

开端这样一种"理想的情况"下也是如此。

> 资本本身的积累造成发展和欠发展状况,这是资本的不平衡且相互结合的流动的互相起决定作用的环节。在资本主义经济中同质性的缺乏是资本本身不断展现的运动法则的一种必然结果。(曼德尔,1875,85;着重号系曼德尔本人所加)

借助曼德尔的表述,我在此想要提出的,不是这样一个简单的观点:资本主义的发展在地理上是不平衡的,因为某种地理上的不平衡是每一种社会过程的结果。我要提出的关键一点是,资本主义——抑或假如人们喜欢的话,可以称为追求利润的资本家的正常活动——在内在地建基于区域的或空间的各种不均等,这是资本主义继续生存的一个必要手段。资本主义存在本身就是以地理上的不平衡发展的支撑性存在和极其重要的工具性为先决条件的。

在地理上成为被区分的对象是什么呢?所列的单子首先是利润率,即一种关键性参数,但也包括资本的有机组成、劳动生产率、工资率、为劳动力的再生产所必需的原材料成本、技术和机械化的水平、劳动力的组织以及阶级斗争的发生率等。这些差异的维系是通过资本投资和社会基础结构在地理上和部门方面的不平衡分配、劳动力控制中心在地理位置上的集中、生产资料在地理位置上的集中、在城市化过程中资本的连锁线路,以及生产的资本主义与非资本主义关系之间的各种具体形式的衔接等等。所有这一切均组成了复杂而又有鲜明特色的空间化的一部分,而这种空间化已标志了资本主义从开始以来的历史发展。

与此同时,也始终存在着一种提高同质化和减少这些地理差异的倾向。在差异化与均等化之间的这种辩证的紧张关系,是地理上不平衡发展的潜在动力。它是在每一个地理层面上空间问题框架产生的一个主源,从在工作场所的日常生活的急需品、家庭、城市的人造环境到国际劳动分工和资本主义世界经济的更远距离的结构。虽然常常让人难以看见,但它也蕴涵于马克思对资本原始积累和城镇与乡村之间的对立的论述,也包孕于关于国家理论的更具当代性的马克思主义论辩。① 阿拉因·利皮兹最生动地把握住了与国家作用的这一关系:

> 面对社会-经济区域的不平衡发展,国家必须注意避免点燃政治和社会斗争的火焰。这些斗争也许会缘起于对古老生产模式过于唐突的化解或整合。当它阻碍了系统的联结(保护主义)过程抑或当它不失时机地干预以便消除各种社会后果(永久性的置换补偿)时,这就是一般方式的所作所为。但是,一旦国内的和国际的演化使其成为必要,那么资本主义的发展就会将这样一种作用归属于国家:控制而又鼓励

---

① 区域规划的批判理论家们发现了一种类似于国家发展动力的逻辑。譬如说,居纳尔·默达尔的关于初创时期地理位置上优越性及渐增的因果关系模式,伴随其相反的"扩散"和"回应"效应,详细说明了发展是怎样触发既增加又减少区域不均等的倾向(默达尔,1957)。这些默达尔式的及其他相关的模式(如伊尔什曼,1958)在日后得到创造性的扩展,体现于约翰·弗里德曼"关于两极化发展的一般理论"(1972)里。这篇文章将一种更为明确的政治斗争注入了区域不平衡发展的动力和核心-边缘结构。然而,在所有这些规划性的研究方法里,发展的空间性被主要看作未问题框架化(unproblemitized)的传播过程的一种结果。这些过程的存在受到国家善意的干预和毫无恶意的操纵。

一种新兴的区际之间的劳动分工的建立。这种"投射的空间"或多或少进入到与"传统空间"的激烈冲突。因此,国家干预必须采取这样一种形式:组织以投射的空间来替代现有的空间。(利皮兹,1980,74;译自 1977)

在此,又是哈维所构建的不宁静的地理景观,即他在维系与破坏两者之间的陡峭小路,被铭刻到一种区域的和城市的问题框架中。同样,也被联结到最强大的资本主义疆域,即民族国家。

然而,在资本的国际化方面,空间的差别与空间均等化之间富有活力的矛盾在 1970 年代极为凸显地浮出水面,若人们发现了这一点,那是毫不奇怪的,因为在资本国际化的规模上,资本主义达到了地理上的极限。地理上的不平衡发展在关于帝国主义的早期理论里则是一个重要的争议,以后也依然引人注目,因为日益明朗的是,资本主义的地理扩张不是同质化的一个简单过程,《资本论》中的各种纯关系(pure relations)取代了前资本主义的各种生产关系,如同糖蜜涂抹到一个盘子上。相反,非资本主义世界已非常复杂地与资本主义连接在一起,其生产关系在十分有选择地被分化的同时,又被保留。由此产生的国际劳动分工,即资本主义全球性空间化的独特形式,就是形成于这种充满矛盾的差别/均等化、分裂/维护、零碎/连贯的结合体。

克里斯琴·帕卢瓦克斯与阿列塔和利皮兹一起,在政治经济学的法国"管理学派"的发展中,都是持工具性态度的。他明显地侧重研究在资本的国际化中出现于地理不平衡发展的这些矛盾——抑或他所称的"资本主义生产方式的空间延伸"。①

世界范围内的资本自我扩张助长了生产部门的国际性扩张,因而,统一性的倾向看来占主导地位。这一观点往往没有顾及这样一个事实:如果一个产业部门国际化了,差别就会产生。如果差别在某一个地方消失乃至被消除,这往往会导致生产和交换的各种新的条件得到创造,由此招致新的区分。……资本国际化的本质,就是这种均等化的倾向立刻受到对生产和交换诸种条件的差别的检验。因此,统一性的倾向以一种重要的方式导致这种差别的条件。(帕卢瓦克斯,1977,3;着重号系原文所有)

因此,从资本的国际方面来看,资本阻碍了国际工人阶级的任何联合,其手段是分裂出不同的工人阶级,利用不平衡发展的地区和扩大现有的分裂。资本的国际化是与无产阶级的国际性斗争相对立的,而无产阶级就是试图重新建立工人阶级的联合。(同上,23)

核心-边缘的论辩

英语国家对资本主义发展的"国际方面"的阐释,在 1970 年代受到欠发展和依附性理论的主宰,也受到瓦勒施泰因对世界体

---

① 这些法国人似乎又一次非常乐于使用清楚的空间术语。在我所拜读的在 1980 年之前用英语撰写的关于资本国际化的作品中,我还没有发现任何人愿意将自己正在研究的东西描述为资本的"空间延伸"。

系的研究的左右。这方面的文献(如瓦勒施泰因从布罗代尔那里吸取了灵感)与法国具有重要的联系,但是,法国人对空间和空间性的明确态度在英语的翻译中却往往被淡化。另一种情况是,带有某种伪装却又获得成功的地理学家在英语国家的马克思主义历史学家、经济学家、社会学家乃至一些地理学家中引起了令人刺耳的反响。

实际上,似乎人人都承认,对资本主义的世界经济来说,存在着一种核心与边缘的结构,也存在着某些"核心"国和一些"边缘"国。那些"核心"国是工业生产和资本积累的主要中心,而那些"边缘"国却是从属性的、依附的,而且受到极大的剥削,组成了"第三世界"。但是,在对地理上的不平衡发展缺少一种严格的概念化的情况下,这种核心-边缘结构的理论意义和政治意义是很难为人所理解的。尤其是在唯有这种复杂的呈不同层次的等级系统的最高层(世界体系)被视为对资本主义的积累和阶级斗争的历史进行解释时,情况更是如此。这似乎是"来自上层"的对资本主义的解释,而不是"来自下层"的对资本主义的解释,是来自外部的力量而不是来自内部的力量,这就是具有经验主义倾向的马克思主义历史学家所感到的最快乐之处。

因此,对许多马克思主义学者来说,在研究欠发展和依附性的理论家中的新马克思主义学派,似乎正在消除对阶级的强调,将贫困、剥削和不平等的种种原因几乎全归之于核心国的操纵,以及建基于殖民统治或新殖民统治某种形式的一种刻板的国际劳动分工。剥削,实际上是整个资本主义制度,被视为缘起于核心区域与

第四章 城市与区域之辩:第一回合

边缘区域两者之间的一种地理过程,这种过程主要在国家之间的各种关系这一层面上起作用。为了给自己的观点辩护,安德烈·冈德·弗兰克宣布"依附性理论已经死亡,永远生存的是依附性和阶级斗争",并巧妙地说明,他并未忘却何为首要的东西。但是,他几乎未曾努力对以下这一问题作更详细的解释:在依附性理论和核心相对于边缘的结构两极化方面,资本主义的社会向度与空间向度具有重要的联系。

然而,瓦勒施泰因却走得更远。他将资本主义的世界制度描述为围绕两个基本的"二分法"(dichotomies)运转:其一是阶级(资产阶级对立于无产阶级)的二分法,其二是空间等级关系里的"经济专门化"(核心对立于边缘)的二分法。他以后又增加了一个"半边缘"概念,大致类似于"中产"阶级的形态。然后他补充说:

> 资本主义制度的卓越创造力,如果你也愿意这样认为的话,就在于将这两种剥削途径交织在一起。这两种途径虽然重叠,但不是一致的,由此造成了资本主义制度在文化和政治上的各种复杂性(和晦涩难懂)。在所有其他的事情中,这一制度还使应对各种周期性的经济危机在政治-经济上的各种压力成为可能,其手段是通过对各种空间等级关系作出重新安排,而又不严重损害各种阶级等级关系。(瓦勒施泰因,1976,350—351)

这种具有两重性的二分法远远超越了传统的欠发展理论,已非常接近于一种确定无疑的社会-空间的辩证关系。但是,瓦勒施泰因没有在社会结构的"同一层面上"对空间结构进行理论阐述,这在某种程度上削弱了这一超越,并丢失了这样一个机会:对核心-边缘这一关系的分析原本可以超出一种只是为了引起感情共鸣的描述性隐喻。①

若要达到这一目的,那就需要将核心和边缘的空间等级关系概念化为既是地理不平衡发展的一种产物,又是地理不平衡发展的一种工具性手段。就其本身而言,这种核心-边缘结构已基本上成为类似于社会阶级的纵向结构。它们不仅彼此交织,彼此重复,而且它们还发端于同一个源泉,其发展受到各种同样的劳资矛盾关系的左右,而正是这些矛盾关系界定了资本主义生产方式本身。因而,核心与边缘的形成是离不开工业资产阶级与城市无产阶级的形成的。

循着马克思主义的这一空间化思路,这种社会和空间的结构是围绕一种剥削关系构建的,而这种剥削关系则植根于对生产资料的控制,得到社会统治阶级对剩余价值的占有的维系。阶级斗争缘起于对这种社会和空间的结构的两重性剥削本质的日益清楚的认识,而且阶级斗争必须以同时革新社会结构和空间结构为目标,因为双方的任何一方都可以得到重新的安排,发生于另一方的斗争效应就会因此被削弱。这种具有两重性的基础也许是真实的,可极少为人所认识,这就是资本主义制度的卓越创造力,也是

---

① 在大多情况下,瓦勒施泰因对空间的主张受到马克思主义以及其他的历史学家和社会学家的忽视,只是提供了这样一种"证据":他已将资本主义的世界体系具体化为一种新的(地理学上的)决定论,这是人们熟知的一种极度活跃的历史想象的过火反应。

1970 年代的一个最重要的发现。

必须记住的是,这种具有两重性的两极化发生于许多不同的层面或层次,而且在每一个层次上具体的社会和空间构型均会因时间而变化,但不一定会改变基础结构本身。一个核心国家或在一个国家里的核心区域可能会成为边缘的一部分,而过去的边缘也可能会成为核心的一部分,恰如个人和家庭可以在一代人到另一代人之间从无产阶级变为资产阶级一样。在所有层次上的这种两极化结构也在其各种物质形式中被模糊并神秘化了,由此给实际的社会和空间劳动分工带来了一种更加复杂、更加精细的切分。国际的劳动分工、以国家为界限的区域之间的劳动分工、在大都市各区域内的城市化劳动分工、在最小的地点、工厂抑或家庭里的劳动分工,所有这些方面在核心－边缘结构里并没有体现出它们所有的复杂性。可是,这种劳动分工是存在的,因为各种社会和空间关系是与资本主义生产紧紧地联系在一起的。特定的资本主义地理学可以得到重构,但从来就不是没有结构的抑或能完全摆脱一种基本的社会－空间的两极化。

这些核心－边缘关系的这种可置换的空间等级关系,依然没有被人很好地理解,而且已引起了普遍的误解。譬如说,一些边缘国家目前的工业化发展迅速,而曾经是发达的工业区域却正在走下坡路,这并不意味着欠发展理论、全球核心－边缘结构的存在和地理不平衡发展的需要,必须以某种方式受到排斥。在处于不断变化的经验性型式中,依然存在着"发展与欠发展的同样并置和始终不断的结合",也存在着同质化与区分化、分解与维护的同样并置和始终不断的结合。

在 1970 年代,另一种误解引起了骚动,延缓了一种马克思主义的区域和国际政治经济学的前进脚步。这一学说所围绕的中心就是这样一个问题:特别是在肯定一方面存在着核心与边缘之间的交互关系,而在另一方面又存在着资产阶级与无产阶级之间的交互关系的情况下,某些区域是否剥削其他一些区域。到底是否存在着资产阶级和无产阶级的区域?假如存在,那么这在具体化方面是不是已达到了极限?当然,难道只有一些人剥削其他人,一种阶级剥削/统治另一种阶级?若要回答这些问题——而且总结一下已经得到表述的许多论点——现在有必要将注意力转向在此将得到评述的最后一个论辩。

论价值的地理转移

一旦被放置到明确的聚焦点上,关于"不平等交换"的观念(埃曼努埃尔,1972;阿明,1973 和 1974;曼德尔,1975),或者给这一观念一个更具包容性的界定,即价值的地理转移(哈齐米查里斯,1980),从马克思主义政治经济学的观点来看,似乎已极其明显。马克思主义政治经济学是《资本论》第三卷里关于价值转移的一般讨论的一个直接派生物。如同马克思所解释的,从诸如资本生产率和劳动生产率的有机组合这样的关键评估标准的角度来看,资本主义生产的各公司、分支和部门之间的区分,一旦与无处不在的竞争结合在一起,就会导致价值的转移,这种价值是从社会所需要的劳动时间来衡量的。譬如说,通过一种竞争激烈的市场的运作,一种相对高效的(而且通常是更机械化的)公司,从交换过程中得到的价值将多于公司通过劳动过程实际所产生的价值,其建基点无非就是在所有的竞争公司中具体化的劳动价值与生产价格之间的差异。同样,效率较低的公司就会得到较少的价值。

为界定价值的地理转移所需做的一切事情,就是赋予资本主义一种具体的地理学,从毫无空间的针头上移走生产和交换,将它们搬入一种有区分的并已得到不平衡发展的空间性。从资本的地理景观角度看,在同样一体化的商品市场里,将会存在生产率较高和生产率较低的不同区域、高低不等的资本对劳动的比率(即有机组成)以及千变万化的利润率等所有这些方面。因此,市场交换不仅成为公司与部门之间价值转移的一种手段,也是价值地理转移的一种渠道。有些区域在价值方面将会有一种净利,而另一些区域则将会招致一种净亏损,而这将对资本积累的地理学,对每一个空间层次上的中心和边缘的形成产生某些影响。

同样可以想象的是,决定不同地理区域内总生产的价值内容的各种特定因素,分布如此之广,跨公司、跨部门地如此混合,以致会自动抵消,比方说会带来没有任何意义的区域变化。在利润率、有机组成、生产率和相关的指数方面的一种广阔的空间平等,就会占上风,价值的地理转移就会因此失去意义。但是,资本主义这种可以想见的空间性却是一种理想化了的平衡,如果发生在不断打破平衡的资本主义发展的真实世界里,情况就很少会如此。这种情况或许在一些特定的区域存在一段时间,甚至,比方说,在美国的一些区域里也曾经一度存在过。但是,均等化的各种倾向始终伴随着各种区分的倾向,因此也就会产生地理上不平衡发展的生产和再生产。再说,如果在资本主义发展中存在着一种地理上的不平衡,那就会存在价值的地理转移。特定区域之间的价值净流量在时间上可能不是始终保持不变,甚至方向可能会发生逆转,但由此引发的发展和欠发展的并列依然会在这一体系里的某一处继续存在。因而,价值地理转移的可置换空间性,非常相似于核心-边缘结构的可置换空间性,也非常相似于地理不平衡发展的多层次的经验性嵌合,而正是由于这种地理的不平衡发展,价值地理转移的可置换空间性才紧密地交叉在一起。

如果界定得更具体一些,那么价值的地理转移就是一种机制或过程。依凭这种机制或过程,在一个地方、地区或区域生产的价值的一部分就会在另一个地方、地区或区域得到实现,增加受益区域地方化的积累基础。这种价值转移在两个层面上发挥作用。第一个层面,而且从空间结构的角度看是"最深刻"的层面,就是产生于在各生产体系和相关的劳动过程中的各种地理差异——即马克思所说的在公司与部门之间的价值转移的简单空间化。从经验角度来看,这种运动是难以看见的,因此,这种运动也就不那么容易用直接的量化手段来衡量。它主要演绎于劳动价值理论的政治逻辑,因此,在资本主义的各种交换关系(至少坚持劳动理论就是如此)中,它的存在是内在的,也是定性的。

依据哈齐米查里斯(1980)的观点,这种基本的价值转移可以粗略地相近于为一个特定的区域的生产所附加的总价值与这一区域的人口为这种生产所获得的总收入两者之间的统计学差异,如果其他复杂化的价值流量和价值转移可以忽略不计的话。至少,这大致表明了这样一种可能性:价值转移很显然既有其积极的一面又有其消极的一面,虽然即便在此,这种估计也因为价值转移的许多渠道而变得复杂化了,因为这些渠道是在更加明确无误的第二层面上发挥作用的。①

发生于第二个层面上的价值转移表现出许多不同的形式,更加可以衡量,也可以更容易被改变和得到调节。迈克尔·基德隆(1974)在评论埃曼努埃尔的关于不平等交换理论时,结合对资本的中心化(centralization)和集中(concentration)的分析,描述了我现在所称的价值地理转移的第二个层面。按基德隆的术语来说,"积极的中心化"基本上相应于原始积累,对一个"中心"来说是一种净利,而对在"边缘"里不完全是资本主义的社会形态来说又不造成直接的价值亏损,诸如通过殖民地的贡税和劫掠品而发生的净利。② 相比之下,"消极的中心化"是通过消除边缘国里的剩余价值来扩大在资本相对大小方面的诸种中心-边缘差异,而消除边缘国里的剩余价值的途径就是通过战争和"毁坏",换言之,将边缘国的剩余价值转入诸如武器装备的生产和/或购买等非生产性活动。最后,"中性的中心化"牵涉到资本之间的剩余价值的转移,但总生产值保持不变。这包括各种不同的过程:优秀人才移居国外的"人才外流";超过"援助"收入的利润、酬金、专利权使用费等等的净出口、对边缘国资本的直接控制转移到以核心国为基础

---

① 哈齐米查里斯(1980 和 1986)在描绘西班牙、意大利和希腊在好几个时间段里的区域性地图时,就是使用了这种方法。马德里的几个核心区域、意大利北部的工业三角区,尤其是雅典地区,在价值交换中作为净"收益者"在相当长的一段时间里保持了极大的稳定,但许多其他地区均从收益者变为"供款者",或者从"供款者"变为收益者。

② 曼德尔提出,这是在第二次世界大战之前大都市剥削第三世界的主要形式。参见他在《晚期资本主义》(1975)一书里关于"新殖民主义与不平等交换"的饶有趣味的一章。这一章又对埃曼努埃尔(1972)进行了一次更具同情心的评判。也应该注意的是,这种"积极的中心化"贯穿于马克思对城镇与乡村之间的对立、价值地理转移的母"模式"、核心-边缘的关系、在资本主义历史中地理不平衡发展的必要性等等的刻画。

的各跨国公司;在跨国联合大企业(抑或跨地方公司)里转账定价的技巧;特别是扩大的不平等交换,它产生于在商品贸易方面的明显差价。埃曼努埃尔、曼德尔、阿明及其他一些学者提出,这种扩大的不平等交换已成为战后国际经济中价值地理转移的最重要基础。

在价值地理转移的所有这些形式中,其基本的型式是一样的,即价值的地理转移是被描述为资本的中心化和集中的一部分还是被描述为是核心国对边缘国的主宰。在某一个地方产生的剩余产品的一部分因受阻而难以在当地变卖和得到积累,而在另一地方生产的剩余产品却得到了增值。在此,与在工作场所发生的资本对劳动的剥削具有某种可比性。剥削的社会渠道和空间渠道内在地植根于生产方式,也维系于生产方式——对生产方式如此深深地倚赖,若要彻底消除这些渠道,那就需要一场革命性和全球性的改革。然而,在某种程度上,两者也具有可塑性,在特定的时间和特定的地点能借助体制手段或其他一些手段得到强化或减少,而在同时又不一定会破坏结构上的两极分化。这两种渠道或许看起来是分离的,但它们是交织在一起的;而且两者均充满政治和意识形态色彩。

应该记住的是,马克思从不认为,生产、变卖、积累始终在同一个地方发生并因此向资本主义的地理景观及其剥削的空间渠道永远敞开着一扇透明的窗户。但是,长期以来,资本主义空间性的物质意味被混淆,这使得马克思主义者无法通过这扇窗户十分清楚地观察事物。这一现象到了1970年代才有所改观。为了便于说明这一问题,首次有系统地看到这种价值的地理转移的,也许就是阿尔吉里·埃曼努埃尔的《不平等的交换:帝国主义贸易初探》

(1972)。

然而,埃曼努埃尔所看到的是,不平等的交换在国际这一层面上作为一种机制几乎发挥全部的作用。借助这一机制,在边缘性的资本主义国家生产的价值,通过帝国主义的贸易和有区别的工资,始终不断地被转移到核心国家。在1970年代的大多时间里,关于价值的地理转移的论辩依然集中于这一焦点。对隐藏于资本主义的地理不平衡发展背后的各种更一般和更多层次的过程进行概念化并在经验上加以检视,关乎这一方面的研究工作几乎是零。经过漫长的沉睡以后,地理学想象才开始觉醒,但其观点依然模棱两可、模糊不清。

在关于全球层面上的不平等交换的各种具体的论辩中,产生了许多众说纷纭的争议,但大多争议都倾向于埋葬而不是阐明当时人们正在讨论的空间意蕴。这一情况在马克思主义者关于各种政治问题的热烈讨论中得到了最生动的体现,而这些政治问题肇始于核心-边缘的价值转移和对区域剥削区域的清楚刻画。阿明紧扣住了这些问题的主旨:

> 所谓主宰关系就是不平等关系,体现于从边缘国到中心国的价值转移。假如在制度的中心与制度的边缘,两者之间的诸种关系就是这种主宰关系,难道这种世界体系不应该从资产阶级国家和无产阶级国家的角度加以分析——借用一下时下已变得流行的表达?假如从边缘国到中心国的价值转移使得在中心国的劳动报酬比没有这种价值转移所能得到的有很大的提高成为可能,那么难道中心国的无产阶级就不应该

> 使自己与自己的资产阶级联合起来以维系世界的现状？如果在边缘国这种价值转移不仅降低劳动报酬而且还降低了地方资本的毛利润，难道这不能成为在资产阶级与无产阶级之间为国家的经济解放而奋斗而加强国家团结的理由？（阿明，1974，22）

在许多方面，除了少数几个新的转折之外，以上观点再次陈述了同样的各种政治和策略争议，而这些争议自帝国主义时代开始以来已将马克思主义-列宁主义的政策分裂为国家发展与国际发展两大派别。因少数几个转折而重新起用的阿明对这一困境的解决方法发人深思。阿明提出，我们绝不应该从资产阶级和无产阶级国家的角度来分析世界体系，尽管我们必须承认在中心的资本主义社会形态与边缘的资本主义社会形态之间存在着深刻的差异，我们也必须承认在中心的资本主义社会形态与边缘的资本主义社会形态之间流动的永无休止的价值转移的重要性。然而，在我们承认对国际资本主义来说的这种强大的空间结构的同时，我们必须重申"社会层面"的主导性。在阿明看来，资本主义的关键社会矛盾"不是存在于单独加以考虑的每一个国家的资产阶级与无产阶级之间，而是存在于世界资产阶级与世界无产阶级之间"（阿明，1974，24）。

"世界体系里的工人联合起来"，这不是一个特别新颖的策略，但在这种语境中其重新肯定的态度起到了从更加实质性地重新思考这种"社会层面"转移注意力的作用。在理论和实践上，这种"社会层面"是容纳只是在近期才让人看见的国际资本主义发展的空间动力所必需的。如同如此多的本来应该是十分敏锐的1970年代资本地理景观的观察家一样,阿明再次肯定了社会的(和历史的)主导性,而不是将一种社会-空间的辩证关系业已得到显示的挑战与这种挑战所意味的具有双重目的的斗争对立起来。曼德尔进一步提高了关于不平等交换和新殖民主义论辩的清晰度(1975,343—376),但也遗留下许多关键问题没有得到质疑和/或没有得到回答。

因此,是否一些区域剥削另一些区域这一问题,必须得到肯定的回答,但唯有在区域化和区域主义被视为由各种基本的生产关系等级性构建的各种社会过程,这种肯定才具有理论意义和政治意义。在这种意义上的区域就是人民、阶级、社会形态、空间集体,即资本主义地理景观的作用和反作用的各部分。这些方面也许永远不会是统一的资产阶级抑或无产阶级,但它们地方化的生产体系在与同一层次上的其他区域的关系中既可以作为积累的两极也可以作为贬值的两极而起作用,造就了一种具有互动作用的两极性,这类似于(但不是等同于)资产阶级与无产阶级之间的关系。

倘若剥削是需要关注的主要问题,那么单一的区域(作为社会-空间体系)必须被视为陷入至少三种剥削渠道。其一的界定是通过在生产过程中的劳资之间的地方关系,其二的界定是通过在特定的层次上存在于更大的空间劳动分工的区际关系,其三的界定是通过包容各种剥削关系的多层次等级体系,这种体系从全球延伸到地方,从世界体系延伸到单独的工厂和家庭。这种体系包含一种较之传统所想见的更复杂的反剥削的斗争领域,但从来没有人曾经说过这种斗争是轻而易举的。

以上三种渠道中的第一种渠道在传统上一直主宰着马克思主义者的注意力,其结果是,其他两种渠道在以往的一百年的历史中一直处于不那么引人注目的地位。在 1970 年代,当这两种空间渠道更清晰地进入视野时,正统的观念受到了威胁,而大多富有见地的发现,尽管激起了普遍的热情,可其有效的思想交流始终引起困惑、矛盾心理和夸张。一种具有理论和政治挑战性的空间问题框架以其勃勃的生机浮出水面,但老的历史盖子仍然紧紧地扣在上面。

第五章 重申之言:试论空间化的本体论

就其本身而言,马克思主义的研究迄今为止已考虑到,空间和时间的转换在本质上与诸种思维方式相关:它将一种边缘性的作用归因于那些属于意识形态-文化领域的变化,即归因于这样一种方式:各社会抑或各阶级表征着空间和时间。然而,实际上,空间-时间母体的转换是指社会劳动分工的物质性、政体结构的物质性,以及资本主义经济、政治和意识形态力量的实践和技术的物质性;它们是空间-时间各种表征的真正本源,这些表征具有神话性、宗教性、哲学性抑或"经验性"。(普兰扎斯,1978,26)

这一基本的物质框架是社会原子化和社会碎片化的模型,而且具体化为劳动过程本身的诸种实践。曾有一个时期,而且是在同时发生的对各种生产关系的预先假定以及对劳动过程的具体化,使得这一框架存在于对一种既是连续性、同质性又是破裂的、零散的空间-时间的组织,而这种空间-时间是以泰勒制为基础的:一种规则交叉、分片而且分格式的空间,在这种空间里,每一个部分(个体)均有其位置,而且在这种空间里,每一种位置在相应于一个碎片的同时必须将自己展现为具有同质性和统一性,同时将自己展现为一种线性的、序列的、重复性的和累积性的时间,在这种时间里,各种各样的运动相互整合,而且这种时间本身指向一种成品,即非常显著地物质化于生产线的空间-时间。(同上,64—65)

尼科斯·普兰扎斯发表了最后一部主要著作《国家、权力、社会主义》(1978)以后,提供了引人深思的证据:他也已发现了某种可以称得上社会-空间的辩证法,而且正在力图将马克思主义的分析重新指向对空间和时间的一种唯物主义阐释,一种明显的资本主义历史地理学。他在某些方面以勒菲弗的学术观点为基础,将资本主义的空间和时间"母体",即资本主义的物质根基,界定为各种生产关系的具有同存性的各种预先假定和具体化。这些相互交织在一起的母体不仅仅是一种机械因果关系的结果。在这种因果关系里,各种先存在的(pre-existing)的生产关系在某种后续阶段引起了一种具体的历史和地理。"地域"与"传统",如同普兰扎斯给空间母体和时间母体所贴的标签一样,是一种逻辑上的先取权(就是马克思所称的先决条件),而且"在同时"看起来是预先假定。依据康德的狭隘观点,两者都没有被视为仅仅是思维方式,即表征的方式。空间和时间母体的创造和转换建立了一种基本的物质框架,即社会生活的真正本源。

以上是既复杂又令人不快的各种论点。这些论点,如同勒菲弗《空间的生产》一书的绪篇一样,将原先在马克思主义传统里十分肯定地附丽于时间的东西归因于空间:一种基本的物质性、一种

第五章 重申之言:试论空间化的本体论

具有问题框架性的社会谱系学、一种借助与社会生活的生产和再生产牢不可破的联系而被推动的政治实践,而在所有这些方面的背后存在着一种本体论上的先取权,即空间性与存在两者之间的一种本质联系。普兰扎斯并没有抛弃马克思,但又同勒菲弗一样,批判了马克思主义,这是因为马克思主义始终未曾窥见到与资本主义的发展和生存联系在一起的物质的和意识形态的空间化。这种空间化是与社会的劳动分工、国家体制的物质性,以及经济的、政治的和意识形态的力量的各种表现紧密相联的。同时,较之不那么熟悉的空间母体,他显然对历史感到更舒心一些,因为空间母体是一种残留的历史偏见,安东尼·吉登斯和其他的社会理论家均持这种看法,只是到了学术生涯的后期,他们才看到空间性的阐释性力量。可是,普兰扎斯在1970年代末期加入到了这些其他的空间展望家行列,呼吁对社会生活的空间性作一次富有意蕴的重新理论阐述。

伴随着这一呼吁的,是另一种更加超理论的(meta-theoretical)研究工作,即寻求一种恰切的本体论和认识论上的空间性定位,即在西方的哲学传统中的一种积极的空间"位置"。西方的哲学传统原先古板地将时间分离于空间,而且在本质上将时间性置于优先考虑的地位,到了勾销空间性的本体论和认识论重要性的程度。米歇尔·福柯在这一论辩中是一位举足轻重的人物,并对此作出了贡献。他认识到了相对于时间的空间在哲学方面具有让人难以看清楚的特性(他的这一认识是在来自《著名人物轶事》杂志的记者追问之下产生的。这一杂志已绝版,引文已无从查考)。他说的一些话在此值得重复:"空间在以往被当作僵死的、刻板的、非辩证的和静止的。相反,时间却是丰富的、多产的、有生命力的,也是辩证的。"若要从这种历史决定论的贬损中恢复过来,使作为社会存在的一种基本所指对象的空间又变得清晰可见,那么就不仅需要对资本主义各种空间实践的具体性作重大的重新思考,而且需要对现代的本体论和认识论的各种哲学化抽象也作重大的重新思考。

空间概念化中的物质性和幻想

对空间性进行一种唯物主义阐释的生生不息的源泉,就是这样一种认识:空间性是由社会生产的,而且如同社会本身一样,既以各种具有实质性内容的形式(各种具体的空间性)存在,也以个体与群体两者之间的一套关系,即社会生活本身的一种"具体化"与媒质而存在。

作为由社会生产的空间,空间性可以区别于具有物质特性的物质空间以及认知和表征的心理空间。不论是物质空间还是心理空间,都被利用并融合到空间性的社会构建之中,但不能因此被概念化为空间性的等同物。在一定的限度内(这通常被忽视),各种物质的过程和形式以及各种心理的过程和形式,在其空间度和特性方面,均可以得到独立的理论阐述。在科学历史上,关于物质空间的绝对性对峙于相对性的各种传统论辩是前者的最好例证,而探求"心理图绘"和地理景观意象的个人意义和象征性内容则是后者的最好说明。然而,进行独立的概念化和探究的这种可能性的存在,并不在这三种空间(物质的、心理的、社会的)之间营造出一种无可置疑的自主性抑或僵化的分离,因为它们彼此联系又相互重叠。若要对这些相互联系进行界定,这依然是对当代社会理论的一个最令人棘手的挑战,尤其是自历史的论辩已被物质-心理的两重性所垄断而几乎完全排斥了社会空间以来,情形更是如此。

对(社会)空间性的肯定,打破了这种传统的两重性,推进了对空间、时间和存在的物质性进行一种重大的重新阐释,这是社会理论的建构性核心。首先,不单单是自然的空间和认知的空间被融合到空间性的社会生产里去,而且是这两种空间在这一过程中得到了意义重大的转换。这种社会的融合-转换给物质空间和心理空间的独立性理论阐述设置了各种重要的限制,这尤其表现在它们潜在性地应用于具体的社会分析和阐释方面。在它们各种适当的阐释性语境中,物性的物质空间与人性的意念空间这两者均必须被视为是由社会生产和再生产的。因此,每一种空间都需要当作社会生活空间性的本体论和认识论内容来加以理论化并加以把握。

相反,空间性不能被完全分离于物质空间和心理空间。各种物质过程和生物过程对社会具有影响,不论这些过程在多大程度上受到社会的协调,而且社会生活从来就没有摆脱过诸如距离的物质摩擦那样的制约性冲击。然而,这种"第一性"的特征并不是天赐的,也不是单独赐予的,因为其社会影响总是通过"第二性",而"第二性"是产生于人类劳动和人类知识的有组织和累积性的应用。因此,在对人文地理和人文历史的唯物主义的阐释中,不可能存在任何形式的自主性自然主义或社会物理结构,具有其自身不同的因果逻辑。在社会这一语境中,自然如同空间性一样,也是由社会生产和再生产的,尽管自然看起来具有客观性和独立性。因而,自然的空间充溢着政治和意识形态、各种生产关系以及富有意味地得到转换的可能性。

尼尔·史密斯在最近的一部著作《不平衡的发展》(1984)中,深刻领会到了自然的这种社会生产的意义,富有启示性地给自己的书起了一个小标题"自然、资本与空间的生产"。

> 关于自然的生产的观念的确是似是而非的,如果从资本主义社会中的自然的表象来加以判断,这一观念听起来甚至有些荒唐。在一般情况下,自然被视为完全是不能生产的;它是人类生产活动的对立面。在其最直接的表象方面,自然景观在我们面前将自己展现为日常生活的物质本源,属于使用价值领域而不是交换价值领域。由此,在任何数量的轴线上它都具有高度的区别性。但是,随着资本积累的进展和经济发展的扩张,这种物质本源会变得越来越是社会生产的产物,而且区分的主导性轴线会变得愈益具有社会性。简言之,一旦自然的这种直接表象被置于历史语境,物质景观的发展就会将自己展现为自然生产的一种过程。自然的这种生产的这种有区分的结果,就是不平衡发展的物质反映。因此,在最抽象的层面上,正是在自然的生产过程中,使用价值与交换价值、空间与社会才熔合在一起。(史密斯,1984,32)

在认知或心理空间方面,也可以提出一个相似的论点。具体空间的展现始终包裹于人类感知和人类认知既复杂又多种多样的

第五章 重申之言:试论空间化的本体论

不断展现之中,但在这两者之间不需要任何直接的和坚定的一致。这些表征,如同符号意象和认知图绘那样,也如同观念和意识形态那样,在社会生活的空间性的形成过程中起到了极为有力的作用。对于这种人性化的心理空间,即一种空间化的心理的存在,不可能存在任何挑战。但是,在此的空间性的社会生产也会将心理空间的各种表征和意指盗用为并重塑为社会生活的一部分,即第二性的一部分。若要从符号的社会独立性诸过程的视野来力图阐释空间性,那么符号的表征因此也是不恰当的,而且具有误导作用,因为它往往在唯心主义和心理观念歪曲事实的掩护下埋葬各种社会根源及潜在的社会变革,因为唯心主义和心理观念是一种普遍化了的伊甸园式的人类本性,在一种毫无空间和时间的世界中奔腾雀跃。

与这种对物质空间、心理空间和社会空间三者之间的彼此联系的阐释捆绑在一起的,是关于空间性动力以及关于(社会)空间和时间、地理与历史之间的各种联系的一种关键假定。空间性的存在从本体论的角度看是一种转换过程的产物,但在物质生活的各种语境中始终准备接受进一步的转换。空间性从来就不是与生俱来的,也不是永远保持不变。作如此简单的表述时,这一点或许看起来很明显,但正是这种改革动力及其相关的诸种社会紧张关系和矛盾,以及它在积极的空间实践中的根深蒂固,在以往一百年的历史中被隔绝于批判的理论意识。业已被人看到的各种空间是虚幻的空间,模糊了我们展望空间化社会动力的视野。

空间性的错位：模糊的幻想

一种令人困惑的短视已无休止歪曲了空间的理论阐述，其手段是设立模糊的幻想、对空间性的近视阐释。这种近视的阐释聚焦于直接的表面现象而没有能力将视野超越自身。因此，空间性只是被阐释并理论化为事物的一种集合，即具有实在的表象。这些表象最终可以与社会的因果关系联结在一起，但唯有作为自在之物（things-in-themselves）才具有可知性。这种对空间的本质上的经验主义（但偶尔也是现象学意义上的）阐释昭示了实在-属性这样一种结构（泽列内，1980）。这种结构自启蒙运动的哲学产生以来，已主宰了科学的思维，而启蒙运动的哲学是客观自然主义的强大遗产，空间理论家和社会理论家为寻求深刻的思想和合理性已反复多次地求助于这一遗产。[①]

由于这种短视的视野，空间性只是被理解为从客观上可以衡量的表象。若要把握这种表象，那就需要借助这样一种结合体：以感官为基础的感知（这种观点是由休谟和洛克提出的，后经孔德和其他一些学者的修正和整理，但并不像以往那样属于实证主义的不可知论形式）、笛卡儿的数学-几何抽象（扩展到多方面的非欧几里得变差）和一种后牛顿社会物理学或后达尔文社会生物学的机械唯物主义。这种空间短视的一种更具当代性的引人注目的

---

① 在此相关的问题是对实证主义的认识论评判。这种评判发端于一群现实主义哲学家，深刻地影响了当代对空间性的重新理论阐述。譬如说，参见巴斯卡尔（1975和1979）、基特和厄里（1982）、塞耶（1984）以及更直接应用于人文地理学的格雷戈里（1978）。

第五章 重申之言：试论空间化的本体论

人物，是19世纪末的人物亨利·柏格森，他的影响尤其是在法国的哲学传统和科学传统方面。如果我们回顾一下标志着19世纪下半叶的对空间（相对于时间）非常反常的贬损和归附，那么柏格森作为一名最强有力的鼓吹者的形象就会愈益凸现。在他看来，时间，即绵延的重要王国，是我们的世界和我们的意识的创造性、精神、意义、情感、"真正的现实"的载体。空间以范畴化思维能力的形式，被视为将心智指向量（与质相对）、容积（与意义相对）。因而，空间被视为将流动的绵延之流摧毁成毫无意义的碎片，将时间折叠成自身的物质维数。如同勒菲弗通常注意到的那样——出现于最新近的一次采访中，并发表于《社会与空间》（比热尔等，1987）——这种柏格森主义的观点"将所有的罪孽抛向空间"，并刻板地将空间分离于时间，如同科学相对于哲学、形式相对于生命。这是一种复仇性的二分法化（dichotomization），在整个20世纪影响了卢卡奇和许多其他的历史决定论者。[1]

在所有这些研究方法中，空间性被还原为物质的客体和形式，并被归化回到第一性，其结果是在有序和可重复的描述这样一种形式中以及在发掘经验性的各种规律性事物（大致上存在于现象表面的空间共变）中变得容易受到流行的科学解释的影响。这种

---

[1] 柏格森关于空间和时间的主要作品是《试论意识的直接材料》（1889；也参见柏格森，1910）和《物质与记忆》（1896）。关于对柏格森及其追随者以及对为反对空间化的邪恶而青睐于时间和历史所唱的当代赞歌，请参见戴维·格罗斯发表于《终极》杂志的"空间、时间与现代文化"（冬季版，1981—1982）一文。《终极》这一杂志是"一种季刊，主要发表激进的思想"。这一杂志非常热衷于维系时间对空间的优先地位，以致在杂志的封面以及在格罗斯文章的每一页的页端均刊有这一文章改动的标题"时间、空间与现代文化"！

近视的空间研究方法在积累精确的地理信息过程中已被证明是有成效的,而且作为一种假定的地理科学存在的合法化具有很大的诱惑力。然而,当地理的描述被对空间的社会生产的解释以及对社会的空间组织所取代时,也就是说当地理的表象被肯定为空间性认识论的源泉的时候,这种近视的空间研究方法就变得虚无缥缈。可是,如同我已在前文已经注意到的,这就是在主流的社会科学中以及在成形于1960年代的理论地理学中空间得到理论阐述的方式。即便一种狭隘的经验主义或实证主义得到规避,"社会的空间组织"也被弄得从社会方面看起来显得毫无生气,成为距离摩擦的有序制度、位置的相对性、生态共变的统计资料以及几何学公理的一种麻木的产物。在这种视错觉(optical illusion)里,各种理论得到了构建,但总是看起来遮掩了社会冲突和社会力量,将它们还原为只是个人喜好的总体表现,而这些个人的喜好被象征性地认定为天赐的(自然的?有机的?)。消失于视线中的,是空间性更加深刻的社会根源、其具有问题框架特性的生产和再生产及其政治、权力和意识形态的语境化。

这种模糊性的幻想的发展和长期的存在,在消除几何学的政治化的过程中淹没了社会的冲突。不足为怪的是,这种现象被(那些能超越短视幻想而看得更远的学者)阐释为资本主义演化的一个有机组成部分。如同一位批评家所观察到的,"时间和空间认定了……绝对的无时间性和普遍性的特性,这种特性必须将交换抽象标志为一个整体和这一整体的每一个特征"(佐恩-雷特尔,1978,引自史密斯,1984,74)。时间与空间,同商品的形式、充满竞争的市场、社会阶级的结构一样,表征为各事物之间的一种自然联系,在客观上可以从这些事物本身的实质性物质特性和属性的角度得到解释,而不是表征为植根于资本主义劳动过程的一种"连续的、同质性的、破碎的和零散的空间-时间",如果回顾一下普兰扎斯辛辣的话语的话。在以往的几个世纪中,模糊性的幻想已充斥于"正常"的科学,自然科学和社会科学均是如此,将资本主义具有问题框架特性的历史地理学遮掩于我们的视线之外。

空间的错位:透明的幻想

对空间性进行理论阐述过程中的幻想的第二种源头,也可以作出一种类似的阐释。这种阐释的演进是在与第一种阐释的复杂交互作用中进行的,常常作为其进行哲学否定的企图。① 虽然经验主义的短视不可能看到隐藏于客观表象的模糊性背后的空间的社会生产,但一种透明的远视幻想能直接看穿社会生活的具体空间性,其手段是将空间的生产投射到有目的的唯心主义和非物质化的反思性思维的直觉王国。视线变得模糊,不是因为焦点过分先于应该被看到的东西,导致近视,而是因为焦点离应该被看到的东西太远,即一种歪曲性的处于过远位置的视点,是远视而不是近视。空间性生产被表征为——即实际上被重新表述为——认知和心理设计,即一种幻想的观念作用的主观性被一种同样是充满幻想的富有感官性的客观主义所取代。空间性被还原为单单是一种心理构想、一种思维的方式或一种观念作用的过程。在这一过程

---

① 在一方面是实证主义和经验主义的主导性自然主义/科学的倾向与在另一方面的"反自然主义的解释学装饰"之间,始终存在着历史的拉锯战。关于这一点,巴斯卡尔(1979)作了生动的描述。

中现实的"形象"在认识论上高于现实世界中有形体的物质和外观。社会空间折叠成心理空间或折叠成半透明的空间概念,而这种概念过于经常性地将我们带离物质化了的社会现实。

这种理论化的方法的哲学根源也许是柏拉图式的。莱布尼茨对自然空间的相对论,即自然空间的存在是一种意念而不是一种物质的肯定,毋庸置疑地推动了这种研究方法。但是,其哲学的合理性及其哲学的详尽阐述最具影响的源泉却是康德。他的范畴性的二律背反体系将一种明确的并具有持续性的本体论地位归因于地理学和空间分析,这种本体论的地位在对空间性的一种延续性的新康德主义阐释中已得到了非常细心的保留。康德的这种先验性的空间唯心主义的遗产弥漫于现代解释学传统的每一个方面,渗透到了马克思主义对空间性的历史研究方法,自19世纪后期发端以来已成为地理学现代学科的中心。它所诱发的人文地理学的视野就是这样一种看法:空间的组织受到现象的心理秩序的投射,要么是从直觉方面得到的,要么是相对化为许多不同的"思维方式"。关于空间的这些观点然后在非常一般情况下,被典型地划归到诸如人性或文化那样明确的认知结构,或者在非常特殊的情况下,被划归到人生的经历,或者在别种情况下,被划归到"科学",被划归到黑格尔主义的"精神",被划归到结构主义的马克思主义"意识形态的-文化的领域",被划归到几乎无限种类的只要与观念作用有关的方面以及介于中间的意识之源。

罗伯特·萨克的作品所说明的,就是这种新康德主义的认知图绘。《社会思想中的空间概念》(1980)就是他的这一作品极具吸引力的书名。虽然这一作品提出了一种现实主义的哲学,而且

第五章 重申之言：试论空间化的本体论

敢于大大地超越纯粹的空间主观性的局限，但萨克对"思维方式"的"基本结构"的分析，实际上脱离了"社会-物质诸条件"的具体影响。萨克以精美绝伦的新康德主义方式将"社会-物质诸条件"这一主题划拨为有待今后可能的研究。相反，他将空间性的概念化包装到一种整洁而明确的两重性里，而这种两重性将"精细的-零散的"、与艺术、科学和当代的工业社会相联系的空间意义对峙于原始与儿童的、神话与魔术的"不精细的-熔合的"概念化。在许多方面，这种对空间概念的二分法化，类似于也可以被映射到诸如共同体与社会、机械的协同性与有机的协同性、传统性与现代性、"生"的与"熟"的这类同样是强求一致的社会理论的两重性。

同样的情况是，虽然从这类研究方法中也可以吸取有用的深刻思想，但这些研究方法也可以起到巩固一种基本的幻想的作用。这种幻想掩盖了空间的社会生产，尤其是空间性的思维过程被表征为一条直接通向理解空间性的问题框架以及充溢着政治的生产和再生产的路径时，情况更是如此。关于空间的一般的人类概念或许具有某些值得进一步研究的内在的但可以识别的特性，但如果空间的熔合-零散化的确是社会思维的一种基本结构，那么它就必须始终植根于人类生活的各种物质条件，而不是被弄得当作人性的一种既无时间又无地点的普遍性而漂浮不定。熔合与零散化都不是产生于这种虚无缥缈的先验性唯心主义。

如同勒菲弗所指出的，普兰扎斯、福柯、吉登斯、格雷戈里以及其他的学者均以各种不同的方式所重述的，空间的零散化以及空间的连贯性和同质性的表象，均是社会的产物，而且常常是政治权力的工具性的有机组成部分。它们不是以某种简单的、决定论的方式产生于物质的空间性或生产方式,而且一旦确立,它们也不会带有另一种简单的决定论而反射到社会。但是,社会思维中的空间概念或空间表征不能被理解为类似假设地(抑或相反)独立于社会物质条件的思维方式的各种投射,不论它们被发现于何地或何时,也不论它们是发源于一帮狩猎者和收获者的集体思想,还是缘起于发达资本主义国家体制化了的公民。

对资本主义不可捉摸的空间性的重新聚焦

如同我已经声言的,一种独特的反空间主义——在某些方面是植根于马克思对黑格尔的回应的——已顽固地将西方的马克思主义遮蔽于对空间性进行一种恰当的唯物主义阐释。马克思将空间主要处理为一种自然语境,即生产的各种处所、各不同市场的区域、距离天然摩擦的源头等方面的总体,而这一总体将会通过时间和资本日益解脱束缚的运作而被"消灭"。可争议的是,马克思承认空间性是不透明的,能在其客观的表象的外衣下隐藏生产的各种基本的社会关系,尤其是在他探讨城镇与乡村之间的各种关系时更是表明了这一观点。即便不那么直截了当,他也探究了社会-空间辩证关系的基本问题框架:各种社会关系既能形成空间,又是偶然于空间,具有同存性和冲突性。然而,社会行为的空间偶然性主要被简化为拜物教化和虚妄的意识,从马克思那里从未得到过一种有效的唯物主义阐释。

关于各种社会关系的空间偶然性的诸种论点,即生产的这些社会关系和阶级,可以借助处于不断演进的而且使这些社会关系和阶级变得具体的空间性得到改造,也可能会借此得到转换。这

第五章 重申之言:试论空间化的本体论

些论点也许依然是当代马克思主义学者在对空间作唯物主义阐释时最难以接受的一部分。从地理角度来决定社会生活,对这种做法的任何暗示的无休止反感,都会让人难以意识到:空间性本身是社会的产物,它不是独立地被强加的,从来就不是惰性的,也不是不可改变的。资本主义的地理和历史交叉于一种复杂的社会过程。这种过程造就了各种空间性一种始终演进的历史序列,即社会生活的一种空间-时间的构建。这种构建赋予社会发展的各种轰轰烈烈的运动以具体的形式,也赋予日常生活的各种循环性实践以具体的形式,同时也赋予这些运动和实践以具体的位置,即便在最不具备资本主义特征的当代社会中也是如此。

因此,与历史的造就同步发展的空间性生产,可以被描述为社会行为、社会关系和社会本身的手段和结果、预先假定和具体化。各种社会结构和空间结构在社会生活中辩证地交织在一起,不仅仅是作为各种明确无误的投射将一种结构映射到另一种结构。况且,从这种重要的联系中,产生了对空间性进行唯物主义阐释的理论基石;产生了这样一种认识:社会生活在其历史地理中是由物质构建的,各种空间结构和空间关系是在时间的演进过程中,不论是什么样的生产方式,均是各种社会结构和社会关系的表现形式。如果声称历史是社会生活的物质化,那就不会引起什么纷争,在马克思主义的学者中尤其如此。对历史唯物主义的分析来说,这实际上是一条公理。但是,正是在这种基本的、公理性的和本体论的层面上,空间性必须作为社会存在的第二种物质化/语境化才加以结合。社会的构建既是空间的,又是时间的,社会的存在是在地理和历史中才成为具体。

对这一基本的前提,首次明了而又同情地提出肯定的,是勒菲弗。他在《空间的生产》(1974)一书中这样写道:

> 仍然还有一个问题至今尚未提出:各种社会关系的存在方式到底是什么?是实在性的?是中性的?还是形式上的抽象?空间的研究现在允许我们作出这样的回答:生产的各种社会关系具有一种社会存在,但唯有它们的存在具有空间性才会如此;它们将自己投射于空间,它们在生产空间的同时将自己铭刻于空间。否则,它们就会永远处于"纯粹的"抽象,也就是说,始终处于表征,从而也就始终处于意识形态,或借用不同的话来表达,就是始终处于空话、废话、玩弄辞藻。(152—153。本书作者的翻译)

这一"发现",对在 1980 年代已取得极大进展的后现代批判社会理论进行重要的重新概念化来说,是一股泉源。勒菲弗、普兰扎斯、吉登斯以及许多其他的学者均已开始对社会生活的空间性进行重新的概念化,而且对一些附加的具体重点均持有同样的看法:坚持在许多不同层面进行空间组织的工具性权力;这种富有工具性的和惩戒性的权力日益深入到日常生活以及资本主义发展更加全球性的诸过程;在这些权力关系中,不论这些权力关系在何处得到培植,国家在这些权力关系中的不断变化且常常相互矛盾的作用。

不管是被视为一种空间母体的形成抑或被视为空间的结构,在资本主义制度下,充斥着权力之争的空间生产一直不是一个顺利而自动的过程。在这一过程中,社会结构毫无抵抗、毫无制约地遭受践踏,被胡乱地安置到地理景观上。工业资本主义的发展,从一开始就植根于这样一种充满冲突的企图:构建一种具有社会转换能力和包容能力而又具备独特性的空间性。斗争所涉及的方面很多:摧毁封建的所有权关系;在激烈的动荡中建立一种已从其先前的生存手段中"解放"出来的无产阶级;根除与对乡村和城市土地的不断蔓延的圈地活动和商品化活动有关的陋习;在城市中心(以及在如果不彻底消除城市化、工业化和乡村生活的早期形式就会随之产生的结果中)的劳动力和工业生产的不断扩张的地理集中;由此产生的工作场所与居住地的分离;同样由此产生的城市土地使用和城市生活人造环境的型式;建立有区分的区域市场,延伸资本主义国家在区域中的作用;资本主义在全球范围内的扩张的各种萌芽阶段。如同普兰扎斯提出的(以及米歇尔·福柯在自己的研究中所承继并提供了详尽和富有见地的思想的),"直接的生产者从土地上解放出来,却又重新陷入到另一个樊篱——这不仅包括现代的工厂,也包括现代的家庭、学校、军队、监狱系统、城市以及国家的领土"(普兰扎斯,1978,105)。普兰扎斯接着描述了似是而非的零散化和同质化、差异的空间区分和空间平衡。所有这些情况均隐匿于资本主义的地理不平衡发展:

> 分离和切分只是为了统一;瓜分只是为了包容;分割只是为了综合;闭合只是为了同质化;个体化只是为了消除差异和不同性。全能主义(totalitarianism)的根源已雕刻于空间母体,而空间母体被现代民族国家具体化——这一母体已经显

现于其各种生产关系和资本主义的劳动分工。(107)

然而,资本主义空间性的生产根本不是一件一劳永逸的事。空间母体必须始终如一地得到巩固,而且若有必要,必须得到重构,这就是说,空间性必须由社会再生产,而且这一再生产是冲突和危机长流不息的源头。

直接紧随而来的,是社会再生产与空间再生产之间的具有问题框架特性的联系。假若空间性是各种社会关系和社会结构的结果/具体化,又是手段/预先假定,即空间性是各种社会关系和社会结构的物质所指,那么社会生活必须被视为既能形成空间,又偶然于空间,既是空间性的生产者,又是空间性的产物。这种双向关系界定了——或者也许是重新界定了——一种社会-空间的辩证关系。这种关系是一种空间-时间辩证关系的一部分,与此同时,又是地理和历史社会生产两者之间的一种紧张而又充满矛盾的互动关系。在此,我们重述一下人们熟知的马克思的权威看法并进行必要的重构:我们创造了我们自己的历史和地理,但并不是我们所喜爱的历史和地理;我们并不是在我们自己所选择的境况中创造历史和地理,而是在直接遇到的、直接给予的以及直接传送于在过去所生产的历史地理的境况下创造了历史和地理。

我已经表述了总体的论点,现在简洁地归纳为以下一系列彼此联系的并有序的前提:

1. 空间性是一种实体化了的并可以辨识的社会产物,是"第二性"的一部分。当空间性对物质空间和心理空间进行社会化和转换时,"第二性"就会熔合空间性。

2. 作为一种社会产物,空间性既是社会行为和社会关系的手段,又是社会行为和社会关系的结果;既是社会行为和社会关系的预先假定,又是社会行为和社会关系的具体化。

3. 空间-时间对社会生活的构建,界定了社会行为和社会关系(包括阶级关系)受到物质构建并变得具体的方式。

4. 这种构建/具体化的过程具有问题框架的特性,充满了矛盾和斗争(在许多情况下这都是循环和惯例化的)。

5. 各种矛盾主要缘起于生产的空间的两重性,即既是社会活动的结果/具体化/产品,又是社会活动的手段/预先假定/生产者。

6. 具体的空间性——实际的人文地理——因此是这样一个充满竞争的竞争场所:关于社会生产和社会再生产的斗争;不是旨在维系和巩固存在空间性的诸种社会实践,就是旨在深刻地重构并/或激烈地革新的诸种社会实践。

7. 从日常活动的惯例和事件到长远的历史创造(按布罗代尔的话来说,就是事件和持续),社会生活的时间性植根于空间的偶然性,这非常相似于社会生活的空间性植根于时间/历史的偶然性。

8. 对历史的唯物主义阐释和对地理的唯物主义阐释不可分离地交织在一起,而且在理论上是彼此相伴的,不存在固有的孰先孰后的问题。

总括起来,这些前提框定了对空间性的一种唯物主义阐释,只是目前正处于形成阶段,影响着经验性的研究。这些前提仍然需要从时下的文献中梳理出来，因为在大多情况下，这些前提一直处于含而不露的状态。经常的情况是，十分清楚地昭示隐藏于这些前提背后的各种论点的研究，并不是立即就能得到这样的认识，即便是研究人员本人也是如此。我们在前文已经注意到，福柯的情况就是如此。否则，用心良苦的各种实例说明，到头来与其说是阐明这些论点，倒不如说是给这些论点笼罩乌云，重新陷入空间分离主义的泥沼。

再者，接受对空间性的一种唯物主义阐释以及接受明确地旨在理解和改变资本主义空间化的一种肯定性的历史–地理唯物主义，依然存在着各种强大而又难以消除的障碍。这些障碍最为坚硬的部分产生于一种坚定的马克思主义，如果不是更为一般的后启蒙运动的话。后启蒙运动属于历史决定论的传统，不是将空间性简化为历史行为稳定的和不具备问题框架的场所，就是将空间性简化为虚假意识的源泉，即对各种基本的社会关系的一种神秘化。历史决定论挡住了我们的视线，使得我们看不清存在着两种空间：一种空间是作为社会中一种具有构建力量的物质客观性，另一种空间是作为集体意识的一种愈益积极部分的观念主观性。如果采用稍为不同的话来表达，那就是在1980年代关于批判社会理论的重构这一问题的各种论辩开始表现出新的意义。西方马克思主义对人类代理与社会结构之间的相互作用的概念化，基本上始终是历史性的，界定于创造历史的实践。空间性，作为创造人文地理的实践，往往依然被推进到一种副现象（epiphenomenal）的影子里去，当作历史的能映照事物的容器。历史决定论依然是19世纪的一座最坚固的丰碑。若要让批判社会理论和西方马克思主义能

第五章 重申之言:试论空间化的本体论

成功地展望当代社会生活的空间性,那就必须摧毁这座丰碑。

西方马克思主义在得到空间化的同时而又不导致一种反历史的氛围,这有没有可能? 若可能的话,那么历史想象怎样才能设法包容如同时间一样既丰富又具有辩证性的空间? 这些问题极富挑战性,在最近这个十年之前,即便曾有人提出,也极为鲜见。回答这些问题的一种可能办法,就是借助逻辑说服力,即对社会-空间的辩证关系、对历史和地理的唯物主义、对社会生活的空间-时间构建进行一种直接明了的理性肯定。至今为止,理论肯定的这种发展轨迹是为耐心的读者所熟知,但这还不够。一条给人以希望的另一途径,就是经验性说明,即将对空间性的唯物主义阐释应用于当代"真实世界"各种争端和政治的研究。正是这一途径最终将我引向对洛杉矶的城市重构的研究(而且最终也将读者引向这方面的研究)。向经验性研究的这一转向,对一种历史地理的唯物主义以及对一种业已重构的后现代批判社会理论的未来发展,将无疑是十分重要的。

然而,还有另外一条近些年来很少有人走过的途径。这一途径脱离了理论上的肯定,向相反方向发展,审视理论形成的"反向联系",而不是理论形成的经验和政治上的"正向联系"。这是一条会走向更加泥泞、更加抽象的本体论王国的途径,即一种元理论话语,力图发现使得知识和人类行为成为可能的世界必须具有的样子以及世界存在的意义(巴斯卡尔,1975)。因为认为在本体论话语方面力图去发现事物几乎没有什么重要性的余地,其特征就是远离了实践,所以大多的西方马克思主义者对此一直缄默不语,以免在这条反向的道路上走得太远。但是,这仍然是一条值得走的途径,因为这条途径能帮助我们找到在空间、时间与存在之间,以及由此产生的历史的创造、人文地理与社会之间的某种依然缺失的联系。

回到本体论:关于存在的存在主义空间性

本体论的讨论产生于它对以下这一问题的主要关注:理解人类存在的结构、存在的结构,特别是自在之物的结构。这一讨论具有关于存在主义和存在主义现象学的丰富的文献资料。人们有时通过强调对在世界中存在的状态采取积极的安置和定位来区分存在主义的现象学和一种"庸俗"的存在主义。这种"庸俗"的存在主义已陷入对孤立的个体进行纯研究的圈套,也就是陷入了亨利·勒菲弗曾经所称的萨特的早期主要作品《存在与虚无》的"排泄性哲学"的圈套。① 但是,在此我并不是想发起关于存在主义与

---

① 勒菲弗是关于萨特这一作品的最早也是最具锋芒的批评家。他千方百计给1940年代左派人士对存在主义与日俱增的热情泼冷水,对《存在与虚无》(原作发表于1943年,1956年由黑兹尔·巴恩斯译成英语)进行了抨击,认为这本书是一些被废弃的观念和反动的观念的拼凑。这些观念勒菲弗本人在年轻时曾玩弄过,但最后被认为是对于马克思主义的非简化的发展无关紧要而加以抛弃。若想了解勒菲弗的批评,参见《存在主义》(1946);若想了解关于萨特与勒菲弗之间的冲突的批判性观点,参见马克·波斯特的《战后法国的存在主义马克思主义》。在其生命的较后时期,萨特几乎完全接受了勒菲弗对《存在与虚无》的批评。他写道:"《存在与虚无》追述了我也是其中之一的小资产阶级知识分子的一种内心的体验,而未曾将这种体验与外部的体验联系起来……因此,在《存在与虚无》一书中,你可以称为'主观性'的东西并不是我今天所认为的'主观性':一种过程中的位移(变化点?),通过这一过程,一种内在化在某一个行为中重新将自己外在化"(《情景》,Ⅸ,102;引用于费尔,1979,478,脚注59。费尔将"位移"译为"小边缘")。

现象学之间的相同性和差异性的论辩。我发现,吸取它们两者共同的成就,提取它们必须要表达的关于存在的空间性的观点,这会更加有益。

人们可以在马丁·布贝尔的"距离与关系"(1957)一文里找到对存在主义空间性最为明确的论述。布贝尔将空间性表述为人类意识的开端,即人类生活的"第一个原则":

> 正因为人类生活的特殊性,在此也唯有在此,一种存在才产生于整个上天赐予的并有资格将整个世界分离于自己,同时又使整个世界对立于自己的人类。

将个体化的人类分离于大自然的整体,即世界的所有事物,这一独到的存在主义能力的中心,就是围绕布贝尔所称的"遥远的原始设置"。只要人类自己就能够借助对自身的突出来对世界进行客观化。人类作这一举动的手段就是创造一种差距、一种距离、一种空间。这种对世界的客观化过程界定了人类的处境,并使人类的处境取决于空间性,取决于通过距离的创造并通过一开始的空间性才成为可能的分离能力。

正是在这一意义上,空间性才在人类意识的产生伊始就在场了,因为人类意识允许——实际上预先决定了——自在之物(无意识的现实之物、无生命的客体之物、诸事物之物)与自为之物(即有意识的人类之物)之间的这种基本的存在主义区别。对世界的客观化,即遥远的原始设置,与萨特所称的"虚无"联系在一起。这种"虚无"就是主观意识与客观世界的物质分裂。从一开始就对存在进行区分,并让存在意识到自己带有人性,这是很有必要的。在这一重要的行动中,即在一开始就产生的空间化中,人类意识便诞生了(虽然诞生得恰是时候)。因此,虚无无非就是原始的距离,即首先得到创造的空间,或为区分主体与客体提供本体论基础的极其重要的分离。

然而,客观化、分离和距离只是意识的一个存在主义的方面,只是最低限度界定存在的基础。为人者,不仅需要创造各种距离,而且还需要力图跨越这些距离,通过目的、情感、参与和依附来转换这些距离。因而,人类的空间性不是单的这样一种产物:我们有能力将自己分离于世界、分离于原始的大自然,去慎重考虑大自然遥远的充分性以及我们的分离状态。在人类的存在中也许是最基本的辩证关系方面,这种遥远的原始设置如果没有否定就会毫无意义(存在主义最重要的概念之一):通过与世界的联系来创造意义。因此,如同布贝尔所声称的,人类的意识产生于分离与联系的交互作用——我敢不敢再加上统一和对立?如果没有分离,没有允许我们假定关于世界的观点的能力,那么进入各种关系,即世界中存在的状态,海德格尔的"此在"(*Dasein*),萨特的自为的存在抑或自在的存在,则是不可能的。但是,在这种能力中,也存在着一种联系的愿望,去克服分离状态的一种必须具备的冲动。这是我们能证实我们在世界中存在的状态、能跨越无意义性并建立同一性的唯一途径。布贝尔推想,通过这样的方式,这两种冲动才能"相互竞争,彼此都能看见存在于对方而又给自己的实现带来障碍的事物"。因而,主观性与客观性以一种辩证的张力重新联结在一起,这样就创造了存在,产生了一种氛围,即一种具有人性的第二性。

在这种主观与客观的重新联结中,存在着反映存在主义评论核心的一种两难境地,即意义相对于异化的两难境地。客观化是人类条件的一部分,但人类将自己分离于世界也是异化之源。进入与世界的联系之中,即在人类的主体与他/她所关注的诸客体之间的创造性联系,就是探寻克服异化的方法,可如果这还原了主体自我,即通过与世界的联系而将主体客体化了,那么这也有异化的危险。因而,存在主义的异化是一种分离状态,即人类分离于自己,也分离于客观世界——分离于存在的手段和意义。

在存在主义和现象学的经典作品中,异化的现实与克服异化的需要两者之间的这种辩证的张力,往往植根于时间,植根于转化过程(becoming)的时间性,从而也就植根于"传记的形成"和历史的创造。但是,这在同时而且在本质上又是空间性的,这一点是萨特、海德格尔和胡塞尔在他们的重要作品中所强调的。他们这三位也许是过去这个世纪最卓越并最具影响力的存在主义现象学家。他们的本体论是一种具有明确位置的本体论(或者按胡塞尔的话来说,是一种"区域的"的本体论——参见皮克尔斯,1985)。在这种本体论里,存在与空间性通过内在于世界中存在的状态的各种有目的和有创造性的行为结合在一起,进入各种关系,即卷入。这种存在主义的空间性赋予存在一个位置,即在"生活世界"(胡塞尔的"生活世界"(lebenswelt))中的一个位置。这种安置是一种充满激情的过程,将主体与客体、人类与大自然、个体与环境、人文地理与人文历史联系起来。萨特在《方法的探寻》里提供了一种特别恰切的介入:

我们生活的"环境"具有它的各种体制、各种典型、各种工具、各种文化的"无限"……各种迷信物、社会的时间性以及其"轨迹的"空间——这也必须成为我们研究的对象。……人的产品的产品,形成于他的工作以及生产的各种社会条件,而人在此同时存在于其各种产品的环境之中,提供毁灭他的"各种集体"所需要的物质。在人生的每一个阶段,都会有一个短暂的循环,即一种横向的体验。这种体验以人所得以产生的各种物质条件为基础,有助于将人改变……

那么目的就是为了建构一种横向的综合。在这种综合里,被考虑的诸客体将会自由地发展自己的结构和法则。在与纵向的综合的联系中,这种横向的综合证实了自己的依赖性和相对的自主性。假若单独存在,这种横向的综合就会既不充分又不始终如一。①

---

① 萨特,1968年,第79—80页。《方法的探寻》是由黑兹尔·E.巴恩斯翻译的一个译本,原作是一篇论文,名为"方法的问题"。萨特原先是想将这篇文章置于自己的巨著《辩证理性批判》(1960)的最后部分的,但最后却作为此书的导言加以发表。巴恩斯指出,"轨迹的"空间这一术语源于库尔特·莱温,指从我们个人的倾向性的角度而言的环境。然而,"横向的体验"和"横向的综合"所指的对象显然源于亨利·勒菲弗。萨特在一个很长的脚注(1968年译文,51—52)里毫无特色地夸奖了勒菲弗。在这一合订本的前言里——书名页上印着这样的书名:《辩证理性批判(写在方法问题之前)》,萨特还指出,《方法的探寻》产生于波兰一本杂志的约稿,约他为一期关于法国文化的特刊写一篇论述存在主义的论文。萨特原本想写关于特别是在法国马克思主义中"目前的哲学矛盾"方面的内容,可因这一杂志约稿内容的制约而感到恼怒不已,但也有别的人接到同样的约稿,要求写这些方面的内容,这人就是亨利·勒菲弗。波斯特(1975)详细地检视了勒菲弗对《存在与虚无》的评论,但我没能找到关于这两位法国哲学巨擘之间随之产生的彼此联系的任何论述。

因此,位置等于存在,来自于横向的体验所固有的"短暂的循环",即对生命的纵向时间轨迹作空间性的推拉。这种安置将存在建基于位置,但糟糕的是,这种安置却又成为另一种本体论两难境地的由头,即萨特、海德格尔、胡塞尔以及许多其他的学者所抗争的两难境地。在这些学者更加成熟的著述中,这种情况尤其如此。这种两难境地又与一直被称为"分离的存在"这一问题联系在一起。"分离的存在"这一问题是指在思维的主体与"给他物以基础的"客体之间、在先验的自我与生活实践的世界之间的强大分离。这一问题已经使得现代的本体论传统两极化,这一传统至少可以追溯到笛卡儿的"思维实体"与"广延实体"的对立。萨特和海德格尔以极为相似的方式观照这一最初的安置,即这一问题的由头。前者将"人类的现实"描述为引起位置等于诸客体的存在:"让我不具备一个位置,这是不可能的"。在后者看来,此在"给应该首先得到体验,然后适当地被认作位置的东西命名,而这一位置就是存在的真理的所处位置"(参见费尔,1979,31)。但是,存在一旦发生,那么位置与存在两者之间的关系怎样才能得到理解?难道作为彼此分离的两个方面?难道作为相互依存的两个方面?难道作为完全由绝对的自我的强大力量形成的两个方面?难道作为完全由位置的物质性形成的两个方面?我倒认为,以上诸问题是所有社会理论演绎的本体论质疑。

萨特与海德格尔都试图通过一种熔合来克服这种安置的两重性化。这类似于对产生于存在的基础的一种社会化了的第二性的肯定,这是通过双重捆绑的一种"第三条途径"。约瑟夫·费尔在《海德格尔与萨特:试论存在与位置》一书中,描述了海德格尔主义的这第三条途径：

> 原初的统一性是分离中的一种一致,又是一致中的一种分离。地球与思维无庸置疑是有区别的,但它们相互协作,而且从一开始就如同可理解的地球一样相互配合。(1979,385,着重号系作者所加)

费尔接着将这种辩证的熔合(我的用词)比作普遍性与特殊性两者之间的古典对立,而这种对立也必须被视为熔合,用费尔的话来说,就是被视为"同一"。这赋予联系以具有重要哲学地位的生活世界,而这是联系在传统上所不具备的,在传统的本体论往往视自我为绝对的和至高无上的情况下尤其如此。但是,在给予我们这一可理解的生活世界并将这一世界当作存在的一种可以辨认的空间化以后,海德格尔继续将这一世界包裹于时间性。在《存在与时间》(1962,是《存在与时间》1927年版的一个译本)一书里,他写道:

> 空间性看来组成了相应于时间性的此在的另一个基本属性。因此,因为具有此在的空间性,关于存在-时间的分析看来到了一个限度(即萨特的"短暂循环"?),其结果是,我们称之为"此在"的这一实体必须被视为"时间性","而且也"必须被视为同样重要的空间性。有一种现象,那就是我们已熟知为空间性的现象,具有此在的特色,也是我们将其当作属于世界中存在的状态而已经指出来的现象。难道我们对此在的存在-时间分析已因为这样一种现象而停滞不前了吗?(418)

第五章 重申之言：试论空间化的本体论

在此，我们被带到了空间-时间辩证关系的本体论边缘，这是横向体验与纵向体验两者之间的一种存在主义的张力，即对空间、时间和存在进行一种平衡的阐释的可能性。然而，时间的首要性是无法抵制的。海德格尔用以下的方式回答了自己提出的问题：

> 此在的建构及其之所以成为此在的诸种方式，唯有建基于时间性，这在本体论上才有可能，不论这一实体是不是发生"于时间"。因而，此在的具体的空间性必须建基于时间性。

在其后期的作品中，海德格尔再次提出了关于存在的空间-时间性问题，在坚持时间化的态度上已相当缓和，肯定了位置作为"隐匿于历史"的一种基本的本体论范畴的重要性。但是，他对一种更加完整的空间化本体论的构建却从未彻底过。海德格尔对位置三心二意的颂扬，最终却被人利用，为纳粹主义煽风点火，他自己对此有时也采取明显的怂恿态度。与此同时，他对位置的这一态度也造成了他个人和哲学的孤立，而这正是他在（战后）世界中存在的状态的特征，直到1976年他在自己的诞生地黑林山孤独地去世。

尽管海德格尔对空间的历史化最终是保守的、孤立的和精神上的，萨特的空间-时间之路却是更为激进、更具行动主义和唯物主义的特征，这使得他经过"方法的探寻"具备了马克思主义的一点味道。萨特对历史和对生活世界的可理解性的阐释是借用实践来表达的。他在《辩证理性批判》（1976）里，将自己的这种阐释与一种运动联系起来，而这一运动的基本方向取决于"短缺"（scarcity),并导致许多群体的形成,集体性地为诸如"已加工材料"等各种短缺的必需品而斗争。萨特将这种横向化的纵向运动描述为一种螺旋式的不断上升。费尔解释道:

> [一种螺旋式的不断上升]表征了向三个方面延伸的一个圆圈——其一是一个外爆的"中心",这个中心必须保持不断的旋转,以最佳效果向更高的层次上旋转,以达到理想的未来时间。在这一时间里,有机体将如同在开始时那样,又与自己的环境处于均衡或一种稳定的关系之中。圆圈的纵轴表征了人类对统一化的历史追求的直线性。其横轴(每一次的革命)表征了发展之路中所必需的对笔直的直线性的"偏离",即一而再再而三的重复性外化和内化,在这种外化和内化的过程中,人类创造了一种物质环境,同时却又被这种物质环境所创造。这给人类的计划带来了威胁,同时却又给这种计划带来了支撑点。因此,这种向内和向外的横向运动表现了一种辩证的调解(mediation)。……那么,[这种螺旋式的不断上升]表征了这种存在主义计划的物质化或将萨特主义的"革命性意识"插入到作为其效力的代价的一种物质历史。(费尔,1979,348—349)

在此,我们又到了历史地理哲学的边缘,也就是空间-时间建构的边缘,即空间、时间和存在的一种平衡的和毫无孰先孰后的本体论和认识论的边缘。可是,萨特从未能够逃脱他在本体论上的历史决定论,即他(以及他的历史唯物主义)赋予历史创造以明显备受青睐的"首要"地位。萨特并没有将自己的《辩证理性批判》应用于一种历史地理学,而这本来会出现于他关于苏联问题的未完成的作品中。相反,他所选择的是将自己大多的余生时间用于传记写作,这是个体化了的历史想象最明目张胆的手段。①

尽管在其生活和其思想中有他们自己的结局,海德格尔,尤其是萨特,对在社会理论和哲学中的空间的重申作出了极大的贡献。本体论方面的这些斗争凸显了20世纪的这两种存在主义的现象学所取得的成就。继本体论方面的这些斗争而来的,是一种对存在、意识和行为的空间性的再认识,即对空间实践的可能性的一种愈益强烈的意识、对重新思考社会理论的一种愈益得到共识的需要。这样就更有必要结合社会生活的基本空间性。

---

① 萨特"完整"的三卷关于古斯塔夫·福楼拜的传记《家庭的白痴》,发表于1971年和1972年。《地理学》杂志赋予传记的形成以一种明确的时间,这是一种引人入胜的当代企图。若要了解这一方面的情况,参见普雷达(1984,1986)。

第六章　空间化：对吉登斯观点的评论

[情况]……似乎是，来自于宇宙外部的每一种新的侵略（aggression），在看起来像是需要吸纳的一种差异的同时，又像是一次独一无二的机遇需要在各种新的基础上重新开始庞大的整体调制。这一整体调制试图消化古老的但又是不可消解的各种矛盾，也就是说，在一种统一性中克服这些矛盾。这种统一性经过许多的艰难曲折以后变得非常严密，也许会被证实为一种宇宙的决定。……人们可能会把在一种三维的空间中的那种循环运动想象为一种螺旋式的不断上升状态，其许多的中心永无休止地被偏离，但又是永无休止地上升，其途径就是围绕这些中心的出发点作无数次的旋转。这就是个性化的演进，至少在……僵化的抑或退化的时刻到来之前就是如此。在后一种情况里，这种运动在同一个地方反复地经过而无休止地重复着自己，否则，就会从一个更高的旋转中突然跌落下来，降到某种低层次的旋转。（萨特，《家庭的白痴》，第一卷，1971，656—657。费尔的译本，1979，348）

加强这种螺旋结构:空间-时间与安东尼·吉登斯

十多年以来,安东尼·吉登斯在一本接一本的非常巧妙地联系在一起的专著中一直迂回盘旋而上,朝着对社会理论一种批判的重新概念化方向发展。他的这些专著已确立了他是一位最杰出的用英语写作的当代社会理论阐释者。从对社会学的起源的最初批判性评论到最新近的理论综述,吉登斯的研究工作是以一种螺旋式向前演进的。他的思想通过积累的二律背反富有说服力地向前推进,而这些二律背反的观念在传统上分离了社会科学与哲学,但总是迂回到原处,在社会学的理论和分析的历史根源方面获得一种崭新的视角。这种具有鲜明特征的发展轨迹和风格体现于他最早期的作品。在这些作品里,他试图改写社会理论,其中心是围绕对迪尔凯姆、韦伯和马克思的经典理论研究计划进行一种调和的并具有批判性的占用和现代化。带着自己思维中每一次新的发展,吉登斯几乎是恭敬地回过头来从一种不同的处于有利地位的观点再现并重新思考了欧洲大陆的这种传统。尽管这种观点在某种程度上是站在更为遥远的地方加以观照,但从未遥远到看不见这些经久不衰的传统。

譬如说,在《社会学方法新规则》(1976)一书中,围绕关于意义和行为的一种分析性理论,吉登斯以对阐释社会学和解释学的一种建设性的重新评价为基础,对自己处于不断演进中的评论观点作了浓缩。这种呈螺旋结构的观点发展之路切入到 20 世纪人文主义和行为哲学的广阔领域,围绕人类的能动作用和人类实践的创造力这一中心。然后,这一发展之路又折回来剥去顽固的功能主义的外衣(在吉登斯的研究工作中一个反复出现的主题),再次仔细地探究了迪尔凯姆的思想遗产,并又一次驱除了塔尔科特·帕森斯的幽灵。帕森斯那使人萎靡不振的行为理论极大地影响了战后的学术性社会学,并在吉登斯的大多作品的背景中似鬼魂一般游荡。

在《社会理论的若干中心问题》(1979)一书中,发生了一个重要的转变。吉登斯将自己充满勃勃生机的行为理论与对结构主义思想主流所作的一种充满同情的评论结合起来。通过人类能动作用与决定性结构的这种富有刺激性的结合,吉登斯将两种理论话语拉拢在一起。这两种理论话语在整个20世纪是在爆炸性的和始终未能得到调和的对立中发展起来的。在《社会理论的若干中心问题》一书里,能动作用与结构、主体性与客体性之间的辩证统一,被自信地置于社会理论的核心,并在一种初露头角的构造理论(theory of structuration)里得到吉登斯的重新概念化。这种构造理论将实践与社会生产定位于"作为行为的一种延续之流的时间和空间里"(1979,2)。在吉登斯看来,这种全面的思想合流标志了一种螺旋式上升的批判性重新阐释的顶峰;与第一次相比,这也标志了另一种更加全力以赴并更具建设性的批判性重新阐释的开始。

吉登斯的每一本书均包孕着后续本的种子。这延续性的情况从未像在《社会理论的若干中心问题》与他紧接着发表的重要著作《历史唯物主义的当代评论》(第一卷,1981)之间的联系那样明显。《历史唯物主义的当代评论》远不只是——而且也不是——对马克思的历史唯物主义的一种有效的重新阐释,因为它向前迈

第六章 空间化：对吉登斯观点的评论

了一小步，再一次向后瞥视 19 世纪。虽然马克思、迪尔凯姆和韦伯与任何其他的学者相比，继续填补了更多的标志空间（index space），但《历史唯物主义的当代评论》一书已成为吉登斯对他自己对社会理论的概念化最明确和最坚定的肯定，即对能动作用－结构联结的理论生成能力的一种建设性的断言。这种肯定是被当作一种基本原理而小心翼翼地提出来的，即当作"作进一步思考的一种激励，而不是刺激对这一肯定所提出的各种主要争议进行一种详尽的分析"（1981,24）。不管是不是基本原理，《评论》一书是吉登斯最具原创性，也因此是最具价值的作品，成为既是庆贺作者完整的理论工程的一个由头，又是批判性地重新评价这一理论工程的一个邀请。

《评论》一书必须在实际和理论这两个层面上加以评价，同时又必须作为一种解构性的评论和一种尝试性的重构性证实来评价。吉登斯在《社会理论的若干中心问题》（1979,53）一书中预先展示了他对历史唯物主义的研究方法。在此书中，他陈述了这样一种观点："马克思的著述依然表征了最具意蕴的思想宝库，可以用来力图阐明能动作用和结构等问题"。然而，这些思想的解释力必须得到这样一种方式的加强：有选择地抛弃"舛误的、模棱两可的或缺少一贯性的"分析性概念的累赘以及随后产生的各个种类的马克思主义思想中的许多错误的累赘。清除这些累赘是《历史唯物主义的当代评论》一书名义上的目标。

吉登斯所选择的许多目标在当代马克思主义的文献中是人们所熟知的讨论主题。这些主题包括马克思的进化图式和过时的人类学的缺陷；经济主义和结构主义决定论的诸种危险；各种功能主义范畴和解释的过度使用;关于国家、政治、城市化和权力的合适理论的缺乏等等。有人将生产方式当作一种分析性概念加以攻击,否定各种生产力永不停息的发展性扩充,拒绝接受"一切历史"是阶级斗争的历史。这种密集型的批判性排斥无疑会激怒和烦扰一些马克思主义的读者。另一些人很有价值地提出,批判理论家已更有效地探讨了这些完全一样的问题。这些批判理论家比起吉登斯来并不那么厌恶接受"马克思主义者"这一标签。

然而,尽管吉登斯有所抱怨,他仍然保持独特的认同和赞同,服从批判社会理论构建中历史唯物主义的中心地位。的确,他所提出的关于历史唯物主义的评论,主要还是附丽于应用并详细解释自己的构造理论,尤其是在《社会理论的若干中心问题》一书中所设想的"阶级分化"与"阶级"社会之间的蕴含性差别。《历史唯物主义的当代评论》具有实质性内容的各章,就是围绕这一差别而展开的,试图在与世界历史的早期各阶段相比较的情况下探讨工业资本主义的特殊性。阶级分化社会(主要存在于农业国家。在这些国家里存在着各种阶级,但就这一方面而言,"阶级分析并不能当作识别组织的基本结构原则的基础"——1981,7)与阶级社会(即资本主义,在这种制度里阶级冲突、阶级斗争和阶级分析具有重要和中心的地位)两者之间的差别,是以一系列的批判论文的形式展开的。这些论文充斥着"初步的学识",即非常松散的综合性肤浅思想。我认为,这些思想不可能很容易地经受严格的批判性分析,也许特别经不起来自吉登斯本人的分析。

第三章,即"作为时间旅行者的社会:资本主义与世界历史",是对马克思的进化图式与包含于《政治经济学批判大纲》"形式"

第六章 空间化：对吉登斯观点的评论

部分的更谨慎的思想之间矛盾的分析。紧随其后的，是"时间-空间分离与权力的生成"（断言在对历史的唯物主义阐释进行一种富有意义的重新调整中，与自然的各种联系相比，时间-空间的彼此联系占有重要的地位）；"所有权与阶级社会"（论在资本与工资劳动者的连结中阶级社会的产生，这种连结处于一种"控制的对立"，受到财产私有制的影响）；"时间、劳动与城市"（论在资本主义制度下日常生活中时间和空间的商品化，以一种折中的方法综合勒菲弗、卡斯特利斯、哈维、芒福德、沃思、克里斯坦勒、舍贝里等人的观点）；"资本主义：整合、监督和阶级权力"（从控制的手段、国家的作用、社会彼此整合的各世界性体系的崛起等方面进一步探讨资本主义的特殊性）；"民族国家、民族主义和资本主义的发展"（从孟德斯鸠到新的国际劳动分工的一次饶有趣味的探幽）；"国家：阶级冲突与政治秩序"（对关于国家理论的时下诸种论辩的一种富有创造性的并具有一定局限的纵览）。《评论》一书富有特色地以为其计划的续集（《民族国家与暴力》和《介乎资本主义与社会主义之间》）播下种子而终结，被卷进到了关于"矛盾与剥削"的讨论之中。

然而，在吉登斯的一种螺旋式发展路径中允许他向前跳跃到另一个阶段之前，对那些正在形成概念的论点必须给予仔细的考虑。这些论点勾勒了这些具有实质性内容的篇章的框架，并在《评论》(1981,3)一书中被表述为"对历史进行另一种方式的阐释的要素"。特别是，构造理论必须接受同样的"正面评论"，而这种正面的评论正是吉登斯成功地应用于其他理论的方法。这样做，人们可能会提出，标志着吉登斯的长期研究工作并驱使他在《历史唯物主义的当代评论》中取得充满智慧的成就的螺旋式发展轨迹,也许已成为这种发展轨迹自身的概念陷阱,制约而不是促进了进一步的理论发展。一种打基础的书也许应得到一种基本的评价,即欢迎作进一步的思考,而不是作一种穷尽一切的分析。

吉登斯的构造理论建基于并详尽地解释了马克思的这样一种简洁有力的基本原理:"人们创造历史,但不是在他们自己选定的条件下创造",这仍然是对社会理论中的能动作用-结构关系最能引起思想共鸣的概括。吉登斯补充道,与历史的创造相一致的是,包含于实践的同样辩证关系里的空间的社会生产,可以被描述为"地理的创造",这样说在开始时有些别扭,并没有完全认识到其意蕴。《评论》一书呼吁将时间性和空间性注入到社会理论的核心,将构造理论结合并包括于时间-空间的各种关系。吉登斯写道,"一切社会互动都是由各种社会实践组成的,存在于时间-空间,并由人的力量以一种熟练和有见识的方式来组织"。然而,见识和行动总是"受约束"于各种社会制度的各种结构特性,它们既是社会行为的手段,又是社会行为的结果(形成了吉登斯所称的"结构的两重性")。因此,各种社会制度被想象为有具体存在位置的各种实践,即由社会再生产的各种具有型式的(有结构的)关系。这些关系是跨越时间和空间的,也就是跨越历史和地理的。①

构造理论通过三种话语的结合体得到了扩充。这可以起到这样的作用:将空间-时间关系直接地与权力的产生和统治结构的再生产紧密地连结在一起。海德格尔的时间与存在哲学、阿尔都

---

① 指出这点是很有意思的:吉登斯始终如一地强调"时间-空间"的结合体,但从未明确地使用过"历史地理学"一词。

第六章 空间化:对吉登斯观点的评论

塞的结构主义图式以及现代地理学家关于"时间-地理"和距离的主体性等诸如此类的概念的各种著述,得到了吉登斯的重新组织,被用来描述"形式发生的方式",即在社会生活的形成过程中,时间上、结构上和空间上有具体存在位置的各种实践结合"各种时机"的方式。明明白白穿过各种新词语和翻新词汇(关于这一点,吉登斯显然陷得难以自拔,尽管人们对此可以理解)的雾障的,是在体制上强调权力的运作。在这种权力的运作中,吉登斯设想了另一个明确的分叉点。权力和统治结合于分配性控制(对物质世界的控制)和权威性的控制(对社会世界的控制)的构建。因而,分配与权威分别界定了经济领域和政治领域,将一般的构造理论与《历史唯物主义的当代评论:权力、财产与国家》一书副标题所涉及的各种主题和文献联系起来。

然而,概述于《评论》一书里的构造理论依然难以捉摸,其诱人之处在于其意图,而不是在于其实行。其部分原因在于研究工作量的繁重,以及各种不同的语言被非常规地结合于能动作用-结构联系这一中心。此外,吉登斯在详细阐明各种理论论点时所反复使用的策略,始终就是派生彼此连结的类别性图式。这一策略在《评论》一书里变得非常难以操作并令人费解,其作用常常不是澄清而是混淆观点。但是,更为基本的问题是,构造理论是建基于一种具有生成能力的前提。这一前提要求在理论视野中进行一种更为巨大的调整,可这是吉登斯力所不及的事。① 虽然吉登斯

---

① 尽管在前一章作了讨论,但将这种具有生成能力的前提描述为一种本体论上的肯定,也许会更确切一些。这种肯定主要源于海德格尔,他的著述对吉登斯的理论阐述具有特别的影响。

反复出现的意图就是欲将时间性和空间性投射于批判社会理论的核心,大概是为了明确地保持时间-空间的平衡,但他与海德格尔非常类似,在时间和历史处于本体论和认识论上的优先地位的情况下,无意中为永久维持长期存在的空间性的湮没状况而推波助澜。在吉登斯看来,历史和社会学已在"方法论上不存在任何区别",但对空间结构的分析依然是边缘性的,即一种充满深刻见解的附属物。

可是,吉登斯对"现代地理学家的著述"和结构的空间性的发现,是《社会理论的若干中心问题》和《历史唯物主义的当代评论》两书中最为重要的新内容。这一发现比其他任何内容都更有说服力地将这两部著作与作者以前的著作区别开来,因为在以前的著作里社会生活的空间性实际上始终处于隐性状态。不幸的是,吉登斯几乎未曾看到在当代关于社会理论与空间结构以及关于社会与空间性的辩证关系这些日趋热烈的论辩。他在表述自己的发现时,似乎他是一名孤独的开路先锋。这使得他只是吸纳了诸如勒菲弗、福柯、哈维、卡斯特利斯和普兰扎斯那样的对这一论辩作出贡献的学者的著述中的只言片语,而没有认识到这些学者为另一种概念化提供了理论上的实质性内容,这种概念化就是对在《历史唯物主义的当代评论》中占中心地位的各种社会制度的时空构建的概念化。譬如说,在《国家、权力、社会主义》(1978)一书中,普兰扎斯将自己对国家在体制上的物质性的分析重新聚焦于"空间和时间母体"的形成和转换这一中心,而这种母体反映于地域和传统这样的主题。如同在前一章里所注意到的,这些母体被界定为资本主义的"预先假定"(仅仅相对于先决条件和结果),隐含

第六章 空间化：对吉登斯观点的评论 219

于各种生产关系和劳动分工。时间性和空间性被一并表述为各种社会关系和社会实践的具体化，即空间-时间的神话性、宗教性、哲学性和经验性表征的"真实的基本要素"。如果吉登斯在理论层面和在论述国家和民族主义的具有实质性内容的篇章中熔合了普兰扎斯这一阐释的明确性和平衡性，那么《评论》一书的内容本来是会更加丰富的，但在这一书中，这些内容的空缺最让人感到忧心。吉登斯对时间-空间的分离、对在场和不在场、对时间和空间的商品化、对分配和权威等的说明，也本来会变得更加明了、更易于理解。恰恰相反的是，对普兰扎斯最后的这部主要作品的这一关键方面，吉登斯却只字未提。

《评论》一书具有讽刺意味的是，吉登斯丢失了自己的螺旋式发展路径在以往十年中所取得的丰硕成果，即丧失了对马克思、韦伯、迪尔凯姆的传统贡献以及解释学和结构主义在20世纪所取得的成就进行一次重新评价和重新构建的机会。关于批判理论的另一种螺旋式发展，仍然需要写上一笔，这会将时间在理论上优先于空间的历史（和地理？）追溯到这一历史的生成性根源。在这一螺旋式的发展轨迹中，迪尔凯姆、韦伯和马克思又是主要源泉。正是在这种反黑格尔的历史唯物主义源泉中，革命性的时间和历史取代了（以黑格尔的国家和地域意识的精神形式出现的）空间性，并将空间性归属于唯心主义以及转移人们注意力的拜物教状态。关于国家、民族主义与区域主义、地域集体性和地域意识的一种行之有效的唯物主义的理论的发展，自那时起一直受到束缚。同样，迪尔凯姆和韦伯的理论研究计划，建立了一种相对而言毫无空间性的社会科学，而这种社会科学是建基于对个体行为与集体意识两者之间的联系的诸种不同的阐释。因此,他们的理论研究计划也将空间性边缘到一种近乎是机械的外在性。对从"环境的"决定性中解脱出来的人类力量和社会过程的强大作用而言,空间性遂成为一种被动的镜子/容器。

解释学和结构主义再生产了许多这种传统上的不平衡。尽管此在、在那、那里的存在等诸如此类的概念具有内在的空间特性,可存在主义现象学却依然聚焦于存在和发生的时间性。特别是在海德格尔看来,存在的空间仍然是一个长期性的问题,表现于许多方面,而不是在单方面体现。相形之下,结构主义对共时性的颂扬,充溢着富有希望的空间隐喻,但相对而言,却几乎没有明确的空间分析。可是,解释学和结构主义均打开了一些新的窗口。借助这些窗口,人们可以在一种更加适宜的对称中重新保证时间-空间关系。

尽管结构主义和解释学始终表现出好斗和强求一致的态度,可两者围绕能动作用-结构关系(关于这一关系,吉登斯的研究只是一个主要例证)这一中心的结合却是最近才发生的事,而且依然处于尝试阶段,但已提出了一种适当的辩证联结这一要求,没有能动作用优先于结构或结构优先于能动作用的任何强求。富有意味的是,对另一种传统的两重性的愈益关注,已伴随着能动作用与结构的这种辩证关系,这种两重性就是空间性和时间性,需要一种类似的概念化:在空间性和时间性的实质性表现中,它们在认识论上相互平等,在辩证上相互联系,在实践上相互统一,在批判社会理论化的核心问题上具有明确的定位。

吉登斯逐渐接近了这种具有批判性的重新概念化。显然,较

第六章 空间化：对吉登斯观点的评论

之以英语著书立说的当代任何其他的社会学家来说，他更接近于这种重新的概念化。然而，他理论上的"空间"依然具有局限性。譬如说，在《评论》一书中，他只字未提与自己同住在剑桥的德里克·格雷戈里。格雷戈里关于能动作用与决定这一关系语境下的社会理论和空间结构的著作清楚地说明了当代的地理学文献。① 对法国的社会理论也存在过于狭隘和盲目的引用。尤其是，勒菲弗关于社会生活的空间性和社会再生产，关于包孕于社会空间生产的能动作用与结构这一辩证关系的宏篇巨著，不可能被简化为他关于日常生活的述评以及如同吉登斯所做的（如同太多的其他学者所做的那样，吉登斯附和了卡斯特利斯在《城市问题》一书中的声音）对"城市"的一种错误的具体化。

虽然这些缺陷也许可以被界定为"结构性的"，但毫无疑问，这些缺陷并没有决定性地被决定，在具有反思性的并且具有见识的人类力量介入的情况下尤其如此。《评论》一书发表后不久并在此书所承诺的续篇完成之前，吉登斯朝着理论发展的另一个层面进行思考，可又论述了同样的问题，但较以往的观点更加明朗，其意图也更有条理。在《社会的构建》（1984）一书中，吉登斯在回应自己的评论家的同时，揭示了他最近"个性化演进"这一观点的不同来源，非常仔细地巩固了具有总体性调制能力的构造理论。《评论》一书的基本种子现在已经长出花朵，成熟而有序地满园绽放，但每一个盛开的品种均被细心地标示出其个体发生和种系发

---

① 特别需要参见格雷戈里（1978）。《评论》一书发表以后，吉登斯与格雷戈里两人之间有了更多的交往。参见格雷戈里（1984）、格雷戈里和厄里（1985）以及格雷戈里的录用于《人文地理学词典》（约翰斯顿等，1986）的有关"构造理论"的词条。

生的传承。因此,《构建》一书为思考由《评论》一书提出的发展轨迹并且在更加坚实的基础上重新构建吉登斯对空间的重申的看法提供了另一个机遇。

社会的构建与社会理论的重构

在《社会与空间》里收录的一次与德里克·格雷戈里的谈话中,吉登斯对自己独特的个人研究工作作了如下描述:

> 在关于认识论方面的各种争议问题上,我并不认为自己的研究具有任何的创新性,我只是设法在某种具有实质性内容的程度上"包容"这些具有争议的问题。我目前竭力想做的,是研究被我基本上描述为人类社会的**本体论**的东西,那就是,聚焦于以下这些争议:如何从理论上阐释人类能动作用、这种理论阐释对分析各种社会体制具有何种意义,在相互联结的情况下得到详细阐释的这两种概念之间到底有何种关系。……假定你可以详细阐释一种全面的认识论,然后以某种方式有把握地走出去研究世界,我认为这既无必要也不可能。所以,可以说,我的想法是,向社会现实发射排炮;这是概念的排炮,它们并不提供一种包罗万象的统一的认识论。(格雷戈里,1984,124)

从《构建》一书这些概念排炮中发射出来的,是一种重新得到详细说明的存在理论,即有关社会存在的本质的理论。如果置于合适的视野,《构建》一书作为最严格、最平衡、最具系统性的本体论陈述,则十分突显。这种陈述是关乎社会生活的空间-时间构建的,在时下随处可以听到。在批判社会理论话语里,这种陈述的地位与关系是非常明显的,但它所取得的成就影响更加广泛,其途径就是借助于胡塞尔、海德格尔、萨特试图赋予存在以"位置"的努力所设下的哲学之路。这就是其所需要得到确认的主要成就。

将吉登斯的本体论简单而直接地转变为能说明问题的经验研究,一种形式上的认识论的故意缺席,使得这种企图变得相当困难,尽管这种本体论所必需的概念上的创新依然会引发误解,在那些力求从吉登斯的研究中找到这种直接而简单的经验性思想的学者中,这一情况尤其如此。可是,《构建》一书即便极为错综繁杂,但为经验性分析而且特别是为对资本主义的历史地理学的一种批判性重新阐释提供了富有揭示性的指南。它并不提供各种唾手可得的配方或蓝图,也未就该走何条理论之路严肃表明态度。但是,这是其长处,而不是其短处。

《构建》一书中的构造理论,对于有联系的各种两重性的几乎是无限的联结来说,是一种富有弹性的综合。这种综合已穷根究问了主观性与客观性两者之间过于经常性的僵化对立。能动作用与结构、个体与社会,被吉登斯灵活地结合在一起,而这种本体论上的灵活性和熔合便是原来的旨趣。

这些十分重要的综合概念肯定了这种本体论上的平衡,可以便捷地从《构建》一书附加的术语汇编(第373—377页)中提取。我们传承而来的概念语言,在空间-时间的关系方面,被极大地曲解,必须得到彻底的重构,以表达空间、时间和社会存在的衔接,这也是吉登斯在《构建》一书中自觉承担的一项任务。这种由此产生的概念上的术语汇编是一种巧妙的平衡行为,始终如一地将与时间结合在一起的空间注入到社会构建之中,而从未将单独的空间塞入这种构建。

　　语境性:时间-空间的交互作用的处境特性,涉及交互作用、共同在场的行为者以及这两者之间的交流的场景。

　　场所:所涉及的一个自然区域,是交互作用的场景不可或缺的一部分,具有各种明确的界限,这有助于以某种方式聚焦交互作用。

　　区域化:或在各个场所中,或在各个场所之间,各区域在时间、空间抑或时间-空间上的分化;人们假设,各种社会始终是具有同质性和统一性的系统,在抗衡这种假设的过程中,区域化是一个重要概念。

　　社会的整合:在共同在场的情况下,各行为者之间的诸种实践的相互性,被理解为交流的延续和交流的脱节。

　　系统的整合:超出共同在场的诸种条件范围,各行为者之间的相互性抑或跨越扩展的时间-空间的各种集体性。

　　时间-空间的疏离:在社会与系统整合的诸种机制的基

第六章 空间化：对吉登斯观点的评论

础上，跨越扩展的时间-空间的各种社会系统的延展。

尽管有这些概念上的发展，时间上的这种伴随物变得有时太具保护性，因为吉登斯虽然承认了空间的存在，但决意不屈服于现代地理学的学科性偏爱以及这些偏爱的特殊的分离主义。然而，在历史及其学科性倾向方面，却没有那么多的小心翼翼。其结果是，时间和历史在《构建》一书中常常非常孤立，但盛气凌人、指手画脚，对那些不那么常见的地理学的"局外者"来说，它们更显得"地位稳固"。① 这种强制的秩序始终是在对作为"核心－边缘"的受支配的后果进行同样的支配中联系在一起的"时间－空间"。

因此，吉登斯又一次失去了对历史决定论发起必要的评论的机会，而这种评论是必须伴随着批判社会理论的当代重构的。② 但是，吉登斯重新阐释的概念性词汇可以有效地被用来重构空间-时间构造的实质性内容和意义。经过某种适应性的延伸，这种概念框架树立了一种引人思索的社会本体论，这有益于历史-地理唯物主义的发展。这种社会本体论较之业已显现于现代地理学与西方马克思主义的接触的任何其他理论，则更加适宜于历史-地理唯物主义的发展。

说得更具体一些，吉登斯比起任何其他有影响的社会理论家

---

① 吉登斯的术语汇编收录了历史性这一词条："将历史辨认为不断进步的变化，伴随着对这种辨认的认知性借用，以便进一步推进这种变化。历史性牵涉到对何为'历史'的一种独特看法，这意味着利用历史知识来改变历史。"术语汇编中没有空间性这一相应的词条。

② 但也必须加以补充的是，每一种空间化都有我业已讨论过的社会理论家，从福柯和勒菲弗（他最接近空间化）到哈维、曼德尔和杰姆逊。

来更接近于揭示(在我看来)何为关于社会生活空间性最为基本的语境性概括:存在的明白易懂的生活世界,始终是并且处处是由社会创造的充满结点的各个区域的一种多层面体系组成的,即一种既有区别又有层次的有组织的各种场所的结构。这种存在主义的空间结构的诸种具体形式和功能,比时间和地点重要得多,但是,一旦存在被置于世上,它所在的那个世界就会在各种有固定位置的场所的空间母体里变得具有社会性。这种地理结构是易变的,也是可以置换的,但这种结构无时不在,去包容和组成,去确定位置和构建所有的人类行为,使历史和地理的创造具体化。

地理学家和社会学家已非常关注这种存在主义空间化的点点滴滴,并已奉献出许多给人印象深刻的著述,描述了这种空间化真实的抑或人们所期望的经验性外观的各种特殊性和假设的几何图形。① 然而,这种空间母体的各种生成性源泉一直是难以捉摸,而且虚无缥缈。地理学和社会学未曾重构出一种适宜的本体论,借用时下一句时髦的话来说,在本体论里,"空间很重要"(而不是仅仅在那里存在)。这一失误已使得空间语境的存在主义意义隐而不露。现在让我们更仔细地探视一下吉登斯的接近理论是怎样可能被有效地被扩展,借此更清楚地表露社会存在的空间普遍性和特殊性。

---

① 譬如说,中心位置理论描述了这种空间母体的一种理想化了的几何图形,其条件是,就社会公用事业的建设而言,诸种市场关系和最低限度地缩小距离的行为,被认为主宰着空间的社会生产。其各种模式有时在某些方面凑巧相像于各资本主义社会的各种实际地理景观,这主要是因为这些模式也围绕各种有固定位置的场所的一种被人假定的空间母体这一中心而构建。它们表征了在社会理论的历史中为数不多的一种企图。这种企图就是想探讨这种存在主义空间化的若干精选的方面。

首先,有一种启迪性的场所概念,即一种有界限的区域,聚焦行为,凝聚社会生活中各种独一无二的事物和各种一般的和普遍性的事物。如同吉登斯所注意到的,这是一种概念,在某种程度上类似于使用于文化地理学家的著述中的"位置"(在此,我也许可以补充说,"位置"比起"空间"和"区域"来,常常被认为是一个更受人青睐的用语)。但是,这种概念激发了对在海德格尔和萨特的本体论中"位置"的使用的更为细致的比较。在吉登斯看来,场所是指"借用空间来提供互动的场景,而互动的场景反过来又是详细说明其语境性所必不可少的"(1984,118)。这些场景可以是一所房子里的一个房间,可以是一个街角,可以是一个工厂里的车间场地,可以是一座监狱,可以是一个收容所,可以是一所医院,可以是一个有界限的街道/城镇/城市/区域,可以是在地域上有明确界限的由各民族-国家居住的各个地区,当然,也可以是人类居住的整个地球。场所所处的具体位置有许多不同的规模,而场所呈这种多层面的等级状态,既可以被认作一种社会的构建,也可以被认作世界中存在状态的至关重要的一部分。①

各种场所中的互动的集中,是与社会存在的另一种语境具体性相联系的,可吉登斯对此的承认并不果断。它也许可以最佳地被描述为社会生活的结点性(nodality),即围绕可以辨认的各地理中心或结点的各种活动的社会空间聚集或凝集。结点性和中心化

---

① 规模和等级也必须被视为各种社会构建,不是简单的存在主义特定事物。若要了解关于与资本主义发展(在全球、民族-国家和城市的层面上)有联系的具有独特性的空间规模的一些最新近的探讨,请参见泰勒(1981)和史密斯(1984)。但是,这些著作充其量只是对一种极为复杂而尚未得到充分研究的主题的初探。

反过来预设了边缘性的一种社会条件:对每一个中心来说,存在着一种或多或少可以划定界限的边缘地带,借助在结点性方面的一种地理缩减来加以界定。这种结点性的产生,主要是通过对享受凝集的各种便利条件的控制。假若只是作为个体的各种努力和集体的各种努力的一个产物,那么结点性和边缘性在某种程度上存在于每一个场所。个体的各种努力和集体的各种努力就是抗衡本体论所赋予的距离摩擦,而这种距离摩擦即刻便会强加到世界中的存在状态。存在,即存在的真正在场,意味着必须应对这种距离的摩擦,不论它处于"主要场景"这一层面抑或处于日常生活的乏味的例行公事。因而,一种以距离为秩序的空间-时间型式遍布于人类互动的存在主义场景,在理论构建中是不容忽视的。

但是,距离的摩擦也不应该从其社会语境中撕扯出来,也不应该被当作一种准牛顿主义的"自由变量"加以效法,因为这种自由变量决定了各种场所的结点性,在现代地理学的定量模式或"科学"模式中常见的情况就是如此。如同吉登斯在对中心-边缘的区分和"不平衡发展"的过于简要的讨论中所隐含的那样,颐指气使的权力的运作调节了跨越场所-场景全范围的所有中心和边缘的形成。吉登斯竭力规避空间分离主义的蒙昧主义策略,因为这种策略具有内在的消除空间性的政治化特性。在前期"确立"的对民众和资源的控制这一轴线中,他将结点性及其空间延伸包孕于各种权力关系的时间性中,因为这种控制由此界定了作为"外界"的状态。区分的这一时间轴线与中心区域和边缘区域两者之间的轴线相互交叉,形成了吉登斯以下各种观念的基线:时间-空间的疏离和区域化,人类互动在一系列不平衡发展和有区分的场景中在时间和空间上的"延展"的方式。① 更简单地说,场所的空间性和时间性在语境上相互交织,密不可分地与自始至终的各种权力关系联系在一起。因此,中心区域和边缘区域相应于在权力之内与权力之外之间的一种基本的社会对立的产生,如果回到我在前文论述的关于地理的不平衡发展以及空间性与阶级两者之间的诸种关系的本质和必要性的观点的话(参见第四章)。

结点性、区域化和权力也卷入了社会存在的另一种语境化特征,即划定吉登斯所称的人类互动"在场的有效性"(在场/不在场)界限的有边界的范围的建立。在此,另外两个紧密联系的术语"地域权"和"区域主义",需要收录到吉登斯的术语汇编,并编织到构造理论中去。这两个术语以许多不同的方式有助于分离和分隔人类的互动,其途径是凭依对在场/不在场和包容/排斥的控制。地域权和区域主义与中心-边缘的区别有着紧密的联系,如同中心-边缘的区别一样,地域权和区域主义表达了在场所中起作用的分配性权力和权威性权力。借用福柯的话来说,它们是空间/权力/知识的工具性的产物,为使权力的运作既成为空间性又成为时间性提供了基础。

地域权是一个更具普遍性的术语,包含着诸如主权、财产权、行为准则、监督和权限等列举的概念的各种暗示。② 它是指各种

---

① 吉登斯为描述这些关系,提供了一个简单的图表(1984,131)。纵轴线已"确立"于图表的上端,而"局外者"被置于底部。纵轴线被一条横轴线交叉,从"中心区域"延伸到"边缘区域"。

② 我是在1960年代后期开始探索人类地域权的概念及其与空间政治组织的关系的(参见苏贾,1971)。这一著作的大部分内容都不得不采取纯粹的防卫办法,因为当时关于人类地域权的流行观点充斥着生物生态学上的各种规则。这些规则模糊了任

空间范围的生产和再生产。这些范围不仅聚集了互动(所有场所的一个特征),而且强化并加强了其边界性。几乎是根据定义,地域权在场于至少在外围的边界中的每一个场所(在那里开始了互动的不在场)。但是,这种界限的划定可能多多少少是严格的或具有渗透性的,可以随着时间的推进改变形态。它也可以存在于场所的场景之中。这种场所内的地域权可能是也可能不是与各中心区域和边缘区域相符,但它始终是与区域化相联系的,伴随着活动和关系在空间-时间上的分离。在各场所之内或各场所之间的区域性区分,反过来又是一种因事而变的区域主义的场景,即作为各种地域和社会范围的各种特定的区域的一种积极的意识和肯定,与其他区域相对。作为场所的地域权的一种表现,区域主义植根于权力地理学。

以物体的形式出现的物质存在,是这种有区分的各结点场所的等级体系的第一个也是预示性的具体例证。自我是存在的根本的充满张力的中心划定,一种人为创造的区域化就是围绕自我而形成,但这种人为的区域化一直逃避着形式分析,直到最近,情况才发生变化,因为它十分固执地停留于吉登斯所描述的我们的话语意识(与实践的意识相对)之外。吉登斯主要诉诸于戈夫曼的交往社会学和黑格斯特兰德的时间地理学,借以获取对这种以自我为中心的区域化的深刻思想,但具有同样深刻思想的概念性排炮可以在爱德华·霍尔、罗伯特·萨默及其他学者的著作中找到。

何的社会政治阐释。若要了解欲恢复并改变关于人类地域权的各种论辩的最近努力,参见萨克,1986。然而,我早些时候的作品和萨克的作品均未曾提出过一种令人满意的地域权社会本体论。

第六章 空间化:对吉登斯观点的评论

这些学者凭借一种文化评论和开创空间认知的一种环境心理学帮助人们对自我进行空间化(苏贾,1971)。在这些著述中,已变得愈益显豁的,是人类互动的一种杰出的微观地理学,而人类的互动则依据这样的一种情况而变化:个人空间环带的各种可变泡影以及"空间关系学的"行为,即空间主体间性的一种非口头语和非书面语的普通语言。

但是,这只是一个开始,是人为创造的场所和区域化中许多层面的第一个层面,犹如涟漪一般从可变的自我的主体空间性向外展开,在人类化的地理景观上留下了印记。结点性围绕其他具有中心的并相对固定的场景将各种集体性活动盘根错节地编织在一起。这些场景也得到了区域化,并在地域上或多或少地得到界定。在现代世界中,工作地点和居住地点是社会共同在场最显著的结点场所,而且工作地点和居住地点在所处位置上的分离和地域权诱发了人类互动和经验的型式。这种型式是以自己的距离为秩序,却又是由社会生产的。在不那么十分现代的语境里,这两个场所具有典型的共同中心,并相互强化,借以更严密地界定社会整合各种具有边界的范围。相对来说,这些范围在更高的地理规模上对互动具有不可渗透性,除非是通过将结点性场所和个体的微观地理学凝集为人类的居住地抑或所在地(这样的称呼或许是有益处的)。

所在地,这是吉登斯未曾使用过的另一个术语,可以被界定为经久不衰的场所的各种特定的类型,通过主要活动地址的聚集性居住和在地域上邻近的社团的建立在社会和空间上被稳固了下来。如同每一个场所一样,所在地是空间–时间上的构建,产生于人类能动作用的结合和先前存在的各种空间–时间条件的调节作用。它们提供了另一种人为的场景,即一种更加精心设计的人造环境,因为人类的互动在规模、强度、社会区分和集体性依附于地点方面得到了扩展。它们也是吉登斯所界定的"疏离"的具有生成能力的场所,即诸种社会系统在时间-空间上延展,从地方的社会整合的共同在场延展到系统整合的更具囊括性和弹性的各种集体性和相互性。因而,所在地是城市化的建筑材料:从内部(在群组之内)、比较(一个城市化了的场所相对于另一个城市化了的场所)和等级体系(在城市各场所的多层面系统里有具体的位置)的角度来看,结点性地聚集并具有内聚能力的场所的形成具有区域性的区分。各小镇和城市可以被描述为各所在地。这些所在地囊括了人类互动的诸种语境、范围以及具有结点的集中,而所有这些是与社会整合和体系整合相联系的,也进而与社会力量的多种网络相联系。在当代世界的语境中,所在地可以包括从最小的居住地或街道到最大的集合城市。

然而,城市化表征了对本体论上的普遍性的一种脱节,强制性地向一种更具体地得到说明的历史地理学过渡。对这一过渡,吉登斯未曾作出足够的清楚表述。已经存在的每一个人类社会已被语境化和区域化,其围绕的中心就是超个体结点性的场所的一种多层面的具体地点。这种具体的地点是集体性养育和生物性再生产的家园,是食品和材料的采集场地和领域,是各种仪式的中心和娱乐的场地,具有共同的空间和禁止范围,有明确边界的街道和地域性的范围。但是,唯有在某些社会中,这些场所已被凝聚为具体的城市居住地,而且也唯有在以往的两个世纪中,城市化已得到很大的扩展,成为世界绝大部分人口的主导性生活场地,即便在传统

第六章 空间化:对吉登斯观点的评论 233

上被界定为"非城市的"或乡村地区,情况也是如此。这就是勒菲弗所使用的对城市的扩展界定,用来描述资本主义的具体地理学。

因此,在以等级体系为中心的场所的语境性中,把握城市化和城市居民的生活方式,这是投射了而不是拒斥了吉登斯主义的本体论。吉登斯并没有成功地提出一种丰富而严格的城市化理论,相反,他选择了将自己的投射聚焦于民族国家(似乎是,国家作为权力的主要之所在,取代了而不是体现了城市化)。但是,他的确坚持了将城市定位于批判社会理论的核心和时空构建之中。城市的具体性问题是一个古老的问题,它分裂了马克思主义地理学家和社会学家,从而需要赋予一种新颖的视角和意蕴。

城市化可以被看作为时空疏离进一步加速的几个主要原因之一。时空疏离的加速扩展了人类互动的规模,可并不一定会破坏人类互动的基本空间性剖析。你和我仍然生活在充满结点的区域化的等级体系中,而这种等级体系产生于我们自己的身体,但社会的互动以及社会的整合现在已经扩展到整个世界范围,即一种全球性的延伸。在这种延伸的过程中,城市化过程已是一种主要工具。因而,城市的具体性不是被界定为一种可分离的现实,具有其自成一体的形成和转变的社会规则和空间规则,抑或仅仅被界定为对社会秩序的一种反映和强加。城市问题是最基本的语境普遍性的一个整体组成部分和具体化。这种语境普遍性是关乎社会生活的空间性,即我们建立并占有的结点性场所的一种多层面空间母体。就其特殊性、社会具体性方面而言,城市问题充溢着权力的各种关系,即统摄与依从的各种关系。这些关系在许多不同范围为区域性的区分和区域主义、地域权和不平衡发展、惯例与革命提供了渠道。

芝加哥学派以及绝大多数的现代城市社会学和地理学声言，各种城市因其规模、人口密度、异质性、失范行为、功能协同性、地理集中和成轴性而有所区别（假定区别于乡村或非城市性）。这样的描写普遍性不能说是不确切的。但是，这些普遍性掩盖了城市问题更基本的具体性。这种具体性源自结点性、空间和权力的结合体。城市是特殊化了的结点性凝聚，其建设是围绕社会权力的工具性"在场有效性"这一中心。城市是控制中心，是堡垒，其设计是用来保护和统治，其途径是借助福柯所称的"居住地的小手法"，通过范围、界限、监督、分隔、社会戒律和空间区分的一种精巧地理学来达到目的。

控制能力在大多情况下产生于结点性/中心性本身，至少在两个层面向外延伸，其中一个层面直接从中心延展到边缘地带（即一种地方控制，这是社会整合的典型化），另一个层面是从一个结点中心延展到其他中心（即一种具有等级特性的控制，具有体系整合的特色）。权力和控制的这些城市性放射和地域性放射聚合在一起，界定了国家的真正本质。它们也界定了关于空间政治和公民为"城市权利"（le droit à la ville）而进行的斗争的一种可质疑性领域。"城市权利"按勒菲弗的话来说即"rights to the city"，也就是公民控制空间社会生产的权力。①

---

① 参见迈克尔·曼的《社会权力之源》（第一卷，1986）。此书一开篇就承诺此书是对国家和社会阶层进行清晰的地理分析的极少几本专著中的一本。曼在开篇就作出了以下有重点的肯定："社会是由多种重叠和相互交叉的权力社会空间网络组成的"（1）。他继而说道："大多的理论家偏爱社会结构的抽象观念，因而忽视了社会地理和社会空间诸方面。如果我们记住'社会'是网络，具有明确的空间轮廓，那么我们就能矫正这一现象"（9）。

第六章 空间化:对吉登斯观点的评论

如同吉登斯所写的,城市远远不只是一个简单的物质社会环境。它是行政管理资源的一个"储藏容器",国家就是围绕这一容器而建成的。他在论述"时间、空间和区域化"这一章的结束部分,注意到了城市语境性中的各种巨大变化,这些变化的出现伴随着资本主义工业化的崛起及其时间和空间的商品化。他继而非常适切地诉诸于福柯,以寻求对具有规范性力量的"时间性和空间性"的批判性深刻思想,并将这些深刻的思想融入到对部落、阶级分化和阶级(资本主义)社会的结构性原则的一种随后分析之中。在此有两种情况。一是阶级分化社会里的主导性场所组织,是植根于城市和乡村的共生现象的,即"将城区与城区的乡村边远地区联系起来的轴心";二是资本主义的主导性场所组织,即"一种人为制造的抑或'人为创造的环境'的不断蔓延的扩张"。在这两种情况之间产生了一种重要的区别。这将多么近地将我们的注意力聚焦于具有问题框架的并具有工具性特征的空间化,这种空间化已标志了资本主义的历史地理学,勒菲弗对此作了揭示,并将此与城市化紧密地联系在一起,其他的学者已开始将此确认为理解当代资本主义社会的关键。

但是,吉登斯又一次螺旋式地直接上升到勒菲弗观点的边缘,只是拒绝走下一步(横向的一步?)。在《构建》一书的下半部分,吉登斯的螺旋式开始了一种几乎是倒退的演进,重走了自己的老路,却未曾大大地向前迈进。空间性生动而又重要的意义,似乎被一层一层地剥离,直到在冗长的一章里——这一章论述了构造理论应用于经验性的研究和社会批评(这种社会批评步了塔尔科特·帕森斯的另一种驱除邪魔法的后尘)——我们几乎没有被留下任何的空间。对不平衡发展只是简略地提及,认为具有"比人们一般所认识的更广阔的应用价值"(319),然后有几句是带有瓦勒施泰因思想的句子,涉及既具有生产性又具有扩散能力的各种社会矛盾的区域化。但是,给"社会分析家"所提出的明确建议,似乎已删除了"空间极为重要"这一有力的论断。无怪乎,不论是赞成还是反对,对吉登斯的社会学回应已近乎全然没有认识到吉登斯明显的空间转变的意义,因为吉登斯本人似乎在最关键的时刻掩盖了自己的这种转变。

吉登斯在前面的 150 页里将地理学藏匿起来以后,在《构建》一书的结尾处,他又竭尽全力恢复自己的地理学。他摆出了事后作结论的样子写道:

> 这一表达也许看起来怪异,但人类的确"创造了他们自己的地理学",正如他们"创造了自己的历史"。这就是说,社会生活的空间构造完全是对社会理论具有基本重要性的问题,时间性的向度也是如此。(1984,363)

以下是该书的最后几句话:

> 空间不是一个空虚的向度,沿着这一向度,各社会群体获得了结构,但必须从其介入于互动体系构建的角度来加以考虑。在与历史的关系中所提到的同样一点也适用于(人文)地理学:在人文地理学与社会学之间根本没有逻辑上或方法论的差异!(368)

这些陈述涉及"社会科学、历史和地理学"。不论这些具有终结性和感叹性标志的陈述将永远是吉登斯关于这一主题的最后话语,还是这些陈述会成为另一种螺旋式发展后续力量的种子,都是难以预料的。

只消回顾一下《社会的构建》一书,便可发现依然有许多地方值得褒扬。在我看来,将权力注入到社会的一种明显空间化了的本体论,并且因此随着历史的创造,将权力注入到对地理学的创造的阐释之中,这就是吉登斯的成就。在福柯、勒菲弗、普兰扎斯、萨特以及也许我已遗漏的其他一些学者的作品中,也有类似的这些论点。但是,在《构建》一书中,吉登斯集几乎所有的问题于一体,表现出了一种杰出的综合能力。这种综合能力首次提供了一种具有系统性的社会本体论,能维系对批判社会理论中的空间的重申。

吉登斯最容易动手批评的,是最繁杂和可能是最无效的论述方式,因为他在自己个性化的发展过程中为避免这种论述方式已建立了很强的防范措施。他将认识论留给了他人作研究,自己却聚焦于社会本体论的探索,借此使自己自由驰骋,随心所欲地涉猎经验分析,除了倾心于自己的阐释体系,即自己的"宇宙的决定"(再次使用一下在本章开篇时引用过的萨特的用语)之外,对其他任何问题则置之不理。诚然,这在最权威的社会理论家和哲学家中并不是一种不多见的现象。但是,这使得吉登斯容易忽视当代的各种特征、各种新的可能性及其对以往历史的摒弃。如同社会学家和理论现实主义者约翰·厄里所写的:

> [吉登斯]往往忽视了这样一些问题:说明在晚期资本主

义的空间构建中各种新近变革的各种缘由和后果。况且……这种忽视显得特别严重,因为从当代资本主义最突出的诸过程角度以及从一种更为一般的社会意识角度来看,当代资本主义独特而富有意义的方面就是空间,而不是时间。如同长期雄踞学界的历史学家布罗代尔所声言的,"一切社会科学必须为人类与日俱增的地理学概念留出空间"。(1985,21)

这在本质上是一种呼吁,呼吁更从经验角度和更以空间为中心将批判社会理论应用于当今时代的各种困惑。况且,这一呼吁将我们引入了另一轮的重构活动,即对批判社会理论的解构和重构较之吉登斯所明显设想的要更深刻,也更激进。

若只是简单地宣称在马克思主义外衣下的历史、地理学和社会学在逻辑和方法论上的均衡,并颂扬这些学科新生重构的丰硕成果,那么要理解当代的现代性(抑或如果你喜欢的话,也可以称之为后现代性),那是不可能的。自19世纪后期以来,现代的学术和知识的劳动分工的总体结构业已界定、包纳并实质化了这些学科,这一情况必须得到彻底的改变。因此,吉登斯遗留下来的社会学派呈现出一种新的意义,因为已被吉登斯以丰富的内容予以巩固和扩张的社会学,在今天作为许多实质化了的学科性丰碑中的一门显学而巍然屹立,可这座丰碑在我们能顺利地研究任何新颖的东西之前需要得到解构。

第七章　城市和区域重构的
　　　　　历史地理学

资本主义的发展必须在以下两者之间走钢丝:保存于以往特定的地点和时间作出的承诺的价值与贬损这些价值以便开辟为积累所需要的新空间。因此,资本主义始终不渝地竭尽全力以其自己的肖像建立一种社会和物质景观,并创造自己在特定的时刻所必不可少的东西,到头来只是毫无疑问地在日后某一时刻削弱、破坏乃至摧毁这种景观。资本主义的各种内部矛盾依凭各种地理景观永无休止的形成和革新得到表达。资本主义的历史地理学必须随着这一曲调无休止地跳舞。(哈维,1985,150)。

戴维·哈维对自己较早时期对城市化和围绕人造环境的斗争的描述予以重述,示意着一种变化,表现于他自己从具体的城市事物到更具囊括性的地理分析性景观的思辨范围。投射到这一更宽阔的景观的,是空间与时间、人类能动作用与结构制约的一种充满生机并充满矛盾的辩证法,即一种在许多不同的范围已筋疲力尽的历史地理学:从日常生活常规化了的诸种实践到一种全球性的空间劳动分工更为疏远的地理政治混乱。

这种景观具有一种文本性,而对这种文本性,我们的理解却刚刚起步,因为只是到了最近时期,我们才有能力窥见其全貌,并从其更广阔的各种运动和各种人们铭记在心的事件和意义的角度来"解读"这种文本性。哈维的开创性解读聚焦于这种景观的硬逻辑、其陡峭的路径、其执著的抗争的焦点、其破坏性极大的建筑设计、其执拗的整体性。在此,资本是其天然而不安静的始作俑者。它在努力着并协调着,它在创造着可又破坏着,从未完全下定其决心。资本被看作具有两面性地精心策划着时间与空间、历史与地理学的长期性相互作用,先是借助时间效能竭力消灭不肯妥协的有关空间的社会物理学,结果只是又回过头来收买时间,以求从自己原先力图超越的空间性中幸存下来。这种紧张的矛盾心理到处留下了自己的影子,在既具破坏力又具创造性的一种矛盾舞蹈中组织着这种景观的各种物质形式和构造。没有任何东西得到全面的决定,但结构已定夺,主要的特征已清楚地得到了界定,叙述的口气也已不可动摇地得到了肯定。

当然,真正文本的组织则更加精细,处处存在着许多不同的历史和地理的亚文本,需要得到辨认和阐释。首先,资本在景观的历史地理学形成过程中从来就不是一个独一无二的因素,因而也无疑不是唯一的推动者或发明者。可是,我们正在描述的景观必须被视为一种顽强不息的资本主义景观,具有其自身独特的历史地理学、特殊化了的空间-时间结构。因而,至少是初期的图绘,必须永远不丢失对资本主义"各种内部矛盾"和"各种运动规律"的各种真实轮廓的视线,不论历史和人类能动作用已使这些真实的轮廓变得怎样的模糊或虚妄。结构已得到强化,但还不足以消除一种经久不衰的中心主题。

资本主义发展的动力已引发了"各种地理景观永无休止的形成和革新",这一直是一项最重要的发现,演绎于西方马克思主义与现代地理学的碰撞。在前面几章里,我已以许多不同的方式试图表达这种具有问题框架的空间性的意义,并开始对这种意义进行实践上和理论上的探索,即概述对资本主义历史地理学的一种充满政治意味的经验性阐释。为了达到这些目的,"空间化"这一术语在两种意义上得到应用。第一种是在一种一般意义上表示对一种空间侧重点愈益强盛的重申,这种空间侧重点表现于本体论、认识论和理论方面的话语以及我们对物质世界的实际理解;第二种意义是作为一种特定的现象学和意识形态上的过程而得到应用。这种过程是与作为现代性的一种生产方式、一种政治经济学和一种物质文化的资本主义的发展和生存联系在一起的。空间化的各种一般意义和特殊意义,在当代语境中,即在后现代地理学的形成过程中,富有启示性地交叉在一起,但并不失却它们独立的特性。

然而,现在有可能的是,对资本主义的空间化的各种特殊性开始进行概括,并对一种空间化了的批判社会理论的各种概括进行特殊化。这两项工作在今天主要交织于对城市和区域的重构过程的分析,或者借用一下在上一章里提出的专业表达,那就是交织于区域化了的并具有结点性的场所的叠床架屋的等级制度的不断变化的轮廓和政治意义。自资本主义诞生以来,这种轮廓和政治意义一直以各种独特的方式演化着。这种具有包容性和体制化了的空间母体在当下正处于巨大的变革之中,而这种变革本身既具有可概括性又具有独一无二的特性,唤起人们对以往各个时期业已延伸的危机和重构过程的回忆,但是,这种变革却又充满着各种新的条件和新的可能性,对业已确立的理解方式构成了挑战。在理论和实践上把握资本主义空间性的这种当代性重构,已成为一种正在崛起的后现代批判人文地理学压倒一切的目标。

对重构概念的看法

就其最宽泛的意义而言,重构在各种长期性的趋势中传达了一种"刹车"的观念——如果不是一种脱节的观念的话——也表达了朝着社会、经济和政治生活的一种具有极大差异的秩序和构造方向发展的变化。因此,这引起了先土崩瓦解后又重新建设、解构而又试图重构的一种相继性结合。这种情况缘起于在思维和行动业已确立的各种体系中的无能为力抑或紊乱。旧的秩序已被歪曲得足以妨碍习惯上的拼凑性调整,需要富有意义的结构改变。如果引申吉登斯的术语,人们便可将这种刹车和变化描述为对从世俗的事物到全球范围的事物的诸种社会实践的一种时间-空间重构。

这些社会重构诸过程继续被埋葬于理想化的演变性图式之中。在这种图式中,变化看来恰恰在发生,或者正在显现,不时地打断了向"进步"方向迈进的某种不可阻挡的步伐。这种演变性的理想主义(另一种历史决定论)掩饰了重构过程植根于危机,也植根于旧事物与新事物之间,即一种传承而来的秩序与一种被投射的秩序之间充满竞争的冲突这一事实。重构过程并不是一种机械的抑或自动的过程,其潜在的各种结果和可能性也不是预先决定的。在其具有等级特征的表现形式中,重构过程必须被视为产生于并回应于事先存在的各种社会条件和实践的严重震荡;被视为导致强化为控制塑造物质生活的各种力量而进行的竞争性斗争。因而,这隐含着不断的消长和过渡、进犯和防御的态势,是延续性和变化的一种复杂而摇摆不定的混合。正因为此,重构过程介乎于零碎的变革与革命性的转变之间,即介于惯例性与某种截然不同的方法之间。

目前,我们卷入了一个持续不断且深入细致的社会重构过程。这一过程随着事后认识变得日益明晰而难以否定。在那些试图阐释这种当代的重构过程的学者中,也存在着普遍的认同:这种当代的重构之火在以往是由一系列彼此联系的危机点燃的——从1960年代的城市暴动到1973年至1975年期间的全球性衰退——这标志第二次世界大战后资本主义经济扩张延长期的结束。虽然这并不是一种普遍性的看法,但也可以提出的是,这些危机主要是与特定的体制结构同时产生的。这些特定的体制结构维系并影响了战后经济繁荣时期的资本主义扩张性积累。更具体地说,这些特定的体制结构可以被视为危机的一个复杂的链条:体现于业已确立的国际劳动分工和政治与经济力量的全球性分配;体现于民族国家扩大了的且如今明显互相矛盾的各项职能;体现于凯恩斯主义的福利制度与政府、公司和有组织的劳动力之间的保持稳定的社会契约;体现于区域不平衡发展的型式(在上一世纪的所有国家中这些型式已变得巍然不可动摇);体现于对妇女、少数民族和自然环境的剥削和掠夺的各种成熟的方式;体现于各城市和大都市区域的空间形态、工业化和金融功能;体现于人造环境和集体性消费的设计和基础结构;体现于资本主义各种生产关系烙印于日常生活的各种方式:从工作场所的劳动过程到千家万户里的生命、劳动和家长制力量的再生产。

危机和重构过程的每一个方面都已经为一种日益增多的学术性文献和批判性论辩的各种新语境撒下了种子。而且每一个方面也已生成了自身通俗而引人注意的字句的荟萃,试图捕捉并界定被假定正在显现的各种新形式。最早也是人们最熟悉的一种形式宣布了一种"后工业社会"的诞生,伴随着发达资本主义国家里的工业时代及其相联系的意识形态的提前终结以及一种以服务行业为基础的新经济的同时转变,这就是具有划时代意义的向各个继续不断的"发展阶段"攀登的一种理想化的终结。然而,也有许多其他的形式。这些形式现在已充溢着流行的想象,伴随着关于重构的各种投射性形容词:由新工业化国家的各种"工业奇迹"导致的一种"国际经济新秩序"以及在重新围绕"太平洋圈"的"全球性资本时代"里的"核心边缘化";缘起于"消除美国的工业化"的使"阳光地带对立于霜冻地带"的一种"权力转移"以及在新的"硅景观"中"高技术"和"电子革命"的发展;为建立一个"以信息为基础的社会"和"后福特主义"的工业系统,"后福利国家"与"新紧缩"的抗争。

从这一布满隐喻的丛林中择出一条路径来,实非易事。这些标签中的每一个标签均在某种程度上有助于阐明这种重构的过程,但这些标签常常看起来闪耀得格外耀眼,使得我们无法看清可能真正发生的事情:其全面的复杂性以及彼此联系的偶然性。因此,在分析和阐释当代的各种重构过程时,简要地表述一下我意欲探究的方面已变得十分必要。

我意欲探究的起步点,就是重构过程与空间化两者之间的肯定性联系。因而,当代的机遇将被视为重构资本主义的空间母体和时间母体的最新尝试,即对以生存为目标的空间-时间"定位"的另一种探索。如果将有一种历史-地理学方面的唯物主义(或者如果人们喜欢的话,也可以称之为一种强健的批判人文地理学),那么这种历史-地理学方面的唯物主义来自于对这种当代的空间、时间和社会的重构在理论和实践上的理解。

为了从这种具有三重性的重构过程强调这种在传统上最受人忽视的因素(而且为了防止这一因素淹没于其他的折叠和折缝),我将聚焦于空间重构过程的三个主流。第一条主流的源头是本体论上的重构过程。这一主流已推进了对批判社会理论和哲学话语中的空间的重申,这也是前面几章的主题。如果我们需要为这种理论上的重构过程起一个当代的称呼,那就是"后历史决定论"。第二条主流已由西方马克思主义的空间化带动,关注有关在城市和区域发展语境下的资本主义积累和阶级斗争的物质政治经济学。在目前,"后福特主义"对这种空间重构过程之流提供了一种便利的节略式的表达。第三条主流给城市和区域的政治经济学增添了一种挥之不去的文化向度和文化批评。这种文化向度和文化批评将重构过程延伸到关乎现代性、现代化和现代主义的本质的各种论辩。在此,这些思想在回应当代机遇的无处不在的各种工具性时,卡壳于对一种具有两面性的"后现代主义"的肯定。①

在一种示范性的地方,即在洛杉矶的城市-区域的合流这样一种经验性的语境中,这三条主流将会最顺利地汇聚在一起。然而,在审视洛杉矶之前,我将大胆地主要沿着第二条主流描述城市和区域重构过程的政治经济学、其空间性、间发性和历史地理学的一些方面。如果没有深厚的经验方面的细节和复杂性,这种描述将会是一个颇为走马看花式的旅行,因为这样的细节和复杂性是为赋予这些论点以深度和说服力所必需的,对那些具有独特思想的历史学家和地理学家来说,这也许尤其如此。但是,这样的描述指示性地布设了场景,这种场景是一种富有暗示意味的概括,其旨趣在于激发进一步的历史地理学上的探索。

语境中的各种区域:关于"重构过程"与"区域问题"

在以往的 20 年期间,在区域的不平衡发展的各种型式中一直发生着重大的变化。这些型式在以往一个世纪在发达资本主义国家里,原已变得巍然不可动摇。颇为相似的是,全球经济范围中的各种同步性发展似乎正在打破第一世界、第二世界和第三世界并

---

① 如同在此所使用的,这种断言性的前缀"后"(post)表明了"紧随"或"在……以后"之意,但这并不意味着对被修饰的词的一种完全取代。现代主义、福特主义和历史决定论,即便在它们被"后"一词所界定的重构以后,其意义依然保持不变。同样,后现代主义、后福特主义以及后历史决定论在更遥远的过去也可以被预示性地找到。这种用法或许会使那些坚持应用一种有关时间性和序列的范畴性逻辑的人困惑不解,但这就是这种用法的部分意图。

然有序的划分,诱发了一种"新国际劳动分工"的诞生。同样,亚民族的区域性区分的型式化混合图式也已变得更像万花筒,从其先前的各种僵化中解脱了出来。譬如说,在美国从霜冻地带到阳光地带的工业生产和政治权力的加速转移,业已变成一种富有影响力的隐喻,包容并组织了关于"区域问题"的公开论辩和学术探究。类似的情况是,人们的注意力已被吸引到一种正在突显的"第三个意大利"(巴尼亚斯科,1977),复杂化了那种简单的二重性。这种二重性原先明确地界定了区域不平衡发展最经典的"南北"模式;人们的注意力也已被吸引到在许多其他国家里的一系列"区域的角色倒置"。这些国家曾经是繁荣昌盛的工业区域,但随着原先不那么发达的各区域性边缘地区的迅速工业化而走向衰落。

如同许多学者一直在声言的,区域问题以及对区域重构过程的分析,已被摆到了当代政治和理论的议事日程上,但具备了更新的力量。譬如说,考虑一下一些新近发表的文章的题目便可知晓这一事实:"危机中的区域"、"资本与区域的对立"、"区域问题"、"问题中的区域"、"为争夺就业和钱财的区域之战"、"区域分析与新国际的劳动分工"、"区域主义与资本主义国家"、"不平衡发展与区域主义"、"全球性的资本主义与区域性衰落"、"区域问题为何意?"、"北方将会重新崛起"、"区域发展与地方共同体"、"利润周期、商品供应垄断与区域性发展"等等。显然,某种东西正在涌动,作为新角度的视点以巧妙的手段在一种正在崛起的区域性政治经济学中出奇制胜,而且每一种视点都力求对当代的区域性变化进行一种适切的理解。

有四种阐释性语境可被用来对当代关于区域性问题的论辩定

位。第一种阐释性语境,也是最具综合性的语境,就是对空间、时间和社会存在进行变革性的重新理论化,而这种重新理论化时下正在当代的社会理论和哲学中形成。关于这种具有定位能力的语境,除了再次强调这种语境主要源于人类社会一种业已重构的本体论之外,没有更多的话需要作进一步的说明,因为在人类社会中,各区域的形成、区域性的不平衡发展以及区域主义的型式化和区域理论的详细阐发均直接植根于空间化的一种具有包容性的过程,即植根于空间的社会生产。社会的这种空间构建,既具体又具体化,既有历史的定位又有政治上的内容,赋予区域以一种阐释性的特征,作为一种多层面的空间性的一个有机组成部分。在其影响力方面,这种空间性从社会整合的一种直接的人造环境中的日常生活,延展到各种流通和各种交易关系的诸种系统性网络,而这些流通和交易关系将全球性的空间经济紧紧地捆绑在一起。因而,亚民族区域处于社会生活的许多人造的并具有建构能力的场所之中,受制于社会和历史诸过程,而在同时又具有社会和历史的建构能力。

第二种阐释性语境产生于对诸种原因和结果、即本质和必然性,以及对地理上的不平衡发展的一种更具体的重新理论化。如同在前文(第四章)所已提出的,地理上的不平衡发展是资本主义的空间性、资本主义自成一体的空间母体和拓扑学一个重要组成部分。由于在许多范围内的被生产和被再生产,这种不平衡的发展天生就需要接受资本主义各种社会关系和区域化的具体化,其作用既是手段/预设,又是结果/体现。如同空间性本身一样,地理上的不平衡发展在传统上已被视为各种社会力量的一种外部反映,即社会行为和社会各阶级斗争的一种虚幻的镜子。在一种业已重构的历史和地理唯物主义中,这种不平衡的发展现在也正在得到适宜的重新概念化。

将(亚民族)的区域问题定位于地理上的不平衡发展这一语境之中,这是将区域问题与处于不断变化的空间劳动分工的动力联系起来,并与区域化和区域主义的交互影响联系起来。因此,以这种方式得到界定的亚民族区域,是在民族国家层面上的一种区域化的产物,即一种特殊化了的地理区分,如同资本主义发展的空间母体的任何其他组成部分一样,具有暂定性、矛盾性和具有创造性的破坏力。同样,这种亚民族的空间劳动分工兴许会提供各种有效的剥削渠道,或者也有可能它不具备这种能力——根据资本的逻辑,它根本不具备自动的和事先决定的功能性。它是一种作为结果而发生的空间化,产生于充满激烈竞争的各种斗争和特定的结合,充溢着各种张力、政治学、意识形态和权力。区域主义反过来也有可能对区域化作出回应,如果借用一下原用来描述少数民族性以及其他的共同体同一性的一个术语,那就是一种"反应形态"。区域主义可呈现为许多不同的政治形式和意识形态形式,包括对另外资源的一种默认要求和对退隐(secession)的一种外爆性企图(哈齐米查里斯,1986)。

亚民族的区域化和区域主义的这些动力,并不那么十分容易地得到概括或特殊化,因为这些动力在本质上是极具结合性的,并在间发性地得到实质性的重构。因此,有必要对区域问题作进一步的具体化,其途径就是通过将这一问题置于第三种阐释性语境:在资本主义的历史地理学中区域化的间发性。这一任务将我们带回到了哈维对各种地理景观永无静止的形成和革新的刻画和曼德尔对资本主义发展的"长波"周期化观点。如同在前文已注意到的,曼德尔对区域问题的阐释演绎于他自己的这样一种断言:整个资本主义制度看起来像是一个具有不同层次的生产能力的等级性结构——如同"各国家、各区域、各工业部门和公司的不平衡发展,是由对超额利润的追求造成的"(1975,102)。这种对超额利润的追求是以三个主要源头为中心,其中两个源头的界定主要是围绕区域区分(亚民族与国际的区分),第三个源头的界定主要是围绕部门方面的不平衡发展。所有这些源头自资本主义产生以来就已存在,但曼德尔提出,每一个源头在不同的历史时期都已取得了特定的卓越成就。

在曼德尔所谓的"自由竞争的资本主义"年代期间(直到19世纪末期),超额利润的主导性形式演绎于当时发达资本主义国家里的工业和农业的区域性并置,这种并置深深地叠盖于城市与乡村两者之间的诸种关系之中。工业资本和工业生产只是在少数具有地域性的联合企业里得到集中和地方化,受到各种农业区域各圈子的包围,因为这些区域起到了提供原材料和食品、工业消费商品的市场和廉价劳动力的储藏的作用。

这种具有独特性的区域性劳动分工通过业已整合的民族市场的形成而得到巩固(如同发生于19世纪后期德国和意大利的联合时的情况一样),并且在具有依附性的地域上强化了霸权。一种具有农业特色的"附属性国家"的典型例子就是爱尔兰。如同马克思所注意到的,爱尔兰刚刚处于萌芽状态的工业在资本主义不充分发展中遭受扼杀,这是一个早期的例证。其他类似的附属性区域或"内部殖民地"包括佛兰德①、南美、意大利的南部地区＊、奥匈帝国的许多部分、德国的一些东南部地区(巴伐利亚、西里西亚、波美拉尼亚-梅克伦堡)、法国具有农业特色的西部和中部以及西班牙的安达卢西亚。因而,发生于整个19世纪的,是在预先形成的城镇-乡村关系和标志着资本主义发迹的"原始积累"等方面的一种区域性重构和扩张。商业资本的地理扩张在初期为其铺平了道路,但具有主导性的空间化力量是与大规模的城市工业化相联系的。

19世纪区域主义的发展主要出于这样一些企图:面对与日俱增的同质化而保存具有鲜明特色的各种区域文化或者抵御由具有扩张性的市场整合以及具有同样扩张性的民族国家强加的特定的空间劳动分工。在大多情况下,这涉及附属性的农业区域,但相对工业化的类似于西班牙的加泰罗尼亚这样的场所也作出了回应。无政府主义思想具有明显的反国家和消除中央集权主义的各种原则,在许多这些区域性的地域权中找到了肥沃的土壤,并对本世纪的大多时间里的城市工业资本主义构成了主要的激进性威胁。但是,在这些民族性的边缘中,也出现了新颖而强大的区域性霸权集团(这一表达借用于格拉姆希),这些霸权集团欢迎区域的不充分发展的诸种过程,并将其和谐地结合起来,从中获益。这些集团有助于巩固权力的各种区域性结构,并抑制更激进的各种区域主义。

---

① 欧洲中世纪伯爵领地,包括现比利时的东佛兰德省和西佛兰德省以及法国北部和荷兰西南部的部分地区。——译注
＊ 大致指罗马所在纬度以南地区,包括撒丁岛和西西里岛。

在帝国主义时代和在各种公司垄断以及商品供应垄断的兴起时期,超额利润的主要源泉开始发生变化。另一种规模扩张和由危机引发的重构是围绕19世纪末这一中心为转移的。作为这种重构过程不可分割的一部分,发展(在帝国主义国家)和欠发展(在殖民地和半殖民地地域)的国际性并置,较之对亚民族的区域性区分,对资本主义的生存更为重要。对一种新巩固的全球性边缘的超级剥削,刺激了从19世纪后期经济大萧条中的恢复,并导致了发生于20世纪头20年期间各核心国家的急速扩张。资本主义并不是在突然之间得到国际化的。商业资本过去一直在起作用,几个世纪以来在全世界的整个商品贸易过程中榨取了超额利润。然而,帝国主义国际化了的另一条线路的资本,涉及金融、货币和投资的交易,这一线路更有效地组织了国际经济,其价值的地理转移的规模较之以往任何时候的可能性还要大。这种城市－乡村的老关系不单植根于一个民族的范围,也植根于资本主义的核心和边缘的一种全球性结构。

在各核心国家里的区域性欠发展并没有消失,对抗性的区域主义的压力也同样没有消失。但是,在此存在着某种重大的区域性重构过程,大致上受到了国际化在地理上的不平衡影响力、帝国主义攫取利润的行为和国内资本业已加速的集中和中心化的左右(其示例就是在本世纪之交的纵向合并和横向合并的轻率,在美国情况尤其如此)。拥有主要的帝国主义资本和垄断控制中心(譬如说,主要的公司总部)的各个区域,较之那些原本可能是在工业发展的相同水平上可并没有从全球性的利润攫取中获得很大利益的区域来,往往发展得更加迅猛。然而,在各核心国家里的空间重构的主要范围,与其说是国际性的,倒不如说是城市内部性的。各个国家中"因袭传统而来"的区域性劳动分工在这一时期也许并没有发生多大的变化,即便在区域不平等的总体强度得到大大削弱的情况下,也会是如此。诚然,区域不平衡发展的这种结构的相对稳定性,如果不是改良的话,本身就表明了源于亚民族区域性区分的超额利润的重要性正处于相对的萎缩。

更为古老的各农业性边缘地区,不是被部分地城市化,就是被相对地孤立起来,但这些地方原在提供廉价的劳动力、食品、原材料和市场方面所起到的关键性作用,日益被转变为"外部"殖民地的作用。尽管这些作用确实依然十分重要,如同在爱尔兰和意大利的南部地区等地方的情况那样,可农民反抗和具有进犯性的区域运动的确层出不穷(如大规模的迁徙等)。然而,主要的政治和经济行为如三明治一般具有等级性地夹杂在各区域的周围,即各主要城市中心被夹于"下层",而世界级的帝国主义之间的竞争对手的角斗场被夹于"上层"。

一种国际性的劳动分工,现在被分割为一种具有主导性的工业帝国主义世界核心,和一种具有依附性的具有农业特色的欠发展的世界边缘,而原始积累的这种独特方式就是建基于这种国际性的劳动分工的巩固以及垄断和金融资本更为集中的财团结构。原始积累的这种独特方式将历史的一种同样的发展轨迹追溯至先于这一历史发展的充满竞争的企业方式的发展轨迹。这种独特的方式清晰地显现于19世纪后期的危机和重构时期,成为20世纪初期经济扩张性繁荣的基础,其结果是一头扎进了经济大萧条期间的自身危机和重构。然而,垄断资本主义并没有销声匿迹,恰如其作为一种突出的原始积累方式的断言并没有抹尽其先期的原始积累的影子一样。所出现的问题是另一种"层面",即原始积累的一种重新得到组织的方式与其残留下来的先期原始积累相衔接,有能力协调走出资本主义历史/地理的最严重的经济大萧条。

曼德尔将原始积累的这种新方式描述为"晚期资本主义",并提出,"晚期资本主义的出现标志了从地理的不平衡发展中攫取超额利润这一主要源泉转变为增长部门的发展与其他部门的欠发展两者之间的总体并置,主要是在各帝国主义国家以及以一种附属方式存在的半殖民地国家里"(曼德尔,1975,103)。如同他小心翼翼地指出的,这些技术上的租金,即产生于大致上以各种技术发展和对生产体系的组织为基础的生产率的提高的利润,存在于较早的各个时期,对资本主义的发迹产生了不可或缺的作用。然而,由于缺乏资本的高度集中和中心化,占用技术租金往往在量上受到限制,而且延续的时间也较短,在企业竞争不受制约的情况下尤其如此。他声称,唯有在晚期的资本主义里,技术租金才变得占有优势,并且具备了有效的体系性。技术租金不断攀升的重要性,在某种程度上使得在原始积累的先前方式中对地理上的不平衡发展的剥削所起到的杰出作用黯然失色。但在同时,技术租金对理解在以往50年中处于不断变化中的区域劳动分工以及区域问题不断变化的本质将变得更加重要。随着超额利润的部门资源的不断上升,空间资源并不一定会降到无足轻重的地位,因为地理上的不平衡发展可以继续不断地得到重构。的确,当代对超额利润的追求,不论在何地找到这些利润,正在逼近一个充满竞争的程度,这种竞争程度在资本主义的发展历史中较之以往任何时候都要高,

第七章 城市和区域重构的历史地理学

重新建立了在全世界发展和欠发展的各种新的更加复杂的型式。

区域问题在经济大萧条期间以及在最近的战后时期一直处于缄默状态,可在1950年代表现出了新的重要性。从英国新城镇计划的发展方向重新调整为仅仅相对于城市问题更具区域性,到法国的国土规划与地方运作评议会的形成以及为意大利南部地区和核心国家其他"落后"区域的空间发展规划的开始,区域性的福利计划被摆到了公共事业的议事日程上,虽然并不总是但也常常对区域的动荡和区域的政治运动作出了回应。如同规划的其他形式和更加一般意义上的国家作用的真实情况一样,在堪称由国家操作的资本主义制度的支持下,对业已改进的区域福利的这些承诺来说,存在着两种潜在的矛盾方面。中心化了的国家规划需要一种持续性的社会授权,尤其是来自那些最有可能制造政治和经济混乱的人的授权。承诺更加平衡的区域发展极有可能与这一目标相符。可在同时,国家——因全然倚赖税收——也不得不给资本主义的积累过程提供方便,可这并不始终如一地与区域福利的改善相合。毕竟是,区域的不平衡发展始终是超额利润的生成和榨取的一个重要基础,而且即便在超额利润可攫取的主要来源或许已转移到部门之间的不平衡发展的时代,这一情况也会继续如此。

福利国家的这种矛盾性作用以及区域福利计划的这种矛盾性作用,一直到1960年代相对来说还依然处于隐性状态,虽然在实际上每一个区域发展计划均旨在减少区域的经济不平等,因为这些经济的不平等遇到了来自私人资本某些部分的强力抵抗。即便这些不平等出现伊始就无法阻止,各种福利计划活动至少在某些方面得到吸纳,用来为高度中心化和集中化了的资本利益带来好处,常常从"落后"区域吸取资源(而且包括可获取的技术租金),流入民族空间经济最发达的地区。在美国,主要集中于阿巴拉契亚地区,主要的区域福利计划实验的情况的确就是如此,而且在法国(为布列塔尼地区和南部而制定的福利计划)、英国(为几乎所有指定的区域开发地区而制定的福利计划)、意大利(为南部地区毁坏的房子而制定的福利计划),这种真实的情况一而再再而三地重复着。一种类似的型式在全球"落后"的边缘国家里起着同样的作用。这些边缘国家日益采用源于核心国的系统性空间规划模式,而且核心国常常将之当作一种后殖民规划的灵丹妙药来促进边缘国对这些模式的借用。

对那些作为福利目标的贫困区域和那些左右着区域政策的专家(理论家和实践者)来说,几乎没有感觉到资本(和国家)的这些补偿性空间策略。在大多情况下,作为福利目标的贫困区域可通过提出的各种承诺而得到抚慰,即便这些承诺没有得到直接的实现。至少有人看来最后意识到了区域难题,并且动议为这一难题做点什么。而那些区域规划者,受到当时各种新颖的空间理论的吸引,也往往兴致勃勃地学会了包容,相信他们的理想性目标可以借助良好的愿望和富有创造性的空间规划思想而得到实现。

区域规划从未收到过各种特别大宗的公共经费,但1950年至1970年这段时期在区域发展理论的历史上是一个黄金时期(韦弗,1984)。"发展两极"与"发展中心"、区域科学与空间系统分析、城市系统模型设计与其他旨在重构结点性区域的一种更加平衡和更加平等的等级体系的各种努力,在当时就普遍性而言已达到了登峰造极的地步。时至1970年,实际上世界上的每一个国家都已采用了某种形式的空间规划政策,在有些事例中人们将之当作了民族经济发展计划的重要装饰品。这是一种凯恩斯主义的区域规划在全球范围内的扩张,示意了国家的一种明确的承诺,即便常常只是停留在文件上:国家要纠正区域(和国际的)各种不平等现象,实际上是为了改变业已确立的空间劳动分工。只要这些承诺看起来具有潜在的可实现性,那么对抗性的反国家区域主义就会处于相对的沉寂,等待着货物的提交。

标志着核心资本主义战后经济扩张的终结的一系列危机和衰退,也摧毁了对区域福利计划所持有的坚忍的乐观主义。新的行业性和空间性"解放"运动的兴起,对资本积累的各种有序过程构成了威胁。激进的民族主义运动(包括中国的文化大革命)使得千千万万的人民无法参与国际性的发展和欠发展这些会给人带来益处的游戏,或者至少极大地破坏了这种游戏的顺利进行。区域主义的复活同样扭曲了福利国家业已确定的各种运作,尽管各种新地方开始成功地参与竞争,即便不是解放了技术租金,也是地方化了技术租金。这些技术租金是由资本主义积累的一种日趋灵活、具有后福特主义特点而且从表面上看"杂乱无章"的体系的最具推进力的部门生成的(皮奥里和萨贝尔,1984;斯科特和施托帕,1986;奥费,1985;拉希和厄里,1987)。已标志了资本主义历史地理学的各种空间化序列,进入到了另一轮的危机和重构,导致了改革和转型的一系列新而充满竞争的各种可能性。因此,如果想要继续把握区域问题,那就需要第四种阐释语境。这种语境植根于当代重构过程的各种特殊性。

在今天,并不是所有的区域政治经济学家在对当代时期进行分析时,都仰仗于曼德尔对长波、晚期资本主义和技术租金的具体概念化。可是,有一种极为相似的侧重点和阐释,明显表现于具有广泛范围的当代区域研究方法,包括对生产"次方式"(submodes)的各种衔接方式和"全球资本主义"的探究(福布斯和思里夫特,1984;吉布森和霍瓦特,1983;吉布森等,1984)、对法国各种管理方式/积累学派的各种管理制度及这一学派关于"福特主义危机的全球化"思想的探索(阿列塔,1979;利皮兹,1984a,1984b,1986)和对地域性的劳动市场、行业的利润周期、以高技术为基础的工业联合企业以及不断变化中的空间劳动分工的新颖的工业地理学的探究(马西,1984;沃克和施托帕,1984;库克,1983;斯科特和施托帕,1986)。尽管在时间、术语,尤其是在对当代重构的政治意义的特定强调方面存在着各种差异,可这些研究却具有重要的共性。这些共性强化了而不是降低了关乎区域问题的一种正在兴起的历史地理学唯物主义视角的实力。

所有这些研究都对历史和地理变化具有一种相似的危机模式;都强调阶级分析和劳动过程;都重视在对生产率和利润进行区分时的技术与企业结构的关联性;都明确地关注空间性、政治学与国家作用三者之间的相互影响;都关心对资本的国际化以及由此带来的资本的流动和劳动力的迁徙的分析;都在各种不同程度上认识到了资本主义空间化的一般本质和特殊的鲜明特色。各种更加具体的阐释,富有特征地围绕 1960 年代后期或 1970 年代早期的一个历史转折点及其这一转折点对以往历史中的经济大萧条的反应而转移,而且对以下这种总体性的重构假设具有一种坦然的认同:资本与劳动者正在得到具有重要意义的重新组织,以期(尚未获得全面的成功)恢复不断上升的利润,并强化劳动纪律,其手段在某些方面就是借助对工人阶级组织、工资和生活水平的直接抨击。在时下我们就是处于以上这样一个时期。

还有一种普遍的看法是:形成于以往20年中的"新的"区域性和国际性劳动分工,并没有完全取代"旧的"区域性和国际性劳动分工。这种旧的劳动分工不仅依然存在,而且还依然在起作用。各种大转变以及各种彻底的制度替换尚未在资本主义的历史地理学上发生作用,倒是一种处于不断演进的序列在资本主义的历史地理学上留下了印记。这种处于不断演进的序列就是部分并有选择的各种重构过程,而这些重构过程没有抹尽以往历史的痕迹,也没有摧毁资本主义社会关系和空间关系的各种坚实的结构条件。因而,如果天真而过分简单化地"匆匆忙忙奔向后什么"——奔向后工业主义、后资本主义、后马克思主义——并坚持对一个时代的终结具有最后的表决权,仿佛过去的历史可以被完全剥离并可以一股脑儿地加以抛弃,这是毫无依据的。

然而,在目前这一重构时期,一直发生着各种重大的区域变化,而这些变化是需要加以注意的。在起初这看起来也许有些自相矛盾,可一个值得注意的变化已关涉到对在许多地区的区域不平衡发展各种预先存在的型式进行深化,并随后对旧的各种核心与边缘的划分进行巩固。若干地位十分稳固的核心区域已经历了相对持续甚至扩张的经济和政治力量,而许多落后的边缘区域已陷入了更深的相对贫困,在某些情况下陷入了不断蔓延的大范围饥荒。然而,这些"强化了的延续性"并不仅仅是一个更加如此的问题,因为这些延续性一直是在行业、社会、政治和技术一系列新的条件下发生的,而这些条件极大地修正了地理不平衡发展的生产和再生产的方式。辨别和理解这些业已改变了的条件,已成为当代对区域重构的各种阐释的关键性聚焦点。

为便于详细说明起见,我们回到技术租金和部门间的不平衡发展这两个议题是有益处的,因为曼德尔已经声言,技术租金和部门间的不平衡发展自第二次世界大战以来已为超额利润提供了主要来源。如同在前文已注意到的,各种技术租金在资本主义的历史地理学中始终占据着十分重要的地位。然而,自第二次世界大战以来,技术租金的关键性意义已往往较之以往任何时期都更使区域性变化和区域性的劳动分工变为部门动力的一种直接产物,因为各工业部门里的各特定产业和各具体的分部和公司,在生产能力、赢利能力和对劳动力的控制方面正日益显现差别。给一些部门/分部/公司里的快速发展周期的并置提供基础,并促使其他一些部门/分部/公司的衰落和消除物价稳定性,这已是一种具有深远意义的技术"修补",受到国家各项政策(尤其在美国,这是通过国防和军事开支来实现的)的刺激和维系,并已假定性地旨在取得在工场和劳动过程中更大的灵活性。

在生产、在劳动与管理的诸种关系以及在各种生产性活动的处所等方面的灵活的空间化,具有这样一些效应:去除较古老的等级结构的僵化并至少在表面上建立责任与控制的一种重要的不同秩序。在皮奥里和萨贝尔(1984)看来,灵活的空间化已界定了《新的工业分水岭》,即自工业资本主义发迹以来,最重要的经济和政治改革。克洛·奥费是德国的一位研究国家问题的理论家,在他看来(1985),这是《无组织资本主义》的有机组成部分,或者如同拉希和厄里(1987)所称的,这是《有组织资本主义的终结》的有机组成部分,即社会权力和政治权威的计划和管理体系的一种崩溃。对其他学者来说,这是后福特主义的本质,是凝集各种新模式的煽动力,而这些新模式的凝集是建基于日益分化的社会劳动分工和凝结于具有创造性的城市和区域生产联合企业的各种交易的一种灵活的结构,而这些生产联合企业却坐落于老的福特主义工业景观中心的外围。

加速的资本流动已伴随着灵活的空间化、各种生产体系在纵向上的分化和刻板的等级制度的瓦解,借此为在世界任何地方追求部门的超额利润(包括那些通过实质性降低劳动成本而取得的利润)提供方便。诚然,地理上的追求并不始终是成功的,但这些部门性的重构过程的总效应,一直就是为了消除实际上在每一个地理层面上久已确立的空间劳动分工的僵化。这就是当代重构过程的各种部门性和空间性境况的汇聚和一起回荡之地,在不平衡发展的纵向和横向层面上加速了剥削的周期化。

对在资本"灵活积累"(哈维,1987)的新体系下的资本景观的这种或许是无与伦比的放纵,其所造成的区域性影响一直是非常强烈的,也是令人困惑不解的。区域不平衡发展相对稳定的拼凑已在突然之间变得几乎像是万花筒。曾一度时期,高度工业化和高度繁荣的核心区域——美国的制造业地带、英格兰的东北部和威尔士、法国的北部、瓦龙、鲁尔——一直经历着业已加速的经济衰微和去工业化,而许多贫穷的边缘性区域(包括一些作为经典性例证的欠发展区域)已成为工业发展和经济扩张的新中心。这些如同曼德尔所说的"区域角色倒置",反映了自工业资本主义发迹以来的工业生产在地理上最广泛的去中心化和国际化的情况,生成了一张不断增加的新工业化国家和新工业化的亚民族区域的名单。

区域的角色倒置本身就是一种过分的简单化。一直处于发生过程的区域重构远比这一情况复杂和不稳定。将此描述为一种业已加速的区域再循环,也许会更好一些。这种再循环伴随着各区域经历着发展与衰落的若干阶段,与不断转换的部门超额利润、严格的劳动训练的轮回和业已加快的资本流动相联系。对这种区域再循环已作了最好分析的一个例子,就是新英格兰(哈里森,1984)。在对劳资进行了一番认真的内部训诫以后,这一地方现在又变得繁荣起来。在苏格兰低地以及在其他一些较老的工业区域,一种类似的恢复也许正在发生。也有一些迹象表明,新工业化国家和新工业化的亚民族区域的各种工业"奇迹",可能也是不稳定的,也可能是短命的,使得霜冻地带-阳光地带的变化和国际经济新秩序等诸如此类的各种描写性大隐喻愈益显得夸张和具有误导性。

一直处于发生过程中的所有事物,在久已确立的区域劳动分工以及在新颖可依然是极度不稳定的民族经济区域化的形成中,可以被更小心地描述为一种具有意义但不具备革新能力的震荡。如同各种各样的社会运动和区域政治联盟对这种重构所作出的反应一样——去抵制、去鼓励、去重新组织、去提出更多的要求、去强烈要求调整方向,一种具有回应能力的区域主义一直就是与这种业已重构的区域化相联系的。区域主义的这些多种形式,不论是激进的抑或是反动的,均已将区域问题重新政治化为一种更加一般的空间问题。区域主义不再单单植根于对各种文化传统的同质化的抵抗,这就像主要在19世纪所发生的情况一样。这就是现在古德曼(1979)贴切地所称的"为争夺就业和钱财的区域之战"的有机组成部分,即一种强化了的地域性竞争,其延伸度跨越了各空间场所的整个等级体系,从最小的地点到世界经济的全范围。

因此,技术和部门重构的日益重要性,尚未消弭将地理上的不平衡发展当作持续性超额利润的源泉来加以利用的现象。这种重要性也尚未降低社会生活空间性的政治和经济的意义。相反,当代时期的重构已被空间性与空间化、区域化与区域主义的一种得到强调的可见性和意识所伴随。资本积累和社会控制的空间和处所策略的工具性,较之以往100年历史中的任何时候都被揭示得更加清楚。同时,人们也愈益认识到,劳动者以及社会的所有其他部分,不论受到资本主义发展和重构这样或那样的边缘化和统治,都必须在每一个地理层面上、在场所的多种性方面,力求在空间上建立各种有意识的反策略,以便竞争对空间重构的控制。一种新保守的对立热衷于再次埋葬空间重构具有利用价值的工具性。即便存在着这样一种新保守对立的有效增势(empowerment),现在变得更为迫切的是,一切进步的社会力量,包括女性主义、绿色革命、和平运动、有组织和无组织的劳动者、各种民族解放运动和激进的城市与区域变革运动,也已变为有意识的并具有明确态度的空间运动。在那些左派看来,这是后福特主义和后现代性的区域性挑战。

重构与城市构形的演化

对城市重构的各种当代研究,已开始扼要重述与各种空间化序列紧密相应的一种历史地理学,而这种空间化序列就是为了区域发展而得到描述的。随着这些回顾性眼光的积聚,人们更有可能会提出,城市形式(资本主义城市的内部空间结构)的演化已紧随着一种具有同样周期化的节奏。这种周期化的节奏就是由于危机而导致新事物的形成,然后又出现革新。自大规模的工业化开始以来,城市形式的演化已左右了资本的宏观地理景观。从当前的第四次现代化回首往事,就会发现,业已加速的重构过程和现代化过程的前三个同样阶段就会从延续性的永无静止的状态中凸显出来。每一个阶段都起始于衰退、萧条和社会动荡的下降趋势,因为衰退、萧条和社会动荡在资本主义发展的宏观政治经济学中已标志了扩张性经济增长每一个漫长阶段的终结。每一个阶段也引发了社会生活空间性的一种有意味的重新语境化,即一种不同的人文地理学。

这些重构时代的确切时间段因国家而异,重构的相对深度也是如此。但是,在1830年与19世纪中叶这段时间之间、在20世纪开始前的30年期间以及在从俄国革命到第二次世界大战结束以后的时段里,似乎愈益清楚的是,资本主义城市的内部形式和社会区域化几乎在每一个地方都经历了重大的变革,而且同样清楚的是,我们现在卷入了另一轮深刻而又令人困惑不解的城市变革。

图1展示了城市形式经过这四个重构时期的演变的一幅概括

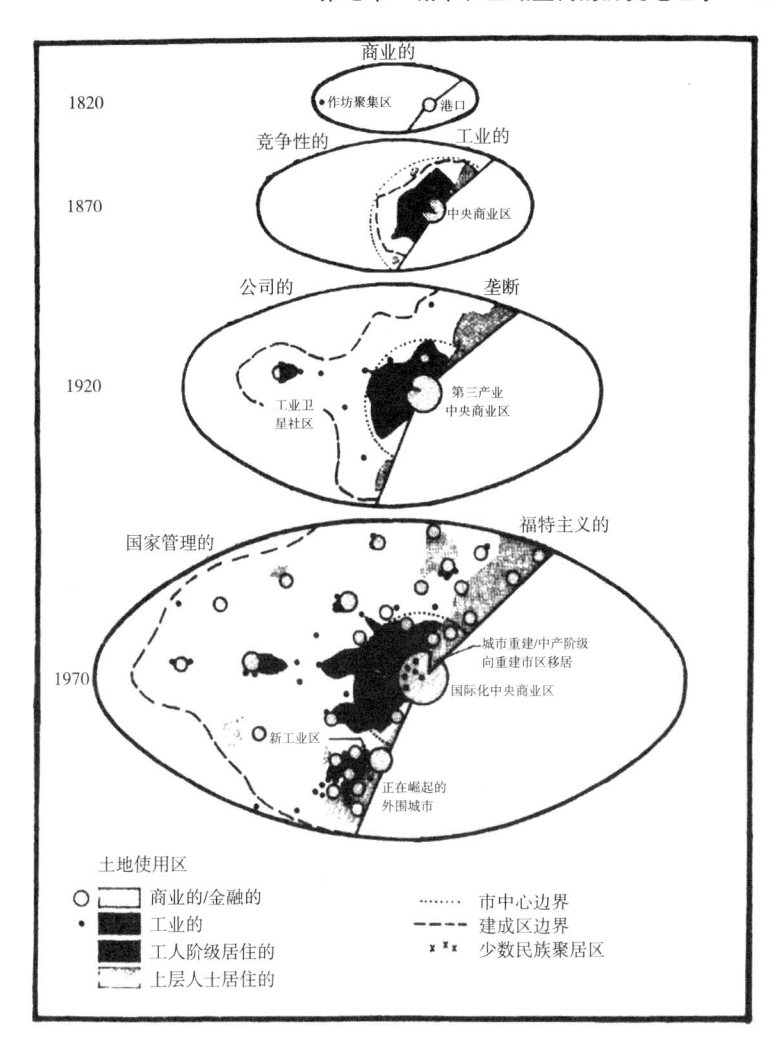

图 1 城市形式的演变：1820—1970 年北美城市典型

性图像。如同区域重构一样，城市空间化的序列是累积性的，每一个阶段都包含着早期地理的痕迹，而且已经形成了城市的空间劳动分工。这些痕迹与其说已消失殆尽,倒不如说有选择地得到了重新安排。如果人们乐意接受马西(1984)用来描述区域之间空间劳动分工的地理隐喻,那么特定的城市空间化也就可以被视为有"层次"的空间化的彼此叠加,借此反映在投资、工业生产、集体消费和社会斗争的各种地理状况方面的各种明显变化。然而,这种积淀作用较之一种简单的层次化更为复杂和迷宫般的曲折,因为每一个横断面都涵盖着以往的重构语境以及新一轮重构各种语境的表征。

在这种序列性的构架中也存在着其他的简单化,可这种简单化却又是需要用来标示这些累积性图绘而去除各种细节的各种概括性描述所必需的。譬如说,基本景观并没有假定将前资本主义人造环境投射到城市画面的预先存在的城市。因而,所有的图式描述将会更直接地适用于城市化和工业化源自与资本主义的扩展的结合的各个地区。只要已存在着广泛的前资本主义的城市化,如同在欧洲和亚洲,那么这一画面就不可能那么的简洁和有序,尽管一些同样的型式仍然可以得到区别。北美的城市兴许能提供最接近的近似,为由各种有差异的地方自然地理引起的失真留下了余地。譬如说,比起纽约城来,芝加哥城与这一要求将会更加吻合,恰如曼彻斯特城较之伦敦城更符合这一要求一样。因此,图1所示的各种"样式"起到了理想化的概括作用,旨在说明各种关键性重构过程的合成,可这些过程并不总是在每一个资本主义城市都能全部找到或具有同样的清晰性。

这一序列是以"商业城市"开始的。这一"商业城市"被置于了小商品生产、国际贸易和有限的工业化这样一种语境中。其以港口作为城市的聚焦点以及在一种大致上依然是农业性的景观中散落着几个稀稀拉拉的小型工业作坊聚集区,最为确切地描绘了1840年代之前美国的城市特征。在这种具有示例作用的美国情景中,商业资本主要集中于几个小而密集的沿海居留地,居住着手艺人、店主、农夫、行政官员和商人。纽约、费城、巴尔的摩和波士顿是当时美国北方的主要中心。萨凡纳、查尔斯顿、莫比尔和新奥尔良,远远小于北方的这四座城市,支撑着南方的经济和以奴隶为基础的棉花生产,而这种经济和棉花的生产提供了国家的主要出口商品。

百分之八十的城市人口都是个体自由职业者,而且城市生活的中心主要是围绕小资产阶级的各种活动和以港口为聚焦点这一结点。如同欧洲早期阶段的工业革命一样,资本主义的工业化主要开始于能提供能源的农村,而这些农村地区通过运河、河流运输以及日益普遍的铁路与各商业港口联结在一起。虽然各种社会斗争往往是以革命后的大多时间里的诸种农业争端和乡村的土地所有制为中心,但商业城市里日益严重的财富不均变得愈益明显,而且财富不均的这些现象通常成为冲突和社会动荡的根源。

戴维·戈登对关于美国早期城市化的丰富的历史性文献作了总结,对"商业城市的各种矛盾"进行了在空间意义上很有见地的描述:

> 商业积累往往在买方和卖方中滋生不平衡的发展。……因为各种不同的社会经济团体在各商业城市中紧密地生活和工作在一起,所以这些不断蔓延的财富不均实际上变得愈益

明显。……看来情况是,财富不均的这种迹象造成了对此的普遍性抗议。随着这种财富不均在1820年代和1830年代期间达到无以复加的地步,普遍性的抗议也似乎更加强烈。大多的这些抗议聚焦于对财富更加均衡的要求。这些抗议因为通常具有政治效应,所以往往限制了商业进一步积累的各种机遇。(1978,36)

戈登补充说,"不平衡发展与普遍性的抗议之间的这种辩证关系"说明了"资本积累商业之路诸种矛盾在根本上是空间问题"。

> 因为商业城市保留了直接、亲密和整合的各种社会关系的前资本主义的透明性,商业资本主义的各种利润是不可能得到掩盖的。对这种掩盖的追求——这是一种迫切的需要,因为这种掩盖在商业城市的各条大街上十分引人注目——在促成向一种新的而且最终是更加模糊的资本积累的方式转变中起到了极为重要的作用。(同上)

类似的一些情况将民众的抗议带到了1830年和1848年欧洲和其他地区城市的大街上,这段时期是城市重构第一个主要阶段最具爆炸性的时间。

从1840年代至1870年代这段时期,是欧洲和北美的工业和城市异乎寻常发展的时期。与此同时,国际贸易以空前的速度增长。如同霍布斯鲍姆所称的,"资本时代"已置换了"革命时代"。况且,资本主义在1848至1849年的全球性危机中达到了顶点,在

第七章 城市和区域重构的历史地理学 269

资本主义发生了重大的重构以后,资本主义的空间化在每一个地理层面上加速发展。这一空间化的各个标点就是出现了各种新型的城市和具有等级体系的各种城市系统。这些城市和城市系统给社会控制、商业积累和政治行政管理日益传统化的功能增加了一种工业生产前所未有的、按比例扩张的凝聚作用。

对工业资本来说,结点性特别重要。这种结点性曾经给商业和农业带来了赢利,但与此相比,随着利润的每一次增大,它给工业资本带来了更加巨大的赢利。各种人类场所富有特征的结点性一旦从某些自然的和历史的制约条件中解放出来,它们就会爆发性地建造具有鲜明特色的典型性"竞争性工业资本主义城市"。在从前,生产在地理方面从未有过如此的集中,在位置方面从未有过如此的中心化,如此极度地凝聚在一起。在美国的东部,城市工业化吞并了各种小型的商业城市,要不彻底地消灭它们,要不就是将它们的一些记忆保留于遗留性的"老镇"里。这些老镇偶尔也已生存到今天(或当作幻影已得到重建,纯粹是模仿品,原先真实的面貌已不复存在)。欧洲那些久已建立的前工业城市变得更难以解体和消化,但即便在那个时期,工业生产的集权化开始了对各城市核心的分解,以期包纳竞争性工业资本主义三种具有鲜明特色成分的扩张:一是工业制造厂与相关的生产服务;二是工业资产阶级;三是新兴的城市无产阶级。新兴的城市无产阶级大致上就是产业工人阶级,他们是使整个资本主义制度运作的主要力量。

市中心土地使用的加剧,重新界定了城市的形式,并对城市生活一种突出的但更加模糊的社会和空间秩序整顿起到了推波助澜的作用。运输和建筑的具有适应新环境能力的技术(如铁路和升降机)加速了这种土地使用的加剧及其相关的凝聚性经济的涌现。从中央商务区和就业核心中像涟漪一般荡漾开来的,是各种居住圈和辐射性区段的一种有区域特征的人造环境,似网格一般组织起来,包含越来越短的日常上班里程(为城市无产阶级)和控制工人的日常里程(为产业资产阶级)。分区主要是一个阶级问题,因为竞争性工业资本主义的对抗性社会结构是在那些被隔离的且具有社会同质性的城市分隔区和隔离圈中实现空间化的。

内部的区域化比起前工业城市来,更具有重复性,并更容易得到简洁的绘制,但是,当时的学术型观察者却很少注意到那种其丑无比的规则性。社会空间组织的社会和政治意义,在19世纪的社会科学中很容易被人们所忽视。唯有少数几名思想敏锐的观察者,才能够看到这种新兴城市地理学日益隐藏的工具性,如恩格斯论述了曼彻斯特的问题。在其各种集中地与楔形地、中心区与边缘区的宽泛轮廓中,以及在其各单元、排列、范围划定和分隔中,人们可以看到这是一种惩戒性的空间化,即便不是由资本主义建筑师阴谋设计的,也是经过他们巧妙设计的。①

属于芝加哥学派的城市生态学家揭示了这种特定城市区域化的广泛的几何性,但却将其强大的工具性埋葬于自然主义和/或文化相对主义的一种使人迷惑的意识形态之下。这种工具性在以后

---

① 哈维那篇内容丰富的论述巴黎1850年至1870年沿革的论文(哈维,1985b),探索了这种惩戒性力量的也许是最具范式性的例证。这种力量包含于这种具有工具性的城市空间化,尤其表现于其异乎寻常的具有奥斯曼风格的精心设计。福柯在很早时期就已开始了对这一现象的各种探索。我们对在城市语境中的空间/权力/知识的工具性的视野的开阔,更多的应归功于福柯,而不是其他的任何人。

还被埋葬得更深,因为新古典经济学的那种逻辑把持了城市理论,并将这种理论变成了一种自成一体的具有规则要求的空间。但是,早在这些发展之前,中心化的工业资本主义城市的形式就已发生了巨大的变化,即便在具有范式作用的芝加哥,情况也是如此。1871年巴黎公社的爆发、1873年的金融大恐慌、在美国由此产生的30万人的失业、在纽约发生的一系列大规模的驱逐和租金骚乱以及对这一资本主义制度的其他一些震动,预示了1848年后所出现的经济繁荣期的结束和另一个长时期的资本主义重构的开始。这一时期的资本主义重构几乎延续到了19世纪末。

在这一重构时期,资本主义依凭在各种公司垄断中与日俱增的资本集中和中心化而得到了十分明显的强化,而且通过帝国主义崛起时代金融资本的扩张性国际化而得到了普遍化。国家开始更深入地介入经济,尤其是借助财政和货币的管制以及启动城市经济规划来介入经济。当这一切正在发生时,也发生了各种轰轰烈烈的工人阶级抗议和罢工运动,其领导者是实际上在所有的工业国家都存在的不断增多的工会和各种社会主义的/劳工的政党。

美国的劳工骚动,常常是由激进的欧洲移民煽动的,起初主要集中于矿业和铁路的一些小城镇里,但在1885年以后蔓延到了各最大城市的中心,而且在纽约、费城和芝加哥这三个主要的工业中心爆发得尤其猛烈(戈登,1984)。工厂和工人阶级社区是传统工业资本主义城市的典型特征,它们在地理上的有效集中,似乎助长了一种得到巩固的工人阶级意识和战斗性,在很大程度上与公司城镇①

---

① 即随某大公司或厂矿的建立而兴起的城镇,居民多为公司或厂矿职工。

较早时期的经历相对应。不仅当时的资本主义积累缓慢了下来,而且城市生活惩戒性的空间性也已被削弱。即便是奥斯曼*所改建的巴黎,也被巴黎公社社员所占领,尽管占领的时间非常短暂。

恢复有赢利资本积累和劳工控制的各项条件是由危机诱发的一种需要,而这种需要却藏匿于在整个 19 世纪后期发展起来的资本主义的深化和普遍化的幕后。在 1880 年代的世界性经济大萧条以后,资本主义在各工业化国家以新的生机和活力重新振作了起来,而且伴随着这一世纪末大转变的,是对资本主义城市的一种有选择的重构。时至 20 世纪 20 年代,一种新的地理学已得到了巩固,显然,在有些城市中这种巩固的情况较之其他的一些城市更加明显。我将再次借用美国的城市作为典型例证。

当时出现了更大规模的公司中心化、进一步将劳动力分成垄断和竞争性的各个部分、各种新的生产技术以及管理与生产功能的分离等情况。所有这些情况均重新组织了资本主义城市化过程中的空间劳动分工。在这种新的"公司-垄断资本主义城市"中,工业生产变得并不那么集中于城市的中心,因为工厂已蔓延到了原先居住区的内圈,而且更与那种旧的型式格格不入的是,工厂已延伸到了各卫星社区工业中心,如加里、印第安纳、东圣路易斯、伊利诺斯等。结果,旧的城市核心日益变得次要化,取代那些没落产业的,是数量激增的各公司总部(到1929年,半数以上的最大公司总部设立在纽约和芝加哥)、政府办事处、金融机构以及各种赞助

---

* 奥斯曼(1809—1891),法国行政官员,第二帝国时期(1852—1870)负责巴黎大规模市政改建工作,改善巴黎的卫生、公用事业和交通设施。

第七章 城市和区域重构的历史地理学 273

性的服务和监督活动。

工人阶级居住区以及少数民族聚居区的各种圈子继续为一种依然占主宰地位的城市核心提供服务,而且几乎在美国的每一个大城市里,仍然存在着至少是一种受保护的居住楔形地,从中心区延展到边缘区,在这些楔形地里居住着最高收入的家庭。但是,城市景观进一步向外拓展,因为管理人员、监工人员和专业人员在风起云涌的郊区化过程中加入到了老的工业资产阶级的行列,而这种郊区化摆脱了城市较早时期行政管理的边界。各种不同的合成一体的自治市在区域上的增多,取代了作为城市地域扩张主要型式的吞并,创造了过去从未尝试过的在某种程度上的大都市政治零散化。城市景观不仅延伸到更广泛的地区,而且还被分解成更多的碎片。

这种分解的、多中心的并且更加复杂的城市区域化,有助于工业资本规避业已凝聚的工人阶级战斗力。雇员可以更容易地避开有组织工会的各种压力,[①]劳动大军变得更加分离,并且居住地也更加分隔,新的流水装配线以及各种相关的技术提供更少的凝聚方式来捕捉工业生产各种积极的外部力量,而且更容易发挥更具善心的地方性的或全国性的政府在为劳工提供各种实质性的补贴方面的作用。地理并不像以前那样得到井然有序的安排,但特别是在具备了汽车和其他公共交通形式以后,城市的资本积累和劳

---

① 戈登(1984,41)援引了芝加哥一家合同公司总裁的话:"我们几年来在此所碰到的所有争议和罢工……已阻碍了外人到这里来投资……这已使国内的资本失去勇气……这已使许多制造商离开了这座城市,因为他们担心工人会捣乱,甚至罢工……其结果是,在芝加哥周边 40 或 50 英里之内,那些较小的城镇建起了这些制造厂。"

动合作的各种可能性得到了重大的扩展。等到经济繁荣期过去以后,美国的城市已几乎完成了其引人注目的无产阶级化。差不多一个世纪之前,大约百分之八十的城市人口是非受雇于人的。时至 1940 年,几乎有百分之八十的城市人口是挣工资或薪水的工人。

俄国革命以及之后经济大萧条爆发的后果,打破了 20 世纪早期经济繁荣时沾沾自喜的情绪,并导致了另一轮的城市重构。然而,这第三次的城市重构并没有引发任何新的大巨变或大转弯,相反,这次的城市重构似乎进一步扩大了反映第二次现代化特征的各种同样过程:加强公司资本的中心化、集中化和国际化;通过对生产过程不断变化的组织,加强对劳工的分离;加强对工人阶级社区的城市政治零散化和无聚化(disagglomeration);发挥国家在促进资本积累和维系合法化的劳动纪律方面的更大作用。

借助凯恩斯提出的需求刺激、货币和财政控制、经济计划、国家指导下的工业投资以及社会福利计划(旨在具体地纾解工人阶级的各种压力,减少社会动荡)等政策,国家较之以往任何时候都更直接并更深入地干预了生产过程。一种"由国家管理的城市系统"开始形成于在经济大萧条年代对公司城市的贬损和重构。在战争年代造成的各种破坏给加速的资本积累和超额利润的追求开辟了更多的空间以后,资本主义以另一种伪装又一次繁荣起来。继这一扩张以后,一种不同的城市景观得到了巩固。

郊区化在第二次世界大战以后很明显加速了进程。在国家实质性的扶持和鼓励下,人数可观的工人阶级(包括蓝领阶级和白领阶层)安居在各郊区地带和私家院子里。扩张性的大都市化伴

第七章 城市和区域重构的历史地理学 275

随着政治管辖权一种更广泛的零散化以及一种加速了的去中心化（不仅是工厂的去中心化，还有公司总部、零售和其他服务行业的去中心化），这一情况进一步助长了城市内部核心的有选择性遗弃。城市景观的各个旧中心只是留下了这样一些混合在一起的残留物：竞争性子公司、较老的产业、一些奢侈品商店和高级旅馆、国家和金融资本的重要机构、遗留的公司总部和一支臃肿的非正规劳动大军。这支劳动大军主要是由大都市人口中的各少数民族和最贫穷的阶层组成，他们是在地理上得到集中并极为顺从的劳动储备部队。①

与由国家管理的城市系统的巩固相联系的市内资产的严重贬值，从一开始就是与"复兴"市中心的各种顽强不息并通常得到国家扶持的努力联系在一起的——通过城市重建、中产阶级向新近重建的市区移居、改革土地所有制和各种调节性的型式，其主旨就是为了维系一种实质性的公司（和管理性的）在场。在解体与重建两者之间，这种微妙的平衡往往因城市而异，而且随着时间的推进产生了很大的变化，造成了一种不稳定的情景，而这种情景需要国家给穷人和留下来居住的富人支出大量的福利款项，加之政府还需要给那些搬出市内居住的人提供郊区化补贴。涉及这种不稳定混合的各种紧张关系——使人想起哈维所描述的具有尖锐性的空间问题框架——充斥于贯穿战后时期的城市（而且在很大程度上是全国性的）政治。具有这种境况的国家，不惟独是美国。

---

① 在欧洲，各城市经历着类似的过程，但郊区化、大都市的政治零散化以及对内城的遗弃（除战争毁坏之外）往往并没有如此的强烈。

维持这种表面上看起来是不稳定的空间化以及它所需要的协调性空间规划的能力,大致上来自于战争期间在美国以及稍后时期在欧洲和日本开始的扩张性经济繁荣。在这方面,国家又一次首当其冲。汽车制造(在许多国家是由国有公司制造的)、航空运输(最常见的情况是由国家管理的)、石油产业(得到了大量的补贴,用于给增加了的物资流动提供燃料)、住房建设(得到政府抵押和贷款计划的扶持)以及消费耐用品的生产(电视机、洗衣机和其他的各种商品,这些商品为过去更多由集体组织的消费的已扩大了的私人化留下了余地),引领了经济的扩张并有助于城市形式的各种重大变革,其主要途径就是通过与其同时发生的郊区化过程(沃克,1981)。

各种社会和空间关系组织了生产和再生产,而且各种冲突和斗争就是缘起于这些关系。国家比以往任何时候都更为这些关系、冲突和斗争开辟渠道,加以消化和管理。有些学者将资本积累的这种特定方式和调节方式称为"国家垄断资本主义"。普兰扎斯常常使用"专制国家资本主义"一词,而勒菲弗曾经随随便便地将其称为一种国家体系,实际上就是一种国家生产方式。在曼德尔眼里,将此称为"晚期资本主义"便已足够了。其他的诨名都将资本积累和调节的标签贴到福特主义上(利皮兹,1986),借此重新强调资本积累和调节根源于产业的劳动过程。不论其最贴切的标签是什么,这种"与众不同"的资本主义产出了"与众不同"的城市空间化,即一种权宜性的城市空间修补,又一次充满着各种新的可能性及其再现性的自我毁灭的种子。这种已经发生了变化的但依然充满矛盾的城市景观,在1950年代和1960年代出现了极为生动的景象,这是马克思主义城市政治经济学发展的背景,这是一种第一次围绕城市化和空间变革各种特殊性进行研究的马克思主义学说。但是,这种景观在尚未能被有效地理解之前,便开始发生了变化。

目前这一阶段城市重构的开端,可以被追溯到由国家管理的并在空间上得到规划的各种城市体系业已延伸并紧密地缠结在一起的结构,卡斯特利斯将这些城市体系称为荒芜的城市。这种结构在1960年代开始被瓦解。各种具有传染性的市内骚乱之火是由那些在战后经济繁荣中获益最少的群体点燃的。但是,这些市内的骚乱、在1968年和1969年发生于法国和意大利的城市暴动以及日益增多的一系列以城市为基地的社会运动,又一次激发了对一种具体的城市革命的展望,预示了战后惯常性商业的终结。然而,所谓的"城市危机"是国家和计划、福利与意识形态合法化整个管理体系的一种更大规模危机的组成部分,可恰恰是这种体系才将资本主义拖出了经济大萧条,并在战后长期扩张的整个过程中对资本主义起到了推动作用。时至1960年代,昂贵的凯恩斯主义福利政策变得愈加难以维系,而信用贷款曾经给经济繁荣添加了动力,可现在伴随着信用贷款大扩张的金融压力却给通货膨胀火上加油。1973至1975年期间的全球性衰退紧随着对这一体系的一连串震荡,有助于触发另一轮协调性的重构。

如同以前一样,资本积累的社会结构和空间结构曾经给扩张带来了很多的便捷,可正是这些同样的社会结构和空间结构现在变成了经济重压和经济衰落的角斗场。为换取工作场所内生产的和平而给有组织的劳工带来主要是工资和福利利益的战后"生产率交易"、驱动需求的郊区化过程、内城得到微妙平衡的贬值/重建、国家调节和管理的体系、政府就业的急遽扩张,所有这些情况均从原来作为解决问题方法的一部分变成了产生问题的一部分原因。石油价格和能源成本的上涨以及对美国在全球的军事霸权的成功挑战,加剧了另一次的政治和经济危机,而这一危机粉碎了标志着1950年代和1960年代在美国和其他资本主义核心国家里的自信和乐观主义。这一危机的形式是既老又新。在许多方面,它牵涉到生产过剩/消费不充分的各种传统难题,但使传统的阐释变得复杂的,是一种再生产危机,主要缘起于国家的财政危机及其对资本积累和维持劳动纪律及社会控制的有效手段的能力所产生的压缩作用。其结果是,改造资本的空间景观的需要表现出了一种越发紧迫的紧急性。随着这种具有当代性的重构的推进,这种需要不仅拆散了城市的结构,还拆散了对资本主义发展进行批判性阐释的体系。

一些当代性的结束和延续性

欲对社会和空间重构的目前阶段作出毫不含糊的陈述,还为时过早。其结果尚未定论,一种新的染色还尚未严严地覆盖到不安静的景观上,因而,回顾既成事实的能力尚不具备。应当记住的是,对以往长期重构过程的三个时期进行过最敏锐的观察的学者(在这些学者中,我首推马克思,其次是列宁,再是曼德尔),具有事后认识这一得天独厚的条件,即具有阐释这样一种重构过程的机会:这一重构过程已成功地复元了资本主义积累的扩张性,并

第七章 城市和区域重构的历史地理学

已开始巩固这种扩张性具有表征性的空间化。然而,一种新的回升期尚未开始。主要对各种看来好像借助特殊力量正在确立的倾向和趋势的尝试性辨别,我们在今天应该感到满意,因为我们再次认识到,借助重构而得到复元的资本主义既不是机械的,也不是万无一失的,今天看来是十分稳固的一切事物,可能会在明天化为抑或爆炸得无影无踪。

然而,假如我们能成功地了解到关于过去各个时期的重构的所有情况,那么一些暂时性的期望便能得到粗略的概括。这一当代时期必须被视为另一次由危机引发的资本主义的尝试,即试图恢复资本主义生存的各种关键性条件:从发展与欠发展的并置中攫取超额利润的机会,而这种发展与欠发展的并置存在于区域化了的各个场所的等级体系以及在各种各样的具有生产能力的部门、分支和公司之中。像往常一样,建立一套充满活力的劳动纪律和社会控制的手段,是复苏扩张性超额利润的中心之所在,因为资本主义积累的持续性逻辑,就是一种竞争性的政治和经济斗争,但这种斗争的发展从来就免不了摩擦和抵抗。

对超额利润和加强社会控制的这种追求,可以宽泛地分为两种策略类型:强化和广泛化。强化是指深化劳动分工、促进新的消费需求、将各种新的领域融入资本主义生产、对资本进行更大规模的集中和中心化、提高主导性意识形态的合法化程度、削弱劳动组织和战斗性;广泛化是指"扩大"劳动分工、开辟新的市场、扩张地理范围、发掘廉价的劳动和原材料的资源、加大通过价值转移和不平等交换来利用地理上的不平衡发展的范围。因此,有许多具体的途径可以选择。如果只是选择一种途径作为主导性方法,那就会变为愚蠢的刻板和政治上的天真。再者,将各种策略(和各种反策略)特殊地结合在一起,这本身就是不平衡的发展,在其效果方面从来就得不到预先的决定。

关于伴随着对利润和纪律的那种永无休止的追求的空间化,人们可以表述同样的看法。空间化具有一种广泛的型式,但在本质上处于被高度区分和不平衡发展状态。它表现为各种各样的特殊形式。就资本的逻辑而言,并不是所有的这些形式都可以被视为具有"功能性的作用",或者对劳动的需求具有内在的对抗性。我在此已经表述的城市形式演变和区域不平衡发展所带来的图景,充其量只不过是一种"单薄的"描绘。这一描绘过滤了各种特殊性和复杂性,以凸显重构的那些工具性结构,那些工具性结构可以从关于空间的事后认识中加以掌握。如果将这幅图景扩展到目前正在展开的城市和区域的重构,那将会变得更加困难,因为这需要一种更具实质性的经验性理解和理论上的调适,而这种理解和调适是目前尚未达到的。

然而,如果将眼光从目前这一时刻拉回到以往的 20 年,那么这就会为辨别一系列具有暗示性的趋势至少提供一种试探性的基础,因为这些趋势具有当代重构过程的特征。每一种趋势都具有一种空间化的影响力,而这种影响力在 1980 年代已变得愈益明显。

1. 一种盛行的趋势一直就是对资本所有制进行与日俱增的中心化和集中化,其典型特征就是集多种多样的工业生产、金融、不动产、信息处理、娱乐以及其他服务活动于一身的大型公司联合体的形成。这种联合的进程,较之19世纪后期的横向合并以及日后的对福特主义的兴起起到重要作用的各种纵向合并和由国家管理的垄断,向前迈出了好几步。形式上的各种管理结构常常没有得到那么多的中央控制,因此更加灵活,而各种核心的生产过程已愈益被分解成各种不同的部分,与业已整合的福特主义流水装配线不同,在许多不同的场所起作用。日益增多的分支借助类似的生产进一步增加了灵活性,而更加广泛的分包合同扩大了这种联合的各种至关重要的业务交易,远远超出了所有制的界限。

2. 各种多样化的工业活动、研究活动和服务活动的整合更是以技术为基础,这一情况已增添到公司所有权的合并中。这些活动同样将资本和劳工重新分配给生产不断扩展的空间体系,将控制资本投资的行政管理权的各个中心与类似的分支、子公司、分包合同公司以及专业化的公共服务行业和私人服务行业联系起来。这些生产体系的空间范围比以往任何时候都更具全球性,但这些体系也通过对各种新地域上的工业综合企业(通常坐落于福特主义工业的老中心的外围)在当地的合并产生了一种强大的城市化效应。在此,在这种地理景观中,似乎又一次出现了去集中化与重新集中化的一种自相矛盾的结合。

3. 对具有生产能力的金融资本进行一种更加明显的国际化,并需要全球性的参与,这需要得到在世界范围内对信用贷款和资产折现力各种新办法的组织的维系,而这种明显的国际化和全球性的参与,已经与强化了的资本集中和寡头卖主垄断联系起来。这种跨国或全球性的资本有能力在全世界开发和利用商品市场、金融市场、消费市场和劳动市场,与以往相比,更不受地域的制约

（特别是直接来自国家的控制）。结果，纯粹的国内资本在发达工业国家的地方和全国经济中所起到的作用已越来越小，因为这些经济已日益变得国际化。

4. 对日益变得"无拘无束的"和流动的资本的地方控制和国家调节的削弱已促成工业生产的一种异乎寻常的全球性重构。大规模的资本主义工业化已首次发生于一系列的边缘性国家和区域，而许多核心国家已经历了广泛的区域性工业衰退。去工业化和重新工业化的这种结合已打破了久已确立的核心与边缘即第一－第二－第三世界的全球性界定，建立起了一种即便不是完全崭新的可也是不同的国际劳动分工的各种尝试性的轮廓。

5. 在美国及其他地方，工业的以及与工业相联系的资本业已加速的地理流动性，已在各政府单位中触发并强化了为各种新投资（和为维系各现有公司的地位）的地域性竞争。这些"为争夺就业和钱财的区域之战"（古德曼，1979），吸收了愈益增多的公共基金的数量，而且常常主宰着城市和区域规划的过程（其代价就是地方社会服务和福利的下降）。随着资本的日益合作，社区间的竞争愈益激烈，这是另一种原来就有的自相矛盾的问题，只是在时下正变得特别严重。

6. 与在全球范围内正在发生的事相应的，是在各国家中区域的劳动分工比起以往的一百多年的历史来正在发生着更加巨大的变化。那些具有已导致了福特主义战后经济繁荣（汽车、钢材、建筑、民用飞机、消费耐用品等）的制造部门的区域，正在通过资本外逃、工厂关闭、节省劳动力的新技术的引入和对有组织的劳工更为直接的攻击（消除工会化、劳工福利归还、对集体谈判的种种限制)的不断变化的糅合而得到规范化和"理性化"。主要以先进的生产技术为基础的并以工会化程度不高的部门为中心的一种有选择的重新工业化,要么是在一些更加成功地得到理性化的区域(如新英格兰)正在抑制衰退,要么是将工业扩张聚焦于新地域上的工业综合企业上(非常典型的是在主要大都市地区的边缘地带)。

7. 伴随着这些过程的,是城市劳动市场结构的各种重要变化。更深层的分离和零散化正在发生,同时,也出现了高工资/高技术的工人与低工资/低技术的工人之间的一种愈益明显的职业两极化,产生了以职业、种族、民族、移民身份、收入、生活方式和其他与就业相关的可变因素为根据的一种愈益专门化的居住区隔离。制造业就业机会的相对量总体下降(主要是因为在更传统的工会化程度更高的重工业领域里的就业机会的下降),相伴着低工资的第三产业就业机会的急遽上升,往往引人注目地造成,工人工资水平和实际收入的下降的(如果不是消极的话)增长率,以及不论在什么情况下这种不断变化的部门结构都极为显著的国民经济的生产水平的缩减了的增长速度。

8. 就业率的增长往往集中于那些最容易利用相对廉价、组织松散并容易操纵的劳工群体的部门。这些部门也因此更能在国际市场上竞争(或者从地方或全国性政府那里得到抗衡国际竞争的重要保护)。因此,引领就业率增长的各部门,既建基于高技术,又以低技术为基础,并且利用了熟练技术工、非全职工人、移民和妇女的混合雇用。这在劳动市场的中间层次制造了一种拥挤状态。在上层有些许拥挤,可在底层却有更大的拥挤(尤其是如果人们把不断涌现的非正规经济也包括在内的话)。然而,至少在所有先进的工业国家里,只是在美国,这种引人注目的就业重构才与实质性的就业率总增长联系在一起。①

这些以及其他流行的重构过程,已将一种独特的不确定性注入到了处于不断变化中的地理景观,即一种使简单的范畴性概括无法进行的各种对立物的结合体。工业资本主义城市的空间性或区域不平衡发展的混合体,在以往从未如此千变万化,从未如此地从其19世纪的停滞中解脱出来,从未充满着如此多的对立因素。在一方面,有一种意义深远的城市去工业化过程,即将结点性的工业集中外迁,不仅迁至郊区圈内(这是一种早在19世纪后期就已出现的型式),而且迁得更远——迁至小型的非大城市城镇和"未开发的农村地区"或甚至更远的地方,即新兴工业化国家和新兴工业化地区。在另一方面,一种新型的工业基地正在主要的大城市区域形成,具有一种几乎遗忘了各种地理位置便利条件的"城市化效应",而这些地理位置上的便利条件是包含于前期的城市工业地理景观之中的(斯科特,1983a,1986)。因此,谈论"后工业"城市,这充其量只是一种符合一半事实的阐释,而如果从最不

---

① 如同一些学者已开始所称的,这一"美国的就业大机器"的本质,依然难以把握。然而,由斯坦福大学教育资金和管理研究所公布的两份关于10个发展最快的职业的新近名单,是能说明一些问题的。就绝对的数量而言,排行前10位的职业是房屋看管人、出纳员、秘书、一般办公室的职员、销售员、专业护士、男女服务员、幼儿园/小学教师、卡车司机以及护士助手/护理员。人们预料,今后10年(反映了以往10年的情况)百分比的最大增长将是计算机行业的技术员、法律助理、计算机系统分析员、计算机编程员、办公室机器修理员、物理疗法助手、电子工程师、土木工程技术员、个人电脑设备操作员以及电脑操作员。

利的方面来看,这是对当代城市和区域的动力的一种让人迷惑难解的错误阐释,因为工业化在当代世界的每一个地方的发展中依然是一种主要的推动力量。

在大多情况下,从这种集去工业化和重新工业化于一体中解放出来,同样是一种大城市区域的自相矛盾的内部重构过程,其标志就是对各种城市结点性既去中心又重新集中的重构。不断扩展的郊区化/大城市化依然没有停止前进的脚步,但似乎不再像以往那样十分清晰地与市区中心的衰落联系在一起。在那些既走向经济繁荣又走向经济衰微的大城市区域中,正在发生着得到仔细协调的市中心的"复生"。同时,有些学者所称的"外围城市",即那些无固定边界的合并,使得城市-郊区-远郊区的各种传统界限失去了意义。但是,这些"外围城市"在大城市的结构中正在形成各种新的集中,并且促成了一串喷涌而出的新术语。这些新术语试图捕捉这些新集中的独特性:技术社会、技术郊区、城市村、大城市综合体、硅景观等。

国际化过程造成了另一组自相矛盾的问题,因为国际化过程既包括从城市中延伸出来发展到全球,又包括从全球延伸进城市的场所。这一现象已赋予"世界城市"这一观念以新的意义。在此所谓的"世界城市",就是指业已重构的国际劳动分工在城市中的一种浓缩(弗里曼和沃尔夫,1982)。世界的宏观政治经济学在城市中较以往任何时候都得到了更多的语境化和再生产。第一世界各城市到处都是第三世界的人口,在有些情况下,这些人口占据了大多数。这些集多种种族于一体的世界城市与日俱增地扩展开来,以一种全球性的空间规划的形式影响着国际经济,与此同时,这些城市还与日俱增地在内部融各种国际关系的政治和经济的紧张状况以及斗争领域于一身。

巩固于1970年代的传统城市理论和马克思主义城市政治经济学都已经无法在理论上和政治上把握这种神秘莫测的当代城市重构过程。尽管传统的城市理论往往对城市性作过多的详细说明,使得对城市规划的肯定取代了解释,可马克思主义城市政治经济学在大多情况下往往对城市性缺少充分的说明,抽象地忽视了城市性在资本主义历史地理学中构成动因的力量及其不可分割的地位确立过程。但是,两者都往往过分强调各种消费问题,漠视工业生产的各种城市化效应。这种偏狭的观点在1960年代在政治上兴许是贴切适宜的,可在现在,若想有效地应对当代的各种重构过程,这种观点却是过分的短视。

在许多方面,与城市政治经济学先后出现的新马克思主义的国际政治经济学的情形也是如此。它也往往对资本主义生产和各种劳动过程进行过分的简单化,或者认为历史唯物主义已经解决了它的所有疑难问题。在探索形成世界体系的资本的多种运行路线过程中和在重新追溯这些路线的历史根源和地理发展的过程中取得了很大的成就。一种实质上是出人意料的世界性工业重构过程,已引起了新的国际性劳动分工。以上观点尽管盛行,但不能适应在这种新的国际劳动分工中所发生的巨大变化。

目前,区域政治经济学的一种相对新的领域以及一种重新获得活力并得到重新调整的区域工业地理学,看来是分析重构过程的宏观的、中观的(meso-)和微观的政治经济学最有见地并最具创造性的领域。两者均可以被称为灵活的空间化,因为它们都不太在乎各种旧框框以及各种学科性约束,因而更善于顺应时间的变化,以满足各种新的要求和各种新的挑战。这种区域视野促进了城市与全球的结合,同时依然认识到民族国家所起到的强大的调节作用,即便这一作用在当下这一时代有所削弱。区域化和区域主义彼此呼应的相互作用为窥探空间化和地理上的不平衡发展的动力提供了一扇极具洞见的窗户,赋予了空间劳动分工这一观念以更深刻和更丰富的政治内涵,并充满了与在前文业已讨论的已得到改进了的各种社会本体论的各种有用联系。同样十分有益的是,其开放性和灵活性、其试图容纳各种新观念的努力而不是退回到老的范畴两重性,都使得批判性的区域研究最有可能成为当代重构过程三大主流的交汇点。这就是我们对后福特主义、后现代主义和后历史决定论的批判社会理论的理解或许最丰富的发生之地。

第八章　一切都汇聚于洛杉矶

> 要是你能给我找到关于加利福尼亚经济状况的详细的（有内容的）材料，我将非常高兴，……我很重视加利福尼亚，因为资本主义的集中所引起的变化，在任何地方都没有像在这里表现得如此露骨和如此迅速。*
>
> （卡尔·马克思致弗里德里希·佐尔格的信，1880）

> 情况就是这样！接受它吧！
>
> （威廉·马尔霍兰于1913年在
> 洛杉矶高架渠落成仪式上的献词）

马克思对加利福尼亚的具有预见性的好奇心，是被继1848年的各种黄金发现后所发生的各种异乎寻常的事件激发的。一种令人难以驾驭的资本主义势力沿着新大陆的太平洋沿岸地区崛起，其起始地为加利福尼亚，逐渐扩展到资本主义的全球性空间经济，

---

* 《马克思恩格斯全集》，第34卷，第453页，人民文学出版社，1972年6月第1版。

而且延续了日后一个半世纪。加利福尼亚的黄金极大地刺激了革命时代以后工业资本主义的恢复和扩张,有助于给美国地域的巩固及急速的城市工业化带来活力,并在旧金山区域积淀起了19世纪后期资本积累最具活力的一个中心。但是,这一过程一旦在加利福尼亚开始,就没有在那里终结。

1880年较少受人注意的,是另一种更具地方性的逐渐扩展的起步。这一起步将在整个20世纪维系着资本主义的加利福尼亚化。南加利福尼亚是一个以洛杉矶市为中心的区域,它的崛起已证实了马克思有先见之明的直觉。自1900年以来,与资本主义的中心化相联系的各种社会剧变,也许没有任何其他的地方像加利福尼亚那样已发展得如此迅速或如此的寡廉鲜耻。北加利福尼亚对19世纪下半叶非常重要,而南加利福尼亚对20世纪却已显得更加重要。

假如我们有能力绘制出开始于1920年代的每隔10年的全球性超额利润的区域性生成地图,那么洛杉矶地区将会近乎确定无疑地处于实际上每个10年的高峰点上。绿金和黑金,即农业和石油,维系着最早时期的扩张,而当时的洛杉矶县连续许多个10年在农业生产和石油生产方面均雄居全国首位。然而,从1930年代开始,工业处于领先地位,而且接下去的十年复十年直到现在,在生产就业的净增加方面,美国没有任何其他与其相仿的区域在实质上超过南加利福尼亚。在20世纪的大多时间里,洛杉矶在世界经济最具推进力和超级赢利能力的工业发展中心中始终独占鳌头。一成不变地将当时最重要的工业部门地方化。今天,南加利福尼亚的区域性经济产出比几乎10个国家的国民生产总值还要大。①

较之洛杉矶,难道还有更好的地方能详细说明并综合资本主义空间化的动力?在许多方面,如果借用一下《洛杉矶时报》不谦虚的广告用语的话,那就是,洛杉矶是一个"一切都汇聚在一起"的地方。如果更多一点创造性的话,那么人们或许可以将洛杉矶市中心方圆 60 英里(100 公里)正处于扩展的城市区域称为一种原型地,即一种范式之地;或者再作一些创造性的工作的话,人们就可称其为中观世界(mesocosm),即一种有序的世界,在这个世界中,人们可以以一种彼此衔接的互动的结合方式同时看到微观与宏观、研究特殊规律与研究普遍性规律、具体与抽象。但是,我们在此暂时搁置一下这些假定性的特性描述,更有节制地将目光集中于以理论为依据的区域性描述,即从城市和区域重构过程的历史地理学角度进行一种以经验为基础的个案研究。

当代的场景

洛杉矶的城市区域(覆盖了洛杉矶、奥兰治、文图拉、里弗赛德和圣贝纳迪诺这五个县),在今天是世界上最大的工业大都市之一,最近在生产就业和工业生产总值方面已超过了大纽约。再者,自 1960 年代以来,洛杉矶的城市区域已经历了工业、就业增长以及金融投资的集中化,这在任何先进的工业国家也许都是无与

---

① 在加利福尼亚整个州,其数字还会更加惊人。1987 年,刊于《商务周刊》(由美国出资兴办)上的一个沾沾自喜的广告宣称,加利福尼亚已经超过了英国和意大利:成为世界的第六大经济体,拥有价值 5500 亿美元的商品和公共设施产品的总产值。

伦比的。在1970年至1980年期间,整个美国净增加了不到100万个制造业就业岗位,纽约几乎失去了33万个制造业就业岗位,而洛杉矶区域却增加了22万5千8百个制造业就业岗位。在同一个10年期间,总人口增加了130万,而非农业的工薪工人人数增加到了131万5千人,使得这个区域成为迄今为止世界上最大的就业机器,这一地位在1980年代一直保持不变。①

这一区域性的就业机器已在两个层面上发生了最为积极的变化。在高技术工业方面的就业和生产已得到了扩展,使得大洛杉矶成为了也许是世界上最大的"技术大都市",较之其他任何的城市区域,具有更多的工程师、科学家、数学家、技术专家以及更加高度可靠的工人。在低工资的服务行业和制造业就业岗位方面(蓬蓬勃勃的服装产业走在前面),有更大的扩张;在临时工作和"应急性"工作(得到了灵活的组织,以满足不断变化的劳工需求)方面,也有爆炸性的发展。这些情况已从根本上推动了劳动市场的发展,吸收了在以往的20年中进入市场的近200万新求职者中的大多数人(主要是移民和妇女)。

还有其他一些令人惊叹的联合。财政和金融日益得到加强的流通以及公司的和公共的管理、控制以及各种决策职能,均已使洛杉矶成为美国西部的金融中心和太平洋沿岸地区的"首都之首"(与东京一起)。在除首都华盛顿之外的任何美国城市中,洛杉矶区域还包含政府雇员最大的集中地。两个连体港口,即圣佩德罗

---

① 休斯敦区域于1970年代期间在创造就业机会方面仅次于洛杉矶。其非农业的工薪工人总人数达到了近70万,或将近大洛杉矶地区的一半。

港和长滩港,在进出口方面,目前在世界中也是属于最大和发展最快的港口。今天,这两个港口的吞吐量占北美近一半的跨太平洋贸易。况且,除非已经被人忘却,至少是自朝鲜战争以来,洛杉矶区域在承接武器研究和开发的国防合同方面已经成为美国的首要区域,即美国首屈一指的军火库。

然而,并置在一起,与区域性经济急速总增长的这些迹象形成鲜明对比的,是衰落和经济置换各种同样令人吃惊的迹象:普遍的失业以及体力劳动产业最具工会化部门的工厂关闭和产业劳工工会成员人数的急遽下降;在那些因未赶上发展而落后的邻近地区里不断加剧的贫困和失业,因为这些地区只能在一种日益非正统化的或地下的(underground)经济中自谋生路;不禁使人回想起19世纪的产业血汗工厂(sweatshops)的大量增加;在始终是一种高度隔离的城市-区域中居住区隔离的日益强化;暴力犯罪、团伙谋杀和吸毒不寻常的高比率以及在美国最大的城市监狱人口等等。一次特别严重的住房危机已沸沸扬扬闹了许多年,改变了原先长期存在并与日俱增的自己拥有住房的习惯趋势,由此引发了一连串异乎寻常的根本不同的住房策略。在洛杉矶县大约有25万之多的人现正住在改建的汽车库和后院的建筑物里,有一半之多的人涌到汽车旅馆或旅馆房间里去居住,借此希望节省下足够的钱来支付为更加稳定的但又没有能力支付的房租金所必需的担保金。许多人被迫睡"温床",即轮流在从来就不空着的席子上睡觉,而没轮到睡觉的人只能躲到电影院里,因为电影院在午夜后让人感激地降低收费。那些更为不幸的人只能生活在大街上、快车道底下、纸板箱里或临时帐篷里,汇集到一起成为美国最大的无家可归人口,即洛杉矶的另一个之"最"。

当代洛杉矶这些作为缩影的特征在表面上看起来是自相矛盾,可在功能上却是相互依存的并置。汇聚在这里的,是与20世纪后期的社会重构相联系的许多不同过程和型式的格外生动的写照。这些特殊的结合体是独一无二的,但浓缩于这些结合体的,是各种更加普遍的表现和反映。在洛杉矶,人们不仅可以找到硅谷高技术的工业综合企业和休斯敦不稳定的阳光地带经济,而且还可以看到锈迹斑斑的底特律或克利夫兰影响深远的工业衰微和彻底失败的城市相近地区。在洛杉矶,人们可以找到波士顿、下曼哈顿、南布朗克斯区、圣保罗和新加坡的影子。洛杉矶如此逼真地展现出各种城市重构过程的这种结合性组装和衔接,或许没有任何其他的城市区域可与之匹敌。洛杉矶似乎列举着资本主义城市化最近历史的所有变化形式。

一种历史的扫视

强大的生产的地理中心化趋势,是19世纪工业资本主义城市的特征,影响了落基山脉以东地区美国最大城市(以及洛杉矶北面的旧金山)在早期的扩张,但洛杉矶从未全面地经历过这样一种中心化。洛杉矶市虽然建于1781年,但始终是一座很小的边缘小城,直到一个世纪以后情况才发生变化,当时流行的城市化过程业已变成更加的去中心化,普遍的居住区郊区化已经初露端倪,并且各独立结合而成的城市开始聚集在中心大都市的周围。从1880年至1920年期间,洛杉矶县从3万5千人发展到近100万人。因此,人口的这种激剧增长,主要是由这座公司城市的各种社会关系和空间关系造成的。

但是,从未有人怀疑过"中心"的所在之地。政府、金融和商业的各种活动,始终集中在洛杉矶市的市中心地带,即两百多年社会控制和行政管理的烽火台。就在洛杉矶的南面也有一个面积可观的内工业区。这一内工业区几乎连续不断地扩展,最后发展成为圣佩德罗(于1909年被洛杉矶市合并)和长滩(先是于1888年组建而成,但自1920年以来,已成为该区域的第二大城市)的港口联合体。然而,居住区和工业区所在地的流行型式已经多核心化和去中心化,在正在扩展的建成区域内其密度相对较低。

"各种黑金郊区"(菲厄,1981)星星点点地布满在洛杉矶、帕萨迪纳和长滩(这地方本身也许是与石油有关系的最大郊区化)这三个最大中心外围的洛杉矶县,并延展到奥兰治和圣贝纳迪诺这两个县。这些黑金郊区包括惠蒂埃、亨廷顿滩、诺沃克、厄尔塞贡多(实际上已成为标准油的第二大炼油厂)以及许多其他地方。这些地方以后被这座中心城市所吞并。大规模运输的铁路网既高效又四通八达,是美国当时规模最大的运输网,将各个分散的中心联结成一片,而且借助每一个联结促进了竞争十分激烈的地方的热情支持态度和地域零散化的一种型式。

洛杉矶市从本世纪初的内陆区域43平方英里发展到1920年的362平方英里,再到1930年的442平方英里,伸出兼并的触角,首先是延伸到港口,然后通过对水域的实际垄断,延伸到好莱坞、维尼斯、瓦茨和圣费尔南多谷的广袤地区。威廉·马尔霍兰于1913年在洛杉矶高架渠落成仪式上的精练献词——"情况就是这样!接受它吧!"——当时的人们是非常认真地接受的。但是,即便有这座城市的侵略性扩张,洛杉矶县其他并入的地区在人口方面时过不久就开始更加剧烈地增长。1920年以后,区域之间人口普查的结果表明,洛杉矶市再也没有经历过比洛杉矶县其他地区更大的人口增长率。

从1920年至1940年,这段时间跨越了经济大萧条时期,洛杉矶县增加了将近两百万的居民,大致均匀地分为一半是城市居民,一半是郊区居民(虽然到这个时候,这种区别业已变得极其模糊,大多数的城市居民成了所谓郊区的郊区居民)。城市的发展主要建基于石油的采出和提炼、农业、电影业、超乎寻常地不断进取的土地投机买卖和不动产开发以及一种虽然规模小但呈现出欣欣向荣的制造业基地,而这种基地受到了为地方服务的工艺生产方式的主宰。洛杉矶尽管具有轰轰烈烈的工人斗争的历史,可依然成了有效控制劳工的一个杰出中心,即成了这样一个地区:继1890年代的经济大萧条以后的50年中,自由雇佣企业实际上就是一种法律。① 各种反工会的雇主团体及其支持的各种公共部门联盟的持久力量,在洛杉矶20世纪的工业化过程中起到了极为重要的作用。

时至1920年代,洛杉矶已经成为世界上最以汽车制造为方向的城市。这一发展方向既反映了其高度的去中心化的城市形态,又促进了这种高度去中心化的城市形态。无怪乎,当地的工艺制

---

① 佩里和佩里(1963,vii)认为,"可能除1920年代的旧金山之外,劳工运动是否曾经面对过像在洛杉矶那里的那些非常强大并得到了很好组织的反工会的雇主团体,是值得怀疑的。"

造过程在早期就聚焦于创造性和实验性的汽车、流行的运输工具设备和专业化的汽车设计(莫拉莱斯,1986)。几乎在同时,一种重要的飞机制造业也发展起来,就某些方面而言,这是一种特别适宜的物质环境使然,况且,这种制造业与小规模的专业化汽车生产和机械生产的联系也促进了这一发展。洛杉矶在地理位置上相对隔绝于东北部的各主要工业中心和工业市场,这富有意味地刺激了这种地方工艺传统的发展,为两次世界大战之间时期的福特主义城市工业化奠定了基础(在美国的其他地方,情况也会是如此)。

在经济大萧条期间,有4家主要的汽车制造商在洛杉矶开办了成批生产的流水线组装厂。时至1940年代后期,洛杉矶已发展成为中西部之外销售量最大的汽车-玻璃-橡胶轮胎制造中心。这种集工艺技术与批量生产、汽车与飞机制造、劳工和石油的丰富供应、为防务和郊区化而不断增加的联邦经费、阳光的恩赐以及自由雇佣企业于一身的有利结合,使急速的经济扩张顺利闯过了经济大萧条,并刺激了异乎寻常地以战争为基础的经济繁荣——先是第二次世界大战,然后是朝鲜战争。从1950年至1953年,即在朝鲜战争期间,总就业增加了41万5千个工作岗位,在飞机制造业就增加了9万5千个工作岗位(在当时已将重点制造飞机机架重新调整为一种更加多样化的航空与航天器-电子器件-导弹制造)。

在本世纪第三个25年中期,洛杉矶业已加速的工业化,在某些方面是福特主义城市工业发展的一个延伸,而福特主义的城市工业发展在当时已成为美国制造业区的特征。工艺生产依然具有十分重要的意义,但在许多工业部门,福特主义的劳动过程以及耐

第八章 一切都汇聚于洛杉矶

用消费品的批量生产如同在美国的任何其他地方一样高速发展。洛杉矶逐渐成为由国家管理的工业大都市的缩影。它不仅是福特主义工业扩张的一个示范性的竞技场,而且也是凯恩斯主义的需求刺激和批量消费主义的一个示范性的竞技场;是刺激经济发展的联邦宏观经济管理的可变因素;是为稳定劳工而建立的政府、工商界和工会之间的与生产能力有联系的各种社会契约,而且也许是最具有范式的郊区化的扩展。这种处于不断扩展的郊区化将城市生活推进到过分依赖汽车并由国家慷慨资助的"长满马唐的边远地区"(crabgrass frontier)(杰克逊,1985)。

在这段时期,洛杉矶独树一帜的鲜明特色,就是它在同时又是发展成为现在普遍被描述为工业化和城市发展的"阳光地带"形式的一个典型。特别是,它正处于萌芽状态的航空工业逐步发展成为一种高技术工业联合体的中心,集民用飞机制造、先进的电子工业、宇宙探索、武器研究和大量的国防业务承接于一体。时至1960年代,当时战后的经济繁荣正在达到其最后的高潮,这一国家最大的技术大城市在这个区域的地位已岿然不可动摇。因而,在洛杉矶的内部,较老的福特主义的与较新的后福特主义的工业化过程和资本积累的高度先进的方式逐渐并置在一起,每一种方式都与联邦的各种计划和经费紧密地相联系。

这种具有双重意义的工业化逐渐集中体现于居住区和工作场所低密度的扩展地区,而这些居住区和工作场所由高速干道网连接在一起,进入一种令人惊讶的政治管辖范围分散化过程,实际上将政治管辖范围分散化为成百个地方政府(米勒,1981)。洛杉矶市的市中心仍然是一个最大的结点,但是其相对的规模优势随着区域购物中心和郊区工业场址业已加速的发展而受到了极大的削弱。为了应对这种衰退，势力强大的公司利益集团再次显示实力，粉碎了原先打着"与社会主义作斗争"（帕森，1982）这面大旗而承诺实施的这一国家最大的公益住房建设计划。"公共利益"和公益支出只得让位于各主要的复兴计划。这些计划旨在复兴城市的中央商务区，并有选择地使中产阶级向周围住房业已破败的广泛地区移居。这又一次反映了（如果不是开创的话）国家的城市化趋势。

这个在世界上属于最大的一个城市工业区仍然从市中心向南延伸，横贯了黑人工人和贫穷的白人工人受到严格隔离的各个地区。成千上万的这些工人是在1930年代和1940年代期间移居到这些地区的。但即便在这里，在蓝领工人居住的郊区看起来最为舒畅的外观下面，也存在着相对的衰微现象，因为随着新的工业扩张和居住地扩张向外涌向奥兰治及其他周围的县市，所留下的是在这一国家里最赤裸裸的种族就业的分离。在阿拉米达"白色屏障"的西面，是十分拥挤的黑人聚居区。这是这一国家第三大贫民区，这一贫民区对在邻近的东面的许多工作机会既备尝可望而不可即之苦，又离得越来越远了。

洛杉矶也许是由国家控制的而由地方推进的资本主义城市化的典范中心，同时又成了由这种城市化滋生的所有危机的缩影。1965年在瓦茨爆发的骚乱，对美国和西欧战后的经济秩序的合法性发起了一系列的城市挑战。在洛杉矶的大批奇卡诺人*也作了响应：首先是在1966年发动中学罢课，继而在1970年关于对奇卡

---

* 指墨西哥裔美国人或在美国的讲西班牙语的拉丁美洲人后裔。

诺人的延长偿还期这一问题上,发起了有3万人参加的反战抗议,这或许是美国近期历史上居住在该国的拉丁美洲人一次规模最大的政治示威游行。这种由国家管理的大都市的财政负担以及各种社会的紧张关系在当时已表露无遗,在洛杉矶县这种情况尤为明显。在1964年至1969年之间,福利款的支出增加了一倍多,而给那些有子女需要抚养的家庭的资助款增加了两倍。1973年至1975年期间发生的全球性经济衰退的震荡,只是证实了人们在洛杉矶及其他地方已认识到的问题:战后经济的持续性增长再也不能像往常一样仰仗于商业。对资本积累的社会结构和空间结构进行一种具有深远影响并具有稳固性的重新组织,已成为必要。在旧秩序与新秩序之间,在传承性秩序与新规划秩序之间,在延续性与变革之间,另一个业已加深的竞争时代已经开始。

洛杉矶的空间重构过程

处于不断变化中的就业机会的行业分布,十分清楚地表露了洛杉矶城市区域在以往20年间空间重构的范围和深度。从图2可以看出,服务行业在1960年代和1970年代都显示了最高的就业增长率,而且从所有的读数可以看出,服务行业的就业增长率有可能在1980年代继续领先于所有的其他行业。尽管自1970年以来其增长率已有所减弱,可在服务行业的就业总人数最近已超过了制造业的就业人数,一举成为这一区域最大的就业行业。服务行业上一次拥有这一地位,是在1920年代。

在服务行业、批发和零售行业以及金融、保险和不动产行业,

300 后现代地理学

行业	1970年就业总人数 (1960—1970年变化百分比)	1979年就业总人数 (1970—1979年变化百分比)
制造业	958.9 (21.4%)	1237.6 (29.1%)
批发和零售业	823.7 (48.0%)	1150.1 (39.6%)
服务业	681.2 (78.3%)	1085.9 (59.4%)
政府部门	591.2 (63.8%)	720.7 (21.9%)
交通和公用事业单位	210.2 (31.1%)	254.8 (21.2%)
金融、保险和不动产行业	201.3 (59.1%)	300.7 (49.4%)
建筑业	149.1 (8.5%)	207.0 (38.8%)
矿业	17.3 (7.4%)	19.2 (11.0%)

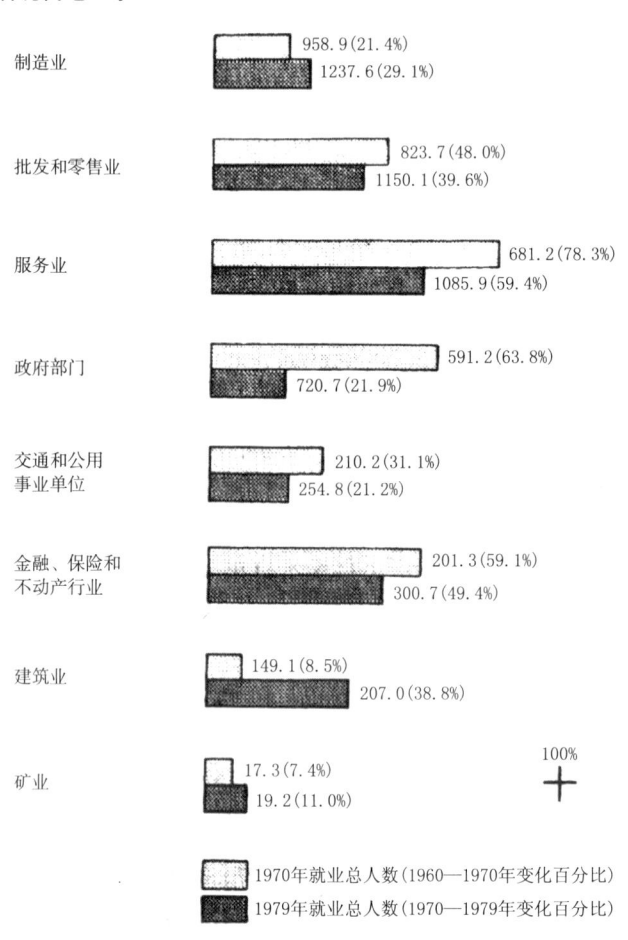

资料来源:加利福尼亚就业开发部

图2 1960—1979年行业就业情况的变化

就业机会急速增长,而在政府部门的就业机会(尤其是联邦政府的就业机会)却相对而言具有明显的下降,这是与整个国家的大趋

1962—1977 年区域性份额指数*

	Region	L. A. County	Orange	S. B. /Riv.
制造业	92033	−25803	96310	21515
	+ − +	− − +	+ + +	+ + +
批发和零售业	41429	−81157	99639	22946
	+ + +	− − −	+ + +	+ + +
服务业	−20544	−113500	79863	13092
	− − +	− − −	+ + +	+ + +
政府部门	N. A.	N. A.	N. A.	N. A.
交通和公用事业单位	9411	−10647	13663	6395
	+ + −	+ − −	+ + +	+ + +
金融、保险和不动产行业	33692	−5250	33741	5201
	+ + +	+ + −	+ + +	+ + +
建筑业	−34980	−47348	12616	−248
	− + +	− − −	− + +	− + +
矿业	−4439	−4788	104	244
	+ − +	+ − +	+ − +	+ − −

*只是对 4 个县作了转换份额分析,略去了文图拉县。指数下面的+号和−号分别表示三个时期(1962—1967 年,1967—1972 年,以及 1972—1977 年)的正增长和负增长。

图 3 1962 至 1977 年就业状况变化的转换-份额分析

势相对应的。洛杉矶最明显区别于整个国家大趋势的,是符合这两个 10 年之间的变化型式的,这尤其表现于制造业的连续性扩张。若想了解自 1970 年以来这些变化的相对程度,参见图 3 是有益处的。图 3 显示了对 1962 年至 1967 年(在任何重大的重构过程发生之前)、1967 年至 1972 年(过渡期)和 1972 年至 1977 年

(在第一轮变化以后)这三个时期的就业状况变化所做的转换-份额分析的结果。①

就整个区域而言,贸易以及金融、保险和不动产行业在以上三个时期具有区域正份额指数,表明区域就业的增长快于全国的平均数。然而,服务业和建筑业的就业增长速度较慢,导致了一种综合性的区域负份额指数(尽管两者在1972年至1977年期间有所增强)。迄今为止,主要因为奥兰治县大工业中心的爆发性增长,最大的总指数是制造业(斯科特,1986)。洛杉矶县在整个时期具有负份额指数,但在关键的1972至1977年间,建筑业的就业机会是增长的,这表明建筑业的发展有了相对的恢复。这些调查结果展现了一种在内部有区分而且日益去中心化了的区域就业结构,只是建筑行业保持了一种不同寻常的强劲。这一区域经济的第三产业化正在快速地向前推进,但其主要途径是借助批发和零售业以及金融、保险和不动产业,而不是服务行业。那些边缘性的县,特别是奥兰治县,看来几乎每一个行业就业率的增长均呈现出一番欣欣向荣的景象,而洛杉矶这一核心县在开始时是急遽下降,可在这一时期接近尾声时似乎开始表现出一种小小的恢复。

---

① 参见莫拉莱斯等(1982)。转移-份额分析将一个行业中的实际就业状况变化分解为三个组成部分:全国性增长(如果该行业以跨所有行业的全国总增长率增长了,那么就业数字就会增加);产业的成分比例(假设该行业以其在全国层面上同样的比率变化了,那么就业数字就会增加或减少);以及区域性份额(在对全国性趋势作出说明后推导出的或特别具有地方性的就业状况变化)。借用1962至1977年间制造业状况作为说明的例证:这三个指数是393,853(反映48%的全国就业增长率);−265,598(表明全国制造业的负增长);以及92,033(显示区域不同于全国平均数的程度)。图3只包含具体列出的区域性份额指数。

第八章 一切都汇聚于洛杉矶 303

到底有什么因素隐匿于这种地方化的行业重构背后？而且这种地方化了的行业重构已经以怎样的方式影响了这一区域的空间化？对洛杉矶处于不断变化的政治经济状况的研究，最近像潮水般涌起，从这些研究中可以综合出若干具有专题性的论点，并可以被用来描述当代城市和区域重构的内在动力。这些论点植根于乍看起来具有自相矛盾的各种并置，即各种对立事物的结合。这种并置一经更加详细的阐述，就会变得具有更易于为人理解的结合性和衔接性，而不是变得僵化的抗衡性。因而，这种讨论的组织表明了一种阐释性的框架，可以用来检视在其他主要大都市区域的城市重构的影响力，通过由洛杉矶的空间经济及其后福特主义革新这一最近的具体经历提供的窗口得到指示性的观照。

去工业化与重新工业化

霜冻地带与阳光地带的动力汇聚于洛杉矶，相互结合在一起产生了选择性的工业衰退与急速的工业扩张这样一种复杂的混合体。这在表面上已经浓缩了底特律、匹兹堡、休斯敦和硅谷最近的各种不同的经历，创造了一种具有鲜明特色的不同于1960年之前发展起来的工业地理学。更早时期的几轮工业化已将生产和就业集中于从洛杉矶市中心向南延伸到圣佩德罗和长滩这两个连体港口的广阔地区，并在圣费尔南多谷和圣加百列谷以及在圣贝纳迪诺县所谓的内陆帝国（曾经是密西西比河西面最大的钢铁中心旧址）拥有重要的外围地区。在这广袤的城市工业地理景观里，诸如弗农市以及直截了当地称为工业城和商业城那样的完整自治市，已完全致力于制造业、相关的大型零售业和商业服务业，几乎没有任何的当地人口问题阻碍其发展。譬如说,近5万人在弗农市工作,但居住在那里的却不到100人。诸如大南门(与瓦茨相邻,几乎介于洛杉矶市中心与两大港口之间)那样的其他城市将重工业生产与这个国家最具吸引力的工人阶级居住区连成一片。应该补充的是,也有几乎完全由白人组成的居住区,因为贯穿这一工业区的,是在美国任何城市中得到最严格划分的种族隔离区。

今天,这些地区已成为洛杉矶的锈迹地带,其特征是:无数被遗弃的工厂,很高的失业率,遭受经济大破坏的地段,大规模的人口外迁,从工业转向服务业工作的丢失技能和工资降低的职业转移。昔日这一国家第二大汽车流水装配中心,现在已贬降为在范诺伊斯的一家单一的通用汽车公司,时下是一场如火如荼的劳工和社区反对工厂关闭斗争的场地(曼,1987)。原先这一国家第二大轮胎制造工业,现已荡然无存,费尔斯通公司、丰年公司、古德里奇公司、忠诚公司以及其他一些更小的公司也纷纷倒闭,南加州的许多钢铁工业也惨遭同样的厄运。在1978至1982这四年期间,由于许多工厂的倒闭和无限期的解雇期,至少有7万5千人丢失了工作,主要影响了一部分劳动市场,而这一劳动市场原先是高度工会化的,拥有非常大比例的少数高薪工作者和女性蓝领工人。图4勾画了这一十分明显的去工业化状况。

自1980年以来,在南大门市,费尔斯通橡胶公司、通用汽车公司和诺里斯工业-韦泽锁厂的倒闭,已意味着在早年就业的12500多人的工作的丢失。在相近的瓦茨,其经济状况较之洛杉矶市的任何其他社区,恶化的速度更快,即便在现在,情况也根本没有好转,比起爆发于1965年的瓦茨骚乱时的状况来,情况也许更糟。

继这场骚乱以后的 15 年期间,洛杉矶中南部著名的黑人区损失了 4 万人口,劳工人数降低了 2 万,中等家庭的收入降到 5900 至 2500 美元,低于 1970 年代后期黑人人口的城市中位数。

这种有选择的去工业化对有组织劳工的总体实力产生了重要影响。在 1970 年代期间,洛杉矶县的工会化比率从 30% 多降到约 23%。在奥兰治县,这种比率的降低甚至更加明显,在制造业曾经历过超乎寻常的就业扩张,其工会化的比率现在却骤降到 26.4% 至 10.5%。这说明在 1971 年工会会员人数绝对减少了四分之一之多。因此,去工业化和新的工业增长变得与工会化比率的骤然下降和许多契约性收益的减弱联系在一起,而契约性收益是由继第二次世界大战以后的 20 年期间有组织的劳工取得的。

在洛杉矶的选择性去工业化和大规模的去工会化,扩大了全国性乃至全球性的趋势,而这些趋势的产生是对各种经济危机和政治危机的回应,因为这些危机粉碎了战后的经济繁荣景象以及在扩张时期占据重要地位的凯恩斯社会契约论。如同发生于以往类似的危机时期和重构时期的情况一样,各种技术的发明、财团管理的各种策略以及国家政策变得更加直接并更加明确地聚焦于两个愈显重要并紧密相关的目标:一是重整追求不断扩展的超额利润的诸种机会;二是建立更加有效的对劳动力的控制。依照一种迫切需要的"理性化"逻辑依据,即进一步庆贺为资本主义经济的生存所必不可少的创造性破坏,巩固于战后年代的经济景观开始有选择地得到破坏,并同样有选择地得到重构。

为控制劳工而进行的这种综合性企图(并不十分高效的各州府以及中央政府和地方政府的各主要部门也参与了对劳工的控

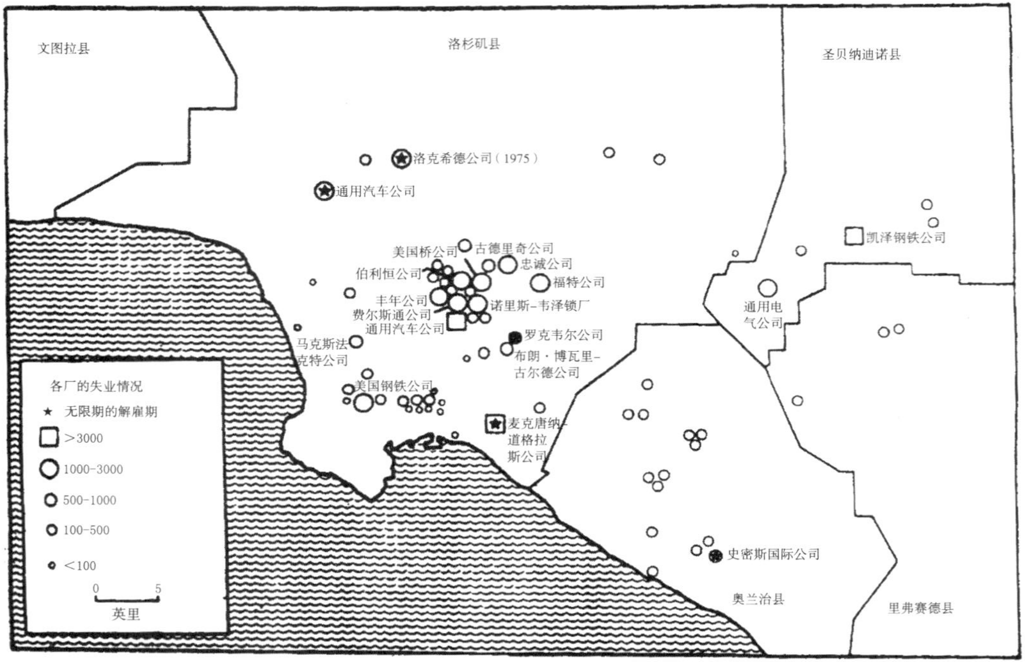

图4 1978—1982年工厂倒闭和重大的解雇

制),在当代的重构过程中已是一个非常重要的基调。它的扩散是借助主要围绕相对降低劳动成本这一中心的各种各样的选择方案。这些选择方案包括对最为强大的工人阶级组织发起直接的攻击、提高对资本的中心化和集中化、强化资本流动并建立冻结和重新调拨的一种持久的威胁、调动技术革新的积极性并借此降低成本、改进劳工控制和提高劳工生产能力的方法、联邦政府和地方政府提高对大公司的资助力度,借此吸引新的就业率。所有这一切均包裹于各种意识形态规划里,而这些意识形态规划的设计,就是用来给部分人(很明显是指那些大好人)所作出的牺牲和严格的节制消费寻找理由,而强迫其他的人接受这些规划的实施,强烈地希望这种过重的负担将以某种方式慢慢地为正在翘首以待的下层社会所接受。这些就是重构的主要途径,不管我们将这些途径总体上称为经济抑或称为一种个体的公司行为。这些策略并不始终都是成功的,但这些富有吸引力的目标在当代世界处于不断变化的所有其他事物中是不容小视的。

对重构的这种更为聚焦的阐释性视野,使得洛杉矶的去工业化程度远远超过现代化和"后工业"演进的一种简单过程的地方性表现,因为现代化和"后工业"演进对一种在别的情况下会充满勃勃生机的地方经济来说,只是一种无足轻重的伴随物。去工业化已是一种关键的支柱,社会和空间重构的许多其他方面就是围绕这一支柱而发展的(布卢斯通和哈里森,1982)。譬如说,若想理解自1960年代以来发生于洛杉矶区域的十分突出的工业扩张,去工业化就是必不可少的背景。现在让我们更仔细地检视一下这种扩张性工业增长的两种最具推进力的语境:航空航天/电子与服装生产。

图5和图6反映了先进工业城市集中的广度以及所处地理位置的型式,这种先进工业的城市集中也许是世界上最大的以技术为基础的先进工业的城市集中。在1972至1979年间,在7个工业部门的航空航天/电子领域,就业率在这个区域增加了50%,另外还增加了11万多个就业岗位,制造业的总就业率从23%上升到26%。这7个工业部门的就业率的增长超过了休斯敦在同期的制造业新就业岗位增加的总数,也几乎等于硅谷整个高技术劳动力的净增长。在圣克拉拉县(1979),同样的7个工业部门的就业岗位从11万增加到14万7千个。更为新近的数据显示,到1985年,单单洛杉矶县就雇佣了属于劳动统计局"第3组"范畴的25万多的工人。所谓"第3组"范畴就是另一种对高技术工业的解释。圣克拉拉县相应的数字是16万。

这7个工业部门较之任何其他的部门,更是这个技术社会工业大中心的重要组成部分。将这7个工业部门结合在一起的,是它们彼此都倚赖产生于国防部、国家航空和航天局的研究以及承接军事合同的刺激的技术。迄今为止,南加州自1940年代以来一直是国防合同最大的承接者。在1980年代高技术工业的持续性扩张,因里根政府推行以军事为中心的凯恩斯主义而得到了进一步的推进,尤其是洛杉矶县,是里根战略防御计划"星球大战"防御系统研究基金的最大受益者之一。

在洛杉矶的这种高技术扩张,在某种程度上可与一直发生于波士顿周围区域的情况相比拟。在波士顿周围的区域,劳工控制、工厂倒闭和资本外逃的难以解脱而又长期的过程,带来了基本上

科学情报中心的代码	部门	区域性制造业	就业总人数 1972	就业总人数 1979	美国部门就业率(%) 1972	美国部门就业率(%) 1979
372	飞机和零件	区域	108501	100956	21.8	19.2
		洛杉矶市	103076(95.0)	90153(89.3)		
		奥兰治治	3581(3.3)	7369(7.3)		
		圣贝纳迪诺/里弗赛德/文图拉	1844(1.7)	3434(3.4)		
376	导弹和航天器	区域		56805	—	44.4
		洛杉矶市	未单独统计	47297(83.3)		
		奥兰治治		7500(13.2)		
		圣贝纳迪诺/里弗赛德/文图拉		2008(3.5)		
357	办公机器和计算机	区域	20146	30967	9.2	9.1
		洛杉矶市	15815(78.5)	14431(46.6)		
		奥兰治治	3969(19.7)	15886(51.3)		
		圣贝纳迪诺/里弗赛德/文图拉	362(1.8)	650(3.5)		
365	无线电和电视设备	区域	8016	8695	6.6	9.3
		洛杉矶市	8016(100)	7514(86.4)		
		奥兰治治	—	1181(13.6)		
		圣贝纳迪诺/里弗赛德/文图拉				
366	通讯设备	区域	50179	64158	11.7	12.1
		洛杉矶市	27699(55.2)	36698(57.2)		
		奥兰治治	22480(44.8)	25984(40.5)		
		圣贝纳迪诺/里弗赛德/文图拉		1476(2.3)		
367	电子零部件	区域	28043	53384	8.6	11.4
		洛杉矶市	19715(70.3)	29308(54.9)		
		奥兰治治	4879(17.4)	17510(32.8)		
		圣贝纳迪诺/里弗赛德/文图拉	3449(12.3)	6566(12.3)		
382	调节和控制装置	区域	7224	17485	7.9	8.1
		洛杉矶市	7224(100)	12807(73.2)		
		奥兰治治		4266(24.4)		
		圣贝纳迪诺/里弗赛德/文图拉	—	412(2.4)		
	总数	区域	222109	332450		
		洛杉矶市	181545(81.7)	238208(71.6)	23	26
		奥兰治治	34909(15.7)	79696(24.0)		
		圣贝纳迪诺/里弗赛德/文图拉	5655(2.6)	14546(4.4)		

资料来源:商务部,《县级商业模式》,1972年和1979年。

图5 航空航天电子业的就业状况变化

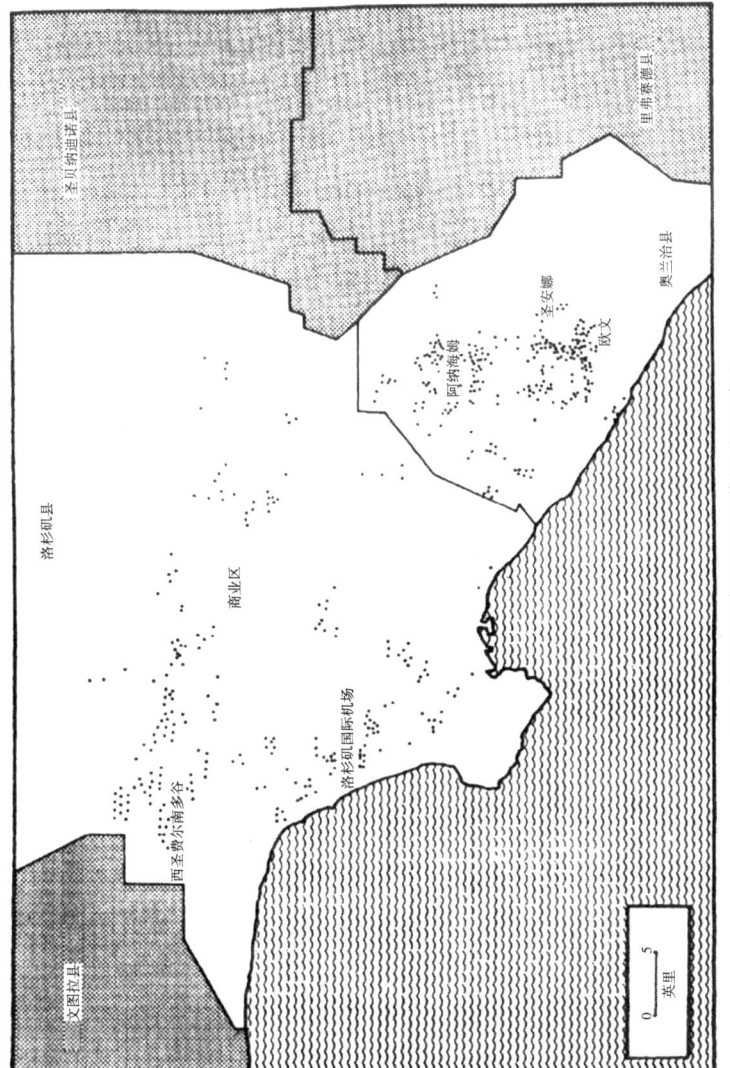

图6 电子零部件厂的地理位置（1981年）

第八章 一切都汇聚于洛杉矶

建基于快速扩展的高技术和各服务行业的经济恢复的各种条件（哈里森，1984）。在洛杉矶和波士顿的城市区域，一种职业循环已正在发生，技能和工资差异已愈益使劳动市场两极化。有技能、参加了工会组织并有高薪的蓝领工人的中间层次已正在缩小，一小部分不属于这一中间层次的劳动者上浮到一种业已扩展了的白领技术专家层次，但更大部分的劳动者慢慢向下渗透到相对低技能和低工资的生产和服务工人的行列，而这一行列因移民和非全职雇员以及女性雇员的大量加入而变得更庞大。以前地位确立的工会工人往社会下层渗透，这曾经被描述为劳动市场的一种使人泄气的"廉价出售"。①

服装业的发展反映了该区域劳动市场的另一个重大变化。不仅具有惊人人数的"高级技术专家"已定居于洛杉矶，而且也许是这个国家人数最多的低工资、组织涣散、容易控制的移民劳工也定

---

① 几年前，联合电气地方工人公司的总裁被问及她公司的1000名工人——大部分工人是有技能的女性工人，每小时挣10美元至12美元——在通用电气公司关闭了在安大略（在圣贝纳迪诺县）的熨斗厂后将能找到什么样的工作时，她回答道："在当地的廉价商店当售货员"。这家通用电气厂已生产了通用电气公司在美国出售的几乎所有的金属蒸汽熨斗。为阻止这家工厂关闭的斗争，虽然生气勃勃，但并没有获得成功。这场斗争牵涉到劳工、社区和宗教领袖联盟的形成以及洛杉矶反对工厂关闭联盟的组织支持和技术援助，以便给国家政府和地方政府施加压力，建立抑或帮助提高为失业工人而制定的各种特殊服务和计划的层次。从联合电气地方工人公司和洛杉矶反对工厂关闭联盟到加利福尼亚大学洛杉矶分校的城市规划学院的一些成员，均纷纷提出，要求帮助这些工人从实际出发理解当时发生于洛杉矶区域的各种工业变革。这些要求激发了对城市和工业重构的第一轮研究（包括苏贾、莫拉莱斯和沃夫，1983）。这个研究的第一个产品，就是关于"工厂倒闭的早期信号"的一本小册子。之所以使用这样的小册子，是为了在这家通用电气厂的工作场所散发。这一小册子出现于当天通用电气公司正式宣布关闭其安大略厂的时候。

居于洛杉矶。这群还在增加的劳工人数实际上已影响了该区域经济的每一个部门,包括航空和电子产业。然而,在服装生产领域,尤其是对在"成年女性、少女和青少年的外衣"种类方面的生产,这些劳工的影响已极为明显,因为服装生产往往是高度劳动密集型的,难以机械化,组织于各个小的车间,更加高效地适应处于急速变化的各种时尚走向。

服装业的就业人数在1970至1980年间扩展了近60%,占制造业就业总增长数的12%,净增加了3万2千多个工作岗位。在这一产业部门的约12万5千个工作岗位中,大概80%之多的工作岗位在最近几年已由无执照的工人承担着,而且在所有的雇员中,有90%的人是妇女。工会化的比率较低,而且违反最低的工资标准、超时加班、使用童工、违背职业安全法等,是极为流行的弊病。血汗工厂唤起了人们对19世纪伦敦形象的回忆,可这些工厂已成为洛杉矶业已重构的景观的一部分,如同工厂的废墟和新的印刷电路工厂已成为洛杉矶业已重构的一道风景线一样。这些血汗工厂不仅可以在服装产业找到,也可以在许多其他生产部门找到(莫拉莱斯,1983)。

洛杉矶的去工业化和重新工业化,在某种程度上是开始于1960年代中期之前的各种趋势的延续。然而,去工业化和重新工业化的不断加速以及它们与发生于这一区域的其他变化偶然的联结和彼此联系,在过去的20年中已重新打造了该区域经济的部门结构。如果这种结构被视为具有三个层面,那么产业劳动市场已意义深远地挤入了中间这一层面,在某种程度上增大了第一层面。而极大地拓展了底层层面。然而,仅仅考虑这三个层面还不够,因为劳动市场的分离和重新组织已得到了非常细致的辨别,而且极为复杂。将这种宽泛的两极化、职业的循环以及扩张性新工作岗位的产生统括在考虑范围之内,已经造成了以种族、民族、移民身份和性别为依据的进一步零散化。今天的最终结果,就是一种区域性的劳动市场,较之以往任何时候都更具有职业的区分和社会的分离。

地理上的去中心化与重新中心化

在该区域的职业地理和居住区地理方面,一种同样显著的空间重构和空间变化已经与部门的重构以及劳动市场的愈益分离有相似之处。生产和消费型式的这种重新构造在起初看来也是自相矛盾的,因为这种重新构造已牵涉到以往瓦解趋势的一种延续以及对这些趋势的部分反拨,导致在大都市的空间经济里各种新的或延续性的城市集中的形成。如同工业重构的情况一样,这种彼此对立的事物结合在一起的固有的逻辑,一旦其总体情况被分解为更加复杂精细的内在动力,情况就会变得更加明朗。

自19世纪以来,一种不断延展并具有多核心的去中心化过程,已成为资本主义城市历史地理学的特征。在许多方面,洛杉矶一直是而且将继续是这种去中心化城市/郊区发展的一个范例。随着更传统的工业亚区域和居住亚区域的衰落,区域性的边缘地区在以往的20年中的扩张速度,也许是这一国家的任何其他区域都无与伦比的。奥兰治、圣贝纳迪诺、里弗赛德和文图拉这四个县,在1970年代期间其人口增长率的总平均数达到40%,其就业增长率甚至更高。所有可以找到的依据表明,这些增长率在1980

年代依然稳定不变。重大的发展也发生于洛杉矶县的外围地区，在洛杉矶县的人口增长方面，这些外围地区占据了很大的比例，从1970年代的45万人增加到1980至1985年间的60万多人。

然而，今天大都市的去中心化的扩展，已远远超出了在洛杉矶的地方区域，在先进的工业国家里的其他大多数城市，情况也是如此。空前于美国近代史的是，人口和工业正在移向更小的城镇和乡村地区，这不禁使人想起有些学者所称的"非大都市的大转变"，这是由于当代的重构过程而生成的另一个具有典型特征的范例。然而，城市工业生产的去中心化在以往的20年中发展得甚至更远，表现出日益全球化的趋势，那些正在重新选址的工业公司游弋于具有国家等级的各城市中心和乡村中心，最后完全安家于国外新工业化的区域。这种扩展了的大转变已引人注目地使城市分析的范围国际化，并拓宽了理解在资本主义城市中城市重构意蕴的语境（史密斯和费亚吉，1987）。

洛杉矶工作岗位和就业率的快速总增长，在某种程度上已掩盖了人口和产业重大外迁的现象。这也必须被视为去中心化型式的一部分，不论是从产业机构的重新选址的数量或在该区域外设立分厂的数量看，还是从回归移民日益增大的人数来看，情况均是如此。黑人搬回到南美洲（在1975至1980年间，也许有25000人），无执照工人迁回到墨西哥边境（在过去的20年中，可能有成千上万的人迁回到墨西哥边境，尽管有许多人一次又一次地回到了洛杉矶），而且还有许多其他离开的人无法找到自己在经济上能够承受的住房。从洛杉矶外移的总人数是相当可观的，但人口和工业的超速增长冲淡了外移人口这一情况。

关于区域去中心化的总数据也遮掩了洛杉矶经济活动中一种史无前例的重新中心化,而且对传统上的城市分析构成了另一个令人困惑的挑战。这表现为两个主要形式,每一个形式都彰显了城市空间经济的国际化以及技术革新和组织革新的综合,而技术革新和组织革新已标志了在商品和服务设备生产方面的灵活专业化的崛起(施托帕和克里斯托弗森,1987)。这两个形式的特征可以通俗地被描述为"闹市区的复活"和"外围城市"的兴起。

有人声言,洛杉矶如果作为一个城市,充其量只有一百来个郊区。人们公开或私下认为,这一声言并不准确。经过几十年的这种辩论之后,这座巨大的区域性大都市在以往的20年中已形成了一个显而易见而且具有扩张性的商业区核心。况且,如果人们将沿威尔希尔干道的地带至太平洋岸边的20英里延伸地段也包括于这一商业区核心的话,那么洛杉矶在今天就是一个中心城市,基本上相称于该区域经济的规模和范围。时至1960年代洛杉矶的市中心已经成为美国政府部门就业的第二大集中地,而且是一个重要的国内银行和金融中心(尽管很明显依然落后于旧金山)。自那时以来,洛杉矶作为一个政府和财团的堡垒、一个商业和工业的核心以及国内和国际资本的一个控制中心,其扩张是十分引人注目的。

再者,洛杉矶为更加普遍的全国性趋势提供了一个夸张的案例,促进了一度日益恶化的闹市区的复兴以及办公大楼的兴起。在闹市区的复兴和办公大楼的兴起时期,在属于阳光地带(和一些霜冻地带)的城市中心建起了许多新的摩天大楼。融入洛杉矶闹市区这一新兴中心的,是业已加速的中心化、集中化,以及已经标志了世界经济当代重构的工业资本和金融资本的国际化在地理位置上的一个重要所在地。随着洛杉矶愈益被定位为太平洋内湾的"首都之首",它被快速地推向全球性首都的其他三个首都的行列:纽约、伦敦和东京(它也位于太平洋沿岸地区)。

图7表明,洛杉矶的中心是一个公司-金融的堡垒。在从商业区到太平洋岸并向南延伸到洛杉矶国际机场这一地区里,设立着60多个公司的总部,12家银行和储蓄贷款公司,拥有10亿多美元的资产;8家最大的国际会计师事务所中有5家事务所设立于此地;在2亿平方英尺的高层办公大楼空间中,有三分之二的面积就在这一区域;一大群公司律师事务所雄踞东海岸一带,而且美国的军事工业综合企业的全国核心就坐落于此地。在这同一个地区,还有各种公寓私有共有方式的房子,在广告上宣传说其价值是1100万(还免费赠送一部罗尔斯-罗伊斯汽车);有这个国家无家可归的人最大的集中地,这一集中地使人不能不想起与洛杉矶的重构有联系的极度的经济两极化。在与扩展的闹市区相邻的许多居住区,人口的密度现在接近于"美国东部"各大城市的人口密度。

另一个引人注目并两极化的重新中心化,已发生于奥兰治县。自1960年代中期以来,至少有1500家高技术公司已聚集于此地。作为范式比例的一个外围城市,奥兰治县这一大中心(与硅谷和波士顿的128号道一起)已成为一个重要的试验点,成为考察形成于全美国的新型城市发展中心的内在动力之地(斯科特,1986)。在奥兰治县,这种后福特主义的城市景观呈现出其最具表征性并最具说明性的轮廓。

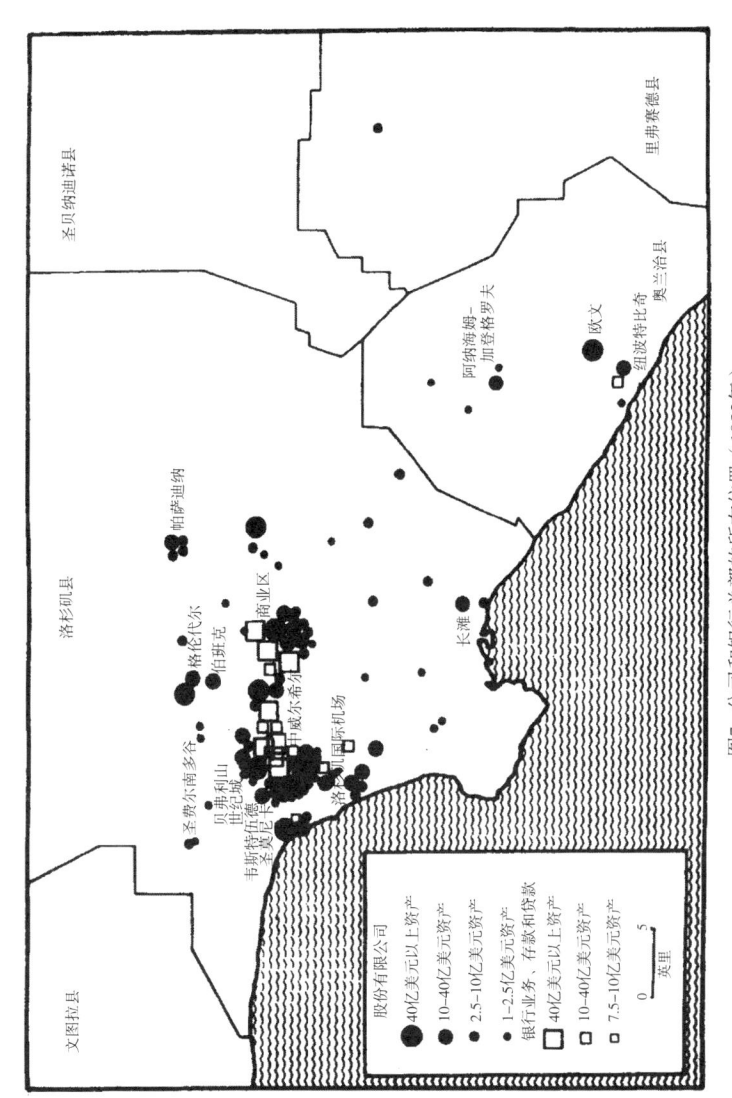

图7 公司和银行总部的所在位置（1982年）

隐藏于这种"边缘性"城市化背后的有构建能力的推动力,无论是在此地抑或其他地方,都是要建立各种具有相互作用的联系和在技术上先进的各种生产和服务体系的一个高密度安乐窝。这些联系和体系能使愈益在纵向上得到瓦解的各种工业生产过程,在一种正处于萌芽状态的地域性工业大中心中,变得在横向上既灵活又有效地得到重新的依附。统一于这种具有凝聚性工业体系周围的,是各种新颖的硅景观的配套设施:供给高收入家庭的并昂贵地包装起来的新建住宅区;被认为是世界上最大的大型区域购物中心;为休闲和娱乐而建的人造规划环境(在阿纳海姆的迪斯尼乐园就是一个缩影);与各主要大学和国防部门有组织的联系;若干廉价而又可驾驭的劳工的聚居地,这些聚居地始终为外国工人和那些从高薪的工作岗位上被去工业化出来的人的移入所充实。奥兰治县一直是一个有预示性的技术社会,即一个无规则的区域综合体。这种综合体使得关于城市和郊区的各种传统界定束手无策,而且始终无法简单地归纳为具有"后工业"的特征。这种没有中心的外围城市毕竟是工业化的一个产物,恰如城市的凝聚是19世纪的产物一样。

另一个具有范例特征的技术社会已在洛杉矶国际机场周围的亚区域形成,从圣莫尼卡向南延伸到帕洛斯·贝尔德斯半岛有武装保护的居住别墅区。这是该区域航空工业和承接国防合同的心脏,也是电子、重要银行、保险公司以及名目繁多的商业服务的一个快速扩展的中心。图8详细图示了工程师不同凡响的居住集中地。这些集中地是围绕洛杉矶国际机场发展起来的,工程师们供职于当地各种高技术产业。最集中的地方就在这一国际机场的南

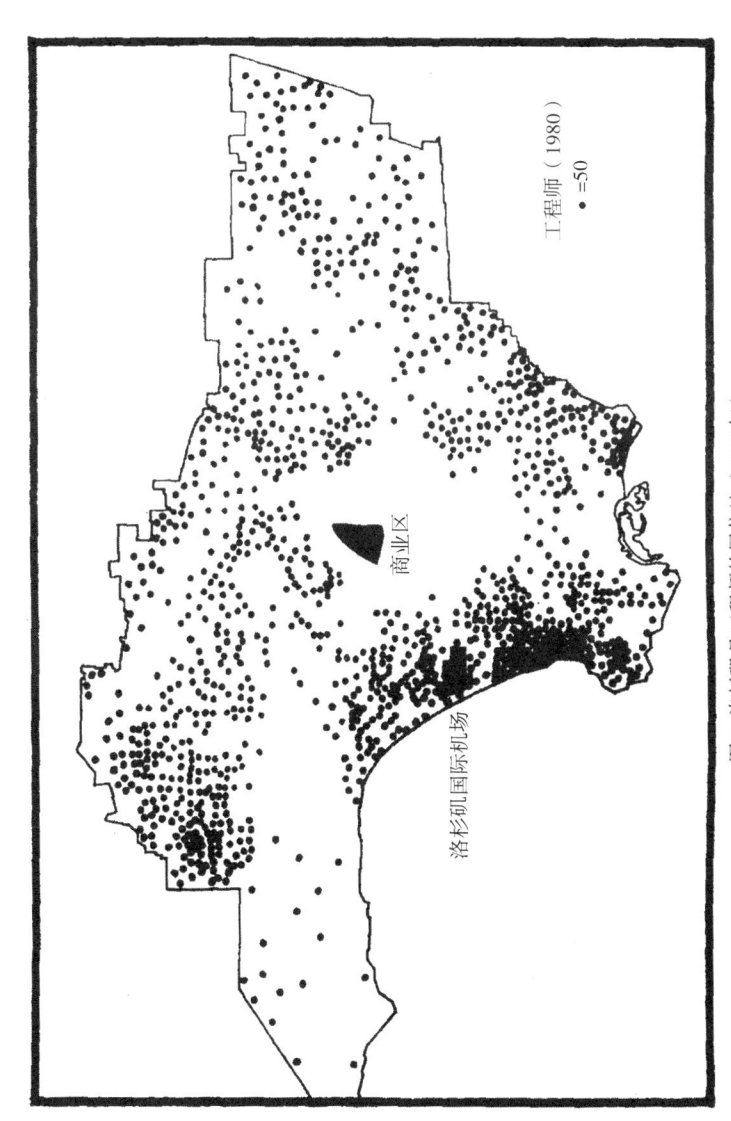

图8 洛杉矶县工程师的居住地（1980年）

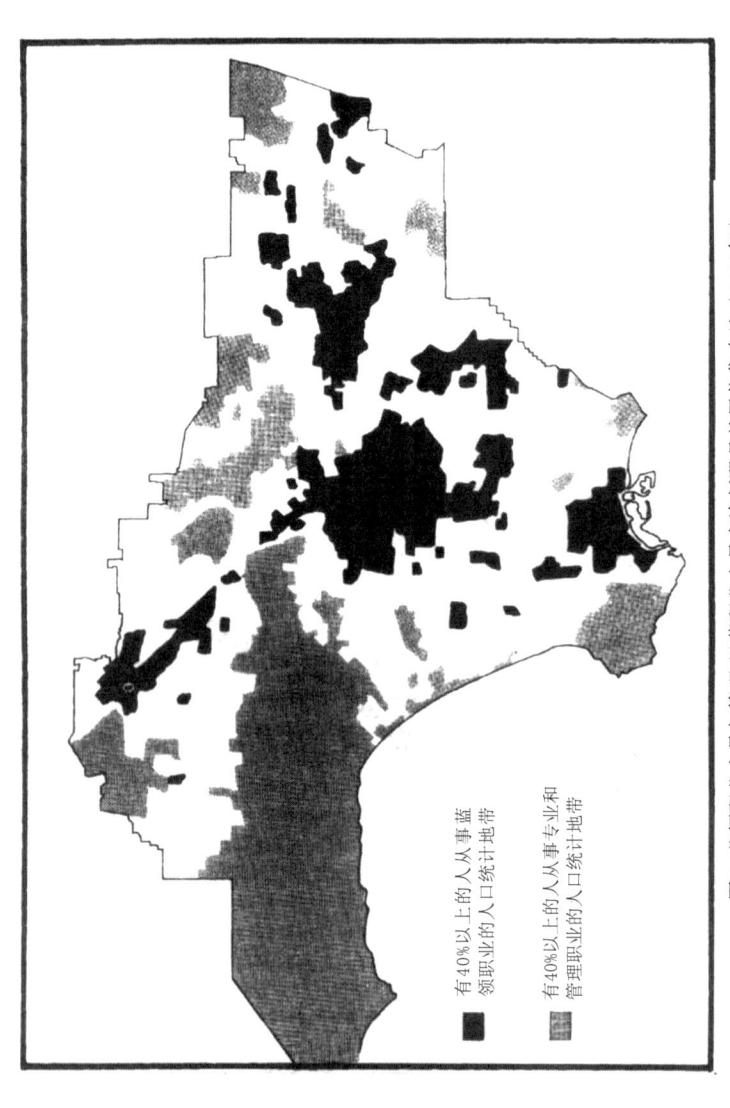

图9 蓝领职业人员与管理者职业人员在洛杉矶县的居住集中地（1980年）

■ 有40%以上的人从事蓝领职业的人口统计地带

▨ 有40%以上的人从事专业和管理职业的人口统计地带

面,那里几乎完全是白人人种和白人职业的聚居地,即高级技术专家的一个据点。这张图也说明了在西费尔南多谷的圣莫尼卡山北面的工程师的聚集地,在那里,一个位居第三的地处城市外围的工业中心已在最近几年形成;而且沿着洛杉矶县西南面边界的,是奥兰治县附近劳动市场的部分延伸地带。

洛杉矶县被分割的职业地理,在图 9 得到了大致的概括。蓝领工人阶级居住在较老的中心城市里,而控制劳动力的主管人员、经营人员和监督人员却静居于属于边缘地区的山坡和海滩上,二者之间显著的居住地两极化叠加在分布相对均匀的白领职业人口之上。而且,在这两个集中性地相互对立的集团里,其内部都有进一步的居住专门化和范围划定,保证每一个人都居住在其应该住的地方。

地理的去中心化和重新中心化两者合拢在一起的力量,已极大地促进了对劳工进行控制的能力的提高,而这种劳工控制伴随了洛杉矶区域的空间重构。在劳动场所和居住地的地理零散化和劳动力的分离,已调和并巩固了劳动市场规模更大的部门分割。这种处于变化中的城市地理不禁使人想起普兰扎斯(1978,107)对资本主义空间性的生产和再生产的描述:

> 社会的原子化和碎片化……一种规则交叉的、分离的并呈细胞状的空间,在这种空间里,每一个部分(个体)都有其位置……分离和分割就是为了统一……原子化就是为了包容;分解就是为了成为整体;闭合就是为了同质化;而个体化就是为了消除差异和不同性。

核心的边缘化

如同已注意到的那样,洛杉矶城市区域的重构是与地方经济的日益国际化紧密联系在一起的。外国资本以一种不断加快的速度源源不断地流入洛杉矶,购买土地,建造办公综合大楼,投资于工业、旅馆、零售商店、餐馆以及各种娱乐设施。在洛杉矶商业区,有一半以上的主要房地产现在是由外国公司或与外国公司合资的企业拥有的,这些外国公司或合资企业的拥有者主要是日本和加拿大;据说,外国资本最近已出资修建了90%之多的高层建筑物。也许只是在纽约市,才发生过这种国际资本在如此短的时间内以如此多的不同来源疯狂购买城市的现象。

受到这种国际性的延伸以及投资资本和资本利息的流入的推动,同时又随着洛杉矶作为全球资本主义的一个主要金融中心的崛起,区域劳动市场的一种十分明显的边缘化已悄然兴起。在以往的20年中,已有约200万来自第三世界国家的人移居到洛杉矶,并将他们的影响扩展到处于不断变化中的城市景观和城市文化的几乎每一个方面。洛杉矶这一中心一直在提高其中心性,但在同时又处于边缘化过程。在此,关于重构的另一个明显自相矛盾的说法需要得到解释。

30年以前,洛杉矶县有85%的人是非西班牙裔白人,或"英裔白人"。然而,即便在那个时候,在洛杉矶县也有最严格界定的黑人聚居区以及已离开祖国的墨西哥人最大的城市集中地。况且,这批少数民族人口在早期的几轮工业发展中已起到了十分有益的作用,因为他们是可利用的廉价劳动力的来源,也是为控制更具组织性的工会工人的一个有效工具。譬如说,在经济大萧条期间,他们的在场,连同反工会利益的强大联盟,有助于从"下层"(从劳动市场的纵向结构这一角度来看),并从"隔壁"(借助黑人聚居区和拉丁美洲人集居区邻近于工业发展各主要区域的这一便利条件),对更加确定的并处于扩展中的劳动力施加压力。在经济大萧条的衰落期,洛杉矶有组织的劳工处于相对的休眠状态,至少在某些方面是因为这些有效的操纵,这些操纵是以开放企业(the open shop)的长期存在和一种广泛的劳动订约制为后盾的。

1950年代麦卡锡主义"扣赤色分子帽子并加以政治迫害"的紧张时期恰好表明了劳工运动的持久实力。尽管这种运动在战前遇到各种挫折,可洛杉矶有组织的劳工似乎即将得到美国一个最大的公共住房计划的实施。然而,时至1960年代早期,这些雄心勃勃的公共住房计划已被调整到城市的继续发展中,而且反劳工的力量得到了更加稳固的确立。在洛杉矶及其他地方,这些早期的战后事件预示了在党派政治和有组织劳工与运动政治的同时兴起两者之间的新政联系(the New Deal Connection)正在走向衰弱,而运动政治是在地方上发动起来的,目的是为了回应城市重新开发的破坏性效应(帕森,1982,1985)。资本积累的地方体系在洛杉矶已维系了50年的工业生产的快速扩张,因此,对这一体系构成最具破坏力的挑战的,不是有组织的劳工,而是先前"工具性"的少数民族人口。假若只有一个事件可供选择来表示全世界当代重构过程的开端,那极有可能就是爆发于1965年的瓦茨骚乱。

如果以这种方式加以观照,那么洛杉矶区域的当代重构具有复兴的许多特征,即试图重建并刷新一种劳动关系制度,而这种劳动关系的制度在以往证明是有效的。然而,在这一轮的重构过程中,少数民族和移民工人的后备军(大量的妇女进入劳动力,增加了这一后备军的人数)已发展到空前的程度,带来了人满为患的既廉价又相对顺从的劳工。这些劳工不仅在当地具有竞争力,而且能与第三世界新的工业集中地展开竞争。

自1960年以来,进入洛杉矶的移民,其人数之众多,种族之多样,只能与上一世纪之交涌入纽约的移民潮相比。来自墨西哥的移居热的重新抬头,至少给现有人口增加了100万人,并促使一个近乎处处操西班牙语的在场逐渐变成区域地图的一部分。自1970年以来,已有20多万韩国人定居于洛杉矶,在零售业和服装业方面已成为一股主要力量,而且韩国人的家庭劳动力非常善于与条件最差的血汗工厂竞争。菲律宾人、泰国人、越南人、伊朗人、危地马拉人、哥伦比亚人和古巴人大量到来,来自一些太平洋岛上的移民不断增加,几乎相当于这些移民家乡的人口。据估计,自1980年以来,已有近40万的塞尔瓦多人移居到洛杉矶,单是从一个国家就有如此多的移民移入,这也许是一个记录。今天,在洛杉矶市和洛杉矶县的英裔白人人口,已变成一个少数民族。图10反映了一些主要种族集中地的情况,其依据是1980年的人口普查。

这种人口变化在该区域已引发了许多劳动条件问题,也带来了第三世界出口加工区的公司优势。在一定的市场条件工资率的情况下,特别是在国外生产的相同商品的运输费用过高时,在洛杉矶的当地工厂生产汽车零部件,就加盖上"巴西生产"的印章。如果是服装,就加盖"香港生产"的印章。这使得这些当地的工厂能干预国外的交货合同。如果要在洛杉矶的高失业率地区建立新的企业区,那么竞争是异常激烈的,但这些新的企业区为了吸引新的公司的到来,将需要非常高的补贴资金。这一城市景观已充满着尚未正式立法的许多相同机遇。

因此,这一中心已成为边缘,因为多国资本的公司堡垒以无与伦比的灵活性仰赖于不断扩大的外国人口这一基础。较之任何其他的城市,这座城市更是建基于美国海岸的军事防御,因此已成为一种边缘侵略的登陆点。原先是属于地方性的所有事物,现已日益变得全球化,而属于全球性的所有事物正日益变得地方化。对这种异乎寻常的重构,人们在政治上是怎样应对的?

不协调的缄默:关于重构政治的一些看法

在大多情况下,洛杉矶的重构已进展得非常顺利,几乎没有遇到任何的阻力。制造业的有组织劳工已被大批消灭。较早时期反抗不景气工厂倒闭的各种努力实际上已被吞噬于洛杉矶这一就业大机器。唯有在范诺伊斯的通用汽车公司的一小部分进步工人还保持着自己早期的冲力,与连续不断的解雇和引入"灵活的"协同性劳动合同之后产生的零散化效应展开斗争。公务员劳工工会依然比较强大,而且有迹象表明,在服装业以及在以移民工人为主导的各种低技能服务行业,劳工的组织愈益成功。这种持久性的力量很重要,但与更具灵活性和适应性的联盟所掘出的壕沟相比,这种力量就显得很单薄,因为这些联盟挖掘壕沟,是受发展利益的驱动,因后福特主义的区域经济的巨大成功而置劳工的苦难于不顾。劳工运动,除少数几个例外之外,反对敌人的方式还停留于福特主义的斗争方式,可这一敌人已变得非常狡黠和漫无边际,以传统的

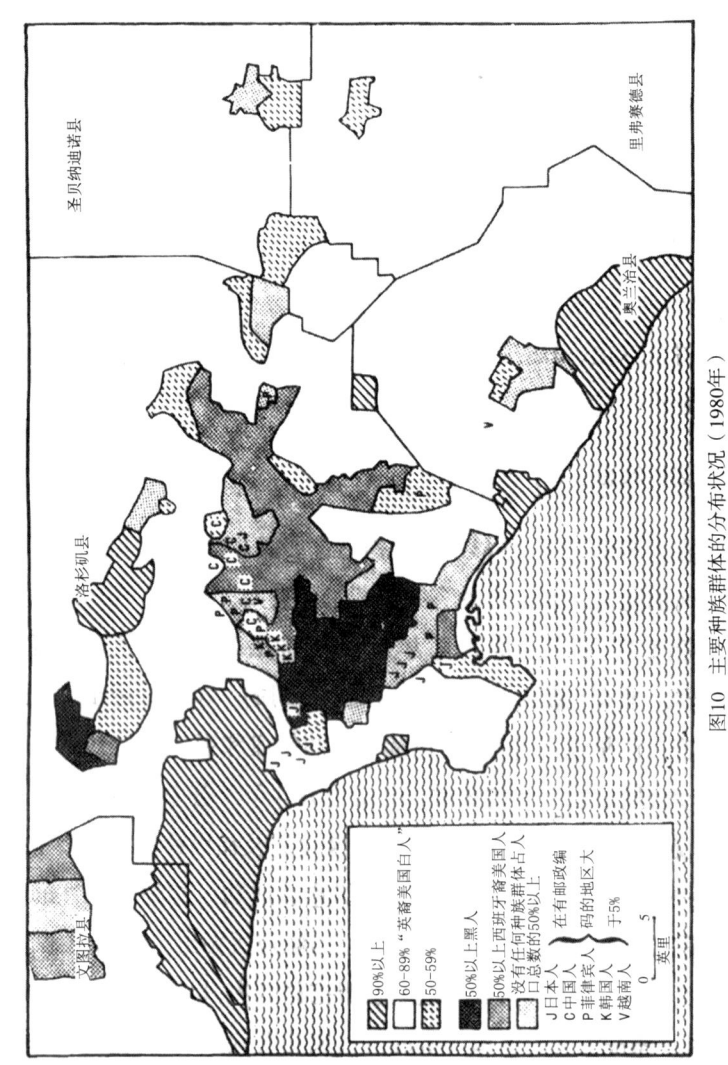

图10 主要种族群体的分布状况（1980年）

方式无法与之谈判。

爆发于1960年代和1970年代早期的种族政治自那以来一直保持着令人奇怪的缄默。黑人人口已被两极化和零散化为也许是在这一国家里最富有的与最贫穷的城市黑人社区。这种两极化已削弱了黑人的政治影响,尽管有长期在位的黑人市长和持续的市政代表的在场。今天的洛杉矶市政会也吸收了拉丁美洲裔和亚洲裔的人员,打破了在重构时期已长期存在的封锁,但这是否会影响城市政治并以怎样的方式影响城市政治,若要了解这一结果,现在还为时过早。

第三世界人口扩张最引人注目的效应,也许就是大规模的地下经济或非正规经济的发展,但受其本质的限制,地下经济的参与人不可能直接参与政治。地下经济的目标就是在重构过程中生存下来——而且也许会在这种重构过程中获得发展——而不是公开攻讦这种重构的两极化和贫困化的工具效应,它因此在城市生活的缝隙中繁荣起来,帮助各少数民族,为个人的生存提供必要的立身之地。唯有在地下经济走出自己狭小的立身之地而融入犯罪团伙以及与毒品有关的各种活动的更大网络时,它才会对重构的秩序构成威胁。警察对这些"非法侵入"的反应,一直是神速而且严厉,很有特色,但暴力犯罪率始终居高不下,有2万多人充塞在洛杉矶人满为患的官方城市监狱里。

最为成功的城市社会运动,是围绕住房的各种问题组织起来的。这是对已伴随着重构过程的严重住房危机的一种基本反应。圣莫尼卡市曾在一段十分短暂的时期里在"自治市社会主义"的边缘摇晃,因为大多数被激愤起来的租户热切希望加强对房租的控制,选出了一个革新的市政会。这场房租控制运动从公寓大楼拥有者所称的圣莫尼卡"人民共和国"蔓延开来,引入了类似于其他城市(洛杉矶市也包括在内)的立法,这种立法最近也被引入到以同性恋者和白人为主的西好莱坞的新自治市。但是,除了短暂的启示之外,这些初期的胜利最后几乎没有别的结果。

也许可以预料,私房屋主形成了更为强大的"增长控制"组织,使得洛杉矶区域变得或许是这一国家缓慢增长运动最繁忙的孵化地。随着这一区域人口密度的增加,越来越多的团体蜂拥而起,抗议交通混乱和影响了他们该受保护的"城市村庄"的视觉细菌。这些防御性的地域观念并不是新生事物,但洛杉矶城市发展的惊人强度激怒了很多人,以致少数人因城市发展的某种持续性影响而激愤起来,开始将矛头指向更大的争议性问题,而不是停留在草皮保护或作简单的"这不关我的事"的回答。由于这一区域已显露出有被污水和其他的危险废物所埋葬的迹象,而且该区域已被一大帮无家可归的人所占据,在那些中产阶级共同体的运动中,一种更加自由的倾向已变得十分明显,一些新的联盟已经形成,吸收了邻近地区的一些穷人团体,主要是城市内的少数民族地区。今天,这些联盟对现有的政治制度构成了也许是自重构开始以来人们可以感觉到的最大威胁,尤其是当这些联盟介入到诸如最低工资标准、职业卫生、安全条件和在经济上可以承受的住房等问题时,其情形更是如此。

然而,这些看法仅仅是去除了政治上的表面现象。翻腾于这一表面底下的,是存在于城市的不断加剧的紧张关系之海。这种紧张关系涉及阶级、种族和性别,昭示了已获得相对"成功的"重构的社会代价,同时也反映了人们依然难以看清的资本主义空间化的工具性。在未来的岁月里,人们将以何种方式来把握和回应这种重构和空间化?这仍然是一个悬而未决的问题。①

找到了其他的空间?

为了描述洛杉矶并为了说明资本主义城市的当代重构、解构以及尝试性的重新组织,我们已使用了一连串自相矛盾的概念。长期被忽视的是,洛杉矶是一个反常的、有独特风格的或者是一个异乎寻常的例外城市,但在另一个自相矛盾里,它比任何其他城市都更已成为一扇范式窗口。透过这一扇窗口,人们可以看到20世纪的下半叶。我的意思并不是说,洛杉矶的经验可以在其他地方加以模仿。我的本意恰恰相反,即发生于世界其他地方的城市发展和变化的独特经验均得到了洛杉矶的效尤。洛杉矶是一个一切似乎都"汇聚在一起"的地方。

然而,到目前为止关于区域的详尽描述,只是刻画了从洛杉矶这一有利视角可以窥见得到的一些大远景。已经被窥见的镜头是现代化的一种新颖地理学的一个景色。这一景色就是一个正在崛起的后福特主义城市景观,到处都是生产、消费、剥削、空间化和社会控制的各种制度。这些制度较之到目前为止标志了资本主义历

---

① 对加利福尼亚的地方社会运动的两种分析,最近已见诸刊物。这两种分析对洛杉矶区域外部的一些普遍性争议和策略提出了一些令人耳目一新的深刻思想。参见莫洛奇和洛甘(1987)和普洛特金(1987)。若想了解对洛杉矶当代城市政治的精辟分析,参见迈克·戴维斯(1987)。

史地理学的任何其他制度都更具灵活性。在将这种业已得到阐释的区域景观合拢起来以后,我又将试图拆解这种区域景观,看一看是否尚有其他的空间可供探索,是否尚有其他的远景可以展开来加以眺望。

第九章　拆解洛杉矶：试论后现代地理学

"阿莱夫？"我重复道。

"是的，这是地球上所有的地方都聚集在一起的唯一一个地方——从每一个角度看，每一处的轮廓都十分清楚，不会有任何的混淆或混和"。(10—11)

……然后我看见了阿莱夫。……作为一名作家，我的绝望就肇始于此。所有的语言是一组符号。这些符号在操这一语言的人中的应用，假定有一个共同的过去。那么我怎样才能把这一毫无边际的阿莱夫转变为言语呢？我怅惘迷失的思维对它几乎难以掌握。(12—13)

（豪尔赫·路易斯·博尔赫斯，"阿莱夫"）

洛杉矶就像博尔赫斯笔下的阿莱夫，奇幻怪诞，借用传统的方法尤其难以描述，借用时间的叙述方法来描写也令人信服，因为洛杉矶已生成太多相互冲突的形象、太多令人困惑难解的历史化，看起来始终是向侧面延伸，而不是依据时间序列展开。同时，洛杉矶的空间性对正统的分析和阐释构成了挑战，因为它也似乎是漫无边际的,而且始终处于运动之中,从未静止得让人可以接纳,处处都是"其他的空间",难以进行能提供信息的描述。如果从其内部来观照洛杉矶本身,即借助内省的方法,人们往往只能看到一些零碎和直观的东西,即只见树而不见林。对于那些从远处的视角来察看洛杉矶的人来说,可以看见的洛杉矶整体令人迷惑地起伏着,诱使人们充其量只是作些幻想性的俗套思考抑或作一些自娱自乐的漫画式夸张——如果洛杉矶的现实能被看到的话。

这是何地?即便想知道在何地聚焦或在何地找到一个出发点,也是不容易的,因为较之任何其他的地方,洛杉矶也许更显得在到处出现。如果就"全球性"这一词最全面的意思而言,洛杉矶是全球性的。在洛杉矶的文化投射和意识形态延伸方面,在其几乎无处不在地将自己展现为一个完全实现世界梦想的机器方面,没有任何其他地方能比洛杉矶表现得更加明白清楚。洛杉矶到处传播自己的自画像,所以较之这一星球上的其他地方来说,或许更多的人已见过这一地方,或至少见过这一地方的某些零散部分。其结果是,见过洛杉矶的人已不计其数。而且,只要洛杉矶的城市政治经济学的渐进全球化沿着类似的渠道向前发展,使得洛杉矶也许会成为世界城市的缩影,即变成世界性的一个城市,那么,见过洛杉矶的人则会更多。

每一个地方似乎也在洛杉矶。美国跨太平洋贸易的大多数货物都流到了洛杉矶,这些货物如今已超过由大西洋流向东部的货物。全球的人流、信息流和思想流伴随着这种贸易。洛杉矶曾一度被称为衣阿华州的海港,但在今天,它已成为世界的货物集散

第九章 拆解洛杉矶:试论后现代地理学

地,是四通八达的一个真正的枢纽,是东方和西方、北方和南方的一个聚集地。多种多样的文化从四面八方拥挤的海岸涌入洛杉矶,使得当代的洛杉矶在相互联系的城市微观世界方面成了世界的代表,在原地再生产出上百个不同国家的习惯性的派别和冲突。突出的异质性可以在这一令人厌恶的城市景观中得到无休止的例示。这是地球上所有的地方都集中在一起的唯一的一个地方?为获取适宜的洞见,我得又一次诉诸博尔赫斯和他的阿莱夫:

> 真的,我要做的却无法实现,因为对一种无休止的系列的任何罗列是注定微不足道的。在那种单一的巨大的瞬间,我看到了千千万万令人快乐而又令人产生敬畏的行为;但没有一个行为使我感到惊讶。使我感到惊讶的莫过于这样一个事实:所有这些行为都在空间上占据着同一个点,既不重叠也不清晰,都是在同一个时间进入我的眼帘,但我现在流之于笔端的,却是依次性的,因为语言是依次性的。可是,我将尽力追忆我所能追忆的东西。(同上,13)

我也将追想我所能想起的东西,但心里却很清楚,若想对洛杉矶-阿莱夫作一番全面的描述,那是不可能的。那么,接下去要描述的,是依次性的一些支离破碎的模糊感觉,即一些反省性和阐释性的野外记录的一种自由联想,而这些野外记录的目的,就是为了构建洛杉矶城市区域的一种批判人文地理学。我的观察必定是而且碰巧是不完整的,也是模棱两可的,但我所希望的目标将始终是清楚的:充分领会一种特别运动不止的地理景观的特殊性和独特性，与此同时，力图在抽象的更高层次获取洞见，借助社会生活基本空间性在洛杉矶闪烁着的微光，探索后现代城市地理学的社会与空间、历史与地理、绝妙的表意特征与诱人的可概括特征之间的各种黏合性联系。

绕洛杉矶走一圈

> 我看见一个闪烁着几乎令人无法忍受的光辉的小球。起初，我以为它在旋转；后来我意识到这种运动是一种幻觉，是由这个小球所圈定的令人头晕目眩的世界造成的……（"阿莱夫"，13）

我们总得需要有一个地方起步，开始解读这一语境。然而，洛杉矶的很多有利于发展的空间也许都是全球性的（或可能具有曼德尔勃特集合*的特征，像曲折交错的鸟窝一般以不规则的碎片建成），因而，洛杉矶必须还原为一种人们更熟悉并更局部化的几何图形，便于人们看清楚。恰到好处的是，正是这样一种还原主义的图绘已受人欢迎地展现着自己。一个具有包容性的圆圈确定了这一图绘的界限。这一圆圈距离洛杉矶市商业核心区的中心点有60英里（约100公里）。这准确的中心点到底是市政厅还或许是最近新建的某一个公司的高楼，这我并不清楚。但是，我还是喜欢

---

* 曼德尔勃特是美国数学家和物理学家，首先发现可以无限地被细分的一种奇怪的数学集合，由此激发了非线形和混沌研究的热潮。

选择那个具有28层高的雄伟的市政厅。这幢楼在1920年代之前是整个区域被允许高度超过150英尺的唯一建筑,因为当时人们认定,防地震的最高限度是150英尺。这是一个会给人以深刻印象的标点,笼罩在对哈利卡纳苏斯的摩索拉斯陵墓*的解读中,包裹于一种拜占庭建筑风格的圆形建筑物里,并蚀刻着令人迷恋的铭文:"这座城市是为保护生命而形成,为美好的生活而存在"。富有意味的是,市政厅就坐落于教堂街与春泉街交叉的街角。

半径60英里的这个圆圈,带着这样的铭文,覆盖着5个县稀稀落落向外扩展的"已建成"地区,有1200多万的人口,至少有132个被合并的城市,而且据说这是美国技术专业知识和军国主义想象力最集中的地区。据上一次统计资料估计,那里的工人所生产的年总产值达到近2500亿美元,超过印度8亿人一年的产值。这显然就是大洛杉矶,一个令人头晕目眩的世界。

对这个半径60英里的圈子的划定,是总部设在这一范围之内的一家最大的银行的产物。这家银行的起名很有影响,是由受限制的经济的两个重要支柱连结在一起:"安全"与"爱好和平"。①"安全"与"爱好和平"这两个词结合在一起,是多么具有讽刺意味,显然是一种矛盾对立的形容。第一个词散发着毁灭性兵工厂

---

* 位于小亚细亚半岛的西南部,临爱琴海,建于公元前353—前351年,是世界七大奇观之一。

① 一本关于"六十英里圆圈"的小册子,已由平安太平洋银行的经济学部至少出版了8个版本。第一个版本是大幅双面印刷,其面世是近20年之前。1981年的那个版本是为了庆祝洛杉矶的200周年纪念日。我所指的1984年那个版本是为平安太平洋银行赞助奥林匹克运动会做广告的。

225 的强烈气味,这些气味源于这 60 英里圆圈内的技术人员和科学家。毫无疑问,他们是今天会聚于一地的武器制造专业知识最具威力的群英聚会。对照之下,第二个词表现出祥和、宁静、温和、友好和和谐。大屠杀附丽于幸福美好,这是许多同时存在的对立事物,即人为设置的各种对立面的又一个例证,已成为洛杉矶的一个缩影,有助于说明传统的范畴逻辑缘何从来未能指望把握洛杉矶的历史和地理的意指。若要对洛杉矶作一番描述,那就得一而再再而三地回复到这些同时存在的对立事物上来。

细心观察

在太平洋圈内站稳脚跟,这已是洛杉矶昭然若揭的使命。这也是一个主题,较之任何其他的分析性概念,或许更能解释洛杉矶不断扩展的城市化。在 1781 年,洛杉矶还是一个炊烟缭绕的小村庄,从那时开始,经过为争夺商业和金融霸权与旧金山的激烈竞争,一直到标志着美国世纪以往 45 年历史的不断拉开序幕的多次太平洋战争,试图在太平洋圈站稳脚跟的这些种种努力,标示了洛杉矶的历史发展方向。在物质景观上,是不太容易再能看到这种帝国主义留下的脚印的,但是,如果直接在这 60 英里圆圈的当代圆周上作一番富有想象力的空中邀游巡视,那么就能看见许多很能说明问题的东西。图 11 将有助于你找到路径。

这一圆圈在奥兰治县与圣迭戈县接壤的南海岸穿过,靠近一个重点检查站——这些检查站的设立通常是为了截住无证移民向北流动——而且还挨近里查德·尼克松的圣克利门蒂"白宫"和圣奥诺弗雷核电站。然而,看到的第一个堡垒是彭德尔顿军营海

第九章 拆解洛杉矶:试论后现代地理学

军陆战队基地,就人员这一角度而言,这是加利福尼亚的一个最大的军事基地,这些人员的配偶曾协助在圣迭戈县的北面建造了一个不断发展的高技术联合企业。在彭德尔顿军营、克利夫兰国家森林和至关重要的从东部引水的科罗拉多河高架渠①作了一番驻足巡视之后,我们可以直接降落到第二个堡垒,即马奇空军基地,靠近里弗赛德市。马奇空军基地里面有一支随时准备为流动的战略空军司令部战斗的警戒部队。

另一个短暂航程是飞越到森尼米德、博克斯·斯普林山和雷德兰兹上空,那就会将我们带到第三个堡垒,即诺顿空军基地,相邻于圣贝纳迪诺市,恰好在已几乎是毫无人烟的圣曼纽尔印第安人居留地的南面。旅游指南书告诉我们,诺顿空军基地的主要使命就是在紧急情况下的军事空运。若继续往前飞行,我们必须飞得更高,以便飞越具有滑雪山坡的圣贝纳迪诺山的巅峰和国家森林,穿过卡容山口,飞过老圣菲小道,到达风光如画的莫哈维沙漠。在维克托维尔的近处,就是第四个堡垒,即乔治空军基地,其主要任务是进行空中防御和空中拦截。经过差不多是同一段距离以后——到现在为止我们每一次的停留之间似乎具有惊人的相等空间距离——我们就可越过干涸的米拉日湖,到达宏阔的爱德华兹空军基地,即第五个堡垒。这是国家航空和航天局与美国空军从事科研和开发活动的场所,也是未发射宇宙飞船的主要着陆场。一个重要的航空航天走廊向南延伸,经过兰开斯特到达帕尔姆达

---

① 洛杉矶灌溉设施的辉煌历史,是南加州发展的一个关键部分,但在此不能详述。

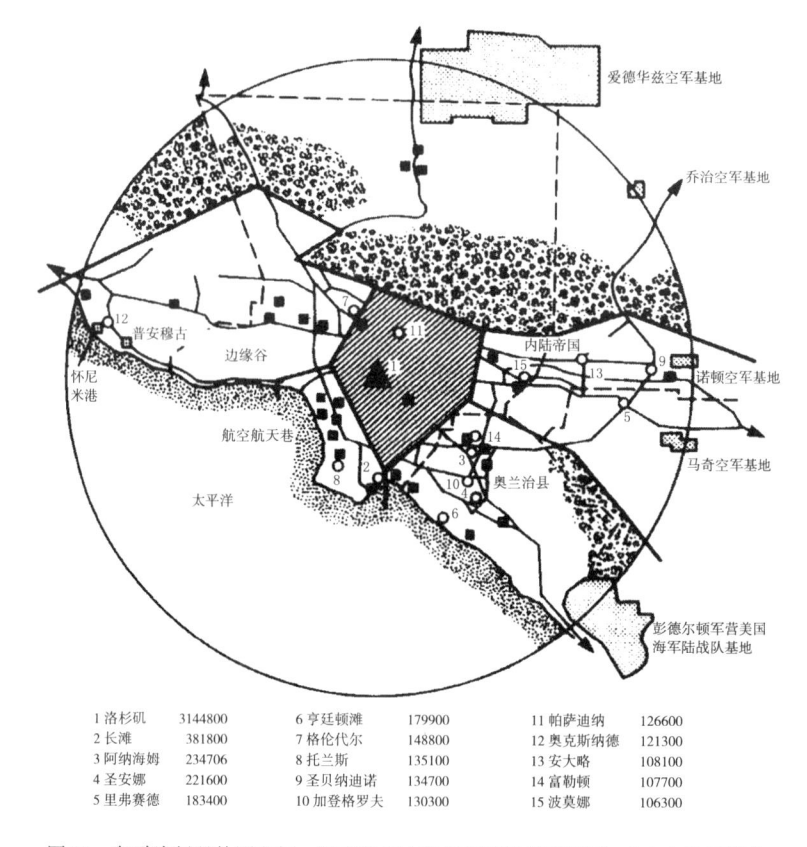

1 洛杉矶	3144800	6 亨廷顿滩	179900	11 帕萨迪纳	126600
2 长滩	381800	7 格伦代尔	148800	12 奥克斯纳德	121300
3 阿纳海姆	234706	8 托兰斯	135100	13 安大略	108100
4 圣安娜	221600	9 圣贝纳迪诺	134700	14 富勒顿	107700
5 里弗赛德	183400	10 加登格罗夫	130300	15 波莫纳	106300

图 11　鸟瞰洛杉矶外围空间。城市的核心轮廓用五边形来显示,市中心是用黑色的三角形来表示的。60 英里圆圈周边上的主要军事基地被标示出来,那些黑色的小方块是这一区域最大的防务承包商的所在地。此外,各县边界、中心五边形外围的高速公路系统,以及 10 万以上居民的所有城市的所处位置(空白的小圆圈)也均作了标示。

尔机场和空军 42 号工厂。这一工厂专为爱德华兹空军基地服务,因为这一空军基地在历史上始终起着十分重要的作用,是先进战斗机和轰炸机的试飞基地。居住在它周围的民众称它为"峡谷

第九章 拆解洛杉矶:试论后现代地理学

区"。而且许多人希望将其迁出洛杉矶县。

下一段行程要稍长一些,却更宁静一些:飞临羚羊谷和洛杉矶的高架渠(开发利用了 200 英里之外的属洛杉矶界内的欧文斯河谷的部分水资源。这一河谷曾赋予很多地方以生机,但现在却干涸得很快。)上空;越过 5 号州际高速公路(这是通向北方的一条高速公路主通道),一大片洛帕德雷国家森林和野生兀鹫保护区,①到达充满田园风光的奥亚依镇(影片《消失的地平线》的拍摄地),然后又重新抵达太平洋,位于文图拉县的圣布埃纳文图拉教区。离此地几英里之外(实际上,其他的堡垒是正好被这 60 英里的圆圈穿过的),就是第六个堡垒,即一个联合中心,坐落于此地的有现在已不那么活跃的奥克斯纳德空军基地、怀尼米港的海军工程建筑队中心,以及尤其重要的是,普安穆古有远见地设有海军空中导弹中心。如果我们愿意,我们可以在太平洋上空的同一地点结束这一整圈的遨游,在我们几乎直接的下方,就是圣尼古拉斯岛和圣克利门蒂岛的美国海军军事设施。这两个岛在洛杉矶的地图上很少出现,所以始终很难引起我们的注意。

联邦政府总是以这样或那样的方式拥有和保护这一圆周所达到的程度是触目惊心的。这或许不可能归因于预先的策划,但对这种富有界线意识的联邦在场的事后思考,显然已是当务之急。

划定范围

隐藏于这一雄伟的大墙背后的到底是什么样的动机?是何物

---

① 在铅中毒危及这些鸟类在"野外"的灭绝时(原文如此。——译者),最后一批幸存下来的兀鹫最近被迁移到了各动物园。

看来需要如此令人可畏的保护？实际上，我们回到了我们在开始时所提出的同样一个问题：这是何地？诚然，有影响广泛的电视业及其发射台，传播着市政厅的正门上所宣称的那种"美好生活"的视觉图像和绘声绘色的声音。但是，"娱乐业"本身是一道幌子，虽然它或许意义重大，但是有更多的东西掩藏在它的背后，这些东西是在那个需要得到保护和维系的60英里圆圈中形成的。

如果说人们开始迫不及待地把目光集中在有关洛杉矶的最新文献上，那是因为发现了异乎寻常的工业生产，这一重大发现与人们对洛杉矶的普遍认识是如此相悖，以致其探索者常常不得不夸张地睁大眼睛，以保持自己的视线足够的开阔和清晰，以便克服外部的朦胧和模糊。可是，若声言这60英里圆圈居20世纪工业增长极的首位，那是毫不夸张的，至少在发达资本主义国家里是如此。石油、橘子林、电影和飞机，是本世纪初的一大景观，而且往往已经在洛杉矶勤劳的而不是工业的许多当代形象里定格。然而，自1930年以来，在新的制造业就业的积累方面，洛杉矶也许已长期引领着美国的所有其他大都市地区。

在许多人看来，工业的洛杉矶很明显依然是一个矛盾结合体。加州大学洛杉矶分校的一位同仁着手探究洛杉矶的工业地理时，查阅了一个著名的国家科研基金机构的资料，找到了一个匿名审阅人的一份报告（看来是一名经济学家）。这位审阅人宣称，研究工业地理这样一种想入非非的课题是荒唐的，这近乎在长岛*检查小麦耕种。幸运的是，更为健全的心智占了上风，这项研究以示

---

* 位于美国纽约州东南部。

范的方式向前推进。大约在同一时期,更多的关于洛杉矶工业生产具有明显隐蔽性的证据来自《福布斯》杂志。这是一本自称了解资本家(他们应该更了解)的资料读物。1984年,《福布斯》发表了一幅地图,确认了美国高技术开发的主要中心。在绘制地图时,对硅谷和波士顿周围的128号道中心线给予了足够的注意,但南加州的所有情况却是一片空白,空白得十分显眼!具有明显隐蔽性的,或掩人耳目的,在南加州不单单是航空航天和电子领域先进科技的历史源区,而且也很有可能是这一国家(如果不是全世界的话)高技术工业和就业的最大集中地,具有首屈一指的硅景观。这一区域在以往的15年中,已增加的高技术就业总数,大致相当于位于北面的圣克拉拉县作为形象代表的整个硅谷的总数。

在这已揭示的真相背后依然若隐若现的,是主要的生产机构和制造这种突出的生产联合大企业的复杂精细的过程。然而,一个关键的联系是最显然不过的。在过去的半个世纪中,没有任何地区像洛杉矶这样大量注入联邦的钱。毫无疑问主要是通过国防部,但也通过为数众多的补贴郊区消费(郊区补贴?)的联邦计划以及住房、交通和水供应系统的开发。从上一次的经济大萧条到现在,洛杉矶已成为凯恩斯主义国家城市的典范,即由国家救助的资本主义的在联邦权力控制下的都市之海,在阳光带中享有一席之地,长期表现出其统率潮流和成倍地促使投资于给人以希望的经济景观的公共种子基金增值的强大能力。① 无怪乎,洛杉矶始

---

① 那60英里圆圈的联邦化依然未得到深入的研究,但为理解全美国,包括阳光带和霜冻带的区域不平衡发展所必需的各种有力线索,就存在于这种联邦化的过程中。

终得到如此的保护。先进工业资本主义的许多御宝就内嵌在洛杉矶上。

甚至还不如说,在里根政府的军事凯恩斯主义和这一战争国家(the Warfare State)永久性的军火经济的保护下,联邦的投入不断加速。在埃尔塞贡多的休斯飞机公司,工程师们已经花费了"星球大战"防御系统最初合同中6千万美元中的一部分资金,仿制了一个巨型红外线感应器。这一感应器极为灵敏,能感应在空间一千英里之外的一个人体的体温。这是他们"令人振奋的"武器系统实验的一部分。就在这家公司的附近,汤普森·拉莫·伍尔德里奇公司(花了8千4百万美元)与罗克韦尔国际公司的罗基特戴恩分公司(花了3千2百万美元)以"米拉克莱"、"阿尔法"和"雷切尔"这样一些项目代码名称展开竞争,探寻更具威力的空间激光。这种激光若有必要的话,似乎能将整座城市化为灰烬。诸如坐落于圣莫尼卡北面的兰德公司那样的研究公司,使用各种手段谋取各种战略地位,觊觎总数有可能会达到1.5万亿美元(如果没有被及时阻拦的话)的部分研究基金(桑格,1985)。今天,得到来自这60英里圆圈内部的监视和保护的,不单单是太平洋这一空间。

外围空间

时下在洛杉矶国际机场周围蓬蓬勃勃发展起来的那星光灿烂的"星球大战"防御系统研究机构群,是一座规模更大的外围城市的一部分,这一外围城市已沿着洛杉矶县的太平洋大陆坡而形成。在这种地理景观的语境里,这一国家安全州以及迈克·戴维斯(1984)所称的"晚期帝国的美国的加利福尼亚化"的极有争议的

第九章 拆解洛杉矶：试论后现代地理学

历史和地理,可以根据航空航天工业的发展轨迹得到解读。

这种加利福尼亚化如果只有一个诞生地,那么可以在圣莫尼卡的老的道格拉斯基地找到它。今天,这一基地靠近于里根总统频繁的西海岸之行的一个重要的中转站。50 年前,第一架 DC-3 型飞机就是从这一基地腾空而起,从此以后,在一个战争接着一个战争的过程中,开始了履行军事任务的发展史。这一基地的发展轨道已派生出一种错综复杂的联系网,从与防务和外层空间有关系的经费到附带促进计算机化的电子器件和现代信息处理技术的发展。这些经费主要用于研究和开发以及与此有联系的以民用飞机制造为基础的航空工业的形成,而计算机化的电子器件和现代信息处理技术又与一个辅助网交织在一起,这就是一张商品和服务的供应和需求之网,伸张开去触及当代经济和社会的几乎每一个部门。① 现在有 50 多万人居住在这一逐渐被人所称的"航空巷"里。在上班时间,也许有 80 万人集中在那里,维系着它在全球的卓越地位。还有无法计数的数百万人居住在其延伸的圈子里。

依附于这些生产轴心周围的,是外围工业化城市具有代表性的场所:繁忙的国际机场;充斥着新的办公大楼、饭店、全球性的大型步行购物中心的走廊;整洁紧凑的运动场和休闲村;为高技术人员提供的精心设计的专业化住宅区;为顶级专业人员和管理人员

---

① 1965 年,有学者对一家美国银行作了研究,估计在洛杉矶县和奥兰治县的近 43% 的制造业总就业人数与防务和外层空间的经费有关。行业的一些百分比包括纸板盒和纸板箱(12%)、合成橡胶(36%)、计算机(84%)、摄影设备(69%)、螺旋机床(70%)、金工车间零件和修理(78%)。到 1983 年,洛杉矶县近一半的制造业工作岗位直接或间接地与航空航天业有关,而且近一半的航空航天业工人受雇于军事项目(希尔,1983)。没有任何理由相信,自 1983 年以来这些数字有很大的变化。

提供的有武装保护的居民村；居住于定价过高的房子里的低工资服务业工人的残余社区；可以进入的孤立地区和少数民族聚居区，这些地区为双峰地方劳动市场的最大膨胀提供可靠的源源不断的最廉价劳动力。洛杉矶国际机场城的综合结构，再生产了建基于种族、阶级和民族性的内城的分离和隔离，但还依据特定的职业类别、家庭组合以及种类繁多的个体特性、喜好、所希望的生活方式和情调，设法对内城作进一步的切分，分为零散的居住社区。

这种超乎寻常的区分、零散化和对专门性劳动资源的社会控制，其成本是十分昂贵的。在外围城市里的房价和租赁成本很容易处于这一国家最高的行列，而且提供适当的住房，这不仅日益消减房地产经纪人大军的精力，而且消耗地方公司和社区规划者的精力，通常以长期居民为保留自己在"优先"地段的立足之地而抗争为代价。从这种竞争的给予和获得中显现出得到特别强化的城市景观。譬如说，沿着南海湾的海滩，即雷纳·班纳姆(1971)曾经所说的"冲浪城"，已出现了世界上最大的并最具同质性的科学家和工程师居住聚集区(见图8)。无独有偶的是，这一高技术的据点也是这一区域最令人生畏的种族堡垒。虽然只在几英里之外，在圣迭戈高速公路修筑得像防御工事一般坚实的边界对面，就有芝加哥西面最大并得到最严格隔离的黑人集中地的边线，但从洛杉矶国际机场向南延伸的属于阳光带的各海滩社区始终几乎是清一色的白人(马特,1982)。从这一精心设计的环境所看到的世界景观，在图12得到了陈规式的漫画表现。

这60英里圆圈的周围布满着处于不同发展阶段的各种外围城市，每一座城市都是探索资本主义城市化的当代性的实验室。

第九章 拆解洛杉矶:试论后现代地理学

至少有两座城市在奥兰治县被合并在一起,得到浑然一体的结合,成为这一国家(世界?)最大的并且也许是发展最快的外围城市综合体。在此的关键核心就是工业综合体,包容于欧文公司的土地帝国里,该公司拥有全县六分之一的土地。整齐地排列于这一公司周围的,是快速增多的经过总体设计的新城镇。这些新城镇具有范式地展现出对外围城市的全球性文化抱负,这种外围城市就是来自上层影响的地方对未来实验性社区的想象。

能说明问题的是,别胡布道(不要在意它是一个双语双关语)这一新兴城镇的勾画,在某些方面是为了再现塞万提斯时代西班牙的地方和人民以及对地中海环境的其他堂吉诃德式的模拟。与其同时,这一城镇井然有序的环境特别会唤起人们对奥林匹克的梦想。别胡布道镇还有无数最现代的设施和教练,已吸引了一群出类拔萃的爱好体育的家长和善于适应新环境的孩子。在 1984 年的奥林匹克运动会中,就获得的奖章的数量而言,当地意志坚定的运动员那高超的体育技能,足以让别胡布道镇在 140 个参赛国中遥遥领先于 133 个国家。目前是菲利普·莫里斯公司的开发商,在广告上将别胡布道镇吹为"加利福尼亚的希望",于是乎,别胡布道镇就向几个精选出来的人提供实现美国梦的诱人资助。诚如一名善于调解矛盾的居民所描述的,"你必须高兴,你必须全面发展,而且你必须有会做很多事情的子女。如果你不慢跑,也不散步,也不骑自行车,人们就会感到奇怪,你是不是得了糖尿病或使你无法活动的其他什么病"(兰兹鲍姆和埃文斯,1984)。

奥兰治县这一综合体也一直是详细研究各种高技术工业聚结的重地。这些高技术工业聚结已正在对洛杉矶区域的城市构形进行再中心化,由此诱导出经过精心规划的新兴城镇的各种闪光点。这一项具有开创性的研究工作已有利于我们更清楚地了解各种产业关系的相互作用之网。这种网络充分发挥了各公司的专业化网络的作用,并在地理上集中于这些专业化网络,充分吮吸联邦合同的资金来源,最后富得冒油,促使一种扶助性的地方空间经济的加速发展(斯科特,1986)。上文所探讨的,能让人们清楚地看到奥兰治县城市化背后的各种具有生成能力的过程,而且依凭这一窗口,人们能够窥见工业化与城市化两者之间更加深刻的历史交互作用。这种历史交互作用已解释了资本主义城市发展的缘由,不论这种资本主义城市处于何地。

其轮廓表现于图11的那座更古老的五角形城市核心的边缘,还有其他一些外围城市。有一座城市已经形成于文图拉走廊。这一走廊经过西圣费尔南多谷到达文图拉县(现被称为"边缘谷",其各主要核心处于"镓沟"以及恰茨沃思地区)。① 位于"内陆帝国"的另一个主要核心正在筹建过程中(尽管尚未完全准备就绪)。这一"内陆帝国"从波莫那(通用动力公司就在那里)向东延伸,经过安大略(那里有洛克希德公司、一个不断扩大的机场以及一个自由贸易区),到达圣贝纳迪诺和里弗赛德这两个县的首府,与它们各自的军事堡垒非常相近。然而,这一内陆帝国依然充其量只是一个预期的外围城市,满目都是各种各样新颖的房地产,自

---

① 砷化镓片的运作频率更高。有学者宣称,砷化镓片的计算速度快于硅片。砷化镓片的开发主要是为了军事用途。有些学者期望,砷化镓片在未来的世界半导体市场中将占有越来越大的份额。"镓沟"已聚集着各种新建的公司,对这一新技术进行实验。所有这些公司的负责人都原是罗克韦尔国际公司的成员。(戈尔茨坦,1985)

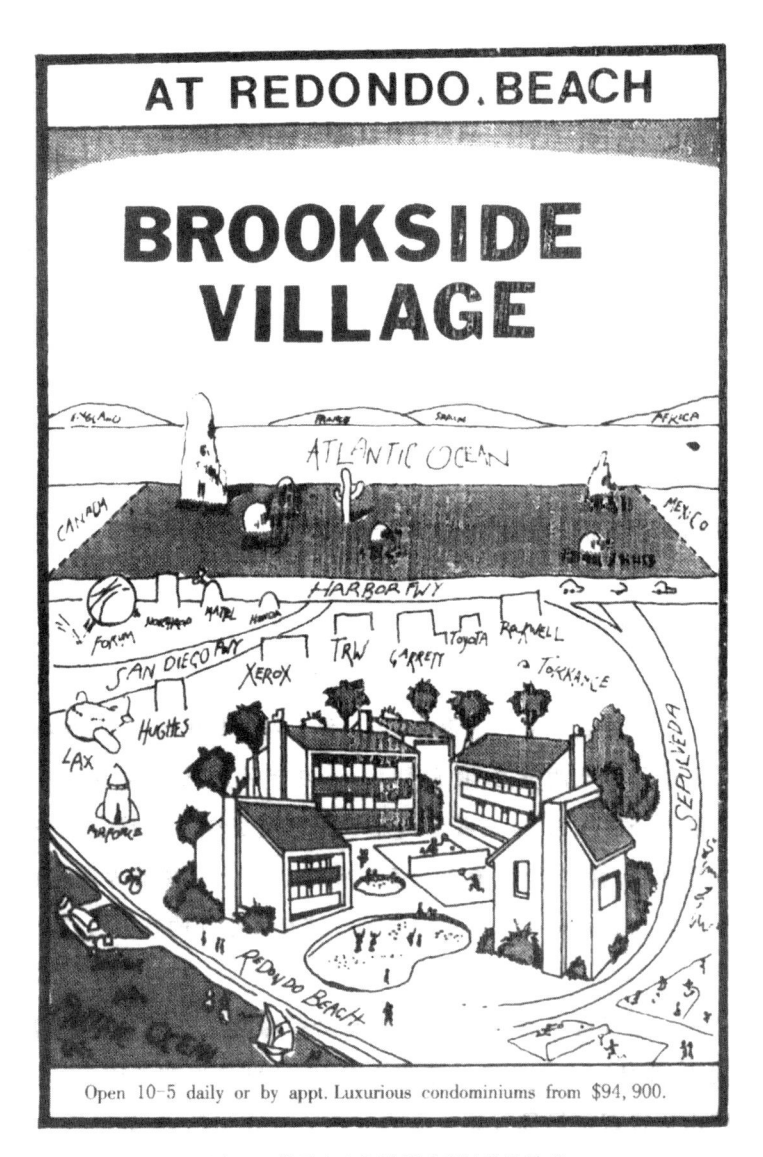

图 12　从雷东多海滩所看到的世界景观

然而然将许多家庭从他们在洛杉矶和奥兰治县的上班地点吸引到更远的地方居住。这确确实实是一个正处于过渡时期的景观。

暂时撇开内陆帝国不说,那些新兴的地域联合体似乎正在将这座工业城市翻个底朝天,重新确定市中心,将这座大都市的边缘转变为先进工业生产的核心区域。对内城的有选择的去中心化,在世界上已至少进行了一个世纪,但只是到了最近时期,边缘的聚合才变得非常突出,足以挑战作为工业生产、就业结点和城市规划的各更传统的城市核心。这种重构过程远未结束,但对我们思考城市的方式,对我们描述城市的构形和功能所使用的词语,对城市理论和城市分析的语言,已开始产生了一些深刻的影响。

再论市中心

> 我看到了波涛滚滚的大海;我看到了黎明和夜幕;我看到了形形色色的美国;我看到了一个银色的蜘蛛网,悬张在一个黑色金字塔的中心;我看到了一座已裂成碎片的迷宫……我看到了,就在近处,有无数双眼睛在我身上注视着他们自己,仿佛从一面镜子里看他们自己。("交叉小径的花园",13)

为了更多地知晓洛杉矶,现在有必要撇开一下饶有兴味的边缘问题,既从字面角度又从修辞角度,返回到各事物的中心,即回到城市化景观依然具有黏合能力的核心。在洛杉矶,如同在每一座其他的城市一样,中心的结点性界定了城市的特殊性,并赋予这种特殊性以实质性的,即城市富有个性的社会和空间意义。与城市紧密联系在一起的城市化以及空间劳动分工,其围绕的中心,就是结点性在社会方面的构建型式以及聚集与疏散、中心化与去中心化、在空间上构建所有社会的和由社会生产的事物的各城市中心的力量。结点性通过赋予各种基本的社会关系以物质的形式来定位城市社会,并使城市社会语境化。唯有具备一种持久的中心性,才有可能出现各外围城市和边缘的城市化。否则,就根本不可能有城市一说。

人们容易忽视城市构造的各种倾向性过程。这些过程源自各事物的中心,在后现代资本主义景观中,情况尤其如此。的确,在当代社会中,城市中心的权威力量和分配权的模糊性是故意设置的,要不就是与具体的地点脱钩,与语境相脱离,被赋予在表象上已得到延伸的民主普遍性。再者,如同我们已看到的,在以往的一个世纪中,城市化历史发展的标志,就是一种有选择的疏散和去中心化,即将许多的活动和人口从中心排挤出去,而这些活动和人口又曾经密集地聚集于这一中心的周围。在有些人看来,这已说明了结点性的一种否定,是中心地点的力量的一种湮没,也许甚至是"中心"与"边缘"两者之间的一切差异的一种德里达式的解构。

然而,中心依然是中心,纵使有些中心已经瓦解,已经消散,新的结点性已经形成,旧的结点性已经得到强化。虽然具有明确说明能力的离心机不停息地转动着,但结点性的向心力永远不会消失。况且,继续促使城市发展、详细说明并使城市语境化、使城市各部分凝聚在一起的,就是不折不挠的政治剩余权力。第一批出现的城市,显露出具有统领作用的各种象征形式的同存性集中。这些象征形式就是各种市府大厦,起到宣告政策、举行仪式、实施行政管理、顺应新的文化发展、厘定社会行为和控制社会秩序的作用。在这一堡垒业已体制化的场所内部和周围,黏附着民众及其他们以结点为序的各种社会关系,创造了一种市民社会以及由此产生的人造环境。这种市民社会和人造环境均凭借监督和依附这两个具有互动作用的过程的相互影响得到城市化和区域化,依凭一览无余的眼力从一个中心审视外部的世界,又从外部世界内视这一中心。得到城市化依然意味着需要依附,需要成为一名依附者,成为一名一种具体化了的集体意识形态的信仰者。这种集体意识形态植根于四大社会要素(*polis*)(政治、政策、有组织体制的社会群体和治安组织)以及五种民众概念(*civitas*)(公民的、市民的、平民的、百姓的、文明的)的外延。相形之下,城市范围以外的民众是由各个体(*idiotes*)组成的。*idiotes* 一词的希腊词根是 *idios*,意即"自己"或"私人",在四大社会要素方面毫无经验。*polis* 一词的词根类似于拉丁词词根 *sui*,意即"属于自己一类的",具有 *generis* 之意,表示"单独组成一个种类"。借用这种方式来谈论乡村生活的"个体性"和城市生活的城市组织性,主要是对相对的政治社会化和空间化的一种陈述,是对集体性社会秩序,即依附于城市结点性的一种社会秩序中的依附/分裂的程度的一种陈述。

　　国家的作用是监督各个场所的生产、消费和交换。为维系依附性,城市中心已自始至终起到了国家履行监督职能的一个关键结点的作用。纵使经过几个世纪的城市重组和重构以后,经过一浪又一浪的重新凝聚的工业化以后,城市中心依然继续发挥着这样的作用。使城市中的事物得到具体反映的,并不是生产,也不是消费,而且也不是交换这些事物本身,而是在充满权力的结点性语境的生产或消费或交换的集体监管、监督以及预期的控制。按福柯的话来说,城市是(社会的)空间、知识和权力的交汇之地,是社会调控(regulation方式的中心。regulation 一词源自 regula 和 regere,意即 rule(统治),是我们的关键词 region(区域)的词根。

这并不是说,在具体体现城市事物过程中的结点性被赋予了一种机械的决定论。依附是一个难以对付的概念,并不是通过城市化景观中的具体处所而得到自动的展现,在实际的意识中也不是始终得到明智的表达。监管这一概念也是一个难题,因为它的存在可以没有全方位的有效性——而且在看起来不存在的情况下又可以具有全方位的有效性!因此,在城市各处所具有结构的方面始终留有抵抗、拒斥和重新调整方向的余地,滋生了一种积极的空间性政治,即为在区域化的并具有结点的城市景观中的地点、空间和地位的各种斗争。其结果是,依附和监管在地理表现、区域化和具有反应性的区域主义中的发展是不平衡的。同时,这种具有型式的区分,即城市空间劳动分工的直接上层建筑,遂变为一种十分关键的领域。城市的人文地理就是形成于这一领域,而空间化就是发生于这种人文地理。空间化勾画出权力和政治实践的一种城市地图状貌,而这种地图状貌常常隐匿于各种独特的(idiographic,该词也派生于 idios)历史和地理。

示意性的闹市区

洛杉矶市的商业区核心,指示牌上都写着"市中心区"。它是这 60 英里圆圈的凝聚性和象征性的核心,显然是这一区域最古老但又是最新颖的主要结点。不论这一圆圈里包含着林林总总的事物,洛杉矶闹市区的自然规模和市容看起来都是比较一般性的,即便在经过一段时期的大扩张以后的今天,情况也是如此。然而,如同通常性的情况一样,外观可能具有欺骗性。

商业区也许较之以往任何时候都更能起到具有战略优势地位的作用,这是任何其他地方所无法比拟的。这种战略优势地位仿佛就是一种全景式监狱的战略优势地位,商业区处于这一监狱的中央位置,突兀于戒备森严的军事堡垒和防御性的外围城市的包围圈之内。如同边沁*为一种环形监狱所做的著名功利主义设计中的中央水井一样,作为最具创意的全景式监狱,(如果能见度允许的话)每一个不同的个体都可以从该地域的界限之内的单人牢房窥见商业区。然而,唯有从中心这一有利视角,监管的眼睛才能全面地看到每一个人,这些人彼此隔离但又相互联系。无怪乎,市中心区从诞生之日起就已聚集了很多监视者,处于重要场所,实施社会控制、政治行政管理、文化整理、意识形态监督,并对依附于市中心区的边缘地带进行责无旁贷的区域化。

如果从市政厅向下看和朝外看,其观察者就会发现自己所处的位置特别会给人以深刻的印象。就在市政厅的底下和周围,是这一国家除联邦首都地区之外政府办公楼和官僚机构的最大集中地。在东面,位于一条高架人行道之上的,是市政厅东翼和市政厅南翼。这些楼群相对来说是新近添加的城市设施,围着一个大型步行区购物中心、一些壁画、一个儿童博物馆、一个楼廊、一个60

---

* 边沁(1748—1832),英国哲学家和法学家,功利主义伦理学的代表,认为利益是行为的唯一标准和目的。如果每一个人都关心自己的利益,就会达到"最大多数人的最大幸福"。

英尺高的喷水池,交织着灯光和音乐,给午餐时间的民众以美的享受。再往远一点看,就是气势恢弘的警察行政办公大楼帕克中心。这一中心是为尊崇一位著名警长而以其名字命名的。再往远处眺望,就在商业区的中央水井外面,但在商业区东面的外突地带里,可以看到一块地,关押着加利福尼亚监狱里25%的服刑人员,至少有1万2千名监犯被关押在原来设计仅容纳这一半人数的四座监狱里。就在这一监狱的楔形地带里,还有这一国家最大的妇女监狱(西比尔·布兰德)和第七大男性监狱(男人中心)。国家还不断地在计划建设更多的监狱,以满足不断增多的服刑人数的需求。

在南面,沿着第一大街,坐落着州交通部、加利福尼亚州办公大楼和第四地产总部,即那座雄伟的"时代镜子报社"综合大楼。许多人说,这一综合大楼具有洛杉矶非官方的控制权,是许多故事的发源地,折射出这一城市的时间与空间。州交通部上还悬挂着电子挂图,监视这一区域的各主干道高速公路。位于《洛杉矶时报》宽敞办公大楼附近的,是圣维比亚娜大教堂,是世界上最大的天主教大主教之一的主教堂(拥有近四百万教民),也是另一个具有十分重要地位的地产的控制者。教皇就在此安寝,贫民区对面的大街那头,传教团总部暂时关闭,这样教皇就看不见他所有的信徒。

现在往西看,在太平洋岸的近处,烟雾朦胧中的落日依然亮亮地涂抹着洛杉矶徐徐降临的夜幕,首先进入眼帘的是刑事法院大楼,紧接着刑事法庭大楼的是档案馆和法律图书馆,然后是庞大的洛杉矶县政府大楼和行政大院,这些是权力的主要所在地,因为至今为止,洛杉矶县是这一国家在总人口方面是最大的一个县(现有800多万人口)。在大林阴道对面矗立着最显目的洛杉矶文化中心,独一无二媒体股份有限公司在图文并茂的商业区宣传地图中将这一文化中心描述为"南加州的文化之冠,在交响乐、歌唱表演、歌剧、戏剧和舞蹈方面首屈一指"。这一公司还补充说,这一音乐中心"位于邦克山之顶,看上去像是当代的一座雅典卫城,这一音乐中心自1964年落成以来已主导了城市的文化生活"。① 就在这一文化之冠的远处,坐落着水电部(通常被无水的喷水池包围)和一个多层而异想天开的高速公路交换道,连接着这60英里圆圈的每一个角落,在这一区域的交通网中处处是容易通达的峰值点。在这一文化之冠的边缘上,日本的一名最伟大的建筑师已设计了一幢门户大楼,借以突出那波浪滚滚的大海。

沿着北侧的,是法院、美国联邦法院大楼和联邦大楼,是地方、城市、州和联邦政府权力的集中地,组成了富有影响的城市中心。就在不远处,更加宁静地坐落着并被一条拐弯的高速公路隔断的,是老城中心的保护遗址。这一遗址现在已成为洛杉矶国家历史公园埃尔普埃夫洛的有机组成部分,是这一中心地不衰的力量的又一见证。自洛杉矶诞生以来,上文描述的这些地方均已起到了政治堡垒的作用,它们与其他的堡垒一起被安置在这些地方,是用来统领、保护、社会化和主导周围城市民众的。

这一堡垒还有另一个部分,那就是展览馆,这是一个不容漠视

---

① 十分便利地用来夸张地描述各种在场和不在场的色彩丰富、图文并茂的地图,在洛杉矶的所有地方似乎以一种不同寻常的高速度成倍增加,为加深人们的印象,悄悄地掩盖了丑恶和扭曲的各种空间关系,使人仅仅注意光怪陆离和最易于宣传的事物。

第九章 拆解洛杉矶:试论后现代地理学

的地方。这一展览馆的形状和功能对这座当代的资本主义城市来说或许是更加特殊的,但其商业的根源是与所有城市化社会的各种堡垒历史地纠结在一起。今天,这一展览馆已公认地成为洛杉矶城市性的象征,是周围无数的郊区成功地"寻求城市"的直观见证。这一具有空中轮廓线的景致还容纳着成群的具有公司权力的城堡和大教堂以及"中心城区"闪闪发光的新型"中央商务区"。这一新型的商务区建于位于东面的已显陈旧的老商务区旁边。在此同样的情况是,洛杉矶交叉小径的花园始终睁着数不清的眼睛,反映外部,目光伸向并照现出具有影响的全球各个角落,并将目光所及的世界变成洛杉矶。

洛杉矶新型的中央商务区几乎所有重要的建筑物,均是在以往的15年中建成的,炫耀一时地表明洛杉矶作为一座世界城市的巩固与加强。现在有一半多的较大房地产是部分或全部为外国公司拥有,尽管许多这些房地产的在场被遮掩于人们的视线之外。最为显目的监管者是各家银行。这些银行在各自最高的楼顶上亮起自己的银行标识:太平洋保险(在此又出现了这一名字)、第一州际、美洲银行(在最近被日本人收购之前,它是乌黑油亮的阿尔科摩天楼的合伙人)、克罗克、联合、富国、花旗公司(城市公司)(将自己宣传为"城镇中最新的城市")。凝视这些空中的轮廓线,人们会看到通常的公司全景图:各大保险公司(摩奴生命公司、环美、万全)、国际商用机器公司和各大石油公司、不动产巨人科德韦尔·班克公司、太平洋股票交易所的各个新建大楼,所有这些单位都起到了各种金融和商业交易银色之网的连接点的作用,其实,这些交易延伸到地球上的每一个角落。

这一堡垒的两极,即政治之极和经济之极,实际上借助业已重建的邦克山上的那些公寓大楼联系在一起,但在加利福尼亚州的规划资料里,彼此的"接合部分"并不明显。与民众的想法恰恰相反的是,洛杉矶城市环境的规划和设计十分严谨,在社会和空间的劳动分工方面尤其如此,因为这是为维系其卓越的工业化和消费主义所必不可少的。城市规划为洛杉矶设计出了一套舞蹈动作,其方法就是借助在城市规划中分成工厂区、住宅区等分区制游戏的各种可替代运动以及对抱支持态度的社区参与(当发现那些社区时)的灵活上演来达到目的,即一种充满可敬的意图、精湛的专业知识,以及具有选择性的善行的舞蹈。然而,对洛杉矶的国内和国外开发商来说,这种城市规划作为一种自相矛盾的但又具有丰富内容的管道铺设和地点设置,已是有过之无不及,因为这种规划利用自己的影响面打基础并助长特殊地块和人口的销售,以迎合城市空间经济最有影响的组织者的需要。①

尽管阴谋和腐败很容易发现,可洛杉矶的计划销售和包装销售通常紧随着一种更为世俗的节奏,而这种节奏是和着单调和沉重的市场力量的合法化节拍而演奏的。在围绕洛杉矶的政治和经

---

① 关于规划过程中的政治腐败性的调查报告,已在洛杉矶多次出现,可相对来说没有产生多大作用,因为那些从事城市规划工作而又有名气的人独特地认为,被揭露出来的东西均属正常现象(即便不是规范行为)。1985年,有两种特别详细透彻的分析面世:"洛杉矶股份有限公司"的托尼·卡斯特罗在《先驱检查者》报上发表了一个由三部分组成的分析系列("政治怎样建构了闹市区",3月10日;"在邦克山之顶行使政治影响",3月11日;"评论家们声称,社区再开发机构违背了穷人和无权势民众的意愿",3月12日);罗恩·柯伦和刘易斯·麦克亚当斯在11月22日至28日的《洛杉矶周报》上发表了"洛杉矶县的销售术"一文。可是,在《洛杉矶时报》上从未发表过类似的文章。

第九章 拆解洛杉矶:试论后现代地理学

济这两个连体堡垒的人造空间里,这种节拍的敲击已产生了一种特别持久而又催眠的效果。由于一种具有历史意义的保护和继承行为,目前在商业区周围存在着各种种族划分和专业化经济领地,呈现在世人面前的是表面上的和谐,实际上具有欺骗性,而这些种族划分和专业化经济领地在洛杉矶的当代再发展和国际化过程中起着关键的作用,尽管偶尔在某种程度上有些喧闹。对内城的这种包装生产和计划生产负主要责任的,是社区再开发机构。这一机构也许是这60英里圆圈里的主要公营承包商。①

在内城的这种业已分隔的整体中,有一系列令人眼花缭乱的场所:各种越南人开的商铺和处于再开发中的唐人街上的香港人住宅;老的"小东京"依然经久不衰的遗迹上的"大东京"获得资助的现代化;由聚集在"短暂的当代"艺术仓库周围的艺术家的统楼面和画廊诱导而成的伪苏豪*;沿着卡尔梅西菲德·奥尔韦拉大街并位于重新修葺的老广场的埃尔普埃夫洛保护遗址;奇怪地落后于时代的各种产品、花卉和珠宝批发市场,这些市场变得越来越大,而位于商业区其他地方的这些类似市场却被其他行业所取代;在繁荣昌盛的服装业区的那些散发着恶臭的血汗工厂和熙熙攘攘的商品市场;沿着满目是行人的百老汇大街(另一个保护区,而且也许在每一个方面都是该区域最可赢利的商品街)的,是拉丁美

---

① 社区再开发机构是加利福尼亚的一家由州立法创建的机构,直接对洛杉矶市议会负责。它在洛杉矶商业区的公开功能就是在许多方面提供各种便利条件,类似于欧文公司在奥兰治县的私人领域起总体规划的作用。

* 苏豪(SoHo)为美国纽约曼哈顿一地区,以先锋派的艺术、音乐、电影和时装款式等著称。

洲人充满喜气的零售市场;在具有社区再开发机构色彩的贫民区,那些城市无家可归的人的主要场所;向东延伸到至今无法人地位的东洛杉矶操西班牙语的居民集居区,面积大,到处是壁画;位于南面的正在去工业化的并且几乎没有居民的弗农批发城,处处皆是等着宰杀的鸡和猪;皮科联合体和阿尔瓦拉多的中美洲和墨西哥社区,紧靠西面的高层建筑;在主要聚集着移民的坦普尔-博德里的后院,是非常显眼的油井和显目的墙上涂鸿,由于西中心城区(现在被称为商业区的"左岸")的扩展,坦普尔-博德里正在被一点一点地蚕食;故意雅皮士化的南公园重新开发区就紧挨着有点破败的会议中心;邦克山上靠税收供养的堡垒和要塞;在俯瞰洛杉矶这一堡垒的老洛杉矶人高地里,"维多利亚"家族引人注目地迁居于此的一小块地区;规模很大的新建韩国街,一直向西南伸展,到达黑洛杉矶的边缘;在西北方向由菲律宾人居住的一小块地区,至今尚未融入到他们自己的"城镇"里去;还有许多其他的场址不胜枚举:一群福柯式异位,"能在一个单一的真实之地并置好几个空间,而这些空间本身是彼此不相容的",但"在与所有留存下来的空间的关系中发挥作用"。

　　仔细地审视内城之后突显出来的事物,看来几乎像是这个外围城市的一种正面的(和歪曲的)折射。这个外围城市是一个集大成的综合体,到处都是破损而又人满为患的住宅、低科技的工场、更为陈旧的城市化的遗迹和残留物、为重新调整的专业人员和监工提供的一些零零星星的合适职位。更为显目的是,这里是廉价劳工的最大集中地,这些劳工不具备整体的文化背景,因而在职业方面极容易被操纵,是来自第三世界的移民,在任何第一世界的城市区域都可以很容易找到。在此,在这一殖民地时期的王冠上嵌着洛杉矶的另一块御宝,受到了密切的关注、巧妙的维护和再生产,以便为这一制造业区域的持续发展提供服务。

洛杉矶商业区中所积聚的力量以及毫不松懈的充满戒备的眼睛,其达到的程度和执着,是已经迷恋于此的参与者或外界的观察者所不能漠视的。城市边缘的工业化或许会将该区域的空间经济翻个里朝外,但古老的中心作为卓绝的政治和经济堡垒,其地位的稳固更是超乎以往。因此,在审视洛杉矶时,单是边缘的眼光是不够的。吉登斯对现代资本主义业已构建并正处于构建的景观曾作过仔细的观察。为结束这一围绕这座充满权力的中心城区的螺旋式之旅,现在再回到吉登斯的这些观察结果兴许是有所裨益的。

在现代资本主义的各种阶级社会里,具有鲜明特色的结构原则,可以在彼此不包容可又相互联系的国家体制和经济体制里找到。有一种常见的倾向,那就是提高技术水平。对这种倾向进行分配性资源的控制,便会生成巨大的经济力量。这种力量可以与国家行政管理的"影响面"的急剧扩张相比较。监管——与对国民人口进行行政管理相关的信息编码,加之各种政府官员和行政管理人员的直接监督——已成为一个关键性机制,使得一种正在脱离的体系进一步远离社会的整合。在日常生活渗透的冲击下,各种传统实践受到了各种编码后的行政管理程序的疏散(当然尚未完全消失)。为共同在场[社会整合的基础]诸种状况的互动作用提供场景的各个场所经历了一系列重要的嬗变。传统的城市-乡村关系

被一种人造或"人为的环境"的不断扩张所取代。(1984,183—184)

在此,我们具有了空间规划的另一种界定、空间和权力的工具性的另一种表示、空间化的另一种例证。

侧面扩展

从中心城区的具体化结点放射出来的,是传统城市理论设想出来的各种途径,即急切期望的各种对称和突出事物的各种横断面,已吸引了过去几代城市理论家和经验主义者太多的注意力。城市构形的各种规范模型,传统上往往是以这样一种假设开始的:一种具有建构作用的中心之地,将一种具有依附性的景观组织到边缘地区的发展和区域化可以认辨的型式之中。这种建构过程更深刻的根源常常被掩盖,其充满症结的历史地理学几乎得到了普遍的简单化,但由此产生的社会几何学的诸种表面现象,作为粗糙有序性的各种地理表现而依然显而易见,而这种粗糙的有序性是由结点性的诸种效应诱发的。社会几何学的这些表面现象也是社会生活空间化的有机组成部分,即城市事物业已扩展的具体性。

最原始的城市几何学,根源于辐射式地疏散从市中心到城市外围边缘的土地使用"密度",这是图恩式景观(Thunian landscape)的一种折射。在难以控制的双参数否定指数人口密度梯度变化曲线中,这种图恩式景观已最具修辞意义地得到了编码。双参数否定指数人口密度梯度变化曲线以其可投射的客观性以及明

第九章 拆解洛杉矶：试论后现代地理学

显的解释力已吸引住了城市理论家,其部分缘由是因为其几乎是普遍和单调的例证。从老芝加哥学派的城市生态学家到新兴的城市经济学家,包括所有那些认为地理分析的起步自然是以主要说明各种各样的人口密度为开端的人(马克思声言,这是最缺乏想象力的分析性假设),双参数否定指数人口密度梯度变化曲线对城市规划进行一种单中心的理解来说,已成为一种指导性原则。在其自身有限的信任圈子里,双参数否定指数人口密度梯度变化曲线的效用是十分明显的。

人口密度的确聚集于城市中心的周围,即便在像洛杉矶(在洛杉矶,或许有几十个类似的人口密度集中地,尽管最明显的集中地仍然偏离中心城区)那样多中心的群岛,情况也是如此。也存在着一种伴随性的同中心居住节奏(residential rhythm)。这种居住节奏是与家庭的生命周期以及相对的价值观念联系在一起的。这种价值观念就是注重寻找机会移向人口高密度地区还是在人口稀疏的山谷地区的生存空间安居乐业(对那些已具备这种选择自由的人来说至少是如此)。地价(若能得到精确的计算的话)和一些就业密度也往往在渐次减少的峰期中从市中心向外移动,又使人勾起对城市地理教科书中的那些处处是帐篷的地区的回忆。

如果要给距离观念的模糊增加一点方向感,那就会降低同中心渐次变化的欧几里得式的雅致,因此,许多最具数学头脑的城市几何学家已拒绝接受这种有些令人不安的途径。但是,方向的确诱发了另一阵子距离观念的模糊,因这种方向只是指明了起始于市中心的各种偶然的楔形地段或扇形地块的放射。一旦你离开围绕商业区的内城区圈,洛杉矶呈扇形排列的各种楔形地段就会显得尤其明显。

譬如说,威尔希尔走廊将中心城区的各个堡垒延伸了近20英里,一直向西延伸到太平洋岸边,一路上又收拢了其他几个很有名气但规模较小的商业区(位于这一延伸的起始点的一英里奇迹街、贝弗利山、世纪城、韦斯特伍德、布伦特伍德、圣莫尼卡)。俯瞰威尔希尔走廊的,是一块更长的楔形地段,集中着最富裕的居住区,带着近乎让人惊叹不已的同质性一直延展到太平洋峭壁和马利布的各个私家海滩,星星点点地还能看到会作出武装反应的各种通告和写着"擅自进入者,格杀勿论"的告示。此地是最善于借用声音来表达自己拥有住房者运动的中心,同时也是在面对商业区的侵占、遮挡视线、街道堵塞以及失去社会地位时举起武器,要求放慢发展速度、保护自己认定的居民点的中心。

仿佛是为了产生抵消作用,在商业区东面这些界线的另一面,坐落着十分显目的居住区。这些居住区有英裔美国人中最大的拉丁美洲西班牙裔居民的集居区。在那里,可以被"格杀勿论"的许多人被隔绝于贫困之中。况且,至少还有一个更为显目的楔形地段,从商业区向西延伸到洛杉矶-长滩的两个连体港口,依然作为世界上一个最大的工业城市地区而闻名。这就是洛杉矶鲁拉尔区的主要轴心。

第三个生态次序进一步搅乱了这种几何匀称,由于种族和民族在地域上的隔离而在单一中心的渐次变化和楔形地段中打出几个洞。种族和民族隔离格外芜杂,使得城市析因生态学的各种传统统计方法无法悉数纳入,充斥着许许多多细小但又具有"意义的"环境组成部分。洛杉矶是这一国家有争议的种族和民族隔离最严重的城市。在那里,这些环境组成部分多得难以计数,在统计方面起到了干扰作用,模糊了各种社会阶级关系的空间性。这些社会阶级关系深深地包容于城市景观的各个地区和楔形地段里,似乎它们需要进一步地被模糊。①

这些广阔的社会几何学为洛杉矶的城市地理学提供了一个很能吸引人的模型,但同大多数传承而来的形式城市理论的概观一样,这些几何学只是转移人们的视线,而且停留于幻想层面。它们具有误导性,并不是因为对它们切合实际的程度众说纷纭——这类常规性的经验性论辩只是会引发一种暂时性的冷漠,因为这种论辩是在一般比较贫瘠的技术话语的土壤上强加论争。相反,这些几何学具有欺骗性,其手段是借助使问题复杂化的解释,仅仅通过其存在使城市的结点性达到自我说明,即利用一种结果来说明另一种结果。以经验统计的常规性的形式出现的地理协方差(covariance),被提升到因果关系,并被固定于一处,不留任何的历史痕迹,而且没有任何的人文地理学的色彩,因为人文地理学承认,空间的组织是一种社会产物,充满政治与意识形态、矛盾与斗争,与历史的创造相似。各种经验性的常规现象可以在任何城市的平面几何中找到,洛杉矶也是如此,但在发现过程中并不能得到解释,人们一般也都是这样认为的。对各种城市景观若想获得一种

---

① 紧密地聚集在一起的洛杉矶黑人居住区始终让人感到特别棘手。对许多统计年份来说,黑人居住区既有这一国家一些最低的家庭平均收入数据统计,也有最高的家庭平均收入数据统计。1970年之前,可以在任何数据统计中发现,黑人居民的最高密度并不是在界线分明的聚居区,而是在南圣莫尼卡。黑人是1781年洛杉矶最早的开拓群体之一,但有关洛杉矶黑人居住区的历史地理,时下几乎找不到任何可资查寻的主要研究资料。

切合实际的理解和批判性的解读,那就必须探索各种不同的途径,探究各种不同的根源。人们必须打破伴随现代地理学其他学科性效应的经验模糊性的幻想。

解构

如果回到市中心,人们就会看到贴着古铜色玻璃的盘旋角楼闪闪发光,那就是波拿文彻大酒店。在分成一个个小块并绵延60英里的迷宫般的圆圈里,这是一个令人惊叹的多层象征性建筑。①许多两半折合的建筑点缀着纽约和旧金山、亚特兰大和底特律里的城市堡垒的眼孔。波拿文彻大酒店就像这些两半折合的事物一样,已成为晚期资本主义城市重构空间性的一种集中表征:被零散化的事物与具有零散化能力的事物、同质性事物与具有同质化能力的事物、迷人地包装在一起可又奇怪得让人难以捉摸的事物、在展现自身时表面上看似坦荡无余可又始终急切地去自我封闭、去分隔、去划分界限、去隔绝的事物。任何可以想象的事物都会在这一已经成为缩影的城市里出现,但真实可信的地方却又难以寻找,波拿文彻大酒店的各种空间令一种有效的认知图绘困惑,其各种表象反映的混成迷惑了协同,只会促成归顺。对那些走路不小心的人来说,由陆地进入波拿文彻大酒店是非常困难的,但进入这一

---

① 韦斯廷波拿文彻大酒店是由日本人融资兴建的,其所有人也是日本人。在杰姆逊对后现代主义的深入分析中,这家酒店占有十分突出的地位(如果不是拼写正确的话)。也请参见戴维斯(1985)的反驳和迈克尔·迪尔(1986)的一篇关于后现代规划的论文。在关于洛杉矶后现代主义的第一轮持久的论辩中,这些著述是有机组成部分。

酒店得到了许多不同层次的鼓励,从高悬的真正的人行天桥到人行天桥下面各种场所的入口处。然而,一旦进入,假若没有官方的帮助而再走出去,那就会变得令人灰心丧气。在许多方面,波拿文彻大酒店的建筑集中体现并反映了洛杉矶不断延伸的人为制造的各种空间。

在波拿文彻大酒店建筑或这一新世界所有城市的由社会构建的空间性背后,不存在任何的设计阴谋。这些设计都是应急所需,反映了时间与空间、时期与区域的各种具体性和急迫性。波拿文彻大酒店既模拟了洛杉矶业已重构的景观,同时又被洛杉矶业已重构的景观所模拟。从微观的模拟与宏观的模拟这种具有阐释性的相互作用中,出现了批判地审视当代洛杉矶人文地理的另一种观察方式,即将当代洛杉矶视为一个后现代性的中观世界。

从中心城市到边缘城市,在核心城市和外围城市,这60英里的圆圈在今天包围着一个已经破碎的汪洋大海。这一大海就是既零散化又同质化的各种社区、各种文化和各种经济之海,令人困惑难解地被组合成劳动和权力的一种偶然有条理的空间分工。恰如在20世纪城市化的型式过程中许多真实情况一样,洛杉矶在创立了历史的步伐的同时,最为生动地代表了当代表现的各种极端。仅举一个能说明问题的例子来说,城市边界的划分和地域的融合,已滋生了在任何大都市地区所能找到的最为荒唐的机会主义温床。一块块小小的县级土地以及诸如贝弗利山、西好莱坞、卡尔弗城和圣莫尼卡这样完整的城市,如同麻子一般在洛杉矶这一合并而成的城市的"西部"身躯上留下了许多凹痕,而城市土地的狭长碎片如同触须一般向外伸展,一直触及圣佩德罗港口和洛杉矶国际机场的各重要的海边出口。① 然而,这一城市中近一半的人口居住于实质上属于郊区的圣费尔南多谷,这批人口约有150万人,在统计学上他们被统计为洛杉矶-长滩标准大都市统计区这一中心城市的一部分。没有其他几个地方会因对城市、郊区和城市远郊的这些标准分类而如此明显地贻笑大方。

有130多个其他的自治市和许多县级行政区松散地依附于洛杉矶这一不规则城市的周围,呈现出一种令人眼花缭乱并四处延伸的拼凑杂烩。有些地方的地名不言自明得令人惊奇。还有什么地方能比工业城和商业城更清楚的呢?这些地名是十分明显地纪念确保了它们的合并的资本各部分。在其他各地方,地名只是随意地设法再现一段浪漫化的历史(如同隐含于被称为类似于Rancho那样的意为农场工人棚屋的许多新的社区),或者设法珍藏对其他地名的记忆(如威尼斯、尼泊尔、夏威夷花园、安大略、曼哈顿海滩、威斯敏斯特)。给地方起名,如同在许多其他的当代城市诸过程中一样,人们愈益随便摆弄时间和空间、"曾经"和"那里"这些概念,组合在一起以迎合此地和现时的各种需要,使得城市中的实践经验愈益变得具有替代性,借助假象而得到显示。这些假象就是那些地地道道的仿造物,而正因为这些仿造物,真正的原物已

---

① 伸展到洛杉矶国际机场附近的另一个出口,是许珀里翁污水处理厂,从洛杉矶城排出相当于第五或第六长河的污水量,流入位于加利福尼亚的海洋中,并造成一种日益中毒的食物链。这一食物链反过来又影响了排放污水流域中的人口。在以往的几年中,已有人声言,圣莫尼卡海湾也许是西海岸有毒化学物含量最高的地方。已贴出了许多告示,警告在当地捕到的鱼的各种危险(尤其是被贴切地称为石首鱼的那种鱼),而且医生也警告许多病人不要在有些海滩附近游泳。在区域的各种垃圾链中的断层线或许最终证明要比那些在地球的表面上更加有名的裂缝危险得多。

完全丧失。

《洛杉矶时报》最近的一份剪报(赫伯特,1985)讲述了433个标志。这些标志利用了洛杉矶这一城市的非欧几里得空间里的同一性,而洛杉矶被描述为"一个被分离却又为之而骄傲的城市"。好莱坞、威尔希尔林荫大道上的一英里奇迹街以及中心城,是最先具有这些社区标志的地方。这些标志被当作由交通部制订的一个"城市同一性计划"的有机组成部分。在被宣称为"城市的最新社区"的许多最新的标志中,有一个标志揭示了在8英里细长的蓝领工人区里的"港口通道"的形成。这一蓝领工人区蜿蜒地向南延伸到老鞋带条港口,那里3万2千名居民中的许多人常常忘却了自己与城市的联系。这一计划的一名制订者对这一计划的发展作了思索:"起初,那是在1960年代早期,运输局认为所有的社区都是洛杉矶的有机组成部分,而且我们并不想城中有城……可我们最终让步了。从哲学角度来看,这是容易理解的。洛杉矶是一座宏大的城市。这一城市必须认识到,有需要认同的众多社区。……我们需要尽力避免的,是在设有商店的每一个十字路口贴出各种标志。"最终,这些城市标志被描述为"郊区骄傲的反映"。那么,在这种有名无实的和本体的幻想之邦,我们身处何处呢?

至少50年以来,对城市性,对何谓城市与何谓郊区,对具备何等条件才能被确认为社区或居民区,对在富有弹性的城市语境中共同在场意味着什么等等问题,若进行传统上的范畴性描述,那是无法套用到洛杉矶身上的。实际上,洛杉矶已将城市性解构为一种令人困惑的符号拼贴。这些符号宣传了常常充其量只不过是各种假想的社区以及对城市地区各种奇特的表征。我的意思并不是说,在洛杉矶找不到真正的居民区。说实在的,驾车兜游探胜,借以寻找居民区,这已成为一种当地流行的消遣活动,对那些已隔绝于邻近的社区的人来说,这种情况尤其如此。外观的确平庸的景观是这一区域大多数地方的特征,而且不断重复地向外扩展,这些邻近的社区就是存在于这种重复性的扩展之中。但同样的情形是,这种城市经验愈益变得具有替代性,给实践的空间增添了更多层次的模糊性。

隐匿于这种符号覆盖层①底下的,依然存在着一种经济秩序、一种工具性结点结构、一种在本质上是剥削性的空间劳动分工,而且这种在空间上得到组织的城市系统,在过去的半个世纪以来较之世界上几乎任何其他地方,都更有连续性地具有生产能力。但是,这种城市系统也愈益被遮掩于人们的视线之外,在一种环境中得到了想象性的神秘化。这种环境比你能说得出来的几乎任何其他环境都专事于各种囊括性神秘化的生产。如同在美国所常有的情况一样,对诸种基本的阶级和性别关系以及冲突的一种麻痹性去政治化伴随着这种保守的解构活动。凡是人们看得见的事物一旦变得零散化,充斥着奇思异想和胡拼乱凑,资本主义、种族主义和家长式的景观轮廓鲜明的边线似乎就会销声匿迹,化为子虚乌有。

具有绝妙讽刺意味的是,当代洛杉矶较之以往任何时候都更逐步相似于集万物于一体的各种主题公园,类似于一个由迪斯尼

---

① semiotic(符号的)和 semiology(符号学)这两个词的词根,就是希腊文 *semeion*,意为符号、标记、点子或空间中的点。你安排在某一个 *semeion* 会见某人,这 *semeion* 就是指一个特定的地方。符号学与空间性这两者之间的联系的含义,过于经常地被人们所遗忘。

世界组成的生活空间。这是这样的一个世界:分解为由各种全球村文化和各种模拟的美国景观组成的展示场所、无所不包的大型散步区购物中心和巧夺天工的主街道、由公司赞助的魔术王国、建基于高技术的实验性未来的典型社区、富有吸引力地组合在一起的各种休憩和娱乐场所。所有这些场所均巧妙地隐藏了使得这一世界保持完整的各种喧嚣的工作区和劳动过程。如同原来的"地球最快乐之地"一样,这些围成一个个圈子的空间均受到人们无法看见的管理人员敏锐和严密的控制,尽管在表面上看起来大开放,充满许多诱人的自由选择。生活在这一地方的经历,可能会让人感到极其有趣和异常快乐,尤其对那些有足够的经济能力在这一世界逗留足够长的时间以建立自己的游玩方式以及自己的休憩地的人来说,情况更是如此。当然,建设像迪斯尼这样的游乐场所,连续几年以来都是非常有利可图的。这种游乐场所毕竟是建立于在初建时相对廉价的土地之上,已得到源源不断的更加廉价的进口劳动大军的维系,处处都有最现代的技术装置,具有高超的保护和监管水平,而且是在最有效的管理系统的顺利推进下运作的,几乎始终有能力承诺什么,就能及时有益地做到什么。

后记

> 上帝啊!即使把我关在一个果壳里,我也会把自己当作一个拥有无限空间的君王的……
>
> (《哈姆雷特》,第 2 幕,第 2 场;
> 《阿莱夫》的第一引言)

> 但他们会告诫我们,永恒是现时的长期不变的静止,即一种永恒不朽的现时(如同这一学派所称的);这不是他们,也不是任何其他的人所能理解的,他们只是理解一种永恒不朽的此地,即空间的一种无限伟大。
>
> (《利维坦》,第 4 卷,第 46 页;
> 《阿莱夫》的第二引言)

我已从许多不同的视点审视了洛杉矶,而每一种观察方式都有助于梳理这种主体景观内部纠结难解的大杂烩。已经探讨的各种视点都是有的放矢的、兼收并蓄的、零散的、不彻底的,通常又是充满矛盾的,对洛杉矶的视点也是如此。的确,每一个城市景观所经历的历史地理也是如此。如果从批判的眼光来解读地理景观,并将之观照为一种内容丰富的地理文本,那么整体化的观点,尽管看起来可能非常吸引人,但也永远不可能抓住城市性的所有意义和意味。需要辨认的创始人太多,关于人造环境的物质性也有过多的层次,不可能不言而喻,而且相互抵消的隐喻和明喻通常彼此冲突,犹如不和谐的音符淹没了基本的主题。更为严重的是,我们对人文地理的描写性语法和句法、对空间阐释的音素和知识因素依然知之甚少。我们受到语言的制约,胜过受到我们知识的制约,如同博尔赫斯心领神会地所承认的那样:我们在洛杉矶和在社会生活的空间性中所看到的事物,具有难以克服的同存性,而我们借用笔所写下的却是依次性,这是因为语言是依次性的缘故。因此,对区域进行综合、全面的描述这一工作也许是不可能实现的。同样道理,要构筑一个完整的历史地理唯物主义或许是难

第九章　拆解洛杉矶:试论后现代地理学

以做到的。

然而,希望依然存在。对各种地理景观进行批判的和理论上的阐释,最近已扩展到在 20 世纪大多时间里在空间这一问题上实际上是一片空白的各个领域。从未出现过如此多的、态度十分急切的地理景观新的解读者。许多解读者直接介入到城市性的具体问题之中,而且有些解读者已很有意义地将自己的目光投向洛杉矶。况且,许多平面地理学的老练的解读者,已开始看破在过去的各种研究视野中所存在的不是短视就是远视的各种歪曲,给空间分析和社会理论带来了新颖的洞察力。在此同样的情形是,经过一段时期的忽视和误解以后,洛杉矶已吸引了敏锐的解读者,因为洛杉矶始终将自己展现为 20 世纪城市工业发展和大众意识的一种积淀和范式,因而有关的信息最为丰富。

如同我已以各种不同的方式所见到和所表述的那样,似乎一切事物都汇聚于洛杉矶,它是一个整体化的交叉小径的花园。洛杉矶对空间性和历史性的各种表征,是生动性、同存性和相互联系性的范型。这些表征吸引各种考察,立即深入到这些表征具有揭示性的独特性里,与其同时,又深入到这些表征过分自信的但又是劝人谨慎的概括性里去。并不是一切事物都可以理解的,各种外观和本质始终具有欺骗性,而且凡是真实的东西不是始终都能把握得住的,即便借用超凡的语言也是如此。但是,这种情势使得这种挑战更能激发人们的兴趣,尤其是如果人们一旦有机会拆解洛杉矶并重构其语境,其情形更会是如此。对批判社会理论中的空间以及对批判政治现实中的空间的重申,这将仰赖于对一种依然是处于封闭的历史决定论的一种持续的解构,也凭仗于对当代各种后现代地理学的各种异位展开许多其他的探索之旅。

参考书目

Aglietta, M. (1979) *A Theory of Capitalist Regulation: The U.S. Experience*, London: New Left Books.
Amin, S. (1974) *Accumulation on a World Scale: A Critique of the Theory of Underdevelopment*, New York: Monthly Review.
Amin, S. (1973) *Unequal Exchange*, New York: Random House.
Anderson, J. (1980) 'Towards a Materialist Conception of Geography', *Geoforum* 11, 171–78.
Anderson, P. (1983) *In the Tracks of Historical Materialism*, London: Verso.
Anderson, P. (1980) *Arguments Within English Marxism*, London: Verso.
Anderson, P. (1976) *Considerations on Western Marxism*, London: Verso.
Bachelard, G. (1969) *The Poetics of Space*, Boston: Beacon; trans. by M. Jolas of *La Poétique de l'éspace*, Paris: PUF, 1957.
Bagnasco, A. (1977) *Le Tre Italie*, Bologna: Il Mulino.
Banham, R. (1971) *Los Angeles: The Architecture of the Four Ecologies*, New York: Harper and Row.
Berger, J. (1984) *And our faces, my heart, brief as photos*, New York, Pantheon Books.
Berger, J. (1980) *About Looking*, London: Writers and Readers Publishing Cooperative; New York: Pantheon Books.
Berger, J. (1974) *The Look of Things*, New York: The Viking Press.
Berger, J. (1972) *Ways of Seeing*, London and Harmondsworth: British Broadcasting Corporation and Penguin Books.
Bergson, H. (1910) *Time and Free Will: An Essay on the Immediate Data of Consciousness*, trans. by F. Pogson, London: G. Allen; New York: Macmillan.
Berman, M. (1982) *All That Is Solid Melts Into Air: The Experience of Modernity*, New York: Simon and Schuster; also 1983, London, Verso.
Bernstein, R. (ed.) (1985) *Habermas and Modernity*, Oxford: Polity Press.
Bhaskar, R. (1986) *Scientific Realism and Human Emancipation*, London: Verso.
Bhaskar, R. (1979) *The Possibility of Naturalism*, Brighton: Harvester Press.
Bhaskar, R. (1975) *A Realist Theory of Science*, Leeds: Alma.
Blaut, J. (1975) 'Imperialism: The Marxist Theory and its Evolution', *Antipode* 7, 1–19.
Bluestone, B., and Harrison, B. (1982) *The Deindustrialization of America*, New York: Basic Books.
Borges, J.L. (1971) 'The Aleph', *The Aleph and Other Stories: 1933–1969*, New York: Bantam Books, 3–17.
Brenner, R. (1977) 'The Origins of Capitalist Development: a Critique of Neo-Smithian Marxism', *New Left Review* 104, 25–92.
Brookfield, H. (1975) *Interdependent Development*, London: Methuen.
Buber, M. (1957) 'Distance and Relation', *Psychiatry* 20, 97–104.

Burgel, Gallia, Burgel G., and Dezes, M. (1987) 'An Interview with Henri Lefebvre', translated by E. Kofman, *Environment and Planning D: Society and Space* 5, 27–38.

Carney, J., Hudson, R., and Lewis, J. (eds) (1980) *Regions in Crisis*, London: Croom Helm.

Castells, M. (1985) 'High Technology, Economic Restructuring, and the Urban-regional Process in the United States', in Castells (ed.) *High Technology, Space, and Society*, Beverly Hills: Sage, 11–40.

Castells, M. (1983) *The City and the Grass Roots*, Berkeley and Los Angeles: University of California Press.

Castells, M. (1977) *The Urban Question*, London: Edward Arnold; trans. of *La Question urbaine* (1972) Paris: Maspero.

Castells, M. (1976) 'The wild city', *Kapitalistate* 4, 2–30.

Castells, M., and Godard, F. (1974) *Monopolville: l'entreprise, l'état, l'urbain*, Paris: Mouton.

Cochrane, A. (1987) 'What a Difference the Place Makes: the New Structuralism of Locality', *Antipode* 19, 354–63.

Cohen, G.A. (1978) *Karl Marx's Theory of History: A Defense*, Princeton, Princeton University Press.

Cooke, P. (1987) 'Clinical Inference and Geographic Theory', *Antipode* 19, 69–78.

Cooke, P. (1983) *Theories of Planning and Spatial Development*, London: Hutchinson.

Davis, M. (1987) '*Chinatown*, Part Two? The Internationalization of Downtown Los Angeles', *New Left Review* 164, 65–86.

Davis, M. (1985) 'Urban Renaissance and the Spirit of Postmodernism', *New Left Review* 151, 106–13.

Davis, M. (1984) 'The Political Economy of Late Imperial America', *New Left Review* 143, 6–38.

Dear, M. (1986) 'Postmodernism and Planning', *Environment and Planning D: Society and Space* 4, 367–84.

Dear, M., and Scott, A. (eds) (1981) *Urbanization and Urban Planning in Capitalist Society*, London and New York: Methuen.

Duncan, J., and Ley, D. (1982) 'Structural Marxism and Human Geography: A Critical Assessment', *Annals, Association of American Geographers* 72, 30–58.

Eagleton, T. (1986) *Against the Grain: Essays 1975–1985*, London: Verso.

Edel, M. (1977) 'Rent Theory and Working Class Strategy: Marx, George and the Urban Crisis', *The Review of Radical Political Economics* 9.

Eliade, M. (1959) *Cosmos and History*, New York: Harper.

Eliot Hurst, M. (1980) 'Geography, Social Science and Society: Towards a De-definition', *Australian Geographical Studies* 18, 3–21.

Emmanuel, A. (1972) *Unequal Exchange: A Study of the Imperialism of Trade*, New York: Modern Reader.

Eyles, J. (1981) 'Why Geography Cannot be Marxist: Towards an Understanding of Lived Experience', *Environment and Planning A* 12, 1371–88.

Fell, J. (1979) *Heidegger and Sartre: An Essay on Being and Place*, New York: Columbia University Press.

Forbes, D., and Rimmer, P. (eds) (1984) *Uneven Development and the Geographical Transfer of Value*, Canberra: The Australian National University Research School of Pacific Studies, Human Geography Monograph 16.

Forbes, D., and Thrift, N. (1984) 'Determination and Abstraction in Theories of the Articulation of Modes of Production', in Forbes and Rimmer (eds) 111–34.

Foster, H. (1983) *The Anti-Aesthetic*, Port Townsend, WA: Bay Press; also published 1985 as *Postmodern Culture*, London: Pluto.

Foucault, M. (1986) 'Of Other Spaces', *Diacritics* 16, 22-27 (translated from the French by Jay Miskowiec).
Foucault, M. (1980) 'Questions on Geography', in C. Gordon (ed.), *Power/Knowledge: Selected Interviews and Other Writings 1972-1977*, 63-77.
Foucault, M. (1978) *The History of Sexuality Volume 1: An Introduction*, translated by R. Hurley, New York: Pantheon.
Foucault, M. (1977) 'The Eye of Power', preface ('*L'œil de pouvoir*') to J. Bentham, *Le Panoptique*, Paris: Belfond: reprinted in Gordon (ed.) *Power/Knowledge*.
Foucault, M. (1961) *Histoire de la folie a l'âge classique*, Paris: Gallimard, translated by R. Howard as *Madness and Civilization*, London: Tavistock.
Friedmann, J. (1972) 'A General Theory of Polarized Development', in N. Hansen (ed.) *Growth Centers in Regional Economic Development*, 82-107.
Friedmann, J., and Weaver, C. (1979) *Territory and Function*, Berkeley and Los Angeles: University of California; and London: Edward Arnold.
Friedmann, J., and Wolff, G. (1982) 'World City Formation: an Agenda for Research and Action', *International Journal of Urban and Regional Research* 6, 309-44.
Gibson, K., Graham, J., Shakow, D., and Ross, R. (1984) 'A Theoretical Approach to Capital and Labour Restructuring', in P. O'Keefe (ed.), 39-64.
Gibson, K., and Horvath, R. (1983) 'Aspects of a Theory of Transition within the Capitalist Mode of Production', *Environment and Planning D: Society and Space* 1, 121-38.
Giddens, A. (1984) *The Constitution of Society: Outline of the Theory of Structuration*, Cambridge: Polity Press; and Berkeley and Los Angeles: University of California Press.
Giddens, A. (1981) *A Contemporary Critique of Historical Materialism*, London and Basingstoke: Macmillan; and Berkeley and Los Angeles: University of California Press.
Giddens, A. (1979) *Central Problems in Social Theory*, London and Basingstoke; Macmillan; and Berkeley and Los Angeles: University of California Press.
Giddens, A. (1976) *New Rules of Sociological Method*, New York: Basic Books.
Goldstein, A. (1985) 'Southland Firms Race for Lead in High-tech Material', *Los Angeles Times* 6 August, part IV, 2, 6.
Goodman, R. (1979) *The Last Entrepreneurs: America's Regional Wars for Jobs and Dollars*, New York: Simon and Shuster.
Gordon, C. (ed.) (1980) *Power/Knowledge: Selected Interviews and Other Writings 1972-1977*, New York: Pantheon.
Gordon, D. (1978) 'Capitalist Development and the History of American Cities', in W. Tabb and L. Sawers (eds) *Marxism and the Metropolis*, New York: Oxford University Press.
Gordon, D. (1977) 'Class Struggle and the Stages of American Urban Development', in D. Perry and A. Watkins (eds) *The Rise of the Sunbelt Cities*, Beverly Hills: Sage.
Gregory, D. (forthcoming) *The Geographical Imagination*, London: Hutchinson.
Gregory, D. (1984) 'Space, Time and Politics in Social Theory: an Interview with Anthony Giddens', *Environment and Planning D: Society and Space* 2, 123-32.
Gregory, D. (1981) 'Human Agency and Human Geography', *Transactions of the IBG* 6, 1-18.
Gregory, D. (1978) *Ideology, Science and Human Geography*, London: Hutchinson.
Gregory, D., and Urry, J. (eds) (1985) *Social Relations and Spatial Structures*, London: Macmillan; and New York: St Martin's.
Gregson, N. (1987) 'The CURS Initiative: Some Further Comments', *Antipode* 19, 364-70.
Gross, D. (1981-1982) 'Space, Time, and Modern Culture', *Telos* 50, 59-78.
Hadjimichalis, C. (1986) *Uneven Development and Regionalism: State, Territory and Class in Southern Europe*, London: Croom Helm.

Hadjimichalis, C. (1984) 'The Geographical Transfer of Value: Notes on the Spatiality of Capitalism', *Environment and Planning D: Society and Space* 2, 329-45.
Hadjimichalis, C. (1980) *The Geographical Transfer of Value* Ph.D. Dissertation, Graduate School of Architecture and Urban Planning, University of California, Los Angeles.
Harloe, M. (ed.) (1976) *Captive Cities*, New York: John Wiley and Sons.
Harre, R. (1970) *The Principles of Scientific Thinking*, London: Macmillan.
Harre, R. (1979) *Social Being*, Oxford: Basil Blackwell.
Harre, R., and Madden, E. (1975) *Causal Powers*, Oxford: Basil Blackwell.
Harrison, B. (1984) 'Regional Restructuring and "Good Business Climates": the Economic Transformation of New England since World War II', in L. Sawers and W. Tabb (eds) *Sunbelt/Snowbelt: Urban Development and Regional Restructuring*, New York: Oxford University Press.
Hartshorne, R. (1959) *Perspective on the Nature of Geography*, Chicago: Rand McNally.
Hartshorne, R. (1939) *The Nature of Geography: A Critical Survey of Current Thought in the Light of the Past*, Lancaster, PA: Association of American Geographers.
Harvey, D. (1987) 'Flexible Accumulation Through Urbanisation: Reflections on "Postmodernism", in the American city', *Antipode* 19, 260-86.
Harvey, D. (1985a) *The Urbanization of Capital*, Baltimore: Johns Hopkins University Press; and Oxford: Basil Blackwell.
Harvey, D. (1985b) *Consciousness and the Urban Experience*, Baltimore: Johns Hopkins University Press; and Oxford: Basil Blackwell.
Harvey, D. (1985c) 'The Geopolitics of Capitalism', in Gregory and Urry (eds) *Social Relations and Spatial Structures*, 126-63.
Harvey, D. (1984) 'On the History and Present Condition of Geography: an Historical Materialist Manifesto', *Professional Geographer* 36, 1-11.
Harvey, D. (1982) *The Limits to Capital*, Oxford: Basil Blackwell; and Chicago: University of Chicago Press.
Harvey, D. (1981) 'The Spatial Fix: Hegel, von Thunen and Marx', *Antipode* 13, 1-12.
Harvey, D. (1978) 'The Urban Process under Capitalism', *International Journal of Urban and Regional Research* 2, 101-31.
Harvey, D. (1977) 'Labor, Capital and Class Struggle Around the Built Environment in Advanced Capitalist Societies', *Politics and Society* 6, 265-95.
Harvey, D. (1975) 'The Geography of Capitalist Accumulation: A Reconstruction of Marxian Theory', *Antipode* 7, 9-21.
Harvey, D. (1973) *Social Justice and the City*, Baltimore: Johns Hopkins University Press; and London: Edward Arnold.
Harvey, D. (1969) *Explanation in Geography*, New York: St Martin's; and London: Edward Arnold.
Harvey, D. et al. (1987) 'Reconsidering Social Theory: a Debate', *Environment and Planning D: Society and Space* 5, 367-434.
Heidegger, M. (1962) *Being and Time*, Oxford: Basil Blackwell.
Herbert, R. (1985) 'LA – A City Divided and Proud of It', *Los Angeles Times* 9 December, part I, 3. 30.
Hirsch, A. (1981) *The French New Left: An Intellectual History from Sartre to Gorz*, Boston: Southend.
Hirschman, A. (1958) *The Strategy of Economic Development*, New Haven: Yale University Press.
Hobsbawm, E.J. (1987) *The Age of Empire 1875-1914*, New York: Pantheon.
Hobsbawm, E.J. (1975) *The Age of Capital 1848-1875*, New York: Charles Scribner's Sons.
Hobsbawm, E.J. (1962) *The Age of Revolution 1789-1848*, New York: New American

Library.
Hughes, H.S. (1958) *Consciousness and Society: The Reconstruction of European Social Thought 1890-1930*, New York: Knopf.
Hutcheon, L. (1987) 'Beginning to Theorize Postmodernism', *Textual Practice* 1, 10-31.
Jackson, K. (1985) *The Crabgrass Frontier: The Suburbanization of America*, New York: Oxford University Press.
Jameson, F. (1984) 'Postmodernism, or the Cultural Logic of Late Capitalism', *New Left Review* 146, 53-92.
Jameson, F. (1984) *Sartre: The Origins of a Style*, New York: Columbia University Press.
Jay, M. (1984) *Marxism and Totality: The Adventures of a Concept from Lukacs to Habermas*, Berkeley and Los Angeles: University of California Press.
Johnston, R.J., Gregory, D., and Smith, D.M. (1986) *The Dictionary of Human Geography*, Oxford: Basil Blackwell.
Keat, R., and Urry, J. (1982) *Social Theory as Science*, London: Routledge and Kegan Paul.
Kelly, M. (1982) *Modern French Marxism*, Oxford: Basil Blackwell; and Baltimore: Johns Hopkins University Press.
Kern, S. (1983) *The Culture of Time and Space 1880-1918*, Cambridge: Harvard University Press.
Kidron, M. (1974) *Capitalism and Theory*, London: Pluto.
Kopp, A. (1971) *Town and Revolution*, Paris: Brazillar.
Lacoste, Y. (1976) *La Geographie, ça sert, d'abord, à faire la guerre*, Paris: Maspero.
Landsbaum, M., and Evans, H. (1984) 'Mission Viejo: Winning is the Only Game in Town', *Los Angeles Times* 22 August, part I, 1, 26, 27.
Lash, S., and Urry, J. (1987) *The End of Organized Capitalism*, Cambridge: Polity Press.
Lefebvre, H. (1980) *Une pensée devenue monde: faut-il abandonner Marx?*, Paris: Fayard.
Lefebvre, H. (1976-78) *De l'état*, 4 vols, Paris: Union Générale d'Éditions.
Lefebvre, H. (1976a) *The Survival of Capitalism*, London: Allison and Busby.
Lefebvre, H. (1976b) 'Reflections on the Politics of Space', translated by M. Enders, *Antipode* 8, 30-37.
Lefebvre, H. (1975) *Le Temps des méprises*, Paris: Stock.
Lefebvre, H. (1974) *La Production de l'espace*, Paris: Anthropos.
Lefebvre, H. (1973) *La Survie du capitalisme*, Paris: Anthropos.
Lefebvre, H. (1972) *La Pensée marxiste et la ville*, Paris: Casterman.
Lefebvre, H. (1971) *Au-delà du structuralisme*, Paris: Editions Anthropos.
Lefebvre, H. (1970a) *La Révolution urbaine*, Paris: Gallimard.
Lefebvre, H. (1970b) *Manifeste différentialiste*, Paris: Gallimard.
Lefebvre, H. (1968a) *La Vie quotidienne dans le monde moderne*, Paris: Gallimard.
Lefebvre, H. (1968b) *Le Droit à la ville*, Paris: Anthropos.
Lefebvre, H. (1961) *Fondements d'une sociologie de quotidienneté*, Paris: L'Arche.
Lefebvre, H. (1946b, reissued 1958) *Critique de la vie quotidienne*, Paris: L'Arche.
Lefebvre, H. (1946) *L'Existentialisme*, Paris: Éditions du Sagittaire.
Lefebvre, H., and Guterman, N. (1936) *La Conscience mystifiée*, Paris: Gallimard.
Lipietz, A. (1986) 'New Tendencies in the International Division of Labor: Regimes of Accumulation and Modes of Regulation', in Scott and Storper (eds), 16-40.
Lipietz, A. (1984a) 'Accumulation, crises et sorties de crise: quelques réflexions méthodologiques autour de la notion de "régulation"', Paris: CEDREMAP RP 8409.
Lipietz, A. (1984b) 'The Globalization of the General Crisis of Fordism', Paris: CEDREMAP RP 8413.
Lipietz, A. (1980) 'The Structuration of Space, the Problem of Land, and Spatial Policy', in Carney et al. (eds), 60-75.

Lipietz, A. (1977) *Le Capital et son espace*, Paris: Maspero.
Lowith, K. (1949) *Meaning in History*, Chicago: University of Chicago Press.
Lynch, K. (1960) *The Image of the City*, Cambridge, MA; and London, MIT Press.
Lyotard, J-F. (1986) *The Postmodern Condition: A Report on Knowledge*, Manchester: Manchester University Press.
Mackinder, H. (1919) *Democratic Ideals and Reality: A Study in the Politics of Reconstruction*, London: Constable.
Mackinder, H. (1904) 'The Geographical Pivot of History', *Geographical Journal* 23, 421–37.
Mandel, E. (1980) *Long Waves in Capitalist Development: The Marxist Interpretation*, Cambridge: Cambridge University Press.
Mandel, E. (1978) *The Second Slump*, London: Verso.
Mandel, E. (1976) 'Capitalism and Regional Disparities', *Southwest Economy and Society* 1, 41–47.
Mandel, E. (1975) *Late Capitalism*, London: Verso.
Mandel, E. (1968) *Marxist Economic Theory*, New York: Monthly Review.
Mandel, E. (1963) 'The Dialectic of Class and Region in Belgium', *New Left Review* 20, 5–31.
Mann, E. (1987) *Taking On General Motors: A Case Study of the UAW Campaign to Keep GM Van Nuys Open*, Los Angeles: UCLA Institute of Industrial Relations, Center for Labour Research and Education.
Mann, M. (1986) *The Sources of Social Power Volume 1: A History of Power from the Beginning to A.D. 1760*, Cambridge, Cambridge University Press.
Markusen, A. (1978) 'Regionalism and the Capitalist State: the Case of the United States', *Kapitalistate* 7, 39–62.
Martins, M. (1983) 'The Theory of Social Space in the Work of Henri Lefebvre', in Forrest, Henderson, and Williams (eds) *Urban Political Economy and Social Theory*, (Epping: Gower) 160–85.
Marx, K. (1973) *Grundrisse*, translated by M. Nicolaus, Harmondsworth: Penguin, in association with *New Left Review*.
Massey, D. (1984) *Spatial Divisions of Labour: Social Structures and the Geography of Production*, London and Basingstoke: Macmillan.
Massey, D. (1978) 'Regionalism: Some Current Issues', *Capital and Class* 6, 106–25.
Mate, K. (1982) '"For Whites Only": The South Bay Perfects Racism for the '80s', *LA Weekly* 6–12 August, 11ff.
May, J.A. (1970) *Kant's Concept of Geography and its Relation to Recent Geographical Thought*, Toronto: University of Toronto Press, Department of Geography Research Publications.
Miller, G. (1981) *Cities by Contract: The Politics of Municipal Incorporation*, Cambridge MA: MIT Press.
Mills, C.W. (1959) *The Sociological Imagination*, New York: Oxford University Press.
Molotch, H., and Logan, J. (1987) *Urban Fortunes: The Political Economy of Place*, Berkeley and Los Angeles: University of California Press.
Morales, R. (1986) 'The Los Angeles Automobile Industry in Historical Perspective', *Environment and Planning D: Society and Space* 4, 289–303.
Morales, R. (1983) 'Transitional Labor: Undocumented Workers in the Los Angeles Automobile Industry', *International Migration Review* 17, 570–96.
Morales, R., Azores, T., Purkey, R., and Ulgen, S. (1982) *The Use of Shift-Share Analysis in Studying the Los Angeles Economy 1962–1977*, Los Angeles, UCLA Graduate School of Architecture and Urban Planning Publications, Report 58.
Myrdal, G. (1957) *Rich Lands and Poor*, New York: Harper and Row.

New German Critique (1984), 'Modernity and Postmodernity, 33, 1-269.
Offe, C. (1985) *Disorganized Capitalism*, Cambridge MA: MIT Press.
O'Keefe, P. (ed.) (1984) *Regional Restructuring Under Advanced Capitalism*, Beckenham: Croom Helm.
Olsson, G. (1980) *Birds in Egg/Eggs in Bird*, New York: Methuen; and London: Pion.
Palloix, C. (1977) 'The Self Expansion of Capital on a World Scale', *The Review of Radical Political Economics* 9, 1-28.
Parson, D. (1985) *Urban Politics During the Cold War: Public Housing, Urban Renewal and Suburbanization in Los Angeles*, PhD Dissertation, Graduate School of Architecture and Urban Planning, University of California, Los Angeles.
Parson, D. (1982) 'The Development of Redevelopment: Public Housing and Urban Renewal in Los Angeles', *International Journal of Urban and Regional Research* 6, 393-413.
Peet, R. (1981) 'Spatial Dialectics and Marxist Geography', *Progress in Human Geography* 5, 105-10.
Peet, R. (ed.) (1977) *Radical Geography: Alternative Viewpoints on Contemporary Social Issues*, Chicago, Maaroufa; and London: Methuen.
Peet, R., and Thrift, N. (eds) (1988) *The New Models in Geography*, Hemel Hempstead: Allen and Unwin.
Perry, L., and Perry, R. (1963) *A History of the Los Angeles Labor Movement 1911-1941*, Berkeley and Los Angeles: University of California Press.
Pickles, J. (1985) *Phenomenology, Science and Geography*, Cambridge: Cambridge University Press.
Piore, M., and Sabel, C. (1984) *The Second Industrial Divide: Possibilities for Prosperity*, New York: Basic Books.
Plotkin, S. (1987) *Keep Out: The Struggle for Land Use Control*, Berkeley and Los Angeles: University of California Press.
Popper, K. (1957) *The Poverty of Historicism*, London and Boston: Routledge and Kegan Paul.
Poster, M. (1975) *Existential Marxism in Postwar France*, Princeton: Princeton University Press.
Poster, M. (1979) *Sartre's Marxism*, London: Pluto.
Poulantzas, N. (1978) *State, Power, Socialism*, London: Verso.
Pred, A. (1986) *Place, Practice and Structure: Social and Spatial Transformation in Southern Sweden 1750-1850*, Cambridge: Cambridge University Press.
Pred, A. (1984) 'Structuration, Biography Formation and Knowledge: Observations on Port Growth During the Late Mercantile Period', *Environment and Planning D: Society and Space* 2, 251-75.
Rabinow, P. (ed.) (1984) *The Foucault Reader*, New York: Pantheon Books.
Rabinow, P. (1984) 'Space, Knowledge, and Power', in P. Rabinow (ed.), *The Foucault Reader*, 239-56.
Rorty, R. (1980) *Philosophy and the Mirror of Nature*, Oxford: Basil Blackwell.
Roweis, S. (1975) 'Urban Planning in Early and Late Capitalist Societies', *Papers on Planning and Design*, Toronto: University of Toronto, Department of Urban and Regional Planning.
Sack, R. (1986) *Human Territoriality: Its Theory and History*, Cambridge: Cambridge University Press.
Sack, R. (1980) *Conceptions of Space in Social Thought*, Minneapolis: University of Minnesota Press.
Sanger, D. (1985) 'Star Wars Industry Rises', *New York Times* 19 November, Business Day, 25, 32.

Sartre, J-P. (1971 and 1972) *L'Idiot de la famille*, Paris: Gallimard.
Sartre, J-P. (1968) *Search for a Method*, translated by H. Barnes, New York: Vintage Books.
Sartre, J-P. (1960) *Critique de la raison dialectique*, Paris: Gallimard, translated by A. Sheridan-Smith (1982) *Critique of Dialectical Reason*, London: Verso.
Sartre, J-P. (1956) *Being and Nothingness: An Essay in Phenomenological Ontology*, translated and with an introduction by H. Barnes, Secaucus: Citadel.
Saunders, P., and Williams, P. (1986) 'The New Conservatism: Some Thoughts on Recent and Future Development in Urban Studies', *Environment and Planning D: Society and Space* 4, 393–99.
Saunders, P. (1981; second ed. 1986) *Social Theory and the Urban Question*, London: Hutchinson.
Sayer, A. (1985) 'The Difference that Space Makes', in Gregory and Urry (eds), 49–66.
Sayer, A. (1984) *Method in Social Science: A Realist Approach*, London: Hutchinson.
Sayer, A. (1982) 'Explanation in Economic Geography: Abstraction versus Generalization', *Progress in Human Geography* 6, 68–88.
Scheer, R. (1983) 'California Wedded to Military Economy but Bliss is Shaky', *Los Angeles Times* 10 July, part VI, 13, 14.
Scott, A. (1986) 'High Technology Industry and Territorial Development: the Rise of the Orange County Complex, 1955–1984', *Urban Geography* 7, 3–45.
Scott, A. (1984) 'Industrial Organization and the Logic of Intrametropolitan Location III: Case Studies of the Women's Dress Industry in the Greater Los Angeles Region', *Economic Geography* 60, 3–27.
Scott, A. (1983) 'Industrial Organization and the Logic of Intrametropolitan Location II: A Case Study of the Printed Circuit Industry in the Greater Los Angeles Region', *Economic Geography* 59, 343–67.
Scott, A. (1980) *The Urban Land Nexus and the State*, London: Pion.
Scott, A., and Storper, M. (eds) (1986) *Production, Work, Territory: The Geographical Anatomy of Industrial Capitalism*, Boston: Allen and Unwin.
Smith, M., and Feagin, J. (eds) (1987) *The Capitalist City*, Oxford: Basil Blackwell.
Smith, N. (1987) 'Dangers of the Empirical Turn: Some Comments on the CURS Initiative', *Antipode* 19, 59–68.
Smith, N. (1984) *Uneven Development*, Oxford: Basil Blackwell.
Smith, N. (1981) 'Degeneracy in Theory and Practice: Spatial Interactionism and Radical Eclecticism', *Progress in Human Geography* 5, 111–18.
Smith, N. (1980) 'Symptomatic Silence in Althusser: the Concept of Nature and the Unity of Science', *Science and Society* 44, 58–81.
Smith, N. (1979) 'Geography, Science and Post-positivist Modes of Explanation', *Progress in Human Geography* 3, 356–83.
Soja, E. (1988) 'Modern Geography, Western Marxism, and the Restructuring of Social Theory', in Peet and Thrift (eds), *The New Models in Geography*, Boston: Allen and Unwin.
Soja, E. (1987a) 'Economic Restructuring and the Internationalization of the Los Angeles Region', in Smith and Feagin (eds), 178–98.
Soja, E. (1987b) 'The Postmodernization of Human Geography: a Review Essay', *Annals of the Association of American Geographers* 77, 289–96.
Soja, E. (1986) 'Taking Los Angeles Apart: Some Fragments of a Critical Human Geography', *Environment and Planning D: Society and Space* 4, 255–72.
Soja, E. (1985a) 'The Spatiality of Social Life: Towards a Transformative Retheorization', in Gregory and Urry (eds), 90–127.
Soja, E. (1985b) 'Regions in Context: Spatiality, Periodicity, and the Historical Geography

of the Regional Question', *Environment and Planning D: Society and Space* 3, 175–90.
Soja, E. (1984) 'A Materialist Interpretation of Spatiality', in Forbes and Rimmer (eds), 43–77.
Soja, E. (1983) 'Redoubling the Helix: Space-time and the Critical Social Theory of Anthony Giddens (Review Essay)', *Environment and Planning A* 15, 1267–72.
Soja, E. (1983) 'Territorial Idealism and the Political Economy of Regional Development', *City and Region: Journal of Spatial Studies* (Greece) 6, 55–73.
Soja, E. (1980) 'The Socio-spatial Dialectic', *Annals of the Association of American Geographers* 70, 207–25.
Soja, E. (1979) 'The Geography of Modernization: a Radical Reappraisal', in Obudho and Fraser Taylor (eds), *The Spatial Structure of Development*, Boulder: Westview, 28–45.
Soja, E. (1971) *The Political Organization of Space*, Washington DC: Association of American Geographers, Resource Papers.
Soja, E. (1968) *The Geography of Modernization in Kenya*, Syracuse: Syracuse University Press.
Soja, E., and Hadjimichalis, C. (1979) 'Between Geographical Materialism and Spatial Fetishism: Some Observations on the Development of Marxist Spatial Analysis', *Antipode* 11/3, 3–11.
Soja, E., Heskin, A., and Cenzatti, M. (1985) 'Los Angeles nel caleidoscopio della restrutturazione', *Urbanistica* 80, 55–60.
Soja, E., Morales, R., and Wolff, G. (1983) 'Urban Restructuring: an Analysis of Social and Spatial Change in Los Angeles', *Economic Geography* 59, 195–230.
Soja, E., and Scott, A. (1986) 'Los Angeles: Capital of the Late Twentieth Century', (Editorial Essay) *Environment and Behavior D: Society and Space* 4, 249–54.
Soja, E., and Tobin, R. (1974) 'The Geography of Modernization: Paths, Patterns, and Processes of Spatial Change in Developing Countries', in Brewer and Brunner (eds), *Political Development and Change: A Policy Approach*, New York: Free Press, 197–243.
Soja, E., and Weaver, C. (1976) 'Urbanization and Underdevelopment in East Africa', in Berry (ed.), *Urbanization and Counterurbanization*, Beverly Hills: Sage, 233–66.
Storper, M., and Christopherson, S. (1987) 'Flexible Specialization and Regional Industrial Agglomerations', *Annals of the Association of American Geographers* 77, 104–17.
Taylor, P. (1981) 'Geographical Scales in the World Systems Approach', *Review* 5, 3–11.
Thomas, W. (ed.) (1956) *Man's Role in Changing the Face of the Earth*, Chicago, University of Chicago Press.
Thompson, E.P. (1978) *The Poverty of Theory and Other Essays*, London: Merlin.
Urry, J. (1985) 'Social Relations, Space and Time', in Gregory and Urry (eds), 20–48.
Viehe, F. (1981) 'Black Gold Suburbs: the Influence of the Extractive Industry on the Suburbanization of Los Angeles, 1890–1930', *Journal of Urban History* 8, 3–26.
Walker, R. (1981) 'A Theory of Suburbanization: Capitalism and the Construction of Urban Space in the United States', in M. Dear and A. Scott (eds), *Urbanization and Urban Planning in Capitalist Societies*, 383–430.
Walker, R. (1978) 'Two Sources of Uneven Development under Advanced Capitalism: Spatial Differentiation and Capital Mobility', *The Review of Radical Political Economics* 10, 28–37.
Walker, R., and Storper, M. (1984) 'The Spatial Division of Labor: Labor and the Location of Industries', in Sawers and Tabb (eds), *Sunbelt/Snowbelt*, New York: Oxford University Press, 19–47.
Wallerstein, I. (1979) *The Capitalist World-Economy*, Cambridge: Cambridge University Press.
Wallerstein, I. (1976) 'The World System Perspective on the Social Sciences', *British Journal of Sociology* 27.

Weaver, C. (1984) *Regional Development and the Local Community: Planning, Politics and Social Context*, Chichester: John Wiley.
Williams, R. (1983) *Keywords: A Vocabulary of Culture and Society*, London: Fontana.
Wright, G., and Rabinow, P. (1982) 'Spatialization of Power: A Discussion of the Work of Michel Foucault', and 'Interview: Space, Knowledge and Power', *Skyline*, 14–20.
Zeleny, J. (1980) *The Logic of Marx*, Oxford: Oxford University Press.

索 引

(本索引页码为原书页码,即本书边码;n 表示该页脚注)

accumulation 积累 74,85,160
  flexible 灵活的 172
  nationalism and 民族主义与 169
  overdeveloped 过分发展的 106–107
  regimes of (积累)的体系 27–28
  spatial planning 空间规划 96–98
  see also capitalism; urbanization 参见资本主义;城市化
agriculture 农业 191
  urbanization and 城市化与 164–166
All That is Solid Melts into Air(Berman) 《一切坚固的东西都烟消云散了》(贝尔曼) 24–31
Althusser, Louis 阿尔都塞,路易斯 18,40–42,48,54,142
Amin, Samir 阿明,萨米尔 82,104,116
Anderson, Perry 安德森,佩里

regression of Marxism 马克思主义的倒退 39–42
  In the Tracks of Historical Materialism 《追寻历史唯物主义》 40
Antipode(journal) 《对跖地》(杂志) 52,54n,85
art 艺术
  modernity 现代性 25–26
  restructuring 重构过程 24
  space & time 空间与时间 22–23,44

Bauer, Otto 鲍尔,奥托 32
Being and Nothingness(Sartre) 《存在与虚无》(萨特) 132–135
Being and Time(Heidegger) 《存在与时间》(海德格尔) 135–136
Benjamin, Walter 本雅明,沃尔特 39
Berger, John 伯杰,约翰 61,93
  The Look of Things 《诸种事物的面貌》 22

A Question of Geography 《地理学的一个问题》 21—22

Ways of Seeing 《看问题的诸种方式》 22

Bergson, Henri 柏格森,亨利 123

Berman, Marshall 贝尔曼,马歇尔
 definition of modernity 现代性的界定 24—25
 All That is Solid Melts into Air 《一切坚固的都烟消云散了》 24—31

Blaut, Jim 布劳特,吉姆 85

Bonaventure Hotel 波拿文彻大酒店 243—244

Borges, Jorge Luis 博尔赫斯,豪尔赫·路易斯
 'The Aleph' 《阿莱夫》 2, 222, 223, 224, 233—234

Braudel, Fernand 布罗代尔,费尔南 155

Breton, André 布雷顿,安德烈 47

Britain, Marxism in 马克思主义在大不列颠 53

Buber, Martin, 'Distance and Relation' 布贝尔,马丁,"距离与关系" 132—133

building, technological advance 建筑,技术上的先进 177

Bukharin, Nicolai 布哈林,尼古拉 32, 85

California, Marx curious about 加利福尼亚,马克思对此的好奇心 190
 see also Los Angeles 参见洛杉矶

Capital (Marx) 《资本论》(马克思) 32, 52, 85, 104—105, 108, 112—116

capitalism 资本主义 3—5, 32, 164
 agriculture vs industry 农业与工业 164—166
 aided by hiding spatiality 得到潜隐空间性的帮助 50
 change of exploitation 剥削的变化 87—88
 contemporary trends 当代的各种趋势 184—189
 deindustrialization 去工业化 186, 187—189, 200
 financial & corporate 金融的与公司的 33, 165, 178, 185, 192, 211, 215
 finance vs industry 金融与工业 96—97, 99—101
 geography of (资本主义)的地理学 3—5, 67, 74, 157—158, 170
 industrial 工业的 176—180, 185—186
 international 国际的 54—55, 171, 185
 late 后期的 59—60, 62—64, 81—82, 160, 165—168
 modernization 现代化 26—31
 spatiality of (资本主义)的空间性 128—131
 state monopoly 国家垄断 182

索引 385

survival of （资本主义）的生存 34-35,90-92,104-105,184
  urbanization and 城市化与 94-95
  see also development, uneven; industry; urbanization 参见发展,不平衡;工业;城市化
Castells, Manuel 卡斯特利斯,曼努埃尔 54,76-77,99,143
  urbanization 城市化 69-71,82-84,102
  The City and the Grass Roots 《城市与乡村地区》 70-71
  The Urban Question 《城市问题》 83-84
Central Problems in Social Theory (Giddens) 《社会理论的若干中心问题》(吉登斯) 139,140
Chicago School 芝加哥学派 153,178,241
citizenship, cultural rather than spatial? 公民分,是文化的而不是空间的? 35
  The City and the Grass Roots (Castells) 《城市与乡村地区》(卡斯特利斯) 70-71
class 阶级 90,110,154
  urban culture 城市文化 92,177
  vertical 纵向的 82
  see also racial & ethnic groups; working class 参见种族的与少数民族群体;工人阶级
Colletti, Lucio 科莱蒂,卢乔 39

Conceptions of Space in Social Thought (Sack) 《社会思想中的空间概念》(萨克) 125
La Conscience mystifiée (Lefebvre) 《蒙蔽的意识》(勒菲弗) 49
Consciousness and the Urban Experience (Harvey) 《意识与城市的体验》(哈维) 66
The Constitution of Society (Giddens) 《社会的构建》(吉登斯) 145,146-147,154-155
A Contemporary Critique of Historical Materialism (Giddens) 《历史唯物主义的当代评论》(吉登斯) 139-145
core-periphery 核心-边缘 109-112,114,170
  Giddens and 吉登斯与 149-150
  industrialization 工业化 185-186
  Los Angeles 洛杉矶 215-218,233,234-241
  see also nodality 参见结点性
crime, Los Angeles 犯罪,洛杉矶 219
Critique de la vie quotienne (Lefebvre) 《日常生活的评论》(勒菲弗) 49
Critique of Dialectical Reason (Sartre) 《辩证理性批判》(萨特) 136
cubism 立体主义 47
culture, space & time 文化、空间与

时间 44

deconstruction 解构
  Eagleton on 伊格尔顿论（解构） 12
  of Los Angeles 关于洛杉矶的 243-247
defence industry 国防工业 192, 195, 196, 204, 210, 228-230
Della Volpe, Galvano 德拉·沃尔佩，加尔瓦诺 39
demographics 人口统计数据 28, 106
  Los Angeles 洛杉矶 192
Depression, The 经济大萧条 27-28, 38, 101, 180, 182, 194-195, 216
Derrida, Jacques 德里达，雅克 41
development, uneven 发展，不平衡的 51, 54, 67, 85-86, 104-109, 128-129, 163
  accumulation and 积累与 106-107
  core vs periphery 核心与边缘 111
  international 国际的 172-173
  Mandel on 曼德尔论 81-82
  transfer of value 价值的转移 113
Disorganized Capitalism (Offe) 《无组织资本主义》（奥费） 171
Le Droit à la ville (Lefebvre) 《城市的权利》（勒菲弗） 49-50

Durkheim, Emile 迪尔凯姆，埃米尔 33, 72, 139, 144
Eagleton, Terry 伊格尔顿，特里 73
  Against the Grain 《违反意愿》 12
economics, neo-classical 经济学，新古典的 31-32
  See also capitalism; Marxism 参见资本主义；马克思主义
Edel, Matthew, financial capital 埃德尔，马修，金融资本 100-101
ego-centred regionalization 以自我为中心的区域化 151
Emmanuel, Arghiri 埃曼努埃尔，阿尔吉里 104, 114
  Unequal Exchange 《不平等的交换》 115
  The End of Organized Capitalism (Lash & Urry) 《有组织资本主义的终结》（拉希和厄里） 171
Engels, Friedrich, dimensions of production 恩格斯，弗里德里希，生产的维度 78
environment 环境 38, 74, 244n
  cause of social change 社会变化的原因 34-35
  man/land tradition 人/土地传统 37
existentialism 存在主义 131-137, 144

Explanation in Geography (Harvey) 《地理学论注》(哈维) 52

'The Eye of Power' (Foucault) "权力之眼"(福柯) 21

Fell, Joseph, *Heidegger and Sartre* 费尔,约瑟夫,《海德格尔与萨特》 135,136-137

feminism 女性主义 74

feudalism 封建主义 32,128

fiction, temporal mode of narration 小说,时间上的叙事方式 22-23

fin de siècle 世纪末的 5,25-26, 31,34,179

   approaching 临近 44

Fordism 福特主义 4,185,195, 196

Foucault, Michel 福柯,米歇尔 41,61,143

   'carceral city' "监狱式城市" 63

   industrial capitalism 工业资本主义 33

   on obsession with time 论沉湎于时间的问题 4,10-11

   on space & geography 论空间和地理 16-21,24,63,119

   'The Eye of Power' "权力之眼" 21

   'Of Other Spaces' "关于其他的空间" 16-21

   'Questions on Geography' "关于地理学的若干问题" 16-21

France, Marxism in 马克思主义在法国 40-42,45-47

Frank, André Gunder 弗兰克,安德烈·冈德 82,104,110

Frankfurt School 法兰克福学派 39

Friedmann, John 弗里德曼,约翰 108n

garment industry 服装产业 207

geographers 地理学家 19,35-36, 37,85

geography 地理学

   capitalism and 资本主义与 157-158

   concrete space 具体空间 130

   Foucault and 福柯与 19-20

   Giddens and 吉登斯与 142-143

   historical-geographical materialism 历史地理唯物主义 70,72-73

   history reasserted over 优先于(地理学)的得到重申的历史 1-2,56-60

   imagination of (地理学)的想象 38

   isolation from theory 与理论的脱离 31,35-37,38

   late modern confrontations 后期现代的各种冲突 72-75

   linear vs simultaneous description 线形与同存性的推述 2

Los Angeles 洛杉矶 224-227

'made under circumstances'

"在……境况下被创造" 129,154

modern landscape 现代景观 221

origins of postmodern 后现代地理学的起源 12-13,15-16

politics, effect on 政治,对(地理学)的影响 219-220

post-historicist 后历史决定论的 61,74-75,161

postfordist 后福特主义的 61-62,74-55,161

postmodern 后现代的 60-61,62,64,74-75,161

restructuring 重构 24,58-60

theoretical 理论的 43-45,51-52,67,161

see also ontology; space; urbanization 参见本体论;空间;城市化

The German Ideology(Marx) 《德意志意识形态》(马克思) 86

Germany, Geopolitik 德国,地理政治学 37

Giddens, Anthony 吉登斯,安东尼 8,71,72,138-156,240-241

localities 所在地 151-152

nodal regions 结点性的区域 148-156

ontology 本体论 145-146

structuration theory 构造理论 141-145

territoriality 地域权 150-151

Contemp. Critique of Historical Materialism 《历史唯物主义的当代评论》 139-145

Central Problems in Social Theory 《社会理论的若干中心问题》 139,140

The Constitution of Society 《社会的构建》 145,146-147,154-155

New Rules of Sociological Method 《社会学方法新规则》 139

Goffman, Erving 戈夫曼,埃尔温 151

gold 金子 190

Gordon, David 戈登,戴维 176

Gramsci, Antonio 格拉姆希,安东尼奥 38,39,46n

Prison Notebooks 《监狱杂记》 89-90

Gregory, Dereck 格雷戈里,德里克 45n,145

Ideology, science and Human geography 《意识形态、科学与人文地理学》 57

Grundrisse(Marx) 《政治经济学批判大纲》(马克思) 52,85-86

Guterman, Norbert 古特曼,诺贝特 47

Hadjimichalis, Costis 哈齐米查里斯,科斯蒂斯 106n,114

Hagerstrand, Thorsten 黑格斯特兰德,托尔斯滕 151

Hall, Edward 霍尔, 爱德华 151

Harloe, Michael 哈洛, 迈克尔 83, 99

Harvey, David 哈维, 戴维 44, 52-54, 68, 82, 99, 143
   ambivalence towards spatiality 对空间性的矛盾心理 58
   on capitalist accumulation 论资本主义积累 85
   on financial capital 论金融资本 100
   geographical landscape 地理景观 164
   Marxist geographical inquiry 马克思主义的地理学考察 64-66, 72, 72-73n, 157
   on Paris 论巴黎 178n
   urbanization 城市化 102
   Consciousness and the Urban Experience 《意识与城市的体验》 66
   Explanation in Geography 《地理学论注》 52
   The Limits to Capital 《资本的诸种局限》 59, 65
   Social Justice and the City 《社会公正与城市》 52, 59, 76-77

Hegel, Georg W. F. 黑格尔, 格奥尔格·W. F. 33
   double inversion of （黑格尔）的双重倒置 46
   influence on Lefebvre 对勒菲弗的影响 47

spatialist ontology 空间主义的本体论 86

Heidegger and Sartre (Fell) 《海德格尔与萨特》（费尔） 135, 136-137

Heidegger, Martin 海德格尔, 马丁 7-8, 133-137, 142
   Being and Time 《存在与时间》 135-136

heterotopias 异位 16

History and Class Consciousness (Lukács) 《历史与阶级意识》（卢卡奇） 87

history and historicism 历史和历史决定论
   as sole interpretive tool 作为唯一阐释工具的 36
   critique of 有关的批判 6
   defined by Williams 威廉斯的界定 15
   Foucault's argument 福柯的论点 17, 18-19
   historical-spatial dialectic 历史-空间的辩证法 127
   imagination of 有关的想象 13-15
   'made under circumstances' "在……境况下被创造" 129, 141-142, 154
   Marxism and 马克思主义与 1, 4, 31-33
   reassertion over geography 对地理学的重申 56-60

rethinking space-time 重新思考空间-时间 11-12,130-131
role in social theory 在社会理论中的作用 10-11,140
see also time 参见时间
Hobbes, Thomas 霍布斯,托马斯 247
housing 住房
　homeless 无家可归的 239
　Los Angeles 洛杉矶 193,196-197,220
　polarization 两极化 212,230-231
　social nodes of （住房的）各种社会结点 151
　working-class 工人阶级 90,95,98,100,102,179-180
Husserl, Edmund 埃德蒙·胡塞尔 33,134

Ideology, Science and Human Geography 《意识形态、科学与人文地理学》 57
L' Idiot de la famille (Saitre) 《家庭的白痴》(萨特) 138
imperialism 帝国主义 165
In the Tracks of Historical Materialism (Anderson) 《追寻历史唯物主义》(安德森) 40
industry 工业
　vs agriculture 与农业 164-166
　deindustrialization 去工业化 186,200-203

　defence 国防 192,195,204,210,228-230
　labour and 劳工与 201-204
　Los Angeles 洛杉矶 204-208,219,228
　production and 生产与 28
　reindustrialization 重新工业化 204-208
　transport and 运输与 181
　urban development 城市发展 176-180
　see also capitalism; technology 参见资本主义,技术
internationalization 国际化 103,108-109,215
　capitalism and 资本主义与 101,185
　core-periphery 核心-边缘 109
　division of labour 劳动分工 54,165-166,171-173,186,188-189
　landscapes of 有关的景观 52
　Los Angeles 洛杉矶 217,222-223
　Marxist geography 马克思主义地理学 54-56
　financial capital 金融资本 33
　production 生产 172

Jameson, Fredric 杰姆逊,弗雷德里克 62-64

Kant, Immanuel 康德,伊曼纽尔

33,125
geography and 地理学与 35-37
Kem,Stephen 克恩,斯蒂芬 25,160,196
Keynesian economics 凯恩斯主义经济学
 spatial planning 空间规划 168-169
 state-managed urban system 国家管理的城市系统 180-182
 welfare state 福利国家 182
Keywords(Williams) 《关键词》(威廉斯) 15
Kidron,Michael 基德隆,迈克尔 114
Korsch,Karl 科尔施,卡尔 39

labour 劳动
 contemporary trends 各种当代趋势 184-189
 effect of deindustrialization 去工业化的影响 201-204
 internat'l division of 国际的(劳动)分工 3,54,64,109,165-166,171-173,186,188-189
 Los Angeles 洛杉矶 178-179,180,192,197-200
 modernization 现代化 28
 polarization 两极化 186-187
 spatial division of 空间的(劳动)分工 66,163-164
 threat to capitalian 对资本主义的威胁 39

transfer of value 价值的转移 112-116
unions 工会 203,216
urbanization and 城市化与 186-187
value in time 时间的价值 88
see also woiking class 参见工人阶级
Lacoste,Yves 拉科斯特,伊夫 37
land value 土地的价值 97,241-242
landscape,imagery 景观,意象 120
Lash,S & J. Urry, *The End of Organized Capitalism* 拉希,S 和 J.厄里,《有组织资本主义的终结》171
Late Capitalism(Mandel) 《晚期资本主义》(曼德尔) 64,81,104,106-107
Lefebvre,Henri 勒菲弗,亨利 41-42,54,61,81n,99,143
 Castells and 卡斯特利斯与 70
 critique of, by Harvey 哈维的评论 76-77
 industrial vs financial capitalism 工业与金融资本主义 96-97
 on Bergson 论柏格森 123
 second nature of space 空间的第二性 80
 society & space 社会与空间 16,18,81-82
 spatial dialectic 空间辩证法

43, 47-51
survival of capitalism 资本主义的生存 90-92, 105
urbanization 城市化 154
La Conscience mystifiée 《蒙蔽的意识》 49
Critique de la vie quotidienne 《日常生活的评论》 49
Le Droit à la ville 《城市的权利》 49-50
Le Matérialisme dialectique 《辩证法唯物主义》 48
La Pensée marxiste et la ville 《马克思主义观点与城市》 87
La Production de l'espace 《空间的生产》 50, 86, 119, 127
La Révolution urbaine 《城市革命》 77
La Survie du capitalisme 《资本主义的生存》 50
Leibniz, Gottfried 莱布尼茨,戈特弗里德 125
Lenin, V. I. 列宁,V. I. 32, 47, 85, 100
Leninism 列宁主义 29-30, 32
The Limits to Capital (Harvey) 《资本的诸种局限》(哈维) 59, 65
Lipietz, Alain 利皮兹,阿拉因 108
locales 场所 148-150, 173
localities 所在地 151-152
The Look of Things (Berger) 《诸种事物的面貌》(伯杰) 22
Los Angeles 洛杉矶 190-221

contemporary setting 当代场景 191-193
core-periphery 核心-边缘 233, 234-241
de- and re-centralization 去中心化与重新中心化 208-215
demographics 人口统计数据 192
fragmentation 零散化 243-247
history of (洛杉矶)的历史 193-197
housing 住房 196-197, 201, 212, 213-214, 220, 230-231
industry 工业 192, 195-196
labour 劳工 192, 197-200, 216
nodality 结点性 234-235
political geography 政治地理学 219-220
postmodern geography 后现代地理学 222-248
racial & ethnic groups 种族与少数民族群体 201, 209, 219, 239-240
Sixty Mile Circle 60 英里圆圈 224-227
surrounding area 周围地区 241-243, 245-246
technology 技术 192, 210-211
Watts Riot 瓦茨骚乱 197, 201, 216
Lukács, Georg 卢卡奇,格奥尔格 39
History and Class Consciousness

《历史与阶级意识》 87
Luxemburg, Rosa 卢森堡,罗莎 32,85
Lynch, Kevin 林奇,凯文 63

Mandel, Ernest 曼德尔,欧内斯特 28,61,63-64,94
 capitalist development 资本主义发展 164
 colonialism 殖民主义 114n,116
 uneven development 不平衡发展 81-82
 Late capitalism 《晚期资本主义》 64,81,104,106-107,166-167
 Marxist Economic Theory 《马克思主义经济理论》 103-104
Mann, Michael, *The Sources of Social Power* 曼,迈克尔,《社会权力之源》 153n
maps, cognitive 图绘,认知的 52,62-63,75,120
Marcuse, Herbert 马尔库塞,赫伯特 39
Markusen, Ann 马库生,安 103
Marx, Karl 马克思,卡尔 4,33,47,72
 change in city since 自(马克思)以来的城市变化 94-96
 curious about California 对加利福尼亚的好奇心 190
 dimensions of production 生产的维度 78
 double inversion of Hegel 黑格尔的双重倒置 46
 Giddens's critique of 吉登斯的评论 140,144
 space and 空间与 65,126
 spatial channels of exploitation 剥削的空间渠道 115
 transfer of value 价值的转移 112-116
 urbanization 城市化 188-189
 Capital 《资本论》 32,52,85,104-105,108
 The German Ideology 《德意志意识形态》 86
 Grundrisse 《政治经济学批判大纲》 52,85-86
Marxism 马克思主义
 anglophone 操英语的 52-53
 fin de siècle 世纪末的 32-33
 French 法语 6,40-42,45-47
 Leninism 列宁主义 29-30
 origins 起源 29-30
 reassertion of history over space 重申历史优先于空间 56-60
 regresses to philosophy 哲学的回归 39-40
 spatial discourse emerges 空间话语的兴起 39,43-45,64,84-86
 urban & intemat'l geography 城市与国际地理学 54-56
Marxist Economic Theory (Mandel) 《马克思主义经济理论》(曼德尔) 103-104

Massey, Doreen, *Spatial Divisions of Labour* 马西,多琳《空间的劳动分工》 66

Le Matérialisme dialectique 《辩证唯物主义》(勒菲弗) 48

McCarthyism 麦卡锡主义 216

metaphor, spatial 隐喻,空间的 40n

Mills, C. Wright 米尔斯,C. 赖特 13-14,24

modernity, definition 现代性,界定 24-26

modernization, Marxist 现代化,马克思主义的 32

Mulholland, William 马尔霍兰,威廉 190,194

Myrdal, Gunnar 默达尔,居纳尔 108n

Nationalism 民族主义 35,169
nature 本质 121,132
The New Industrial Divide (Piore & Sabel) 《新的工业分水岭》(皮奥里和萨贝尔) 171
New Rules of Sociological Method (Giddens) 《社会学方法新规则》(吉登斯) 139
nodality 结点性 8
   deindustrialization 去工业化 187
   Giddens's theory of 吉登斯关于(结点性)的理论 148-156
   Los Angeles 洛杉矶 234-235

urban development 城市发展 177
   see also core-periphery 参见核心-边缘

'Of Other Spaces' (Foucault) "关于其他的空间"(福柯) 16-21

Offe, Claus, *Disorganized Capitalism* 奥费,克洛,《无组织资本主义》 171

oil 石油 191,194

ontology 本体论 61,86
   Giddens and 吉登斯与 145-146,155
   opaqueness of space 空间的模糊性 7,122-124,126
   space 空间 25,131-137
   transparency of space 空间的透明性 7,124-126

opaqueness, illusion of 模糊性,(模糊)的幻想 7,122-124,126

Palloix, Christian 帕卢瓦克斯,克里斯琴 109

Paris Commune 巴黎公社 4,26

Parsons, Talcott 柏森斯,塔尔科特 139,154

La Pensée marxiste et la ville (Lefebvre) 《马克思主义观点与城市》(勒菲弗) 87

Philosophy and the Mirror of Nature (Rorty) 《哲学和自然之镜》(罗蒂) 15

Piore, M. & C. Sabel, *The New Industrial Divide* 皮奥里,M 和 C. 萨贝尔,《新的工业分水岭》 171
 planning 规划 55n, 95, 167-169, 186, 231, 238
Plato 柏拉图 125
politics 政治
 isolation from geography 与地理学相脱离 38
 nation states 民族国家 28
positivism 实证主义 29, 33-34
post, rushing to the 后,向(后)冲 5
Poulantzas, Nicos 普兰扎斯,尼科斯 7, 41, 128-129, 143
 capitalist spatiality 资本主义空间性 215
 State, Power, Socialism 《国家、权力、社会主义》 118-119, 143
The Poverty of Theory (Thompson) 《理论的贫困》(汤普森) 56-57
power 权力
 space and 空间与 149-151, 155
 time & space 时间与空间 19, 20-21
Prison Notebooks (Gramsci) 《监狱杂记》(格拉姆希) 90
production, capitalist dynamics 生产,资本主义动态 27
La Production de l'espaoe (Lefebvre) 《空间的生产》(勒菲弗) 50, 86, 119, 127

production 生产
 industrial 工业的 28
 internationalization 国际化 172
 social relations and 社会关系与 82
 space and 空间与 77-78, 80-84, 87-88
prophesy 预知 23

A Question of Geography (Berger) 《地理学的一个问题》(伯杰) 21-22
'Questions on Geography' (Foucault) "关于地理学的若干问题" (福柯) 16-21

racial & ethnic groups 种族与少数民族群体
 housing 居住状况 179-180, 201
 Los Angeles 洛杉矶 197, 209, 216-217, 239-240, 242
 politics of 与之相关的政治 219
 urban concentration 城市集中 181
Reagan, Ronald 里根,罗纳德 5
recession of 1973-1975 1973年至1975年的衰退 160, 182
reductionism, Lefebvre against 简化论,勒菲弗反对 48
regionalism 区域主义 103, 162-173, 189

labour 劳动 163-164
　　nationalism 民族主义 169
　　planning 规划 167-169,186
　　role reversal 角色倒置 172
　　see also internationalism; nodality
　　参见国际主义;结点性
restructuring 重构
　　concepts of （重构）的概念 155-156,159-162
　　contemporary trends 各种当代的趋势 183-189
　　Marxism 马克思主义 58-60
　　ontology and 本体论与 161
　　opposition to （对重构的）反对 74
　　regional questions 区域问题 162-173
　　social theory and 社会理论与 24
　　urban form 城市构形 173-183
La Révolution urbaine (Lefebvre) 《城市革命》(勒菲弗) 77
Rorty, Richard, *Philosophy and the Mirror of Nature* 罗蒂,理查德,《哲学和自然之镜》 15
Roweis, Shoukry 罗维斯,舒凯里 97-98
Russian Revolution 俄国革命 4,26,180

Sabel, C. & M. Piore, *The New Industrial Divide* 萨贝尔,C. 和 M. 皮奥里,《新的工业分水岭》 171

Sack, Robert, *Conceptions of Space in Social Thought* 萨克,罗伯特,《社会思想中的空间概念》 125
Sarte, Jean-Paul 萨特,让-保罗 7-8,40-42,48,132n,133-137
　　Being and Nothingness 《存在与虚无》 131-132
　　Critique of Dialectical Reason 《辩证理性批判》 136
　　L'Idiot de la famille 《家庭的白痴》 138
　　Search for a Method 《方法的探寻》 134
Saunders, Peter 桑德斯,彼得 71
　　Social Theory and the Urban Question 《社会理论与城市问题》 68-69
Search for a Method (Sartre) 《方法的探寻》(萨特) 134
Shakespeare, William 莎士比亚,威廉 247
Simmel, Georg 格奥尔格·齐美尔 33
Smith, Neil 史密斯,尼尔 66-67
　　Uneven Development 《不平衡的发展》 67,121
social being 社会存在 25
　　balance between time & space 时间与空间之间的平衡 23-24
　　specificity 特殊性 148
Social Justice and the City (Harvey) 《社会公正与城市》(哈维) 52,59,76-77

Social Theory and the Urban Question (Saunders)《社会理论与城市问题》(桑德斯) 68-69
social services 公用事业 95
social theory 社会理论 4-5,30,68
    historical view 历史观 14-16,140
    Marxist 马克思主义 29
    modernity 现代性 25
    positivism 实证主义 29,33-34
    reconstruction 重构 24
    rejects environmental causes 排斥环境原因 34-35
    sociological imagination 社会学想象 13-14
    spatiality 空间性 3,11-12,31,72-73,120,158
    see also Giddens, Anthony; Mills, C. Wright 参见吉登斯,安东尼;米尔斯,C.赖特
socialism, 20th-century rise of 社会主义,在20世纪的崛起 34
Socialist Geographers, Union of 社会主义地理学家联盟 85
socio-spatial dialectic 社会-空间的辩证关系 57-58,76-79,81
Sommer, Robert 萨默,罗伯特 151
The Sources of Social Power (Mann)《社会权力之源》(曼) 153n
space 空间
    anti-traditional 反传统的 86-87
    boundaries of analysis 分析的界限 77
    channels of exploitation 剥削的渠道 115
    core-periphery 核心-边缘 149-150
    hides consequences 掩盖结果 22,23-24,62-63,71
    historical-spatial dialectic 历史-空间辩证关系 23-24,127
    Lefebvre and 勒菲弗与 43,47-51,49-51
    locales 场所 148-150,173
    localities 所在地 151-152
    Marxist intuition about poorly-developed 未得到发展的马克思主义(空间)直觉 84-86
    materiality & illusion 物质性与幻想 120-126
    mental 心理的 121-122
    mystification aids capitalism 神秘化有助于资本主义 50
    nodality 结点性 8,148-156
    ontology of (空间)的本体论 118-126,131-137
    opaqueness 模糊性 7,122-124,126
    power 权力 19,20-21,149-151,155
    production and 生产与 87-88
    reassertion in theory 在理论上的重申 6,11-12,163
    reconsidered by Marxists 马克思

主义者的重新思考 39,43-45,58-60

regionalism 区域主义 151,162-173

restructuring and 重构与 159-162,58-60

social product 社会产物 17,76,79-80,91-92,123,127-131,145

social theory and 社会理论与 158

socio-spatial dialectic 社会-空间的辩证关系 57-58

subordination of （空间）的从属地位 4,19,31-35

territoriality 地域权 150-151

transfer of value 价值的转移 112-116

transparency of （空间）的透明性 7,124-126

urban problematic 城市的问题框架 94-102

see also history; geography; time
参见历史；地理；时间

space-time-social being 空间-时间-社会存在 143,146-147

Spatial Divisions of Labour (Massey)《空间的劳动分工》(马西) 66

specialization, flexible 专业化，灵活的 171,189

Stalinism 斯大林主义 87

State, Power, Socialism (Poulantzas)《国家、权力、社会主义》(普兰扎斯) 118-119,143

structuralism 结构主义 47,72,84,144

attack on 对它的抨击 56-57

Foucault and 福柯与 18

Marxist geography and 马克思主义地理学与 53

structuration, Gidden's theory of 构造，吉登斯的构造理论 141-145

surrealism 超现实主义 47,48

La Survie du capitalisme (Lefebvre)《资本主义的生存》(勒菲弗) 50,91-92

technocracy 技术专家政治论 87

technology 技术 28,177,185,205-206

Los Angeles 洛杉矶 192,204,210-211,228

modernity 现代性 25-26

see also industry 参见工业

territoriality 地域权 150-151

Thatcher, Margaret 撒切尔，玛格丽特 5

Thompson, E. P., *The Poverty of theory* 汤普森，E. P.,《理论的贫困》 56-57

time 时间

historical-geographical materialism 历史-地理唯物主义 70,72-73

Marx establishes priority of 马克思确立了（时间）的优先权 46

modem novel and 现代小说与 22-23
ontology of （时间）的本体论 124
power & space 权力与空间 19, 20-21
  see also history 参见历史
Touraine, Alain 图雷纳,阿兰 54
transfer of value 价值的转移 106n
transparency, illusion of 透明性, （透明）的幻想 7, 124-126
transport 运输 177, 181
Trotsky, Leon 托洛茨基,列昂 32, 85
Turner, Frederic Jackson 特纳,弗雷德里克·杰克逊 38

underground economy 地下经济 219
Unequal Exchange (Emmanuel) 《不平等的交换》（埃曼努埃尔） 115
Uneven Development (Smith) 《不平衡的发展》（史密斯） 67, 121
urban crises 城市危机 160, 182
  Watts Riot 瓦茨骚乱 197, 201, 216
The Urban Question (Castells) 《城市问题》（卡斯特利斯） 83-84
urbanization 城市化 38, 54-55, 92
  agrarian regions and 农业区域与 164-166
  Competitive Industrial Capitalist City 竞争性工业资本主义城市 177-179
  Corporate-Monopoly Capitalist City 公司-垄断资本主义城市 179-180
  de- and re-centralization 去中心化与重新中心化 208-215
  debate on specificity 关于特殊性的论辩 69-70
  Le Droit à la ville 《城市的权利》 153
  Giddens on 吉登斯论（城市化） 152-154
  growth 发展 28, 128, 174
  labour and 劳动与 186-187
  Lefebvre and 勒菲弗与 49-50, 76-77
  Marxist view 马克思主义观点 54-56, 188-189
  Mercantile City 商业城 175-177
  planning 规划 55n, 95, 167-169, 186, 231, 238
  restructuring 重构 173-183
  spatial problematic 空间问题框架 94-102
  State-Managed Urban System 由国家管理的城市系统 180-182
  suburbs 郊区 181, 188, 241-243, 245-246
  theorists 理论家 241
Urry, John 厄里,约翰 71, 155

and S. Lash, *The End of Organized Capitalism* 和 S. 拉希,《有组织资本主义的终结》 171

USSR, spatial organization 苏维埃社会主义共和国联盟,空间的组织 89

Utopia 乌托邦 17

Walker, Richard 沃克,里查德 77n

Wallerstein, Immanuel 瓦勒施泰因,伊曼纽尔 82,104,109,110

Ways of Seeing (Berger) 《看问题的诸种方式》(伯杰) 22

Weber, Max 韦伯,马克斯 33,72,144

Williams, Raymond, *Keywords* 威廉斯,雷蒙德,《关键词》 15

working class 工人阶级
 housing 住房 95,98,100,102,179-180
 internationalism 国际主义 35,109
 Los Angeles 洛杉矶 181,197
 polarization 两极化 186-187

译 后 记

我们生活于今天,从纵向上看,是与人类走过的所有历程相联结的。我们分享着祖先给我们创造和留下的一切文明果实,同时我们又是人类文明创造历程这一伟业的延续和发展:后瞻是过往历史,前瞻是未来历史。只要地球不毁灭,人类继续生存,这一条历史之线是永远不会终结的。我们生活于今天,从横向上看,是处于由各种关系编织而成的空间之中。如果说,国家相对于世界这一关系大网而言是一个大结点,那么我们生活于其中的城市、我们所工作的单位、村落,乃至我们享受天伦之乐的家庭,都是大结点中的结点之结点之结点,而这些结点均无不与空间相联系的。结点不可能虚无缥缈,无所依托,唯有依附于特定的空间,结点才具有意义。而人类文明就是在这种历时是历史、共时是空间的纵线与横线交织而成的语境中得到不断的创造、演进和维系的。

在批判社会理论领域,现在模糊我们视线的,不是时间,而是空间。况且,消除空间性的各种神秘色彩并揭示其披着面纱的工具性,这是从政治的实践和理论角度认清当今时代的关键之所在,因为任何的社会构建,既是时间的,又是空间的,社会的存在在地理和历史中才能成为具体。由此可见,研究当今的社会空间实属必要。空间的组织是一种社会产物,充盈着政治与意识形态、矛盾与斗争,是与历史的创造相仿佛的。

然而,在批判社会理论中,人们在过去往往偏重于对人类历史的研究,沉湎于历史的想象,希望在此中考察人类的本质、社会的诸种关系、权力的交替、体制的运作和人民的生活,由此带来的直接后果,就是对地理,即空间的漠视。诚然,空间是自然的空间,是大自然的无边无际,是原始赐予的语境。殊不知,我们现在生活于其中的空间,即人类的空间,已不再是一种纯自然的"真空"空间,早已失去了其天真无邪的内容和面貌。它是一种人化的空间,是社会组织、社会演化、社会转型、社会经验、社会交往、社会生活的产物,是人类有目的的劳动应用,是一种被人类具体化和工具化了的自然语境,是充满各种场址、场所、场景、处所、所在地等各种地点的空间,是包蕴着各种社会关系和具有异质性的空间,也就是福柯所言的"异位"空间,它与时间和社会存在三位一体,构成了人类生存的一切具体方面——一幅波澜壮阔的现实画面。由此可知,在驰骋历史想象的同时,究问人类空间的真实性和本质性,这是现实的呼唤,是批判社会理论发展的必然。我们无需执拗于时间拜物教,也无需偏执于空间拜物教,唯有借助这两者之间的辩证统一,我们才能独具"慧眼",审视当下的一切社会构形和芸芸众生。

在批判社会理论中,我们今天所欠缺的,不是历史想象,而是地理想象或空间想象。目前发生于世界各地的民族战争、民族国家之间的矛盾、国家和区域的不平衡发展、帝国主义的侵略、殖民地的开拓、疆域和地域的扩张、种族的倾轧、城市的扩展、农村的城市化、地方的区域化、富人区和穷人区的分离和集中,无不反映出它们与地理或空间具有某些直接或间接的联系。如果掉换一下语序,我们不妨说,争夺或关怀地理或空间,是所有这些战争、矛盾、发展、侵略、开拓、扩张、倾轧、城市化、区域化、分离和集中的根源,或者至少可以说它们具有不同程度的因果关系,这是因为在一切社会构建、政治制度、国家政策和经济秩序的表象下面,均隐匿着对地理或空间的永恒关注,潜藏着对地理或空间的一种工具理性的划分和归属。"占地为王"和"无地不成王"虽是强盗的逻辑和行为,但从另一个方面却折射出"地"之重要。"地"显然就是指地理或空间。人类的文明历史到底有多久?其精确的时间恐怕难以查考,但有一个不容置疑的事实是,人类文明的创造肯定是脚踏实"地"的。离开特定的地理或空间,就不可能有人类的任何作为。因而,对人类地理或空间的探究,其意义和价值自然是十分了然的。

正因为此,在当代社会科学里,各有所侧重的地理学便应运而生,如"城市地理学"、"区域地理学"、"国际地理学"、"工业地理学"、"就业地理学"、"情感地理学"、"权力地理学"、"时间地理学"、"环境地理学"、"商业地理学"、"资本地理学"、"生态地理学"、"经济地理学"、"政治地理学"、"人文地理学"等,也产生了许多与"地理学"密切相关的学科,如"地理经济学"、"地理政治学"、"地理战略学"、"地理生物学"等等,足见地理学之兴盛。随着研究的进一步深入和扩展,这一学科在不久的将来也许会成为一门显学。

爱德华·W.苏贾是美国当代的一位杰出的地理学家,加利福尼亚大学洛杉矶分校都市规划系教授,是代表都市研究的后现代取向的洛杉矶学派的领军人物。他所著的这一本《后现代地理学:重申批判社会理论中的空间》,虽名为"后现代地理学",实际上是探讨后现代空间关系学,究问国家与国家、区域与区域、城市与城市、社区与社区、文化群落与文化群落、人与人等之间在不同的社会环境中对空间的组织、开发、占有、构建、需要以及对周围空间的感觉,融人文地理学、社会科学和哲学于一体,对空间、时间和社会存在这三者之间的辩证关系作了全面而深刻的表述和剖析,对历史地理唯物主义作了言之有据的辩护和深切的呐喊。其思路之清晰,立意之新颖,分擘之有序,例证之丰富,笔锋之犀利,视角之前沿,读来令人耳目一新,还时时让人感觉到具有振聋发聩效应的铿锵之声。但是,书中存在着目前西方马克思主义者所特有的反马克思主义思想,则是需要我们认真加以鉴别的。再者,该书明显表现出哲学社会理论的思辨性,同时又不乏"后现代"社会学科的学术论析方式,因而在书中许多地方语言流于晦涩难懂,读来难免费神。

在此书的翻译过程中,我不时发现自己知识面的狭窄以及语言的贫乏,对有些概念和表达的传译有力不从心之感。此书已经译完,并将诚惶诚恐地邮寄出版社。一旦付梓出版,对译文中存在的所有错误,我将极为乐意地听到或看到一切方式的批评,因为这对我又将是一次很好的吸纳知识和提高翻译技能的机会。然而,就我自己而言,奉献在读者面前的这一译作,我的确是尽了自己的努力的。

王 文 斌

2004 年 3 月 6 日

图书在版编目(CIP)数据

后现代地理学:重申批判社会理论中的空间/(美)爱德华·W.苏贾著;王文斌译.—北京:商务印书馆,2023(2023.7重印)
(现代性研究译丛)
ISBN 978-7-100-21928-0

Ⅰ.①后… Ⅱ.①爱…②王… Ⅲ.①地理学 Ⅳ.①K90

中国版本图书馆 CIP 数据核字(2022)第 249266 号

权利保留,侵权必究。

现代性研究译丛
后现代地理学
——重申批判社会理论中的空间
〔美〕爱德华·W.苏贾 著
王文斌 译

商 务 印 书 馆 出 版
(北京王府井大街36号 邮政编码100710)
商 务 印 书 馆 发 行
北京艺辉伊航图文有限公司印刷
ISBN 978-7-100-21928-0

2023年2月第1版 开本880×1230 1/32
2023年7月北京第2次印刷 印张12 7/8
定价:68.00元